中国高铁

# 时代脉动
## ——高速铁路发展简史

曲思源 ◎ 编著

西南交通大学出版社
·成 都·

**图书在版编目（ＣＩＰ）数据**

时代脉动：高速铁路发展简史 / 曲思源编著. —
成都：西南交通大学出版社，2021.11
ISBN 978-7-5643-8215-5

Ⅰ.①时… Ⅱ.①曲… Ⅲ.①高速铁路－铁路运输－
交通运输史－中国 Ⅳ.①F532.9

中国版本图书馆 CIP 数据核字（2021）第 226644 号

Shidai Maidong——Gaosu Tielu Fazhan Jianshi

## 时代脉动——高速铁路发展简史

曲思源　编著

| | |
|---|---|
| 责 任 编 辑 | 宋浩田 |
| 封 面 设 计 | 曹天擎 |
| 出 版 发 行 | 西南交通大学出版社 |
| | （四川省成都市金牛区二环路北一段 111 号 |
| | 西南交通大学创新大厦 21 楼） |
| 发 行 部 电 话 | 028-87600564　028-87600533 |
| 邮 政 编 码 | 610031 |
| 网　　　址 | http://www.xnjdcbs.com |
| 印　　　刷 | 四川煤田地质制图印刷厂 |
| 成 品 尺 寸 | 170 mm×230 mm |
| 印　　　张 | 23.5 |
| 字　　　数 | 423 千 |
| 版　　　次 | 2021 年 11 月第 1 版 |
| 印　　　次 | 2021 年 11 月第 1 次 |
| 书　　　号 | ISBN 978-7-5643-8215-5 |
| 定　　　价 | 58.00 元 |

# 序

2021 年 1 月 19 日，习近平总书记在视察智能京张高铁时指出：我国自主创新的一个成功范例就是高铁，从无到有，从引进、消化、吸收再创新到自主创新，现在已经领跑世界。要总结经验，继续努力，争取在"十四五"期间有更大发展。

作为一种技术密集、高度集中化的现代交通方式和现代工业文明的崭新成果，高速铁路凭借安全可靠、便捷舒适、输送量大、低碳环保等特征，成为世界交通运输业发展的重要方向。高速铁路发端于日本，发展于欧洲，兴盛于中国。随着高速铁路运营里程的不断跃升，中国高铁在车辆研制、线路建设、智能控制等方面逐步实现了"三级跳"：从引进国外技术的"跟跑"，到消化、吸收先进经验的"并跑"，进而在关键领域自主再创新的"领跑"，走出了一条由中国制造到中国创造的传奇道路。高速铁路已经成为中国最闪亮的名片。从这个意义上讲，21 世纪的世界高铁进入了新的时代。

中国是世界上高速铁路发展最快、系统技术最全、集成能力最强、在建规模最大、运营里程最长、运营速度最高、产品性价比最优的国家，已形成完整的高速铁路规划与设计、建设与装备、运营与安全管理标准体系以及铁路装备品牌，拥有高速铁路的自主知识产权，具有领先世界的高速铁路标准体系，包括核心技术、系统集成、成套建造、工业制造、运营维护、人才队伍等。2017 年 9 月，具有完全自主知识产权的中国标准动车组"复兴号"在京沪高铁达到 350 km/h 的商业运营速度，树立起世界高速铁路运营的新标杆。

铁路史的研究对象应该是铁路系统及其运行，包括规划管理、技术研发、线路修建、工业制造及调度指挥等主要子系统。从"饮水思源"到"同舟共济"，从"知行合一"到"思行致远"，中国铁路上海局集团有限公司正高级工程师曲思源博士就是这样一位杰出的实践者。他从事铁路运输实践与研究二十多年，曾在北京交通大学、西南交通大学、同济大学三所著名院校国内一流的交通运输专业求学；他结合铁路运输岗位多年的实践积累，笔耕不辍，为普及中国高速铁路科普知识做出了突出的贡献。对这本书的出版表示衷心的祝贺！

如今，中国高铁从国内走向了海外，取得了举世瞩目的发展成就，让国人为之骄傲！让世人为之惊叹！本书的诞生，就是为了能让专业人士和关注高速铁路发展的社会人士系统地了解中国高速铁路技术发展特色，并将中国高铁技术放在全球视野中比较，为读者提供了一个崭新的认识视角，希望更多社会人士关注中国高速铁路事业的发展！

同济大学交通运输工程学院

徐行方　教授

2021 年 4 月 4 日

# 前　言

　　高铁改变了中国！高速铁路仿佛一夜之间就走进了我们的生活，成为中国快速客运体系的主干，我国的高铁客流量已占铁路客运总发送量的 60%以上。随着中国高铁高品质网络规模的不断扩充，所带来的强劲冲击力逐步改变了传统的交通格局，已经改变了中国人的生活和时空观念，这种改变已融入政治、经济、社会、文化等各领域，催生出一个由中国引领的高速铁路新经济时代。相信读者在乘坐高铁动车组的时候，会深刻体会到高铁的安全、便捷、绿色、舒适等特征，体验着便捷和快感的同时一定会对中国速度大为赞叹！面对日益丰富的运营场景和日益复杂、不断增长的多样化的旅客需求，中国高铁一直在持续深化技术创新，不断提高运营管理水平。然而，中国高铁发展的科普书籍更新慢和普及程度低，处于一种信息不对称的状态，这就需要我们从中国高铁发展的角度着手进行归类分析、总结提炼，让更多的社会人士了解到高速铁路特别是我国的高速铁路。

　　中国已成为世界上高铁运营里程最长、在建规模最大、高速列车运行数量最多、商业运营速度最高、高铁技术体系最全、运营场景和管理经验最丰富的国家。在这个高铁突破技术创新和安全发展的全过程中，我们回首近半个世纪里世界高铁竞争过程中上演的多幕悲喜剧，真实的感受可能只有参与其中的各国高速铁路界人士自己内心才最清楚，留下的都是他们辛勤的努力和汗水。

　　中国高铁博览众长，从"和谐号"开始，不断地强大自己，到发展"复兴号"，这其中的一个又一个"突破"和"之最"，背后都是中国高速铁路从无到有、中国制造震惊世界的逆袭之路。"中国标准"正逐渐超越"欧标"与"日标"，拥有世界上独有的核心竞争优势，时速 350 km 的"复兴号"高速列车也进一步验证了中国标准动车组整体的技术性能，标志着中国已全面掌握了高速铁路核心技术，达到世界领先水平，中国高铁已成为一张崭新、靓丽的"中国名片"。当前，中国在高速铁路领域的研究正开始描绘创新的"无人区"和"未来高速铁路"的"畅想图"，智能铁路技术也在突飞猛进的发展。同时，中国的 600 km/h 磁悬浮也在建设和发展。

回想起 20 世纪 90 年代初期，我在北方交通大学（现北京交通大学）学习时，知道了日本、法国、英国和德国高铁技术在 20 世纪 80 年代竞争的故事。例如，日本为何钟情于动力分散式？法、德高铁技术能成为后起之秀的原因何在？特别是去比利时攻读高铁技术博士学位的韩宝明教授曾告诉我，"中国一定会发展高速铁路的，你要为此做好知识的积累"。21 世纪初期，我在西南交通大学攻读硕士学位时，又了解到世界各国高铁在 20 世纪 90 年代竞争的故事，知道了法国、德国和日本高铁技术新的竞争细节。我的导师张殿业让我关心"中华之星"和摆式列车的发展。"关键技术决定发展"，三个高铁大国在竞争中得到不断发展和强大，高铁技术的"三驾马车"各有优势，都有自己的核心技术。2004 年正赶上中国《中长期铁路网规划》发布，中国要大规模建设高速铁路，杜文教授和叶怀珍夫妇鼓励我到上海铁路地区工作，因为华东地区的高速铁路率先发展，我有机会踏上高铁发展的好平台。到上海铁路部门工作后，我见证了中国高铁从梦想变成现实。2009 年，我又考入同济大学攻读博士学位，此时中国高铁正处于发展初期和过渡阶段，我了解到更多的中国高铁技术的不断发展以及现代高铁技术的竞争故事，中国高铁技术已逐步领先于其他世界各国。徐行方教授是我的良师益友，我们经常在一起探讨高铁发展的热点问题，他不断地督促我要将中国高铁运营组织体系知识结构提炼出来。当中国高铁遇见"人工智能"，科技感十足的智能高速铁路正加速驶来。2018 年 5 月 19 日，我在同济大学运输系成立六十周年庆典上，做了智能高速铁路现状及发展前景的报告，为中国高铁的发展感到无比自豪！2020 年 11 月 14 日，我又在同济大学交通运输工程学院成立二十周年之际，被评为"优秀校友"，我在自豪的同时，也知道自己为高铁运营做的事情还有很多需要努力。

强国富路交通先行，交通之路蓝缕，我一直尝试着铁路运输的实践工作，从普速到高铁，再到超铁，在不知不觉中步入中年。高速铁路发展的知识点交织融合在一起推着我进步、促使我成长，我对高速铁路的认识逐步加深，视野也在不断扩展。在西南交通大学出版社出版的我的另一部作品《大国重器——高速铁路技术发展纵横》（高校主题出版）的基础上，我将内容进行压缩，并补充了大量的图片，诞生本书，作为其姊妹篇。本书将成为读者们了解高速铁路技术发展的窗口，让读者们对中国高铁乃至世界高铁技术发展的思路、理念和过程以及高铁发展有一个整体的认识，认识到高速铁路是如何提升运营品质的。

作为科普书籍，本书从中国高铁发展写起，将趣味性、知识性和创新性融合在一起，努力打造精品。为中国高铁尽一份微薄之力，让更多的人了解中国高铁，知道世界各国高铁的发展以及中国高铁的竞争力和发展前景。同时，今年7月又迎来我国共产党建党100周年的伟大时刻，本书也献给建党100周年华诞，正是在中国共产党的正确领导下，中国高铁才取得了全球瞩目的成绩。

本书分为上下两篇。上篇包括第1~3章的内容，第1、2章主要描述了中国高铁的崛起和技术的发展，第3章从运营管理的角度出发，阐明了运营管理也属于高铁技术范畴。下篇包括第4~6章的内容，第4章分析了日本、法国、德国等国家高铁技术的发展历史，第5章主要描述了各国技术之间的相互学习和各补所长的特征，第6章描述了后高铁时代高铁技术的发展以及新的竞争。

感谢高铁时代的到来，它促使我不断加深对高铁技术发展的认识。但由于中国高铁发展的场景太过丰富，我发现自己的高铁知识点无论怎么去补充和追赶，都难以赶上高铁发展的速度。感谢西南交通大学出版社的编辑为本书做出的贡献，今年又恰是"交通大学"定名100周年，当时四个字名字确立的原因是"交通救国"，如今已是"交通强国"。母校已经成立125周年，其高速铁路的教育和科研底蕴雄厚，西南交通大学因铁路而生、因铁路而兴、因铁路而强，本书的写作过程，恰似我面对母校，轻轻地讲述我多年来在高速铁路运营管理工作方面的经验积累，但本人学识有限，书中存在不妥之处在所难免，敬请广大读者批评指正。同时，还要感谢互联网上很多未知名作者，他们的文献和图片给本书增添了丰富的内容。另外，本书在编写过程中，高中生曲远程同学从书的结构设计、内容组合方面提出了不少建议，还承担部分书稿的核对和校对工作。另外，高速磁悬浮已统一规范为高速磁浮为了表达该概念变化发展的背景，本书并做修订，请读者注意。本人电子邮箱：syqu0453@163.com。

　　高铁列车呼啸驶过，一条条产业聚集带、旅游黄金带在沿线逐步形成，"流动的中国"活力四射！延伸，再延伸，高铁让人们的距离越来越近。中国高铁发展的明天会更好！


曲思源

2021 年 3 月 21 日

# 目　录

## 上篇　中国高速铁路发展

# 下 篇 世界高铁的发展

# 上 篇

中国高速铁路发展

# 第1章　中国高速铁路的崛起

中国高铁在学习借鉴世界其他各国高铁建设经验的基础上，结合自身国情和路情，选择了一个综合的、取各家之长的发展模式。截至目前，中国已成为全世界范围内高速铁路运营里程最长、在建规模最大的国家。中国高铁实施全面自主创新战略，在核心技术、成套建造、产业制造、运维服务、人才支撑五大方面拥有较大优势，总体技术水平迈入世界先进行列。

## 1.1　高速铁路的诞生

自 1825 年世界上第一条铁路诞生以来，铁路发展已经走过了两百多年的历史，几乎贯穿了人类整个近代工业化历程。一条条绵延无尽的钢铁大动脉，以其庞大的运输能力，成为世界各大工业国获取资源的利器，深刻影响着世界政治经济格局。铁路的兴起和发展与科学技术和社会的进步密不可分，与此同时，铁路的技术进步和现代化进程，又在深刻影响着整个世界经济的发展，推动着人类社会的不断进步。

20 世纪 40 年代，世界能源紧缺和环境恶化的现实，迫使各国重新认识到发展铁路的重要性，曾一度被人们称为"夕阳产业"的铁路以其独特的技术经济特征，再次进入人们的视野。铁路自身所具有的节能、环保、快捷、安全的优势使其在众多运输方式中变得愈加突出。按照完成单位运输周转量造成的环境成本测算，航空、公路客运分别是铁路客运的 2.3 倍和 3.3 倍，货运分别是铁路的 15.2 倍和 4.9 倍。同时，在完成同样运输任务的情况下，铁路的占地面积和排放的二氧化碳、氮氧化物等污染物的数量远小于航空和公路等交通方式。由于铁路具有降耗和减排的显著优势，许多国家纷纷把发展铁路作为交通产业政策调整的重点。同时，世界各国铁路研究专家、学者，始终在为提高列车的运营速度作不懈的努力。1903 年，德国利用电力机车牵引，使列车的试验速度达到 210 km/h；1954 年，法国用电力机车牵引，使列车的试验速度达到 243 km/h；到了 20 世纪八九十年代，法国、德国、日本用电力机车牵引，使列车的试验速度达到 400 km/h 以上。这些机车车辆技术性能试验，为高速铁路投入商业运营奠定了坚实的技术基础。

1964 年 10 月，世界上第一条高速铁路——东海道新干线在日本诞生，开创了世界铁路的新纪元。高速铁路的诞生和成功，让世界各国重新开始审视铁路的价值，建设快捷、绿色、节能、安全、方便的高速铁路已经成为世界性的共识。高速铁路开启了世界铁路史上的一场革命。高铁以其速度快、运量大、能耗低、安全、舒适、节能、节地、环保等综合优势，广受世界各国的青睐，并得以迅速发展起来。目前，世界上已有 15 个国家和地区建成高速铁路。国外在建的高速铁路主要集中在西班牙、日本、土耳其、沙特阿拉伯等 10 多个国家和地区，总里程超过 4 000 km，其中亚洲占 43.5%、欧洲占 40.0%。除了中国，还有 30 多个国家在规划建设高速铁路，总里程超过 33 000 km，其中亚洲占 39.6%，欧洲占 23.3%。

高速铁路的发展极大地改变了人们的时空观念，提高了铁路在客运市场中的竞争力，也集中反映了一个国家铁路线路结构、列车牵引动力、高速运行控制、运输组织和经营管理等方面的技术进步，体现了一个国家的科技和工业水平。

## 1.2　高速铁路的概念及其主要技术经济特征

### 1.2.1　高速铁路的概念

高速铁路的概念具有国际性，其界定是一个动态的过程，并随着时代的发展而更新。20 世纪中期，国际铁路联盟（欧洲主导的非政府铁路组织，简称 UIC）把新建速度达到 250 km/h 及其以上的客运专线以及旧线改造速度达到 200 km/h 及其以上的既有铁路定义为高速铁路。中国在 2013 年发布的《铁路主要技术政策》中将高速铁路定义为：新建设计开行 250 km/h（含预留）及以上动车组列车，初期运营速度不小于 200 km/h 的客运专线铁路。

可见，高速铁路的定义并不唯一，因国情不同而不同。随着科技的进步，"高速"的水平还会逐步提高。目前被广泛接受的世界铁路等级划分标准为：0 ~ 120 km/h 为常速铁路；120 ~ 160 km/h 为中速铁路；160 ~ 200 km/h 为准高速或快速铁路；200 ~ 400 km/h 为高速铁路；400 km/h 以上为超高速铁路。具体如图 1.1 所示。

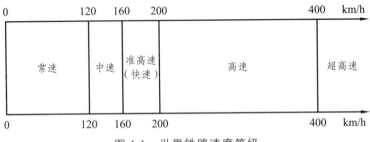

图 1.1　世界铁路速度等级

### 1.2.2　高速铁路的主要技术经济特征

高速铁路促进了地区经济的发展，推进了城镇化进程，对经济发达、人口稠密地区的经济效益和社会发展的贡献尤为突出。高速铁路的主要技术经济特征体现在以下几点。

**1. 安全可靠**

中国建设了稳固耐久的基础设施，制造了安全可靠的高速列车，建立了性能可靠的控制系统。世界上通用的安全标准是高速动车组列车每运行百万千米故障不多于 2 件，中国动车组列车平均故障率低于每百万千米 0.43 件。

**2. 平稳舒适**

中国高速动车组列车采用了减振性良好的高速转向架，车厢内振动小、车窗大、采光好、视野宽阔，车内环境温度、湿度适宜并且空气清新，衡量高速铁路运行稳定的 3 个指标（纵向、横向及垂直稳定性）也都达到世界领先水平。

**3. 运力强大**

投入运营的动车组列车有 8 辆和 16 辆固定编组，还有 17 辆编组，在客流高峰时还可以实现两列 8 辆动车组重联运行，使高速铁路具有强大运输能力。

**4. 适应性强**

中国高速铁路运营环境复杂，运距长，能够满足高寒、高温、高湿、高海拔、高风沙、高速、高密度等各种各样的运营场景，能够适应各种复杂的气候环境和地质条件。

**5. 方便快捷**

运营速度是体现一个国家高速铁路技术水平和综合技术实力的主要指

标,中国高速铁路最高运营时速为 350 km,达到世界上最高商业运营时速。1、2、3 小时高铁出行圈正在拓展形成,目前北京乘坐高铁半日内可到达 50 多个城市。

### 6. 节能环保

在有条件的路段采用以桥代路,每千米桥梁可节省土地约 55 亩（1 亩 =666.66 m³）。动车组列车采用电力牵引,不排放污染。动车组列车以时速 350 km 运行时,人均百千米能耗仅为 3.64 度电,仅为客运飞机的 1/4、小轿车的 16、大型客车的 1/3。

### 7. 性价比高

根据世界银行的专题研究,同样速度标准的高速铁路,中国的造价是欧洲的 2/3;同样类型的动车组列车,中国的造价是欧洲和日本的 3/5。我国高速铁路的平均票价仅为欧洲的 1/4、日本的 1/3。

### 8. 兼容性强

中国高速铁路技术标准兼容不同国家的铁路制式,可适用于世界绝大部分国家。复兴号中国标准动车组拥有 254 项重要标准,中国标准占 84%。

## 1.3　中国需要高速铁路

### 1.3.1　发展高速铁路的酝酿

铁路历来是中国国民经济的大动脉、关键基础设施和重大民生工程,也是综合交通运输体系的骨干,在促进经济社会发展、保障和改善民生、支撑国家重大战略实施、增强中国综合实力和国家影响力等方面发挥了重要作用。

自 1876 年中国第一条铁路——吴淞铁路诞生以来,中国铁路已走过了 140 多年的发展历程,铁路基础设施网络发生了巨变,一张世界独一无二、规模质量领先、运能潜力巨大的现代化铁路网正在祖国大地上快速延展,托起了一个快速流动的中国。

1949 年前的中国战争频繁,铁路发展极其缓慢。直到中华人民共和国成立以后,中国对铁路的修建才有了统筹规划和建设的能力。1951—1981 年,中国通过陆续实施的五个“五年计划”,以平均每年修建 800 km 的速度,共修建了 38 条新的干线和新的支线,基本建成了分布全国的铁路框架,把沿海和内地,各大省会城市、自治区首府（西藏拉萨除外）与首都北京连接起来。

到了 20 世纪 80 年代初期，中国铁路运营里程大约有 5 万 km。

具体来说，1949 年后的 30 年，中国铁路交出了一份出色的成绩单：正线延展里程由 1957 年的 29 119 千米（其中营业里程 26 708 千米）扩展至 1980 年的 58 686 千米（其中营业里程 49 940 千米），增长约 1 倍（营业里程增长 0.87 倍）；机车拥有量由 4 251 台增长至 10 278 台；客车拥有量由 8 566 台增长至 16 157 台；货车拥有量由 90 249 辆增长至 266 376 辆；客运量由 31 262 万人次增长至 91 246 万人次；货运量由 27 421 万吨增长至 108 584 万吨。在十年"文革"的特殊政治环境中，铁路甚至能够扮演"中流砥柱"的作用。1965～1976 年，仍然建成干线 5 669 千米、支线 3 577 千米、第二线 1697 千米。到 1976 年年底，营业里程达 46 262 千米，其中双线地段 7 285 千米；建成了南京长江大桥，实现了宝成铁路电气化；成功研制韶山 1 型干线电力机车、东风 4 型电传动内燃机车，等等。

中华人民共和国成立 70 多年来特别是党的十八大以来，中国铁路以前所未有的建设发展加速度跑出了发展的新高度。在铁路快速发展中，中国高速铁路的建设发展尤为瞩目，成为世界铁路发展新航标，引领世界铁路新潮流。

中国开始关注高铁的时间很早。1956 年，从中国全面启动重工业化进程开始，就逐步建立起一套完整的铁道工业体系。1964 年，日本东海道新干线建成通车时，中国铁路界就感受到了高铁的巨大魅力。即便是在"文化大革命"期间，铁路部门也组织开展了大量资料收集以及研究、酝酿等的早期工作。但是，当时无论是在技术上、还是经济上，都不具备建设高铁的条件。事实上，连当时已有的铁路，都还不能发挥它们的最大效益。1998 年，全国铁路的平均运行速度只有 57 km/h，而日本首列高速列车运行速度就达到 210 km/h，之后的 10 年，西方国家运营的高铁速度也一直在 250 km/h 上下。2008 年之前，我国甚至都没有真正意义上商业化运营的高速铁路。

1978 年 10 月，时任中共中央副主席、国务院副总理的邓小平对日本进行访问时，乘坐新干线列车从东京前往京都，车厢内显示屏上表明列车时速为 210 km，他在回答同行记者的提问时说："快，像风一样快！有催人跑的意思，我们现在正合适坐这样的车。"说完他又补充道："我们现在很需要跑！"两个月后，1978 年 12 月 18 日至 12 月 22 日，中共十一届三中全会在北京召开，标志着中国改革开放拉开了序幕。改革开放也孕育了中国的高速铁路，中国高铁应运而生。

在 1978 年小平同志发出中国要有高速列车的呼声之后，我国进入高铁建设的酝酿和准备时期。从 1978 年开始，中国高铁经历了十年的准备期，其间主要通过改革开放，多渠道了解国外情况，分析总结各国经验教训，从理论上提升，形成高速列车大系统动力学，为系统仿真、系统优化、系统控制提供计算方法及软件。同时，通过调查世界各国高速铁路技术的试验情况，为建设高速试验设备做好了充分的准备。1978 年 12 月，在长度 131 km 的石家庄至保定试验段上，牵引机车由当年从联邦德国进口的 NY 型内燃机车担任，而 5 辆客车则是国产的。在艰苦的环境下，这次冲高试验获得巨大成功，最高时速达到 165 km，标志着中国铁路的一项崭新纪录诞生。1988 年，国家正式批准建设时速 450 km 的机车车辆滚动振动实验台，这个实验台在今后中国高铁的发展中立下了赫赫战功。在此期间，西南交通大学作为研究单位，开始探讨高铁理论。首先是轮轨耦合的力学特性及计算，1983 年发表的"沈赫叶氏理论"解决了轮轨力的计算问题，孙翔、翟婉明提出的"翟孙模型"解决了与线路的作用的问题分析（高铁迅速发展以后，张卫华逐步解决了弓网耦合、流固耦合、机电耦合等问题，并将所有这些耦合集中等人建模，用于全局仿真、全局优化和全局控制）。

改革开放后的中国走过了一段百废待兴的历程，各项事业呈现出蓬勃发展的良好态势，但铁路运输能力不足始终是制约国民经济发展的"瓶颈"。铁路部门认真分析了世界铁路的发展趋势，产生了建设高速铁路的设想，20 世纪 80 年代中期，就已提议兴建高速铁路。纵览世界高速铁路的发展，一个国家和地区能够成功发展高速铁路需要具备两个基本条件：一是城市和地区人口密集，社会经济发展整体水平较高，有充足的客流，人们对运输服务的安全性、时效性、舒适性等有较高的期盼，并能承受相对较高的运输价格；二是科技基础良好，人力资源储备丰富，能够满足高速铁路在技术层面的相关要求。中国人口众多，但人均资源紧缺，人均耕地面积仅为世界平均值的 1/3，能源资源仅为 1/2。另外，生态环境问题也比较突出，而且交通安全形势严峻。利用高速铁路的优势，则可以让这些问题迎刃而解，缓解客运能力严重不足的局面。

20 世纪 90 年代后，中国铁路又开始了十年探索，在当时铁道部的统一领导下，各工厂纷纷研制高速列车，光型号就有二十多种，初试锋芒，获取了经验，培育了人才，为高铁技术攻关打好了基础。

## 1.3.2　客货分线运输

中国高铁的技术创新源于客运和货运分工的选择，其目的在于提高铁路运输的总体效率。中国铁路网规划的主要思路之一就是在铁路运输繁忙通道修建第二双线，以便为实现客运高速化和货运重载化创造条件。2008 年版《中长期铁路网规划》调整方案中明确提出："能力紧张的繁忙干线实现客货分线，经济发达的人口密集地区发展城际快速客运系统。"

客货分线运输是多线运输模式中的一种。在铁路客货运需求旺盛国家的主要经济走廊或人口稠密地区，为满足客货运量不断增长的需要，在同一运行方向或径路方向上，往往同时修建多条铁路，称为"多线铁路"。多线铁路在车站之间的区间内以四线（两条双线）为主，在枢纽（大型车站）地区甚至存在四线以上的情况。客货分线运输也并不是绝对意义上的客货列车分开运行，而是将速度相近的列车安排在同一条线路上开行，从而提高线路的通过能力并降低建造成本。以比较常见的四线运输为例，其往往是将一条复线供较高速度的客运列车使用，而另一条复线供较低速度的客运列车和货运列车共同使用。另外，在六线及以上的大能力客货通道中，在实践中形成了三种线路类型，即客运专线、货运专线和客货共线。针对客货列车分线运行，德、法、英等国为提高铁路运输能力，在20世纪中期开始从运输能力及运输质量、工程投资、养护维修、施工、路网发展、运输组织等多方面对客货分线运输进行深入研究，综合分析客货分线运输的规律和特征，结论是运输量大的线路客货分线运输应成为发展方向。

当然，客运列车和货运列车所追求的目标及其对轨道的作用力是不同的。客运列车的首项要求是高速，而货运列车的首项要求是重载。由于列车的功能不同，列车对轨道的作用力也大相径庭，动力分散型高速动车组的轴重只有十几吨，而重载列车的轴重高达三十吨。由于工程结构或机械装置都是按照最大载荷（作用力）进行设计的，若钢轨和轨道都按客车的载荷设计，其强度（用来抵抗拉力和压力）和刚度（用来抵抗变形）就会不够；若都按货车载荷进行设计，其强度和刚度就会有冗余从而造成浪费。

另外，线路曲线的外轨超高设置也很难同时兼顾追求高速的旅客列车和追求重载的货物列车。拐弯时列车会自然地向内侧（转弯半径向心方向）倾斜，速度越快，倾斜得越厉害，所以在线路拐弯处的外侧钢轨必须抬高，以提供拐弯时抵抗离心力所需的向心力。抬高外轨在技术上称为"曲线超高"。但适合高速列车拐弯的超高，低速列车通过时就有可能因超高过多而翻车。此外，列车速度不同，要求线路的最小曲线半径也不同，列车速度越快，要求最小曲线半径越大，也就是要求线路越平直。

针对以上这些情况，在既有线提速的基础上，中国在部分繁忙通道上修建双线或多线铁路。在规划高速铁路建设时，决定采用客货列车分线运输的组织方案。"客运专线"这一概念也就相应地登上了历史舞台，并进入了人们的视野。但并不是所有高速铁路都是客运专线（如部分线路为高铁兼顾货运），也不是所有客运专线都是高速铁路（如部分城际铁路），两者之间有很大的交集。

客货列车分线运行后，高速铁路开行 G、D 字头列车，采用本线、跨线旅客列车共线的运输模式；既有干线则采取向"以货为主，兼顾客运"进行逐步过渡的运输模式。与客货共线运输模式相比，客货列车分线运输有如下优点：

（1）列车速度差异较小。

实现不同速度等级的列车分线运行后，各线的列车运行速度差逐步缩小。客货共线运输，既有线有 D 字头动车组列车、直达特快、特快、快速、普通旅客列车，以及快运、普通货物、摘挂货物列车等多种列车，客货列车速度差较大。实施客货分线运输后，高速铁路开行高、中速列车；既有线上增加货物列车，逐步减少旅客列车且逐步降低其等级。

（2）充分利用运输能力。

客货共线运输，客货列车速度差较大，同时旅客列车阶段性集中，运输能力损失严重。实施客货分线运输后，由于高速铁路分流既有线客流，同等级列车向同类条件线路集中，从而使高速铁路和既有线的运输能力均得到充分利用。

（3）旅客列车速度大幅提高。

既有线受限于线路技术标准，旅客列车提速有一定的限度，高速铁路建成后，可充分发挥其高速度、高密度、高舒适度的优势。

（4）日常运输调度组织难度趋简。

由于高速铁路和既有线上运行的列车速度差小、列车种类减少，使得日常运输调度组织难度减小，但高速铁路应急处置难度却有增加。

（5）运输安全性提高。

客货分线运输，高速铁路开行高、中速旅客列车，既有线开行货物列车和低速普通旅客列车，相对于客货共线模式下的多列车种类、多速度等级，客货分线运输可降低风险，提高安全性和可靠性。

（6）有效提升服务质量。

高速铁路承担通道内的大部分旅客运输，既有线承担的是全部货物运输和普速旅客运输，在提高运输能力的同时，能充分发挥高速铁路与既有线各自的优势，最大限度地满足旅客和货主多样化的运输需求。

高速铁路建成后的通道分工、客流细分和客流来源如下：

（1）通道分工：高速铁路承担通道内大部分旅客运输，既有干线主要开行货物列车，兼顾普速旅客列车。

（2）客流细分：高速铁路承担对旅行速度及舒适度要求较高的旅客运输，既有干线主要承担侧重于经济性的旅客运输，从而满足不同的需求。

（3）客流来源：高速铁路客源主要是大部分既有铁路客流、部分航空客流、部分公路客流和诱增客流，既有干线客源主要来自既有铁路沿线客流和部分跨线长途客流。

## 1.4　京沪高铁纷争

京沪高铁的发展史是中国高铁发展史的一个缩影。当中国人开始计划修建高铁时，第一个念头就是京沪线。20 世纪 80 年代，东部沿海经济腾飞，京沪铁路覆盖的土地面积占到全国土地面积的 6.5%，但是沿线覆盖的人口是 3.7 亿多，约占全国人口总数的 26.7%，其中人口超过 100 万的城市达 10 个之多。京沪沿线区域生产总值占到全国 GDP 总量的 43.3%。与此同时，京沪铁路的客货运量猛增，运输能力趋于饱和，京沪间急需打开新通道。京沪铁路虽然线路长度仅占全国铁路的 2.8%，却负载了 14.3%的旅客周转量和 8.8%的货物周转量，运输密度是全国铁路平均水平的 4 倍。旅客滞留、货物堵塞，乘车难、运货难等问题凸显，各区段能力利用率均趋近 100%。1992 年，京沪铁路双向客运密度已达 3 171 万人次，是全国平均数的 5.4 倍；京沪铁路南下货运密度高达 7 584 万吨，是全路平均水平的 3.7 倍，其中符离集至蚌埠东区段货运密度超过 1 亿吨；既有京沪铁路已经无法满足京沪地区持续增长的运输需求，运能缺口高达 50%。当时预测，到 2000 年，京沪铁路双向客运量将达到每年 6 500 万人次，货运量达到每年 9 000 万吨。1993 年，"四委一部"组织 100 多位专家开展京沪高速铁路的前期研究，中国高铁事业逐渐拉开帷幕，步入中国高铁发展初级阶段。

修建京沪高铁的构想引起了社会的广泛关注，围绕"要不要修""用什么技术修"，社会各界的专家、学者持续争议了十余年。围绕京沪高铁长达 14 年的争论大致可以分为两个阶段：

（1）1990—1998 年（第一阶段）：主要是"建设派"与"缓建派"围绕建与不建、急建与缓建、何时建等问题进行争论。争论的结果是"缓建派"获胜。

（2）1998—2003 年（第二阶段）：主要是"轮轨派"与"磁浮派"的大战。这个阶段"磁浮派"基本占据上风，但问题是中国当时的经济实力适合建设磁悬浮吗？

"轮轨派"尽管拥有雄厚的实践经验以及大量运营数据支撑，但始终无法突破"缓建派"与"磁浮派"的主张和建议。"轮轨派"此前所做的工作只停留在战术层面，未将高铁规划上升为国家战略，导致京沪高铁建设被推迟到21 世纪。应该说明和肯定的是，在中国高速铁路发展进程中，不管是"建设派"与"缓建派"之争，还是"轮轨派"与"磁浮派"之争，都只是围绕于纯粹的技术问题，这些专家精神执着、意志坚定，都是出于对国家大局和民族大义的考虑，都是有强烈的责任感和使命感，是无私的、正直的，都应该受到尊重。十余年的争论，是国家发展进步的一个象征，有助于科学民主决策，避免国家重大战略决策的失误。

### 1.4.1　初战顺利

1990 年是中国高铁科研的启动年。铁道部提出在人口密集、经济发达、运输能力短缺的京津沪地区建设高速铁路的构思。起初，事情进展得非常顺利，铁道部与国家科学技术委员会（国家科委）、国家计划委员会（国家计委）、国家经济贸易委员会（国家经委）、国家经济体制改革委员会（国家体改委）等有关部委进行了密切沟通，得到了几部委的大力支持，各项工作全面铺开。同年，铁道部向国务院报送《关于"八五"期间开展高速铁路技术攻关的报告》。

1991 年，铁道部组织第四勘察设计院（以下简称"铁四院"）对京沪高铁沿线进行了现场勘察（早在 1984 年，铁四院就编译出版了惠及众人的《高速铁路》）。同年 4 月，铁四院就完成了两个分段报告，即《北京至南京段高速客运系统规划方案研究报告》和《沪宁段高速客运系统规划研究报告》，也就是说，将京沪高铁拆分成北京到南京和南京到上海两段进行分开建设。1992年 6 月，铁四院提交了一份《新建铁路京沪高速铁路南京至上海段可行性研究报告》，这也标志着中国高铁发展史上第一份可行性研究报告正式诞生。根据报告，京沪高铁将按照 250 km/h 建设，预留 300 km/h，远期 350 km/h，其中京沪高铁沪宁段计划在 2000 年建成通车，京沪高铁全线计划在 2010 年建成通车。

1992 年，铁道部向国务院报送《关于尽快修建高速铁路的建议报告》。

1993 年，国家科委、国家计委、国家经贸委、国家体改委和铁道部（四委一部）组织 100 多位专家开展了京沪高速铁路的前期研究，并编写出《京沪高速铁路重大技术经济问题前期研究报告》，结论是：建设京沪高速铁路是迫切需要的，技术上是可行的，经济上是合理的，国力上是能够承受的，建设资金是可以解决的。接着，"四委一部"上报国务院《关于报送建设京沪高速铁路建议的请示》，建议国家尽快批准立项，力争 1995 年开工，2000

年前建成。

1994 年 5 月，国务院总理办公会议听取了有关京沪高速铁路建设的汇报。1994 年 6 月，中央财经领导小组会议上，原则同意铁道部关于修建京沪高速铁路开展预可行性研究的建议。接着，铁道部组织力量深入开展勘测设计工作，并对机车车辆、通信信号、线路桥梁、运输组织等开展专题研究。经过有关单位数百名专家和工程技术人员的努力，1996 年 5 月完成预可行性研究报告，并上报国务院。

1996 年 9 月，国务院总理办公会议再次讨论了京沪高速铁路建设问题。会议认为：建设京沪高速铁路是需要的，可考虑近期完成立项工作。

1997 年 3 月，铁道部将《北京至上海高速铁路项目建议书》上报国家计委。后来，中国国际工程咨询公司给出的评估意见是：建设京沪高速铁路十分必要，建设方案可行，建议尽早立项，与此同时，许多专家学者通过召开研讨会、发表文章等多种形式呼吁京沪高速铁路上马。

1998 年年初，中央把京沪高速铁路列入工作重点，铁道部进一步加速了建设准备工作。

经过十几年反复详细考察分析与可行性论证研究。1998 年 3 月，全国人民代表大会于"十五"计划纲要草案中决定建设高速铁路。

### 1.4.2　缓建和急建

在京沪高铁"要不要修"的问题上主要有两派：一派是"缓建"派，主张中国高铁应"缓建"，其理由是"建设京沪高速铁路，实现客货分线，将导致高铁新线亏损，既有线旅客流失，最终两败俱伤。"1994 年，《上海交通运输》杂志先后发表两篇文章《新建高速铁路非当务之急》《再论新建京沪高速铁路非当务之急》；1994 年 4 月，《科技导报》又发表了题为《京沪高速铁路不宜立项"上马"》的文章。另一派则是"建设派"，其理由是"京沪铁路是世界上最繁忙的铁路线路，必须抓紧建设新线，上马高铁"。两派曾举行多次会商，争议不断。

"缓建派"主张采用摆式列车，他们呼吁中国发展摆式列车，主要用于既有线提速。同时，他们反对新建京沪高铁，认为新建京沪高铁造价太高，若使用摆式列车，不用花很多钱就可以将京沪高铁时速从 160 km 提速到 200 km。实际上，既有京沪铁路运能已经严重不足，上马摆式列车虽然能够让部分旅客列车速度提高，但是无法从根本上解决京沪铁路的运能瓶颈问题。

摆式列车又叫倾斜列车，是一种车体转弯时可以左右倾斜摆动的列车，其最大优点是在曲线半径很小的线路，可以通过车体倾斜摆动调节重心平衡，从而达到高速通过的目的。这种倾斜就是为了维持过弯时的重心平衡，摆式列车的倾摆就是利用的这个原理。通常情况下，在设计时速 160 km 的线路上，使用摆式列车可以跑到时速 200 km；在设计时速 200 km 的线路上，使用摆式列车可以跑到 250 km/h。当然摆式列车也有自己的缺点，主要是在过弯摆动时，乘客会有不舒适感。

1996 年，围绕京沪高铁的争论迎来了一个高峰。当年年初，铁道部按既定计划编制完成了《京沪高速铁路预可研性研究报告（送审稿）》。同年 2 月，铁道部组织召开了论证会，大部分专家都认为，对当时的中国铁路运输而言，京沪高铁越早建越好。时任铁道部高速铁路办公室主任沈之介也以全国政协委员的身份，向全国政协提交了建设京沪高速铁路的书面建议。

1996 年 3 月 17 日，第八届全国人民代表大会第四次会议批准通过了《中华人民共和国国民经济和社会发展"九五"计划和 2010 年远景目标纲要》，明确指出："21 世纪前 10 年，集中力量建设一批对国民经济和社会发展具有全局性、关键性作用的工程……着手建设京沪高速铁路，形成大客运量的现代化运输通道。"这意味着京沪高铁在"九五"期间已经不可能上马了，相关工作一下被推到了 21 世纪。这让以沈志云、沈之介为代表的"建设派"倍感受挫。沈之介认为，既然上马全长 1 300 多千米的京沪高铁阻力太大，不如考虑分段突进方案，比如先上马上海至南京段高速铁路。4 月，铁道部再次组织论证会。在这次论证会上，"建设派"旗手两院院士沈志云主要讲了三个方面的内容：发展高速铁路是世界各国铁路的共同趋势，高铁不但能够创造无法衡量的巨大社会综合效益，而且也是能够盈利的，日本新干线就是成功样本；京沪铁路的运量是有实实在在的统计数据支撑的，并没有被低估，建设京沪高铁势在必行；同时还提出了几条具体的措施，建议京沪高铁尽快上马。在此期间，"建设派"默默地做着两件事：将京沪高铁抛在一边，推动既有线铁路大提速，为未来的高铁运营积累技术及运营经验；将沪宁高铁列入铁路"九五"计划，并实施预可行性研究以及可行性研究，等待时机成熟时能够快速推出。

### 1.4.3　轮轨和磁悬浮

京沪高铁在"用什么技术修"的问题上存在"轮轨派"和"磁浮派"之争。

20世纪80年代，日本正在开展超导磁悬浮技术研究，并在九州东南部的宫崎县建设了一条7 km长的试验线，试验时速已达500 km。"磁浮派"在学习了日本磁悬浮列车技术后，联合有关单位向国家申请了"磁悬浮关键技术研究"的课题，由中科院电工研究所、国防科技大学、西南交通大学和铁科院四家单位共同开展磁悬浮关键技术研究。

1994年3月，"磁浮派"向全国政协八届二次会议提交了《开展超导磁悬浮高速铁路研究的建议》，建议国家立项推动磁悬浮高铁研究。同年6月，他们又联手组织了中国高铁发展史上一次著名的会议——中国高速铁路技术发展战略讨论会。在会议总结报告中，他们指出："高速磁悬浮列车是当前唯一能达到500 km运营速度的现实可行的高速地面交通工具，可实现大城市间的高速客运。""轮轨派"认为：磁悬浮是个新技术，应该发展，但铁道部已经做了京沪高速铁路的可行性研究，正在国家立项，希望不要影响京沪高铁的建设。

论证工作开始之初，专家之间的意见分歧较大，专家们的发言归纳起来为以下三种不同意见：不同意建京沪高铁或者应推迟10～15年，目前只需采用"摆式列车"提高列车速度就行；要尽快建设采用轮轨技术的京沪高速铁路，因为对此已进行了十几年的可行性研究和探索工作；同意建设新的京沪高速通道，但主张采用磁悬浮技术，认为这是高速轨道技术的未来发展方向，中国应该抢占这一技术高地。

经过多次会议讨论，专家们建议由铁道部领导修建一条上海至南京的轮轨高速铁路，由科技部领导修建一条北京机场至天津机场的磁悬浮高速线路。这样，"轮轨派"与"磁浮派"的诉求都得到了满足。第三次进行综合讨论后，形成了上报初稿。专家们的意见除了在"必须尽早建设京沪高速通道"上取得完全一致外，在具体方案上还存在不少分歧，咨询工作历时半年多，最终形成了《磁悬浮高速列车与轮轨高速列车的技术比较和分析》。中国工程院上报国务院的京沪高速铁路咨询建议的主要结论如下：

（1）建设京沪高速铁路是中国发展高速铁路的首选。从国际上看，轮轨高速技术既是成熟的，且在正在不断发展的高新技术，在京沪线上采用轮轨技术方案是可行的。但由于其技术难度大，中国尚无实践经验，故应统一规划、充分论证、分段实施、加强管理，确保建设的高质量。

（2）磁悬浮高速列车有可能成为21世纪地面高速运输新系统，具有明显的技术优势。但由于当时世界上尚未建成商业运营线，因而至少在10年内，不能在京沪全线采用磁悬浮列车方案进行工程建设。但应加强研究开发，组织精干队伍，加大投资力度，突破关键技术，在合适的地段建设一段试验运行线，以取得工程和运行经验，为中国今后发展长距离高速磁悬浮列车商业运营线打下基础。

（3）采用摆式列车对客货运高密度混运的京沪线而言，难以实现提速到 200 km/h 以上的目标，因而不可取。

可见，建设总长 1 318 km 的京沪高速铁路是举世属目的超级工程，虽然有不同的方案之争，但都充分体现了专家们的敬业和爱国精神。整体来看，京沪高铁争论的第二阶段没有赢家。对"轮轨派"而言，京沪高铁的开工被推后了 10 年；对"磁浮派"而言，尽管成功建成了磁悬浮试验线，但其造价及巨额的运营成本，让磁悬浮技术在与轮轨技术的竞争中劣势尽显。国务院最终决定采用轮轨方案，并于 2012 年之前建成通车。这场大讨论可以说是中国在世纪之交奏响的高铁序曲。

## 1.5　高铁试验田工程

正当京沪高速铁路准备大干之时，磁悬浮技术开始崭露头角，因而在技术路线上产生了一定纷争。虽然德国曾做过大量磁悬浮试验，并做出了若干工程方案，但由于成本过高，加上意见不一，最终未能在本国付诸实践。铁道部经过研究，明确表示不赞成磁悬浮技术应用在京沪高铁上，因为磁悬浮技术投资风险大、造价较高，建成后难以与既有铁路实现互联互通，发展前景存在较大的不确定性。相反，若京沪高铁采用轮轨技术修建，不但技术成本低，还能对周边地区发挥更为广泛的辐射效应，产生更大的效益。几经考虑，铁道部最终采取了折中方案，从两方面开展"试验田工程"。

### 1.5.1　秦沈客运专线

由于京沪高铁未能开工，1999 年开始建设的秦沈客运专线（秦皇岛—沈阳）便成为中国高速铁路的开路先锋。秦沈客运专线起自秦皇岛，东出山海关，终至沈阳北站，全长 404.65 km。其与沈山线（沈阳—山海关）共同构成进出关客货运输大通道，与提速改造后的京秦线（北京—秦皇岛）构成京秦沈快速客运通道，最大限度地缩短了北京到沈阳的运行时间。秦沈客运专线线下工程按 250 km/h、线上工程按 200 km/h 设计，并设置了长 66 km、速度为 300 km/h 的综合试验段。

作为当时中国铁路建设技术水平的标志性工程，秦沈客运专线选择了技术成熟、安全可靠、经济实用、能与既有铁路兼容成网、国际通用的轮轨技术，工程特点鲜明地体现"三高三新"：运行速度高，规程规范新；技术含量高，技术标准新；质量要求高，施工工艺新。为此，铁道部汇集了路内科研、设计、施工、监理和建设管理的多年成果，借鉴了国外先进技术和经验，更新理念，在路基、桥梁、轨道、"四电"工程和机车车辆研制等多方面，进行了全方位技术创新，创造了中国铁路的众多"率先"和"第一"。

（1）路基率先按全新概念设计和施工，对填料压实、沉降变形的规定比普通铁路严格。同时开发了新型钢轨、大号码道岔，铺设了超长无缝线路。

（2）桥梁设计施工实现创新，率先在中国铁路建设中大范围采用双线混凝土箱型梁，混凝土结构连梁。研制了具有国际水平的6001架桥机，其运架能力和效率创造了当时国内新纪录。

（3）接触网首次在国内采用铜镁合金导线，受流性能得到明显改善；牵引变电所具有远动控制和自诊断功能。

（4）信号系统取得突破，以车载速度显示作为信号，是中国第一条取消地面通过信号机的铁路。

为探索和积累高速铁路的修建技术，铁道部在山海关至绥中北区间设置了68 km的综合试验段，采用时速300 km高速铁路标准，进行了三次综合试验。

2001年12月，国产"神舟号"内燃动车组驶上线路，进行了第一次综合试验，最高时速为210 km。

2002年9月进行第二次综合试验，国产"先锋号"电力动车组最高时速达292 km。

2002年11月进行第三次综合试验，国产"中华之星"电力动车组最高时速达321.5 km，创造了当时的"中国铁路第一速"，随后又以200~250 km的时速进行了山海关至沈阳北的全程贯通试验，和原沈山线通过的特快旅客列车运行时间相比缩短了近一半。

2002年11月28日，包括部长傅志寰在内的铁道部领导来到秦沈客运专线，准备登乘"中华之星"，体验中国第一速。在此之前，总设计师刘友梅按惯例对"中华之星"进行了热备，即试跑。当时速达到285 km时，转向架故障诊断系统突然发出报警，显示轴承温度达109℃，温度超标，达到一级报警。几位部领导改乘"先锋号"动车组，"先锋号"试跑很顺利，时速达到了270 km。事后查明，"中华之星"轴温过高是一个进口轴承损害所致。

自2006年8月2日开始上线试验后的一段时间，"中华之星"已累积试验运行了80万千米里程，其运行可靠性并不高，开始上线与国外先进技术水平相比还有相当差距。但通过这一项目，中国初步搭建了自主的技术开发基础和高速铁路技术平台。

　　"中华之星"号电力动车组由 2 动 9 拖编组而成，动力集中型交流传动，研制时速达 270 km，总定员 726 人。2001 年通过了技术设计审查，进入试制阶段。2002 年 9 月，在北京铁科院环形试验线中进行编组调试，11 月，"中华之星"动车组在秦沈客运专线的冲刺试验中创造了最高时速 321.5 km，成为当时"中国铁路第一速"。这是 2004 年技术引进之前，中国自主研发的顶峰，为中国高铁实现再创新奠定了技术开发基础、提供了高速铁路技术平台。2006 年 8 月"中华之星"停运，被存放于沈阳车辆段。

　　谈及"中华之星"与动车组的关系，有学者认为，"中华之星"是 2002 年研制而成的，而 CRH 动车组直到 2004 年才有引进计划。此后，由于"中华之星"多次翻修改进，但质量始终不达标，但更加促进了 CRH 动车组的引进；也正是由于"中华之星"的存在，将其作为一种谈判砝码，有效压低了 CRH 动车组的引进价格。"中华之星"的功绩不可低估。这些动车组大部分在历史长河中"昙花一现"，但不可否认的是，它们为后期高铁的发展建设积累了宝贵的经验，也锻炼出一批优秀的专业队伍。

　　秦沈客运专线是中国铁路自主研究、设计、施工的第一条铁路客运专线，在中国铁路发展史上具有里程碑意义，标志着中国初步拥有了具备自主知识产权的时速 200 km 以上铁路设计、建造以及成套装备制造和综合系统集成的能力，为中国高铁发展提供了丰厚的技术储备和坚实的基础。不可否认，这些国产动车组集中了当时国内优势科研力量，在转向架设计、铝合金车体、空气动力学试验、牵引与制动及列车网络系统方面都取得了开创性的研究成果，主要体现在：铁路"四电工程"一般是指通信、信号、电力供电气化工程。"四电工程"是秦沈客运线实现高速的关键。牵引变电采用我国自行研制的安全监控及综合自动化系统，具有远动控制和自检自复功能；接触网采用我国自行设计、适用于高速行车的简单与弹性链形悬挂，其自主开发的仿真计算，使接触网导线一次安全调整到位；通信系统首次采用光纤射频直放技术，以无线通信方式解决区间公务通信，首次采用具有数话同传先进功能的无线列调系统，首次采用车载速度显示信号，取消地面通过信号机。这些新技术在全路尚属首次采用，代表着当时我国铁路通信信号技术的最高水平。

　　秦沈客运专线不仅在桥梁、路基、轨道等工程技术方面取得了新成果，且在运输组织方面也总结了新经验。秦沈客运专线这次重要的工程实践，为建设时速 300~350 km 的高速铁路提供了重要平台，为中国后来大规模的高铁建设先行探路，储备了技术和人才。

在铁路系统中，重要性仅次于修建技术的就是机车制造。从 1992 年开始，和高速铁路修建技术同步，铁道部开展了针对日本、德国、法国不同类型高速列车的关键技术的研究和主要部件的研制工作。主要研究内容有：高速列车总体技术条件；独立式动力集中型高速列车的转向架、车体结构；接式动力集中型高速列车转向架及车体连接结构；动力分散型高速列车研究；高速列车交—直—交传动系统；高速列车制动系统及关键零部件；列车控制、诊断、监测系统；列车密封技术及车内环控技术；列车检修基地；列车空气动力学性能及车体轻量化。

### 1.5.2　上海浦东磁悬浮

上海浦东磁悬浮是世界上第一条也是迄今为止唯一一条商业运营的磁悬浮高铁。在当时科技部的主导下，磁悬浮试验线项目获得了快速推进。2000 年，科技部正式成立了磁悬浮可行性研究小组。北京、上海、深圳三个经济强市为此展开了激烈竞争，上海在最终的比选中胜出，上海磁悬浮建设随即踏上了快车道。2000 年 6 月 30 日，中德双方政府正式签署协议。同年 8 月，上海申通联合上海宝钢、上汽集团等 6 家企业，联合成立了上海磁悬浮交通发展有限公司。8 月 24 日，国家计委批复了上海市磁悬浮列车示范运营线工程项目建议书。2001 年 1 月 23 日，磁悬浮公司与德国西门子公司、蒂森公司、磁悬浮国际公司签署合同，合同金额 12.93 亿德国马克（这只是一个购买合同，没有技术转让内容）。1 月 26 日，磁悬浮公司又与德国轨道梁联合体签署了轨道梁技术转让合同，总金额 1 亿德国马克，这是中国唯一获得技术转让的磁悬浮项目相关技术。2001 年 3 月 1 日，上海磁悬浮项目正式开始开建。2002 年 12 月 31 日，全线开通试运营。2003 年 1 月 4 日，上海磁悬浮正式开始商业运营，线路全长 29.863 km，运营时速 430 km，运输全程仅需 8 min。

上海磁悬浮项目的开通运营，标志着京沪高铁争论第二阶段的结束。但是在巨大成功的背后，也暴露出磁悬浮不小的弊端：前期建设造价高、后期运营维护费用高。而且，与高速轮轨技术相比，磁悬浮技术在稳定性方面还有较大的差距。高昂的造价和运营成本，以及难以掌握的核心技术。同时，磁悬浮运输系统仍然处于小规模的试验阶段，在当时还约有形成路网支撑条件，运输服务范围相对有限。同时，磁悬浮运输系统仍然相对处于小规模的试验阶段，在当时还没有形成路网支撑条件，运输服务范围相对有限。最终也使得磁悬浮技术在对比轮轨技术时劣势尽显，失去了竞争力。

## 1.6　高铁前奏曲

### 1.6.1　"慢牛"与"瓶颈"

与世界其他国家相比，中国铁路的发展有更加广阔的空间。幅员辽阔，这决定了中长距离客货运输的需求量巨大，而铁路作为经济快捷的交通运输方式，一直在中国综合交通体系中发挥着骨干作用，大力发展铁路是推动中国经济发展、加快城镇化进程的重要条件和必然选择。

中华人民共和国成立到 1991 年间，中国的铁路建设和发展虽然也取得了巨大的成就，但是，长期以来，在有着巨大市场需求、有着良好的发展环境的情况下，中国铁路却一直处在一种缓慢的发展的状态。数据显示，中国铁路网规模的扩展速度严重滞后于国家经济总量的增长，铁路客货运量的增长速度远远低于交通运输全行业运量的攀升速度，铁路供给能力不适应社会运输需求的情况严重。"一五"至"四五"期间，铁路建设发展较快，铁路建设投资占全国基建投资比重在 10%左右，平均每年修建新线 1 000 km 左右。但是"五五"到"七五"期间，铁路建设投资的比重逐年下降，占比平均为 6.7%，平均每年建设新线的里程不到 500 km，1991 年只有 197.5 km。在此期间，中国工农业总产值增长了 40 倍，铁路完成客货周转量增长了近 43 倍，而铁路营业里程仅增长了 1.4 倍。

铁路建设长期滞后的原因在于铁路建设资金紧缺，造成新线建设和旧线改造迟缓，运输能力严重不足。从 20 世纪 80 年代中期开始，中国铁路运输进入全面短缺时代。从货运方面看，全社会需要铁路装运的物资始终保持在日均 30 多万车的量，而铁路每天实际只能装运 14 万车，有大量货物不能及时承运；从客运方面看，全国铁路开行的旅客列车每天提供的座席仅有 240多万，而实际运送旅客达到日均 300 万人，许多列车处于常年拥挤的状态。特别在春运、暑运和"五一""十一"期间，"一票难求"的问题十分突出，在大提速之前，铁道部门甚至不得不采取"以货运棚车代替旅客列车"的办法来缓解运输压力。铁路运输生产力不适应经济社会日益增长的运输需求的矛盾越来越明显，对国民经济和社会发展的制约变得越来越突出。站在国民经济和社会发展的需要的角度，要求铁路必须尽快改变路网规模不足、建设资金短缺、列车运行速度较低、生产力布局不合理、运输能力不足、技术装备水平不高的状况。

中国铁路长期在低速中徘徊，20 世纪 90 年代初期，中国铁路客车平均旅行速度为 48.3 km/h，最高时速只有 80~100 km。就在这时，迅猛发展的公路、航空运输却大步赶了上来，加入了国内运输市场的竞争行列。公路发挥方便、快捷和门到门运输的特点，在短途运输市场上占据了优势；航空运输在长途运输中发挥了重要作用，铁路运输市场份额明显下降，经营面临严峻挑战。1990 年，铁路、公路、民航在交通运输中所占的客运周转量市场份额分别为46.4%、46.6%、4.1%，到 1995 年，三者市场份额已变为 39.4%、51.1%、7.6%。几年间，公路、航空迅速占据了运输业的半壁江山。

就在中国铁路发展如"慢牛"般爬行的同时，国外发达国家的铁路既有线提速改造却闯出了成功之路。从 20 世纪 60 年代起，西欧一些国家率先采用先进的科技手段，对运输繁忙的既有干线进行电气化改造，将列车时速提高到 140~160 km；瑞典、德国、意大利等国家采用摆式列车技术，让列车时速达到 200 km。1994 年，世界上已有 25 个国家的列车最高时速达到或超过了 140 km。

在如何破解"瓶颈"上，中国铁路选择了一条可持续发展的道路，进行外延式扩大再生产，加快推进大规模铁路建设，扩大路网规模，提高路网质量，实现主要运输通道的客货分线，兴建高速铁路，加快推进铁路技术装备现代化，这是能从根本上解决问题的长远之路。但新线建设对运输能力的形成是一个缓慢渐进的过程，在短期内不能形成现实运输生产力。1994 年 6 月，铁道部提出"大力提高列车质量，积极增加行车密度，努力提高行车速度"的技术政策。与后来"中国高铁在争论中起步，在争议中发展壮大"不同，在既有铁路提速的问题上，中国铁路上下认识基本一致，达成了共识。

### 1.6.2　广深准高速铁路

时速 160 km 是一个坎，是时速 120 km 的普速铁路迈向时速 200 km 的高速铁路所必须征服的"天王山"，故时速 160 km 的铁路又被称为准高速铁路。早在 20 世纪 80 年代末期，铁道部就在考虑当时国情的基础上，决定选一段既有线路进行技术改造，力争用最少的时间、花最少的费用，达到开行160 km/h 准高速列车的目标，以便为将来的高速铁路建设与运营积累经验。而准高速列车的示范线最终选择了广深铁路。

广深铁路位于中国的南大门，这里是改革开放最早的窗口，又紧邻我国香港和澳门，是沟通珠港澳的重要纽带，也是港澳台同胞和国际友人来往频繁的重要通道。因其位于中国铁路网的尽头，进行改造、试验对整个路网运输的影响很小，加上该线全长 147.3 km，长度适中，且以客运为主，白天开行旅客列车，晚上开行货物列车，行车组织比较简单，集合上述因素进行考量，广深铁路就成为了这次准高速试验的不二选择。

1990 年，铁道部决定将长度约 150 km 的广深线作为试点进行提速改造。最高时速从 100 km 提高到 160 km（其中设有长 26 km 时速为 200 km 的试验段）。

1991 年 12 月 28 日，广深准高速铁路技术改造工程在石能特大桥正式动工，由广州铁路局成立的广深准高速铁路建设指挥部负责建设，总投资 48 亿元人民币，改造的两个重点一个是改造既有小曲线半径，另一个是换铺每米 60 kg 的重型无缝钢轨。改造后的广深铁路，设计时速为 160 km，其中新塘至石龙间设有时速 200 km 的高速试验段。

1994 年 9 月 21 日，广深铁路开始夜间综合试验，同年 12 月 8 日，完成了历时 79 天的提速试验，试验中准高速列车的最高时速达到 174 km。在广深铁路的试验中有两件事让人印象深刻：一是在两列车交会试验时，强大的交会压力波竟然将列车车窗玻璃全部打碎了；二是有一次列车在高速行驶时，将一块施工人员留在钢轨间的钢板吸起来，并将车底的设备损坏，这些现象提醒设计人员一方面要降低列车的升力，也同时为无砟轨道的采用提供了依据。

1994 年 12 月 22 日，广深准高速铁路投入运营，运行时间从原来的 2 h 48 min 缩短至 1h 12 min。广深线作为中国第一条提速铁路（或称准高速铁路），所研发的新技术（大功率机车、新型客车、动车组及可动心道岔等）、制定的新标准和规范，为日后的铁路大提速奠定了基础。广深线获得了社会的广泛好评，同时也取得了良好的经济效益。在广深交通走廊上，提速后的铁路开始扭转竞争力下滑的态势，展现了巨大的竞争力，成为中国铁路的标杆。与此同时，全国铁路客运却在与高速公路运输和航空运输的竞争中陷入下滑的泥潭之中。1995 年，广深准高速铁路开通第二年，中国铁路客运量开始了连续 3 年的同比负增长。

1996 年，广深铁路股份有限公司在香港、纽约上市。1997 年 2 月，总投资 8 亿元人民币的广深线高速电气化工程全面开工。电气化改造完成后，广深铁路石牌至平湖段 108.5 km 的运营里程可以满足 200 km/h 的运行条件，其中下元至茶山段的 27.14 km 运营里程设有 250 km/h 的试验段。1998 年 5 月，广深铁路电气化提速改造完成，设计最高时速为 200 km，为了研究通过摆式列车在中国铁路既有线实现提速至高速铁路的可行性，同年 8 月，广深铁路率先使用从瑞典租赁来的 X2000 摆式高速动车组。2007 年 4 月 18 日，"和谐号"CRH 系列高速动车组投入使用，X2000 也正式停运。

由于广深线全线引入了众多 1990 年代国际先进水平的技术和设备，因此当时广深铁路被视为中国由既有线改造踏入快速铁路和高速铁路的开端。1998 年 6 月，韶山 8 型电力机车于京广铁路的区段试验中达到了 240 km/h 的速度，创下了当时的"中国铁路第一速"，成为中国第一种预备型高速铁路机车。

### 1.6.3 六次大提速

中国进入高铁时代，看似是从 2008 年开始，实际上在这之前，就进行了大量的技术储备。1997 年、1998 年、2000 年、2001 年、2004 年、2007 年，铁路进行了六次大提速，这六次提速为之后高铁的成功打下了比较坚实的基础。

20 世纪 80 年代，中国旅客列车的平均速度仅有 48 km/h，铁路市场份额持续下滑，如果不提高列车速度，铁路将失去与其他运输竞争的能力。按照国外经验，铁路提高速度的主要途径是修建客运专线，然而当时国家拨给铁路的投资额年均只有 100 亿元左右，显然无力建设高铁。唯一可行的方案就是实施既有铁路技术改造。

中国铁路该向何处去？中国铁路必须往前走，这既是对中国铁路运输行业发展负责，也是对中国发展负责。既有繁忙干线提速是一种多快好省的办法，选择既有线条件较好的区段稍加改造，加强线路养护，更换提速道岔，道口改为立交，两侧线路封闭，即可把列车的速度提高到 140~160 km/h。利用这种做法既可以收到立竿见影的效果，又可以节约投资。

1995 年，是中国铁路实施提速战略的重要决策年。同年 6 月 23 日，铁道部成立了提速领导小组，迅速组织全路大力实施提速战略。中国铁路提速的主攻方向在既有繁忙干线上，战略重点是京沪、京广、京哈线，这三大干线总里程 5 046 km，占当时中国铁路营业里程的 9.5%，但完成的客货周转量却占了中国铁路的 39.4% 和 34.4%，其地位可谓是举足轻重。6 月 28 日，铁道部面对当时的铁路经营形势及市场要求，面向科技进步，做出了在全国铁路繁忙干线进行提速的重大决策。这次会议还确定了几条提速的原则：投资不能太大，因为铁道部的建设经费有限；兼顾速度、密度与重量，既要实现旅客列车运行时速达到 140~160 km 的目标，又要保证 5 000 t 货物重载列车的正常开行，同时还要提高行车密度；保证安全，没有安全就没有一切。

1. 第一次大提速

第一次大提速时间为 1997 年 4 月 1 日，京沪、京广、京哈三干线全面提速。以沈阳、北京、上海、广州、武汉等大城市为中心，开行了最高时速达

140 km 的快速列车和"夕发朝至"列车。全路客货列车技术速度分别达到 63.7 km/h 和 45.0 km/h，客货列车旅行速度分别达到 54.9 km/h 和 31.4 km/h，和 1993 年相比分别提高了 6.8 km/h 和 1.4 km/h。

### 2. 第二次大提速

第二次大提速时间为 1998 年 10 月 1 日，京九线以货运为主。京广线以客运为主。京广、京沪、京哈三大主要干线快速列车最高运行时速达到 140~160 km。以北京为中心，1 500 km 范围内可实现 15 h 内到达。在 500 km 范围内开行朝发夕归列车，一天往返。形成了新的铁路运输产品系列。全国允许时速超过 120 km 的线路延长为 6 449 km，时速超过 140 km 的线路延长为 3 522 km，时速超过 160 km 的线路延长为 1 104 km。铁路旅客周转量年均增长率达到 6.8%，超过了公路、民航、水运的增长速度，客票收入每年增长率达 11.9%。

### 3. 第三次大提速

第三次大提速时间为 2000 年 10 月 21 日提速的重点主要是陇海、兰新等连接西部地区的铁路干线。大提速后，全路旅客列车技术速度达到 68.8 km/h，旅速达到 60.3 km/h；允许时速超过 120 km 的线路延长为 9 581 km，时速超过 140 km 的线路延长为 6 458 km，时速超过 160 km 的线路延长为 1 104 km。客车最高运行速度达到 160 km。铁道部允许各路局根据客流变化，实施旺季、淡季两套编组方案，自我调节直通旅客列车的编组。这次提速对列车等级和车次重新进行了分类，并做了较大调整。将原来铁路客车的七个等级调整为三个等级：特快（T 字头）、快速（K 字头）、普通（P 字头）。400 多个较大车站可办理相互异地发售车票业务，同时全国铁路实行计算机联网售票。

### 4. 第四次大提速

第四次大提速时间为 2001 年 10 月 21 日，重点对武昌至成都，京广线南段、京九线、浙赣线、沪杭线和哈大线等进行了大面积的提速。全路旅客列车平均技术速度达 70.32 km/h，平均旅行速度达 61.92 km/h。允许时速超过 120 km 的线路延长为至 13 166 km，时速超过 140 km 的线路延长至 9 779 km，时速超过 160 km 的线路延长至 1 104 km。通过既有线路先后进行的四次大面积提速，初步形成了"四纵两横"的提速网络，提速延展里程已经达到 13 000 km，覆盖了全国大部分地区和城市，从根本上扭转了我国铁路列车速度长期低水平徘徊、不适应市场需求的局面。客车平均旅行速度提高了25%，特快列车最高时速从120 km提高到140 km至160 km，广州至深圳线路最高时速已经达到200 km。铁路通过开发"夕发朝至"列车、"城际列车"等快速列车，使距离2 000 km左右的城市，仅用一天时间就可到达。

5. 第五次大提速。

第五次大提速时间为2004年4月18日，重点对几大干线的部分地段线路基本达到时速200 km的要求，提速网络总里程达到16 500多千米，其中，运营时速160 km及以上的提速线路长7 700多千米。旅客列车平均旅行时速达到65.7 km，其中，直达特快列车每小时119.2 km，特快列车每小时92 km。全国铁路时速120 km以上的线路延展里程达到22 090 km，时速160 km以上的线路延展里程达到14 025 km，时速200 km以上的线路延展里程达到5 371 km，为进一步提高干线运输能力拓展了空间。铁路客货运输能力分别增加18.5%和15%。2005年，全国铁路旅客发送量完成11.54亿人次，比大提速前增长了18.7%；全国铁路货物发送量完成26.86亿吨，货运量增长连续两年保持在2亿吨以上。我国铁路完成的旅客周转量、货物发送量、货运密度和换算周转量等主要运输指标均居世界第一位。

6. 第六次大提速

第六次大提速时间为2007年4月18日，主要在京哈、京沪、京广、陇海、兰新、胶济、武九、浙赣等线路实施。这次大面积提速首次在现有提速干线上同时开行时速200 km动车组和时速120 km、载重5 000 t货运重载列车。提速后，全国铁路时速120 km以上的线路延展长度将达到22 000多千米，其中5 300多千米的线路的运营时速将达到200 km。与前五次大面积提速相比，第六次大面积提速的标准要求更高、技术更复杂、实施难度更大。铁路改造平面的线路延展长度有840多千米，拨移线间距长度440多千米，更换提速道岔1 193组，还要完成与时速200 km动车组配套的通信信号设备改造。4月18日当天，中国高速列车CRH（China Railway High-speed）"和谐号"正式以200 km/h速度载客运营，这标志着我国正式进入高速时代。和谐号动车组首次担当的是D460次，由上海站发出，终到苏州站。随后几年，一条条客运专线相继建成通车，各个型号的动车组奔跑在这些高速铁路线路上，创造着中国速度和奇迹。既有线提速仅仅是提速工作的开始，取得了非常明显的经济效益和社会效益，为进一步发展客运专线、高速铁路创造有利条件。

中国铁路六次大提速如图1.2所示。

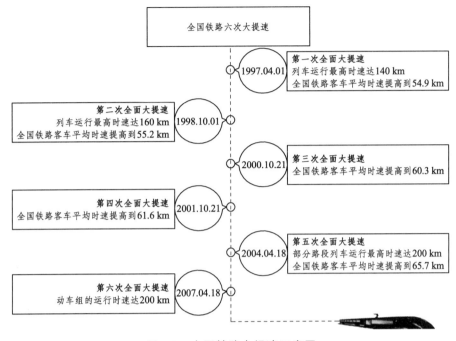

图 1.2　中国铁路大提速示意图

## 1.7　宏伟蓝图——中长期铁路网发展规划

20 世纪中叶以来，世界铁路以高速客运作为突破口开始了新一轮的复兴，高速铁路的问世，使一度被人们称为"夕阳产业"的铁路运输业重新焕发了青春，出现了新的生机，客运高速化是世界铁路发展的趋势，在许多国家，越来越多的旅客把乘坐舒适便捷的高速列车作为出行方式首选。2003 年，中国政府从落实科学发展观、实现国民经济又好又快发展的战略全局出发，出台了加快发展铁路的重要决策，中国铁路进入加快推进现代化进程的历史阶段。中国高速铁路网的布局原则如下：

（1）高速铁路的布局应以连接中心城市、全面适应 21 世纪中叶人们对出行的运输要求为目标，中心城市间形成高速、大能力的客运通道。

（2）高速铁路的布局应以经济效益为中心，重点考虑目前能力不足的客货繁忙通道，通过新建高速铁路实现客货分线运输，大幅度提高客货运输能力和旅客运输质量。

（3）高速铁路应尽量成网布局，这样有利于充分利用高速铁路资源。

（4）高速铁路的布局应兼顾西部地区，缩短东中西部的时空距离。我国经济发展具有不平衡的特点，由于广大西部地区人口密度低、经济发展相对落后，从需求来看，双线铁路基本能够满足要求，考虑未来西部地区的发展潜力和提高运输质量的需要，效率兼顾公平，高速铁路应连接西部的中心城市，这样有利于缩短西部与东中部中心城市的时空距离，发挥中心城市的辐射带动作用。

（5）高速铁路的布局应远近结合，长大通道一次规划，分期实施，由于各线所处的地理位置不一，速度目标不一定采用统一标准。

### 1.7.1　"四纵四横"

2004 年是中国高铁建设厉兵秣马的备战年。新的建设目标要有新的质量标准，铁道部发布了《铁路主要技术政策》，制定了《铁路工程建设标准管理办法》《新建时速 200～250 km 客运专线铁路设计暂行规定》等，完成了京沪高速铁路和时速 200～250 km 客运专线铁路桥跨结构标准设计，初步建立起客运专线和客货共线分级标准设计体系。

2004 年 1 月，国务院常务会议讨论并原则通过中国铁路史上第一个《中长期铁路网规划》，以大气魄绘就了超过 1.2 万千米的"四纵四横"快速客运专线网。3 个月后，国务院又召开会议专题研究铁路机车车辆装备有关问题，明确提出"引进先进技术、联合设计生产、打造中国品牌"的基本方针，确定了引进少量原装、国内散件组装和国内生产的项目运作模式；明确铁路网要扩大规模，完善结构，提高质量，快速扩充运输能力，迅速提高装备水平；明确到 2020 年，全国铁路营业里程达到 10 万千米，主要繁忙干线实现客货分线，复线率和电化率均达到 50%，运输能力满足国民经济和社会发展需要，主要技术装备达到或接近国际先进水平。2004 年 7 月 29 日，国家发改委与铁道部联合印发《大功率交流传动电力机车技术引进与国产化实施方案》和《时速 200 km 动车组技术引进与国产化实施方案》。从提出目标到做出决策再到确定具体实施方案，从国务院领导到国家发改委、铁道部，这其中经过了许多次论证研究，经历了许多个环节程序，仅仅用了一年时间，中国高速铁路建设就驶上了发展"快车道"。

2008 年 10 月国家发改委颁布的《中长期路网规划（2008 年调整）》简称"2008 年《中规划建设"四纵四横"客运专线。其中"四纵"为北京—上海客运专线、北京—武汉—广州—深圳客运专线、北京—沈阳—哈尔滨（大连）客运专线、上海—杭州—宁波—福州—深圳客运专线，"四横"为徐州—郑州—兰州客运专线、杭州—南昌—长沙—贵阳—昆明客运专线、青岛—石家庄—太原客运专线、南京—武汉—重庆—成都客运专线。

2017 年 12 月 28 日，石家庄至济南高速铁路的建成通车，标志着我国"四纵四横"高速铁路网完美建设收官。

## 1.7.2 "八纵八横"

2016 年 7 月，国家发委、交通运输部、中国铁路总公司联合发布了《中长期铁路网规划》（简称《规划》），勾画了新时期"八纵八横"高速铁路网的宏大蓝图。《规划》提出，到 2020 年，中国高铁线路里程将达到 3 万千米；到 2025 年，高铁线路里程达到 3.8 万千米（实际 2020 年年末就已超过 3.8 万千米）；到 2030 年，高铁网基本连接省会城市和其他人口 50 万以上的大中城市，实现相邻大中城市之间 1～4 h 到达的城市圈。《规划》主要包含以下内容：构筑"八纵八横"高速铁路主通道；拓展区域铁路连接线，规划建设上海—湖州、南昌—景德镇—黄山等高速铁路区域连接线，进一步完善路网扩大覆盖；发展城际客运铁路，在优化利用高速铁路、普速铁路开行城际列车服务城际功能的同时，规划建设支撑和引领新型城镇化发展、有效连接大中城市与中心城镇、服务通勤功能的城市群城际客运铁路。

2017 年 11 月，国家发改委、交通运输部、国家铁路局、中国铁路总公司联合颁布《铁路"十三五"发展规划》，明确在全面贯通"四纵四横"高速铁路主骨架的基础上，推进"八纵八横"主通道建设，实施一批客流支撑、发展需要、条件成熟的高速铁路项目，构建便捷、高效的高速铁路网络，拓展服务覆盖范围，缩短区域间的时空距离。相对于已经基本建成的"四纵四横"高速铁路网，未来的"八纵八横"高铁网途经更多山区或复杂地质环境的地区，建设成本更高、沿途人口密度也相对较低，实现盈利的压力更大，这意味着铁路发展在经济效益和社会效益之间逐渐实现平衡。

"八纵"通道为沿海通道、京沪通道、京港（台）通道、京哈—京港澳通道、呼南通道、京昆通道、包（银）海通道、兰（西）广通道；"八横"通道为绥满通道、京兰通道、青银通道、陆桥通道、沿江通道、沪昆通道、厦渝通道、广昆通道如图 1.3 所示。"十三五"期间，将建成北京至沈阳、济南至青岛、商丘至合肥至杭州等高速铁路。到 2020 年，基本形成高速铁路网络，全国高速铁路里程将达到 3 万千米。同时，根据国家中长期高铁网规划，将建成连接主要城市群，基本连接省会城市和其他人口 50 万以上大中城市，形成以特大城市为中心覆盖全国、以省会城市为支点覆盖周边的现代高速铁路网，实现相邻大中城市间 1～4 h 交通圈，城市群内 0.5～2 h 交通圈。到 2025 年，高速铁路达到 3.8 万千米，到 2030 年，高速铁路将达到 4.5 万千米。

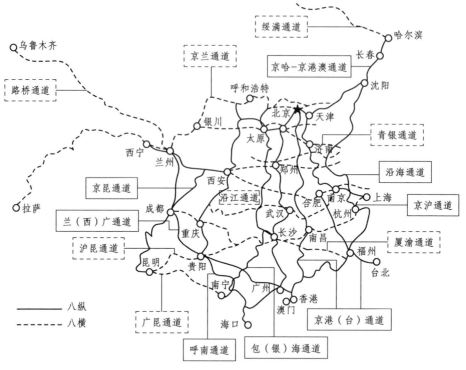

图 1.3 "八纵八横"规划

据统计，"八纵八横"规划总里程约 4.56 万千米，目前已建设完成近七成。剩余段落大部分均已开工或即将开工。由于中西部山区线路建设难度大，如西宁至成都的铁路、渝昆高铁云南段、西渝高铁、重庆至黔江高铁等，工期需要 5 到 6 年，预计到 2026 年左右，"八纵八横"通道将基本建成。截至目前，宏大的"八纵八横"，已经建成七成。中国高铁运营总里程达 3.79 万千米，由许多动车组组成的"高铁航母群"在线路上飞驰。中国大地的各个地方正以一种前所未有的方式连接起来，从高寒雪山到烂漫花田，再到热带海洋，一张以"八纵八横"为骨架，以区域连接线、城际铁路为补充的全球规模最大的高速铁路网日渐成形。而更宏大的未来也已提上日程，根据《新时代交通强国铁路先行规划纲要》，到 2035 年，中国高铁将达到约 7 万千米，现在的里程相比再翻一番。

在原规划中，部分通道为复合型通道，由多条径路和分支组成；部分通道利用既有线，并非全部为新建时速 250~350 km 的高铁标准。随着"一带一路"倡议和长江经济带、雄安新区、成渝地区双城经济圈建设等国家重大战略的实施，国家铁路建设和规划形势发生了较大变化，部分高铁建设进度被提前，部分高铁新纳入规划，部分通道被赋予了新的走向。因此，即将出台的"新时代中长期铁路网规划"和"十四五"规划中，"八纵八横"的定义和部分线路走向节点或将改写。

中国社会、经济的飞跃发展给国家综合交通运输体系带来了挑战，也对中国全国高速铁路发展提出了更高要求。2017 年 2 月 3 日，《国务院关于印发"十三五"现代综合交通运输体系发展规划的通知》，提出中国需要在东部和西部建立一个"十纵十横"综合运输通道，通过南北方向运行，加快实施关键通道连接和扩展，加强中部、西部和东北部走廊的建设。事实上，中长期铁路规划的"八纵八横"在很大意义上已经转变成"十纵十横"的高速铁路，以珲春至长春、银川至福州为新的横向线路，纵向线路新增银川至重庆高铁以及烟台至重庆高铁，展示了中国高铁作为国家基础设施建设骨架主体的发展新格局。我们期待这样的中国高铁，期待这样一直进击的中国高铁。

## 1.8　市场与技术

### 1.8.1　动力集中还是动力分散

《中长期铁路网规划》描绘的"四纵四横"客运专线网络，是世界上从来没有过的高铁大市场。中国高铁技术的形成至少有三个来源，分别是：国外先进技术、本国的开发能力和技术积累、生产能力形成过程中的多种技术融合。当时，法国 TGV 整体技术比较先进，德国 ICE 技术传动部分比较先进，日本新干线的运营和管理经验比较成熟，中国在学习探索的过程中，将自身的技术和国外先进技术进行融合并发展，在学习借鉴消化吸收的过程中掌握了核心技术，并通过整合形成新的技术和知识产权，产生自主的新技术标准，最终保持了技术的持续领先。

动车组可以分为两种不同的类型，即动力集中型和动力分散型。日本高铁一开始就采用动力分散方式，而法国和德国的早期高铁动车组，都采用动力集中方式。在高铁发展历程中，动力集中方式与动力分散方式在竞争中显示了各自的特点。动力集中方式为大家所熟知，列车靠火车头（机车）拉动是普通铁路的常例（其特例是前面一节火车头拉、后面一节火车头顶），这就是动力集中方式。可见，"火车头"是动力集中方式的关键词，其优点主要有两条：第一个优点是动力装置少，维护工作量少，因此成本相对低廉。例如，动力集中方式的"欧洲之星"高铁列车为 20 辆编组，列车两头各有一台动车，中间为 18 辆拖车，牵引总功率为 120 000 kW，但它使用的牵引电机却只有

12 台。而采用动力分散方式的日本 0 系列车，16 辆编组的牵引总功率为 11 840 kW，与"欧洲之星"接近，但要使用 64 台牵引电机。牵引电机少这一优点在直流传动（采用直流电机作为牵引电机）年代很有意义，因为直流电机的维修工作量大，但随着传动技术进步，在采用交流电机作为牵引电机后，这一优势就不那么明显了。第二个优点就是车厢里没有动力装置所引起的振动和噪声，乘客在其中会比较舒适。但动力集中方式的缺点是机车的轴重（列车通过轮轴和轮对传递给钢轨的作用力）较大。由于牵引电机集中在机车上，机车下部的车轴要承担更大的重量，因而运行时对轨道的作用力和冲击力更大，也要求钢轨具有更大的强度与刚度，这样造价就会增加。动力集中和分散式示意图如图 1.3 所示。

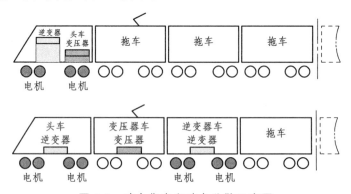

图 1.4  动力集中和动力分散示意图

动力分散方式的优点主要有两项：一是轴重比动力集中方式小而且分散，因此可以降低对轨道的强度和刚度要求，还可以增加载客量。例如，动力集中方式的法国 TGV-A 的轴重均大于 17 t，德国 ICEI 的轴重高达 195 t；而采用动力分散方式的日本 300 系的轴重仅为 11.4 t、500 系的轴重为 11.1 t。二是动车组编组相对灵活，在终到站也不需要调换头车方向。经过几轮博弈，高速动车组的动力集中方式渐渐转向动力分散型方式。

在高铁技术发展过程中，法国和德国高铁长期采用动力集中方式，法国的集式一般是 4~6 节车，坡度甚至可超过 20%；德国开始时向法国学习动力集中式，后来发现集中式不太适合本国，又转为了动力分散式。而日本高铁则采用动力分散方式，集式和分散式在关键技术上互相竞争：20 世纪 60 年代，日本的动力分散方式一枝独秀；20 世纪 80 年代，法国的 TGV 动力集中方式占据了优势地位；到 20 世纪 90 年代，两者并驾齐驱。

在学习借鉴的过程中，中国铁路部门做出了一个正确决策：重点发展动力分散型速度动车组。中国开始钻研的是集式，但后来，发现集式的维修成本很高，而且在速度 200 km/h 以上连续运行时，磨损非常大，各部件融合程度差，经常发生故障。技术成熟后，2018 年，铁路部门又对动力集中式进行全盘试验，标志着中国动车组谱系得到了成熟发展。

## 1.8.2 技术引进

在世界高速铁路竞技场上，多年来一直是日本和欧洲双雄并行。日、法、德等发达国家高速铁路经过多年发展，整体运输设施基本成形，装备制造市场处于基本饱和的状态，逐渐形成以本国原创技术为代表，基于各自国情，各自独立、各具特点的技术体系。而当时中国正成为世界铁路发展的最大新兴市场。除了掌握高速动车组设计和制造技术的三大巨头——德国西门子、法国阿尔斯通、日本川崎重工外，加拿大庞巴迪等跨国集团都看中了中国铁路的巨大市场，提出希望以合资公司为主体进行投标。

2004 年 6 月 17 日，《人民铁道》报和中国采购与招标网同时发布了招标公告：中华人民共和国铁道部为了满足国内铁路日益增长的客运服务需要，拟采购时速 200 km 的铁路电动车组，共计 10 包 200 列。公告明确了招标公司和招标人资格，投标主体是国内企业，但它必须取得国外先进技术支持。一石激起千层浪。一纸招标公告，"搅动"了全世界的高铁市场。这次招标中，对投标企业条件的限定，让铁道部处于买卖关系中绝对主动的位置。

公告明确投标企业必须是"在中华人民共和国境内合法注册的，具备铁路动车组制造能力，并获得拥有成熟的时速 200 km 铁路动车组设计和制造技术的国外合作方技术支持的中国制造企业（含中外合资企业）"。这段话，通俗解释一下，就是以下两个意思：第一，投标企业必须是中国企业，西门子、庞巴迪、阿尔斯通以及日本高铁制造企业本来想直接参与投标，这一条件将它们挡在了门外；第二，中国的企业也不能随便投，必须有拥有成熟技术的国外企业的支持，这一下又把"中华之星""蓝箭"等国产动车组挡在了门外，因为铁道部的真正目标是引进国外先进技术。这次招标还明确规定了三个原则：第一，关键技术必须转让；第二，价格必须最低；第三，必须使用中国品牌。这样的招标内容既达到了技术引进的目的，又通过较小代价提升了国内高铁装备领域的技术和制造水平。此外，铁道部只指定了南车和北车两家企业进行技术接收，而国外企业共有西门子、庞巴迪、阿尔斯通、川崎四家，这让两家中国企业拥有绝对的战略优势，具备了同国外企业谈判的资本，加大了对方的技术转让力度。值得一提的是，除要求外商与国内企业签订完善的技术转让合同外，铁道部还设置了对中国投标企业"技术转让实施评价"

的考核环节，只有国内企业通过了铁道部成立的动车组联合办公室在该环节的验收，铁道部才向国外合作企业付款，确保了中国企业对引进技术和制造工艺的充分掌握。

2004年，铁道部委托中技国际招标公司为铁路第六次大提速进行时速200 km动车组招标。这次招标，铁路主管部门强势整合国内市场，统一口径，整体对外谈判，促进了国内企业与国际最先进技术平台的高水平对接，为中国高铁高起点自主创新奠定扎实基础。简单而言，所谓"技术转让"的内容如下：

（1）对中国购买的高速列车进行"联合设计"。这种"联合设计"不是外方与中方一起从头设计一个过去没有的新车型，而是双方对中方购买的车型进行设计修改，以使其能够适应中国的线路特点。

（2）外方提供中方购买车型的制造图纸。当然，设计原理和设计来源数据库等关键技术资源是不可能转让的，而且提供图纸的部分也不完全涵盖所有的零部件图纸。

（3）生产引进产品的工艺。这部分属于制造体系的一部分，是中方受益最大的部分。

（4）对中国工程师和技术工人进行培训。

也就是说，中方获得的是生产能力（对给定技术的使用方法），而不是技术能力（把这些技术开发出来的方法）。在这种情况下，如果引进是技术的唯一来源，那么中国铁路装备工业后来的发展路径就是按照外国车型设计来制造，并通过引进新车型来进行升级换代。但实际情况与这个逻辑前景并不相符。

2004—2006年，通过两次招标，中国企业在铁道部的统筹下，成功获得了日本、法国、德国的高铁技术。西门子拿出来的是基于ICE3开发的Velaro CN平台技术，代表了当时世界动力分散型动车组的最高水平；阿尔斯通擅长动力集中技术，他拿出来的仅仅是以"潘多利诺"摆式列车和S M3型动车组的结合体，技术并不先进，所以CRH5投入运营的初期，故障率一直居高不下；日本大联合没有拿出自己最好的动车组技术，只是拿出了缩水版的"疾风号"E2-1000，但是通过与日本企业的合作，中国企业不但获得了一个向上开发的动车组平台，而且也在与日本企业的合作中学到精益制造技术，这让中方企业在此后的发展中受益匪浅。其中从四个外国企业引进的四个车型及相应的技术，具体可分为4个CRH系列：

"1型车"：即CRH-1，当时的铁道部从加拿大的庞巴迪购买了该型号的列车40列。这批列车由庞巴迪在中国的合资企业生产，没有技术转让费。

"2"型车：即CRH-2，以新干线E2-1000为原型车，时速200 km，由日本川崎重工业株式会社转让。当时的铁道部订购了该型号列车60列，由南车集团所属青岛四方机车车辆股份有限公司受让、国产化，支付技术转让费约 6 亿元人民币。

"3"型车：即 CRH-3，时速 300 km，是 2006 年第二轮招标后，由当时的铁道部从德国西门子公司进行引进，购买了价值 6.69 亿欧元的 60 列，技术转让费约 8 亿元人民币。除整车外，还有配套牵引、制动等系统及部件的生产转让（此处"转让"的只是"生产能力"）。

"5"型车：即 CRH-5，时速 250 km，是从法国阿尔斯通旗下的阿尔斯通交通运输引进，转让给北车集团所属长春轨道客车股份有限公司（以下简称长客），技术转让费约为 9 亿元。

后来，中国高铁研发在不到 6 年的时间内，跨越了三个台阶：第一个台阶，通过引进消化吸收再创新，掌握了时速 200～250 km 高速列车制造技术；第二个台阶，自主研制生产了时速 300～350 km 高速列车；第三个台阶，中国铁路以时速 350 km 高速列车技术平台为基础，成功研制生产出新一代 CRH380 型高速动车组。事实证明，中国高铁技术存在着引进之外的来源，即中国铁路装备工业具备对引进技术进行消化、吸收、再创新的技术能力基础，从而掌握该工业的核心技术。

以"2 系车"制造商四方公司为例，事实上，中国铁路装备工业还在"消化、吸收"原型车技术期时，就已经开始"再创新"。有以下两个事实证明了这一点：

（1）四方技术进步的速度远远超出所有人的预料。在引进初期，川崎重工认为四方对引进技术的消化吸收需要 16 年，即 8 年消化、8 年吸收，然后才能达到可以创新的阶段。

（2）四方开发的 CRH380A 已经通过美国的知识产权评估。在四方跟踪美国加州高铁市场的过程中，由四方提供自己的技术条件和设计方案，美方检索出来所有相关技术专利 900 多项，再找专业人士评估是否侵权。最后美方评估的结论是四方的产品没有侵权，说明 CRH380A 的技术完全是自主产权，且已经超过日本新干线技术。

中国高速铁路以最短的时间成为我国技术追赶最为成功的产业之一，其辉煌并非一日之功，主要原因应是我国长期以来积累的技术团队、技术能力和技术平台，始于 2004 年的"成套引进"路线，帮助中国高速铁路产业建立起现代化的制造体系，还获得了完整的产品生产与运营经验，以最小的代价、最短的时间推动高速铁路全产业链的大发展，我国原先所积累的技术团队、技术能力、自主创新得到充分调动和释放。例如，在"中华之星"的研发过程中培养了许多人才，这些人才很多在后来引进技术过程中承担起了技术骨干。再如，机车车辆并非"中国高速铁路是依赖外国帮助并获得全套技术的结果"。日本、德国、法国技术以及庞巴迪公司技术动车组，外方对诸如转向架、网络控制、变流装置、空气制动等核心硬件和软件技术的态度都是拒绝转让。引进过程中，我国得到的主要是生产图纸、制造工艺、质量控制和检测方法，即制造合格产品所必需的文件、管理知识和有关专利。因此，解释中国高速铁路技术成就的关键变量不仅是"引进消化吸收再创新"，而是该工业在自力更生阶段形成的技术能力基础和使这个基础继续发扬光大的自主创新路线，坚持自主创新是增强自己能力的唯一途径。

2008 年 2 月 26 日，中国铁道部和科技部签署计划，共同研发运营时速 380 km 的新一代高速列车。

2010 年 12 月 3 日，CRH380AL 高速动车组在京沪高铁枣庄至蚌埠段，试验运行，最高时速达 486.1 km，再次刷新此前在沪杭高铁创下的时速 416.6 km 的世界运营铁路最高时速纪录。虽然早在 2007 年 4 月 3 日，法国高速列车 V150 在行驶试验中时速达 574.8 km，但需指出的是，中国创造的 486.1 km 最高时速，是用正常运行的动车组 CRH380A 在日常运营线路上跑出的，运行后列车完好无损。而法国创造最高时速 574.8 km 的列车，是经过特殊试验改装而成，机车采用并列 4 座的窄车体设计，运行线路也使用的是特意建造的花岗岩特级道砟。试验结束后，列车则几乎完全报废。

随后几年，几条高速铁路之所以迅速获批，一个原因是筹建京沪高铁中准备的技术可以直接拿来使用。某种意义上，它们也为京沪高铁做技术验证。在这种情况下，一条条客运专线相继建成通车，持续各个型号动车组奔跑在这些高速铁路线路上，持续创造着中国速度和奇迹。CRH1、CRH2、CRH3 和 CRH5 动车组技术分别来自不同的国家，他们各有各的特点。当然，这些基于国外技术平台的动车组或多或少存在着一些不符合中国铁路市场的缺点。其中，对于中国铁路总公司而言，最头痛的事情莫过于不同型号的动车组定员数量不同，司机驾驶操作不同、不能相互直接救援和关键零部件不能互相替换。这些问题在很大程度上提高了中国铁路总公司的运营成本和维护成本。因此，2013 年 12 月，根据中国铁路总公司的需求，由中国铁道科学研究院牵头，与各厂家共同进行统型动车组顶层技术指标和技术条件的编制。随后，统型动车组相继上线运营。统型动车组是指在各型动车组技术平台上，对列车的定员、旅客服务设施、司机操作设施、列车的主要性能进行统一而设计出来的动车组。这样一来，乘客在乘坐不同厂家的动车组时，座位、卫生间、开水炉、大件行李的位置都是完全相同的，非常方便。司机操作不同动车组时，操作手把、按钮、显示屏也是基本相同的。各厂家制造的动车组定员及连挂接口完全一致，可互相备用、救援，大大提高了列车使用率（目前，不同型号动车组相互救援只能实现机械和气路连接，网络和电气仍然不同连通）。不同型号动车组的关键零部件可以相互替换使用。从中国铁路总公司的需求入手，先进行顶层设计，再制造实现，最后上线新车，在工业制造中，这叫正向设计。

总体来说，铁道部针对国内巨大的高铁市场，要求各公司转让技术，加上背后有着中国工业基础和工程技术人员的研发能力，最终使得中国高铁技术成为了世界高铁技术的集大成者。但"系统引进"在带来诸多裨益的同时，也带来了一些不容忽视的问题。也正是这些问题，成为后来我国下决心研制"中国标车"的原因。

时至今日，业内普遍认为，中国铁路真正突破并掌握核心技术的时间段主要是在最近的五、六年内。例如，已经试制成功的中国标准动车组，不但摆脱了核心技术受制于人的局面，牵引变流装置、制动系统、网络控制、转向架等核心技术难题相继攻克，同时还实现了产品的简统化和标准化，可大幅降低制造和运营成本。更值得欣慰的是，中国标准动车组的控制系统软件均为自主编制，被人"卡脖子"的技术都已突破；中国独立研制的永磁电机牵引系统已在高铁动车上试验成功，永磁电机牵引技术迈入世界领先行列。这意味着中国已经打破外国公司的垄断，重新构建了自主的产品平台。中国标准动车组不但将为中国高铁提供不受外方约束、更放心、更经济的产品，也将是中国走向世界时手中的一张王牌。

### 1.8.3 中国动车创新发展阶段

中国高铁一路走来，从无到有、从弱变强，从积累、引进到自主创新，从国内走向国外，每一步都堪称世界奇迹。以技术路线、技术系统和技术来源的选择以及相应设计生产的产品为标记，可以将迄今为止的中国高速列车创新划分为五个阶段。

1. 自我探索与技术积累阶段（改革开放后—2003 年）

20 世纪 80 年代，中国就"要不要建设高速铁路""如何建设高速铁路""以什么样的标准建设高速铁路"等问题达成了初步共识，并于 1990 年年底完成了《京沪高速铁路线路方案构想报告》，开启了建设京沪高铁的预研。此后，中国不仅开展了如广深准高速铁路、第六次铁路大提速以及秦沈客专等三大线路试验与运营实践，也研发制造了"先锋""蓝剑""中华之星"等国产高速列车。其中最具代表性的即为"中华之星"，其在京沪高铁"轮轨"与

"磁悬浮"路线之争的背景下于 2000 年立项，最高运营时速达到 270 km/h，在 2002 年秦沈客运专线的冲高试验中更是创造了 321.5 km/h 的时下速度纪录。通过该项目，中国不仅积累了动车组制造的系统集成能力，更是在动力系统、高速制动系统、转向架等方面取得了很大的技术突破。然而，"中华之星"在试验和运行中故障发生的频率不少，故在 2003 年召开的高速动车组专家研讨会上，一致认为该型列车与国外先进水平的列车在技术水平、产品成熟度和可靠性方面存在比较明显的差距，其动力集中式布局的技术路线也与国外分散式布局的主流路线相悖。产品上的差距体现了当时的中国高铁装备领域在技术、材料、工艺等方面的全面落后。

2. 国外技术引进和消化吸收阶段（2004—2007 年）

我国高速列车在进行国产化、完全自主化的过程中，如何在既有技术和产业基础上快速掌握核心技术以实现高速列车批量生产及升级换代是铁路装备制造业面临的迫切难题，同时还面临着来自产业化与创新模式管理方式的多项挑战，集中表现在：

（1）面对高速列车技术的挑战，如何构建创新体系和研发流程，在较短时间内掌握核心技术，形成自主持续创新能力。

（2）面对快速发展的国家和行业需求，如何建立与高速列车产业化需求匹配的产业链、制造体系和创新模式，快速形成适用批量生产的产业规模。

（3）面对复杂运用环境下的高密度、大运量运营难题，如何构建高品质保障体系，实现产品全生命周期的能力保持。

上述挑战涉及市场、资金、技术、能源、供应链等多种要素，覆盖高速列车设计、实验、制造、运维链条各要素间相互关联、互为耦合，具有系统性、复杂性和特殊性等特征，高速列车产业化与技术创新的管理方法创新意义重大。

2004 年，国务院对动车组研发提出"引进先进技术，联合设计生产，打造中国品牌"的总体要求，力求通过技术引进、联合设计，消化吸收、集成创新，系统提升、全面创新三个阶段掌握动车组制造技术。

第一阶段（技术引进、联合设计）：在一次性引进时速 200~250 km 动车组技术基础上，分阶段实施了国产化，国产化率达到了 70%。对引进动车组进行了优化设计，成功解决了引进技术与中国铁路环境水土不服的问题。通过对引进动车组进行全面的仿真分析、地面试验和线路试验，掌握了时速 200 km 动车组的设计、制造技术，构建了动车组产品设计制造平台。

第二阶段（消化吸收、集成创新）：在时速 200~250 km 动车组技术平台基础上，通过对编组型式、动力配置、网络控制系统、减振降噪及旅客界面等方面进行优化设计，自主开发了时速 250 km 长编组动车组和世界首创的长编组卧铺车动车组。研制了时速 300~350 km 动车组，重点对牵引性能、车体强度与模态、转向架等方面进行优化和提升。

第三阶段（系统提升、全面创新）：以时速 350 km 高速动车组技术平台为基础，历经仿真计算、台架试验、线路试验的反复分析、对比论证、试验验证，系统掌握了高速动车组的关键技术；完善了高速动车组研发计算、制造、试验平台和标准体系。

2004 年 6 月，铁道部为第六次大提速进行时速 200 km 动车组招标，庞巴迪、川崎和阿尔斯通分别与各自的中方合作企业中标，研发出 CRH1、CRH2、CRH5 三类车型，而西门子因为要价太高并拒绝技术转让而出局。本次招标共分 7 个包，每个包 20 列动车组，其中包括：1 列原装进口的原型车（派人到外国企业学习）；2 列散件进口，在国内完成组装（在国外企业的技术指导下实践）；17 列为国产化列车，国产化水平逐步提高，最后国产化率要达到 70%（逐步采用国产零件替换进口零件，提升国产化率）。经过铁道部的协调斡旋，中国南车与中国北车作为两家主导高速动车组开发的创新主体，与四家国际高速动车制造企业开展了联合创新，联合创新项目如表 1.1 所示。

表 1.1　中国与四家国际高速动车制造企业联合创新项目

| 高速动车组（国内主体） | 协同创新主体 | 合作模式 | 高速动车组系列 |
|---|---|---|---|
| 和谐号动车组 CRH1（中国南车） | 中国南车青岛四方－加拿大庞巴迪－鲍尔铁路运输设备有限公司 | 中外合资公司 | CRH1A、CRH1B、CRH1E |
| 和谐号动车组 CRH2（中国南车） | 中国南车与日本川崎重工联合体 | 联合开发 | CRH2A、CRH3B、CRH2E、CRH2G、CRH2C |
| 和谐号动车组 CRH3（中国北车） | 中国北车唐山机车车辆公司与德国西门子 | 联合开发 | CRH3C |
| 和谐号动车组 CRH5（中国北车） | 中国北车长春轨道客车公司与法国阿尔斯通 | 联合开发 | CRH5A、CRH5G、CRH5E |

铁道部旨在通过这样的规定来保证中国企业对国外技术的掌握并逐步提高国产化水平。通过这一轮制造工艺、制造流程和制造技术的引进，改善了

中国企业技术管理平台，通过外方企业打通了材料和部件引进渠道，使得国内企业实现了核心部件和整车在制造上的本地化。由于外方只转让了设计结果即制造技术，并未转让核心技术即包括控制算法、调试运行在内的设计能力，因此很多环节还需要外方协助，并不具备自主研发能力。

2005 年，铁道部启动了引进设计 300 km/h 及以上的动力分散型动车组采购项目。同上一轮招标类似，北车集团与西门子公司（于日后研发 CRH3 型高速动车组），以及庞巴迪在中国的合资企业四方庞巴迪的中标不足为奇，而本次招标的亮点在于南车四方独立中标，在经历上一轮技术引进消化吸收后，本次投标主体仅为南车四方，以川崎为首的日本公司仅提供技术支持。这得益于南车四方对原日本动车组平台在消化吸收基础上的挖潜，从第一轮投标中生产的 CRH2A 到第二次投标中生产的 CRH2C，虽然没有产生质的变化，但在很多领域都有改善，如列车牵引电机功率提升、传动比改进带来总牵引功率提升以及车体结构、降噪、转向架等领域的改进。

至此，中国各企业在铁道部的统筹下，通过两轮大规模引进上的成功获得了日本、法国、德国的高铁技术，锻炼了设计能力，拥有了按图制造能力，实现了技术积累，追上了世界先进水平。

### 3. 自主创新阶段（2008—2010 年）

为确保筹备已久的京沪高铁能用上中国自主产品，2008 年铁道部与科技部签署了《中国高速列车自主创新联合行动计划》，提出研制新一代时速 350 km 及以上的高速列车，形成完全自主的中国高速列车技术、装备、产业化能力和运行服务能力。与技术引进和逆向复制不同，该"计划"的出台标志着中国高铁装备正式进入自主创新阶段。一方面，通过确定顶层速度指标，层层分解并明确各子系统指标，再确定详细技术方案，是正向设计过程；另一方面，京沪高铁要求最高运营时速 380 km，持续运营时速 350 km，而南车四方对原有引进平台的挖潜已到极限，仍不能满足要求，只有根据以往的积累进行全新设计。为实现这样的宏伟目标，中国充分发挥了举国体制优势，将企业、高校、科研院所、重点实验室和工程研究中心通过国家科技支撑计划项目组织起来，突破关键技术，生产重点产品和零部件，最终成果就是 CRH380 系列动车组，这一现在中国高铁运营的主力车型。

CRH380 系列中自主化程度最高的就是南车四方生产的 CRH380A 型动车组，其高自主率得益于南车四方对自我创新连续、不间断的追求和努力：第一轮招标时对日系时速 200～250 km 动车组技术扎扎实实地进行了学习和消化吸收；第二轮，承担了巨大风险独立投标时速 300 km 动车组，立足引进技术进行改进和生产，积累了独立研发经验；第三轮，在铁道部、科技部牵头科技计划项目的支持下，总体设计有了质的提升。在产品领域也承前而来，从 CRH2A、CRH2C 到 CRH380A，进行了脱胎换骨的转变，拥有了自主知识产权。2010 年，美国戴维斯律师事务所与美国专利商标局对 CRH380A 型高速列动车组进行评估，指出该型动车组没有发现任何可能产生产权纠纷的情况，为南车四方生产的动车组出口美国提供了法律保障。2012 年，南车四方中标了香港高铁项目，包括原技术引进方川崎在内的其他国际企业也并未提出有关知识产权的异议。中国自产高速动车组"走出去"完全不受知识产权的约束，更是对中国高铁装备领域自主研发的有力肯定。

在该系列中，北车集团也开发出诸多车型：一是 CRH380BL，其是在 CRH3C 的基础上通过创新发展起来的，脱胎于德国技术，但零部件外购比例相对较大；二是 CRH380B，为北车集团长春轨道客车股份有限公司针对东北地区研发的高寒型动车组，能够适应-40℃气温下的运营条件，是中国高铁装备领域的一项重大突破，它克服了气候条件对高铁运营的制约，拓展了高铁列车的运行地域，完善了中国高速动车组谱系。随后，在前两款车型基础上又研制了 CRH380C 新型动车组，实现了车头、牵引传统系统两个方面的重大突破，逐步走出了德国技术的影子。

围绕 CRH380 型动车组自主创新的目标，国家层面也发布了一系列科技研究项目，其涵盖了国内高铁产业的主要参与者，包括 25 所大学、11 个研究机构、51 个国家实验室、68 名院士以及超过 700 名的教授。2010 年，中国第一个自主创新的 350 km/h 高铁动车组 CRH380 投入运营，其所使用的 9 项核心技术（如动车组系统集成、车体、转向架、牵引变压器、主变流器、牵引电机、牵引传动控制系统、列车控制网络系统、制动系统）与 10 项辅助技术（如空调系统、集便装置、车门、车窗、风挡、钩缓装置、受流装置、辅助供电系统、车内装饰材料和座椅）均实现了自主化。

总之，在消化吸收动车组 200~250 km/h 技术平台的基础上，统一各机车制造公司、科研院所、研究所等机构进行了集成创新，搭建了 350 km/h 的技术平台，成功克服动车速度制约的难题，研发了 CRH380 系列动车组。2017 年 6 月 25 日，由中国铁路总公司牵头研制的具有完全自主知识产权的中国标准动车组被命名为"复兴号"，标志着中国的铁路成套技术装备，特别是高速动车组已经跨入世界先进行列。同时，成功攻克了高铁线路基础、通信信号、无砟轨道等方面的技术难题。

国外高铁技术在引进、消化、吸收、再创新的过程中，必须与国内指定企业联合投标，必须包含指定核心技术如动力分散，必须与国内企业联合设计制造，必须采用国内指定的品牌名称——"和谐号"，引进资金中可包括科研项目经费，用于消化吸收再创新。如唐山工厂引进德国西门子公司 ICE3 型车，唐山厂派去德国包括工班长在内的人员 1 000 多名，德国派来同样人员 300 多人，整个工厂实现了现代化，并快速结合国内情况再创新，如四方工厂引进日本 200 km 时速高速列车，很快研制出 350kph 的 CRH3 型车科技部铁道部联合研制 CRH380 高速列车。

由此可见，中国高铁技术发展吸取了汽车工业"市场换技术"的教训，走出了一条具有中国特色的大国技术发展之路——"引进消化吸收再创新"。在战略选择上坚定走自主创新的发展模式，在战术策略上分阶段攻坚技术，逐步推进，并给予不同时期的政策支持，整合各类资源，将分散在全国的科研设备、资金、人才集中起来，形成合力，打造战略性产业的共享创新平台，走出了具有中国特色的跟进、并行、超越的发展之路。

4. 新一代技术研发与"走出去"阶段（2012 年—2019 年）

中国高铁要处于国际先进水平，实现高铁领域的完全自主化，必须要在关键领域、技术、产品上努力追赶，对最新一代技术趋势进行探索和研发。例如，对下一代电力牵引领域——永磁同步牵引系统的研究，中国企业虽起步稍晚，但奋力追赶，2012 年科技部出台的《高速列车科技"十二五"专项规划》中也明确提出了要发展"基于永磁电机的新兴牵引传动技术、标准和装备体系"以及"适应并引领世界高速列车牵引传动模式的技术和装备战略转型"，通过国家、企业等各方努力，目前在该领域的发展已经逐渐赶上了国外先进水平。在国家层面，也开展了颇具前瞻性、技术性、理论性的研究，为具有战略意义的高铁装备产业未来的发展做好技术储备，国家"973 计划"中设立了"时速 500 km 条件下的高速列车基础力学问题研究"项目，以实现研制 cit500 及更高速度的试验列车，探索轨道交通轮轨、流固、弓网等三大基础关系，对关键系统可靠性以及对新材料新技术进行研究。

2014 年年底，中国南车和中国北车合并组建中国中车，成为了全球高铁行业最具竞争力的企业。此后，中车开始在世界各地输出自主技术、高铁动车产品、高铁管理解决方案和铁路制造能力，并通过平衡国内外业务来实现企业与产业的可持续发展。作为对全球竞争优势的支撑，中国中车在发展过程中高度重视企业创新体系的建设，建立了足以支持高速铁路技术链、产品链和创新链全面发展的组织、资源、决策和管理系统，如图 1.5 所示。

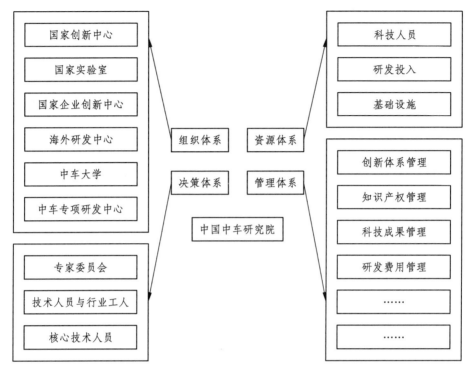

图 1.5　中国中车技术创新体系

经过多年来在自主研发、引进消化吸收、自主创新等方面付出的努力，中国已经完成了高铁产业体系的完整建设，不仅有能力将完全自主化的中国高铁技术及其中国高铁标准动车组输出到国内与国际市场，而且实现了世界全球覆盖面最广的高速铁路网络建设，完成了国内本土 80%以上大中城市的高铁运行联结这一目标。此外，中国高铁产业的核心参与者中国中车正在进一步提升其公司的全球竞争力，并在全球范围内输出高速动车产品与制造及服务能力。

2015 年 6 月，新一代自主研发阶段的成果就是下线的中国标准动车组，不仅实现了对动力、变流、网络控制等关键系统部件的自主化，完全摆脱了CRH380 系列中日系和德系技术的影子，更有标志性意义的是建立了中国标准。该车型采用的中国国家标准、行业标准以及技术标准，涵盖了动车组基础通用、车体、走行装置、司机室布置及设备、牵引电气、制动及供风、列车网络标准、运用维修等全部十三个大方面的内容。该型动车组在顺利通过60 万千米的项目试验考核后，驰骋在了神州大地上。中国高铁技术发展如图1.6 所示。

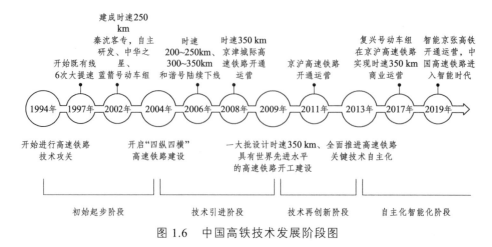

图1.6 中国高铁技术发展阶段图

截至2020年年底，中国铁路动车组保有量达到3 828组，占比超过世界的2/3，累计发送旅客90亿人次，其中复兴号动车组保有量1 000多组，已累计安全运行8.36亿千米，相当于绕地球2万多圈。以复兴号动车组实现时速350 km商业运营为标志，高铁装备技术水平迈出从追赶到领跑的关键一步。具有完全自主知识产权的中国标准复兴号动车组在京沪高铁、京津城际铁路、京张高铁、成渝高铁等先后成功实现时速350 km的商业运营，树立起世界高铁运营的新标杆。以时速160 km至350 km复兴号全系列动车组上线运营为标志，目前我国铁路基本形成覆盖不同速度等级、涵盖不同编组形式和牵引方式、适应高原高寒等多种运行环境的系列化产品，铁路装备创新迈出重要步伐。2021年6月25日，西藏首条电气化铁路拉萨至林芝铁路开通运营，复兴号开进西藏，结束了西藏东南地区不通铁路的历史，意味着复兴号动车组实现全国31个省（区、市）的全覆盖。

5. 智能高铁技术引领世界（2019—）

2019年以后，以京张、京雄智能动车组成功研制为标志，智能铁路科技创新实现重大突破，在世界上首次实现时速350 km自动驾驶功能，我国成为世界智能铁路发展的重要引领者。中国高铁从无到有，复兴号高速列车迈出了从追赶到领跑的关键一步，自主创新符合我国历史传承、时代要求，满足人民群众出行需要的复兴号系列产品，让老百姓拥有更美好出行体验，不断增强安全感、幸福感和获得感。下一步，将在既有创新成果的基础上，继续发挥行业骨干企业的牵头作用，加快推进高速、高原、高寒、重载、智能等新装备研制和关键核心技术攻关，研发更安全、更环保、更节能、更智能的复兴号动车组，开展重载铁路技术升级优化研究，研制新型货运电力机车等新产品，开展通用货车升级换代技术方案研究，研制混合动力机车等节能环保新产品，大力推广应用新技术、新材料、新工艺，建立完善更加符合我国国情、路情的高速、重载装备技术和运维标准体系，推动铁路高质量发展，为加快建设交通强国、全面建设社会主义现代化国家贡献力量。

中国高铁产业经历了从自主研发、引进消化吸收再创新、自主创新、最后全球化与走出去的演化过程，已成为大国重器与国家竞争优势的典型示范。如高速动车组列车零部件数量达到 10 万多个，独立子系统有 260 余个，国内相关的一、二配套企业就有 640 余家，覆盖 20 多个省市，形成了一个庞大的高新技术研发、制造产业链。经测算，高速铁路每 1 亿元的投资，对建筑、冶金、制造等上下游关联产业带来的拉动产值在 10 亿元以上，产生产业就业岗位 600 多个。

2021 年 2 月 24 日，中共中央、国务院印发《国家综合立体交通网规划纲要》（简称《纲要》），第一次在中央层面确定了国家中长期交通网规划建设要求。在高速铁路方面，《纲要》称，在未来 15 年（2021～2035 年）内，中国还将建设 5.37 万千米的铁路，其中高铁 3.21 万千米，平均年增长高速铁路里程达 2 140 km。从更长一段时期看，中国高速动车组年增加数量，将较 2013—2020 年度的每年增长约 416 组，年复合增长率约为 21.49% 的增速有所放缓，但仍将以每年 200 组以上的增速快速增加。

今后高速铁路发展的重要举措包括：持续沉淀，打造集基础研究、技术开发、产品应用于一体的高端创新平台；构建开放共享、全链条共赢的创新机制；坚持产业链自主可控；拓展"产品+服务"一体化解决方案；探索市场要素驱动的产品定制与产业协同。要围绕本构安全、主被动防护、灾害预警提升安全保障；围绕综合舒适型、人因工程、减振降噪提升出行品质；围绕低阻高速载运、互联互通、智慧出行提升出行效率；构建基础设施、移动装备、运营智慧、检修、旅客服务五位一体的数据中心。我们要统筹数据分析管理、配置资源、保障安全监测管理与服务围绕轻量化、深度减阻、高效能牵引等方面降低能耗；围绕新能源动力、材料回收、废排利用等方面降低排放。

## 1.9　开启"高铁时代"

### 1.9.1　京津高铁闪亮登场

京津城际铁路如图 1.7 所示，是北京奥运会相关建设项目中的标志性工程，被认作是中国第一条完全新建的高速铁路。京津城际铁路在建设中研制了时速 350 km 的高速动车组；集成创新了 CTCS-3D 列车运行控制系统；予于 2017 年被改造；采用了满足时速 350 km 运行轻量化的简单链型悬挂接触网系统；采用了具有自主知识产权的 CRTSⅡ型板式无砟轨道技术；自主设计开发了高铁客运服务系统；研制了高速综合检测车等，是中国第一条全新意义上的高速铁路，也是中国铁路全面进入高速时代的里程碑。

图 1.7　京津城际铁路

2005 年 7 月 4 日，京津城际铁路破土动工，在当年开工的 11 条高铁中，它并未引人注目。但当中国铁路人仅用 1 123 天的时间，就将宏伟蓝图变成现实的时候，整个世界为之巨震。作为世界上第一条设计时速 350 km 的高速铁路，在一无样板、二无经验、三无模式可借鉴的情况下，中国铁路敢为天下先，创造了前所未有的"京津标准"，为中国高铁的发展打造了第一个样板，总结出第一套高铁建设经验以及全新的运营管理模式。三年里，中国铁路通过引进、消化、吸收、再创新的建设实践，系统掌握了中国高速铁路路基、桥梁、无砟轨道、测量控制、环境保护、减振降噪等关键技术，建立了包括线路基础、通信信号、牵引供电、调度指挥、旅客服务等技术成果的"京津标准"，并以此为基础构建起中国高速铁路技术标准体系。

在建设线路基础时，通过引进、吸收与创新，首次应用了无砟轨道系统，轨道沉降误差达到毫米级，标准比 F1 赛车跑道还要高。由于京津沿线为松软地质，为解决地质沉降问题，工程技术人员采用松软土路基设计、施工技术，通过"以桥代路"，全面掌握高速整孔箱梁设计、制造、运输、架设等成套技术，有效控制了工后沉降。为确保高铁"高平顺"性能，京津高铁全线铺设无缝钢轨，运用先进的国产 500 m 长钢轨工地焊接施工工艺，充分满足高速列车对安全平稳运行的要求，提高了列车的舒适度。

2007 年 12 月 16 日，京津城际高铁全线胜利铺通，2008 年 1 月底完成全部工程安装。从 2008 年 2 月至 7 月，中国铁道科学研究院作为测试技术总负责单位，联合北京铁路局共同开展了长达 5 个月的联调联试和 1 个月的运行试验。这是一场对京津高铁各子系统功能、整体运行性能与安全性的全试验评估和运行考验，是对中国高铁系统集成效果的全面检验。京津高铁联调联试的内容涵盖工务工程、牵引供电、通信信号、动车组、运营调度和客运服务 6 大系统，包括 15 大类，测试参数多达 2 000 余项。

铁科院在制订联调联试方案时，就确立了要赶超世界高铁先进水平的目标。在京津高铁联调联试的 180 个日夜里，250 多名铁科院参试人员统一穿着标有"高速铁路系统实验国家工程实验室"字样的服装，按照"科学、准确、及时、完整"的要求，坚守在测试岗位。6 月 24 日，京津城际高铁在联调联试中，动车组试验速度达到时速 394 km，创造了当时中国列车试验的最高速度。历经 6 个月苦战，通过系统集成与联调联试，科研人员对京津高铁的轮轨关系、弓网关系、机电耦合、列车控制等方面进行检测、调试、优化，使整体系统的功能达到最优，实现了高速度、高密度、高安全性、高平稳性的设计目标。

2008 年 8 月 1 日，京津城际高铁如期通车，这项北京奥运会配套工程，兑现了一个发展中大国对"奥林匹克"的承诺。京津城际高铁开通后的一年内，美国、英国、俄罗斯、日本等来自世界五大洲三十多个国家的政要、国际组织领导共 200 多批、上万人次前来考察京津城际高铁。京津城际铁路开通后，从北京前往天津旅游的人次与高铁开通前相比增加了 30%。2008 年，从外地到津旅游者的消费超过 750 亿元，其中高铁的贡献率占 35%。京津城际高铁不仅承载着千千万万的中外乘客，更重要的是它叩开了高速铁路之门，坚定了国人对铁路发展路线的信心，为构建中国高速铁路体系奠定了良好的技术平台和基础。

京津城际铁路作为中国高铁发展的一个窗口，回顾其 10 年发展，一组数据佐证了它的"人气"——开行列车从最初的 47 对增加至 136 对，安全运送旅客 2.5 亿人次，共接待 65 个国家 300 余名政要乘车观光，现在每天有 92 000 余人乘高铁往来京津，其中通勤流就达到了 6 700 余人。从开行之初的和谐号到如今运营的复兴号，北京、天津之间的"高铁旅程"已缩短至半小时。京津城际铁路打造的"半小时经济圈"，不仅为两市居民往来提供了便利，更助力区域协同发展，串起富裕链，联结文化带。而这样的新模式，也随着沪宁高铁、宁杭甬高铁、大西高铁、郑开城际、成渝高铁、武黄城际、广珠城际等高铁线路的开通运营，陆续推广到各地，形成了以高铁为纽带，以北京、上海、广州、武汉、西安、成都等城市为中心的城市圈，连接了中国主要的大中城市和经济区。京津城际铁路在距北京 2008 年奥运会开幕还有 7 天时开通运营，与第 29 届奥运会精彩相逢。运营十余年来，京津城际铁路还开通了延伸线（天津至于家堡）、推出同城优惠卡，通过高铁的公交化运行，实现了京津两地同城化，为京津冀协同发展提供了交通一体化先行保障。

回顾京津城际铁路的这 10 年，一组数据，佐证着它的"人气"——安全运送旅客 2.5 亿人次，共接待 65 个国家 300 余名政要乘车观光。从开行之初的和谐号到如今运营的复兴号，北京、天津之间的"高铁时间"大幅缩短至半小时。

京津城际铁路是中国第一条设计时速 350 km 的高速铁路，自 2008 年 8 月 1 日开通以来，旅客运量快速增长，已经成为展示我国高铁发展成就和运营品质的一张靓丽名片。据统计，2018 年上半年京津城际日均运送旅客 8.2 万人次。通信信号列控系统是高速铁路的"大脑"和"中枢神经"，是保障高铁安全运营的核心关键技术。2018 年 3 月以来，根据中国铁路总公司的统一部署，中国通号与中国铁路北京局集团公司密切协同、周密组织、精心实施，历经 3 个半月的日夜艰苦奋战，高质量、高效率地完成京津城际列控系统升级改造设计施工建设任务。京津城际列控系统技术升级实现了全路高铁列控系统技术标准的统一和自主可控，标志着我国已将高铁列控系统关键核心技术牢牢掌握在自己手中。京津城际列控系统技术升级改造的顺利实施为今后我国高铁技术改造积累了宝贵的组织和技术经验，成为中国高铁又一核心竞争力的体现。通过技术升级，京津城际列控系统实现功能提升，并能够与京沪、津秦等高铁的互联互通，从而大大降低了运营维护成本。

2018 年 8 月 1 日，"复兴号"在京津城际铁路线上恢复 350 km 时速运营，运行时间缩短至 30 min，但京津城际提速后票价仍维持不变，二等座或无座仍为 54.5 元、一等座仍为 88 元、商务座仍为 174 元。北京局针对京津城际铁路不同时期客流特点，科学合理调整列车开行方案，安排了高峰日、周一、周二至周四、周五、周六、周日等六张运行图，努力实现运力投放与客流需求合理匹配，满足日常、周末、小长假、春暑运等不同时期的出行需求。目前，京津城际列车最小间隔时间为 5 min，全局高峰期最多开行列车 136 对，每趟车定员 586 人，高峰期总运力同比增长 6 200 多人，全天平均上座率为 60%。

复兴号在京津城际铁路按时速 350 km 运行，以下两点功不可没：一是列车运行线路满足条件，2018 年以来，京津城际铁路的技术装备和基础设施得到全面强化，设备运行维护水平持续提升，外部环境整治成效明显；二是列车开行方案更加优化，针对京津城际铁路不同时期客流特点，中国铁路北京局集团有限公司科学合理调整列车开行方案，安排了高峰日、周一、周二至周四、周五、周六、周日等 6 张运行图，努力实现运力投放与客流需求精准匹配，满足日常、周末、小长假、春暑运等不同时期的旅客出行需求。京津城际实现 350 km/h 运行的纪念场景如图 1.8 所示。

图 1.8　京津城际实现 350 km/h 运行

### 1.9.2　京沪高铁千呼万唤始出来

京沪高铁的前期准备工作从 1990 年项目孕育期，至 2008 年 4 月 18 日全线开工，历经 18 年磨砺，铁道部举全路之力，组织设计精英与各专业科研人员，围绕现场调研、前期论证、科研攻关、勘测设计、方案比选、装备制造、施工组织、国内外咨询等方面的内容做了大量工作，集思广益、精益求精，制订了科学的设计、施工方案，完成了 400 多项科研实验，全面突破了高速铁路建设和运营管理的一系列关键重大技术，可谓是厚积而薄发。

2011 年 6 月 30 日，举世瞩目的京沪高速铁路正式开通运营。京沪高铁全长 1 318 km，设计时速 350 km，是世界上一次建成线路最长、标准最高的高速铁路。它贯穿北京、天津、河北、山东、安徽、江苏、上海七省市，连接环渤海和长三角两大经济区，京沪高铁项目总投资 22 094 亿元，是中华人民共和国成立以来一次投资规模最大的建设项目，也是继三峡电站、南水北调、西气东输、青藏铁路之后中国基础设施建设领域的一项历史性宏伟工程。

京沪高铁因技术难度和复杂性堪称"世界高铁技术博物馆"。因为没有先例，京沪高铁建设的许多难题在全世界都没有现成答案，主要体现在以下几点：

京沪高铁全线采用无砟轨道技术，不再是传统的枕木下面铺设石砟，而是钢轨下面铺一块块 CRTS Ⅱ 型轨道板，全线共铺 40 多万块，在国内首次使用。轨道板以混凝土为原材料，要求混凝土在 16 h 内需达到 48 MPa 的脱模强度，初期采用超细水泥或特殊掺合料，成本高，质量难控制。科研人员通过大量试验研究，研制出以国内硅酸盐水泥、粉煤灰、矿粉、非缓凝型减水剂构成的轨道板材料体系，不仅轨道板成本减少，而且技术成熟，在轨道板的铺设过程中，铁道部汇集全路科研力量，研究攻克了 CA 砂浆形成机理，提高了砂浆的稳定性。施工中每一千块板揭两块板的方式进行抽查，砂浆表面和断面质量全部合格。

路基不再被认为是简单的填土工程，而是作为结构物来设计及施工，各种坚实的桩基支撑着它，成为深埋在地下的"根"。正是这一行行、一列列深达数米乃至数十米、数以万计包括 CFG 桩在内的各种柱群纵队，组成一条"地下长城"，确保了京沪高铁铺轨后零沉降的实现。中国铁路也由此全面掌握了高铁建设软土地基沉降控制技术。

京沪高铁跨越海河、黄河、淮河、长江四大水系，跨越既有铁路、高等级公路和通航河流 215 处，全线桥梁比例达到 80.4%，最长的丹阳至昆山特大桥 164 km，从而有了 244 座长桥、30 多万根桩基、32 万个桥墩、387 处特殊结构桥梁。为了满足高平顺性的要求，高铁桥梁梁面的平整度标准极高，必须满足 4 m 范围内不平整度小于 3 mm 的要求，一座座桥梁成为支撑高速列车的笔直脊梁。运营 3 年后，京沪高铁开始扭亏为盈，按营业税口径计算，有望实现利润 12 亿元，这是在每年提取折旧费用 55 亿元人民币的情况下做到的，简直就是世界高铁史上的一个奇迹。根据铁路相关政策，京沪高铁的收入主要来自两部分：一部分为本线车的客票收入，另一部分为跨线车给京沪高铁公司缴纳的线路使用费。2019 年 11 月 14 日，京沪高铁 IPO 申请获证监会通过。2020 年 1 月 16 日，京沪高铁在上海证券交易所上市，成为中国 A 股市场的"高铁第一股"。2020 年 4 月 15 日，京沪高速铁路股份有限公司发布上市后的首份年报。

京沪高铁整体客运量也在不断上升。2011 年，京沪高铁时速 300 km 的列车占比为 63.81%，2016 年年底，时速 300 km 的列车占比达到 98%。京沪高铁开行的本线列车已经实现了"全高速"，2017 年 9 月，7 对"复兴号"动车组在京沪高铁按时速 350 km 运行，运行一年后，复兴号增加至 23 对，其中 15 对按照时速 350 km 的速度运行。2019 年 1 月，京沪高铁首次投入运营 17 辆超长版"复兴号"动车组，加长版"复兴号"全长 439.9 m，载客定员 1 283 人，载客能力较 16 辆编组时提升了 7.5%。随着京沪高速铁路沿线经济的不断增长以及人们出行需求的不断增加，京沪高速铁路旅客运输量将进一步提升。京沪高铁在中国高铁发展中具有里程碑式的意义和作用。正是依托京沪高铁工程建设和运营维护实践，中国建立了由工程建设、高速动车组、列车控制、牵引供电、系统集成、运营管理、风险防控等组成的具有完全自主知识产权的高铁技术体系。在 1 000 余项科技项目的支持下，京沪高铁建设团队创新了中国高铁技术发展和建设管理模式，形成了以《高速铁路设计规范》为核心，涵盖 149 项建设标准、22 项技术规范、768 项产品技术标准和运营维护标准的高铁标准体系，使中国具有设计、建造和运营维护时速 250 km 和 350 km 速度等级高速铁路的强大能力。其中，南京大胜关长江大桥在当时创造了世界桥梁体量最大、跨度最大、荷载最大、速度最快 4 项纪录，被授予 "乔治·理查德森" 国际大奖；丹昆特大桥全长 165 km，由 4 000 多孔 900 t 箱梁构成，为目前吉尼斯世界纪录所记载的世界长桥之最。

2018 年，京沪高铁环境问题经过专项排查，通过京沪高铁外部环境整治，围绕落实《铁路安全管理条例》相关规定，取得路地双方联合整治的经验，也促进了地方政府落实确保高铁安全的责任，为下一步高铁外部环境管理提供了基本遵循，这对于持续提升中国高铁安全保障水平具有十分重要意义。

为进一步优化京沪高铁票价结构，解决需求不均衡和供需矛盾等问题，推动京沪高铁市场化发展，自 2020 年 12 月 23 日起开始，京沪高速铁路股份有限公司决定对京沪高铁票价进行优化调整，改变目前执行的固定票价的做法，实行优质优价、灵活的浮动票价机制，以现行执行票价为基准价实行上下浮动。将京沪高铁时速 300~350 km 动车组列车二等座公布票价进行优化调整，同时将商务座、特等座和一等座与二等座的比价关系分别按照 3.5 倍、1.8 倍和 1.6 倍的倍率执行，同步推出客运服务提质等举措。

2021 年 6 月 25 日，京沪高铁迎来正式通车十周年生日。作为我国最繁忙的高铁线之一，十年来，全线累计开行近 120 万列，安全运送旅客 13.5 亿人次，行驶的距离相当于绕赤道跑了近 4 万圈。

从客流及上座率的情况进行分析，京沪高速铁路自开通运营以来上座率不断提高，年上座率增长率为 15%~20%，现在基本保持在 70%~73%，日均发送旅客 13.2 万人，日收入平均达到 5 000 万元以上。围绕如何满足客运需求，铁路运营部门逐渐摸索出京沪高速铁路运营组织的规律，目前采取 "高密度、小编组、公交化" 的运输组织方式，有 8、16 节两种车辆编组方式，并建立起随季节和市场灵活变化调整的弹性机制，也就是根据季节、时间、上座率的高低推出不同的促销方法，实施日常（周一至周四）、周末（周五至周日）、高峰日（春运、暑运、黄金周和小长假）三种列车运行图。在日常和周末遇有突发客流时，可增开高速铁路列车。如今，京沪两地间时速 350 km 复兴号列车加密开行，开行对数已经增至 33 对，实现了两地双向 7:00 至 19:00 间每个小时段均有一对时速 350 km 复兴号列车开行，开车时间分布更均衡，旅客可选择车次更多。

总之，作为中国高铁发展成就的典型代表，京沪高铁注定要在中国铁路发展史上留下浓重的一笔。没有一条铁路像京沪高铁一样，几经波折，终成大业，它记录着建设者的传奇与功绩，承载着中国人的梦想与骄傲，演绎着新时代的速度与激情。在中国铁路设计集团有限公司的档案馆中,从上到下有 12 列陈列柜珍藏着京沪高铁当初设计的文件档案,见证着京沪高铁诞生、成长的记录,存档文件有 2 500 多卷,图纸 6.7 万多张,重量以吨计。在这些历史资料中,仅设计文件中的初步设计总说明书就有 400 多页、共计 40 多万字。作为中国的第一座高铁站,北京南站最终的设计图经过了几十次修改。一次次修改,一次次推翻,设计者在挑战中一点一点填补着中国高铁的空白。不管是确保京沪高铁不失毫厘的精密工程控制测量技术、解决深厚松软地基沉降控制技术难题的精细化地质勘查技术,还是适合中国国情的现代化车站设计,这些凝聚着中国铁路设计人智慧结晶的成套关键技术设计,使京沪高铁成为中国高铁建设的标杆和典范。

## 1.10　砥砺前行

### 1.10.1　"7·23"甬台温动车事故

为了增加安全冗余,2011 年 7 月 1 日,也就是京沪高速铁路开通的次日,武广、郑西和沪宁城际三条高速铁路列车的最高运行速度降低至 300 km/h,开启了中国高铁的第一轮降速。彼时,京津城际铁路、沪杭城际铁路两条路程较短的高速铁路尚维持 350 km/h 的最高运行速度。在第一轮降速仅仅 22 天后,发生了震惊全国的"7.23"事故。正当蓬勃发展之际,2011 年中国高铁产业遭遇了挫折。

"7·23"甬台温动车追尾事故给我国高铁事业发展留下了惨痛教训,同时暴露出高速铁路发展中存在的隐患与不足,包括运营磨合期不充分、忽略了人员培养、管理手段和服务配套措施滞后、未能及时协调跟进、忽视了大众对高铁技术的认知等。在事故抢险救援过程中,存在处置不当、信息发布不及时、对社会关切回应不准确等问题,在社会上造成不良影响。自"7·23"甬温线动车追尾特别重大事故以来,高速铁路行车安全问题引发了社会各界的广泛关注,如何保障高速铁路行车安全、预防高速铁路行车事故成为当前亟待解决的问题。

事物的发展历程并非一条上升的直线,而可能存在波峰与波谷交错的各种起伏,呈现螺旋式上升的轨迹,中国高铁事业也不例外。这次挫折是中国高铁发展中的一个低谷。一方面,任何科学、技术都有其自身的发展规律,仅通过几年的时间我们不可能完全获得国外通过几十年时间研发出的技术和积累,更是缺少技术研发背后的试错经验;另一方面,高铁发展不仅仅是对高速动车组等新装备的应用，更是一个复杂、系统的工程，还需要长时间、稳定、可靠的运行经验支撑，信号、控制等方面管理经验以及面对突发事件的应急处理机制，这些都需要在高铁的长期运营中建立并逐步完善。随后通过各方努力，中国高铁克服了艰难的内外部问题继续向前，扭转了广大群众的印象，获得了充分的认可和声誉，在国际上也重新赢回了尊重。

2012 年起，铁路部门在原有的安全管理体系基础上引入安全风险管理，主要包括风险辨识、分析、评估及控制等内容，并不断将安全风险管理的理念和方法落实到了安全管理当中去，充分构建起技防、物防、人防"三位一体"安全保障体系，建设了全面覆盖动车组运行、旅客服务和基础设施等各方面的监控系统，如供电安全检测系统（6C 系统）、动车车载安全防护系统、车辆运行安全监控系统、工务安全检测监控系统和自然灾害及异物侵线监测系统等，实现了对高铁运行安全的不间断检测监控，并通过大数据分析和运用，为高铁设备设施检修的精准维护、科学制定设备维护周期、定期评估分析设备状态提供了科学依据，确保了高铁运营的安全品质。

## 1.10.2　高铁发展理性回归

相比于日本、法国等发达国家在建成第一条高速铁路后的 8 年左右开始修建第二条规模不大的高速铁路的历程，中国高速铁路选择了"全面推进"的节奏模式，即在国家确定"引进先进技术、联合设计生产、打造中国品牌"的发展方针后 1 年左右的时间内，便开始了大范围、大规模、快节奏、高标准地全面推进高速铁路建设。不可否认，"全面推进"的节奏模式对于中国高速铁路快速成网，尽快发挥规模经济、网络经济效应等具有积极作用，同时也在一定程度上节约了一定的建设成本。但客观而言，短时期的"全面推进"也为中国高速铁路发展埋下了诸多隐患：一方面，高速铁路"硬件"设施设备的快速推进，进一步显露出"软件"配套方面的相对滞后，突出表现为运营管理能力滞后于运营服务要求；另一方面，由于观察、检验、调整时间不足，作为新兴事物的高速铁路，在实际运行中还缺乏足够的稳定性，而且相关人员对突发事件的应急处置能力也较弱，这一问题在"7·23"动车事故中暴露无遗。

2011 年"7·23"事故发生后，铁路人没有停下脚步，仍然坚持前行。铁道部深入分析之前铁路建设中存在的不科学、不规范、不可持续等问题，调整了发展思路，即：以保证建设质量为前提，不再急忙抢进度；把握需求与可能，顾社会效益和经济效益，安排建设规模；建设标准要与所在地区的发展水平相匹配，充分考虑群众多层次需求和对票价的承受能力；按 300～350 km/h 建设

"四纵四横"主通通高速铁路；按 200～250 km/h 建设高速铁延伸线、连接线及城际铁路；等等。之后的几年，中国高铁在强管理、稳价格、保安全等方面取得了明显成效，在技术进步、实现装备自主化方面取得显著进展。

同年，提高铁路建设标准的立项手段被深度整改。严格执行发改委批复速度运营和"不过度超前和过高标准建设"高速铁路成为当时的重点。在这两个原则的指导下，当年建设中和规划建设的高速铁路采用了三种方式进行处理。第一种主要包括宁安、南广、南昆、柳南、吉图珲、青荣和西宝等基本完工的高速新线，在保留此前建设标准的情况下，严格按照批复的"初期"运行速度投入运营；第二种以大西、兰新等新建线路为代表，线下工程（桥隧路基等线路基础工程）基本完工，通过调整外轨超高、信号系统降级等降低线上工程标准的方式，满足批复标准投入运营；第三种则为刚刚开工或即将开工的新线，如西成、宝兰、徐宿淮盐、渝万、京呼、杭黄、成贵等，则通过全面降低线下技术标准，不进行提速预留的方式直接降标建设（由 350 km/h 级降为 250 km/h 级），以满足对铁路建设不要"过度超前"的要求。为兼容普速列车，采用 350 km/h 线下技术标准建设的兰新高铁，通过降低线上标准的方式，以 200 km/h 最高速度开通，严格执行了国家有关部门的批复要求。

### 1.10.3　挫折后的奋起

经过几年的调整和发展，中国积累了寒带、热带、大风、沙漠、冻土等不同气候和地质条件下高速铁路建设的丰富经验，掌握了高速铁路工务工程、动车组、通信信号、牵引供电、运营管理、安全防控技术，形成了先进的高速铁路技术体系，成为世界上少数几个能够提供包括基础设施、移动装备、营管理等高速铁路成套技术的国家之一。中国高速铁路的快速发展引起世界广泛关注和高度评价，世界银行专门编撰《中国高铁发展报告》，分析中国高速铁路的"为什么、是什么、怎么做"等关键问题。综述了我国高铁在服务设计、市场、建设、融资和经济评估等方面的发展历程，总结了我国在高铁建设与发展方面的经验。

如果说，2011 年中国高铁建设的亮点是京沪高铁的开通运营，那么 2012 年的亮点则是北通哈大（哈尔滨—大连）与中贯京广（北京—广州）。2012 年 12 月 1 日，哈尔滨至大连的高速铁路（哈大高铁）建成运营，这是世界上第一条穿越高寒季节性冻土地区的高铁线路，全长 921 km，设计时速 350 km；同月 26 日，全长 2240 km 的京广高铁全线开通，成为世界上运营里程最长的高速铁路。

1. 哈大高铁

哈大高铁是中国乃至世界首条新建高寒地区长大高速铁路，是"四纵四横"中京哈高铁的重要组成部分，营业里程长达 921 km，全线共设 23 个车站，南起海滨城市大连，北至冰城哈尔滨，纵贯辽宁、吉林、黑龙江三省。在它之前，世界上只有俄罗斯和北欧国家拥有在零下 40℃ 以下的气候条件下运行的高寒铁路，总里程不足 700 km。

2007 年 8 月 23 日，哈大高铁正式开工建设。7 万名建设大军众志成城，迎风斗雪，以桥梁、轨道、站房和"四电"集成施工为主线，以破解高寒高铁施工难题为重点，展开了一场新时期的战役。针对路基冻胀顽疾，施工中采取了路基冻结深度范围内填筑非冻性填料、低路堤地段设置防冻胀护道、路基间排水采取在轨道板底座内设置钢管外排等一系列强化措施。为解决道岔融雪难题，哈大高铁沿线车站、线路所、动车所全部设置了道岔融雪装置，装由室内和室外两部分组成。调度中心和各车站装有远程和车站两级控制终端设备，既可以自动启动，也可以手动操作，保证高铁在风雪严寒条件下的运营安全。哈大高铁全线线桥比例大、数量多、结构新、质量高，全线中桥以上桥梁 162 座、总长 662.7 km，占线路总长的 73.3%，其中普兰店海湾特大桥长 4.96 km，横跨渤海的普兰店海湾，施工单位针对周围有虾圈、海参养殖场等情况，制定了《环境保护管理办法》，专门采购了防水布并铺设了隔离带，防止生产施工中的废料、废渣对养殖池水质造成污染。哈大高铁开行的时速 300 km 国产 CRH380B 型高寒动车组列车，也是专为满足沿线低温多雪、温差大、长距离等运输需求而开发设计的，技术指标、经济指标均达到世界领先水平。

2012 年 12 月 1 日，哈大高铁开通运营，从哈尔滨到大连全程 921 km 仅需 4 h 左右，实现了东北亚经济圈核心地带与环渤海经济圈的"无缝对接"，冬季从哈尔滨到大连的时间仅需 4 h 40 min。哈大高铁将以冬季时速 200 km 的"中国速度"行驶在高寒地区，打造一道亮丽的高铁风景线。

2. 京广高铁

京广高铁全长 2 298 km，全线 36 个车站，是中国中长期铁路网规划中"四纵四横"高速铁路的重要"一纵"，北起北京，经石家庄、郑州、武汉、长沙等地，南至广州，全线设计时速 350 km，初期运营时速 300 km，将首都北京与广州 2 298 km 的时空距离浓缩在陆上交通 8 h 以内，被誉为中国高铁网的南北"铁脊梁"。有专题分析说，仅京广高铁京郑段 2030 年前对社会经济的拉动就将累积达到 2 758.44 亿元，"建一条高铁，拉动一方经济"，此言不虚。

这条世界运营里程最长的高速铁路分三段建设与开通运营：武汉至广州段运营里程 1 079 km，于 2005 年 6 月 23 日率先开工，2009 年 12 月 26 日建成运营，将武汉至广州的旅客列车运行时间缩短到 3 h；郑州至武汉段营业里程526 km，于 2008 年 10 月 15 日开工建设，2012 年 9 月 28 日开通运营，郑州至武汉间的列车运行时间缩短至 1 h 56 min；北京至郑州段中，北京至石家庄段于 2008 年 10 月 7 日开工建设，石家庄至郑州段于 10 月 15 日开工建设，开工日期仅相隔 8 天，同时于 2012 年 12 月 26 日开通运营，这一点睛之笔，将 2 281 km的京广高铁全线贯通，一举激活了高铁运营版图上这条蓄势待发的巨龙。

京广高铁连接华北、华中和华南地区，跨越温带、亚热带气候分布区域和海河、黄河、淮河、长江、珠江等众多水系，穿越平原、低山丘陵、崇山峻岭，面临软土、松软土、膨胀土和岩溶等多种不良地质，是中国目前建设标准最高的高速铁路之一。为解决京广高铁沿线地质条件复杂、工程难度巨大和运营面临的各项技术难题，铁路部门共安排了 43 项科研课题，系统开展技术创新工作。

在工程技术方面，研究解决了软土、松软土、膨胀土等不良地质条件下路基设计施工技术难题，研究解决了跨越长江、黄河等大江大河桥梁技术难题。武汉天兴洲长江大桥，正桥全长 4 657 m，主跨 504 m，大桥路面铺设 4条铁路线，是中国首座四线公路铁路两用斜拉索桥，创下了跨度、荷载、速度、宽度 4 项世界第一。是目前世界上株洲特大桥全长 4 380 m，主跨是 140根钢筋系钢拱，这也是世界上独一无二的。

京广高铁还攻克了大断面隧道设计施工技术难题。其隧道主要集中在华南崇山峻岭地段，武广高铁全线共有隧道 226 座、约占线路总长的 19%，长度 3 km 以上的长隧道就有 12 座，最长隧道为大瑶山一号隧道，全长 10 080 m。此后，中国铁路隧道建造水平有了长足的进步。

京广高铁在战略的层面上为中国中部挺起了"铁脊梁"，推进沿线主要城市间城市化、城镇化、工业化、信息化进一步"提速"，有力带动着沿线近 4亿人口向全面建成小康社会快速迈进。

### 3. 快速发展

2011 年之后，中国高铁的发展陷入了短暂的低谷。中国高铁的未来将何去何从在彼时也鲜有明确答案。不过，短暂的黑夜很快便迎来黎明。2013 年，国务院总理李克强在海外出访中正式将高铁作为"中国名片"向海外进行推广，这也拉开了新一届国家领导人为中国高铁"代言"的序幕。中国高铁的发展，也由此迎来了新的转机。

2013 年 3 月 10 日，铁道部实行铁路政企分开。国务院将铁道部拟定铁路发展规划和政策的行政职责划入交通运输部；组建国家铁路局，由交通运输部管理，承担铁道部的其他行政职责；组建中国铁路总公司，承担铁道部的企业职责。2017 年 11 月，铁路总公司批准了各铁路局集团公司内设机构改革优化方案，铁路局称号取消。2019 年 6 月 18 日，经国务院批准同意，中国铁路总公司改制成立中国国家铁路集团有限公司，简称国铁集团。

2013 年以来，随着宁杭、杭甬、盘营高铁以及向莆铁路的相继开通，高铁新增运营里程 1 107 km，中国铁路总公司里程达到 12 000 km，"四纵"干线基本成型。

与此同时，中国高铁也在有条不紊地进行着技术储备和积累。2013 年 6 月，中国标准动车组项目启动。2013 年 8 月，中国铁路总公司首次开始向高速列车制造企业下订单。同年 10 月开始，国家政府领导人甚至开始主动向外国政府"推销"中国高铁。2014 年成为了高铁建设恢复势头的一年——中国铁路总公司在年初的全路工作会议上，安排当年固定资产投资为 6 300 亿元，此后的实际投资额被数次调高，到年底再次突破 8 000 亿元，高铁的发展之路终于踏回正轨。

2014 年，贵阳至广州、沪昆高铁杭州至南昌段和长沙至怀化段、兰新等一批高铁新线相继开通。

2014 年 11 月 25 日，装载"中国创造"牵引电传动系统和网络控制系统的中国北车 CRH5A 型动车组进入"5 000 km 正线试验"的最后阶段。这是国内首列实现牵引电传动系统和网络控制系统完全自主创新的高速动车组，标志着中国高铁列车核心技术正实现由"国产化"向"自主化"转变，中国高铁列车实现由"中国制造"向"中国创造"的跨越，中国高铁列车的核心创造能力大幅提升，夯实了中国高铁"走出去"的底气。

2014 年 4 月 3 日，完全自主化的中国北车 CRH5 型动车组牵引电传动系统通过了中国铁路总公司组织的行业专家评审。10 月 22 日，完全自主化的中国北车 CRH5 型动车组列车网络控制系统（被形象地称作"高铁之脑"）通过中国铁路总公司组织的技术评审，获准批量装车，成为国内首个获准批量装车运行的动车组列车网络控制系统。随后，装载中国北车自主化牵引系统的 CRH5A 型动车组在哈尔滨铁路局开展正线试验。

2014 年 12 月 26 日，兰新高铁全线贯通。全长 1 776 km 的兰新铁路是世界上一次性建成通车里程最长的高铁。除此之外，它还享有不少"第一"：途经烟墩、百里、三十里及大阪城等四大风区，同时沿线有塔克拉玛干、古尔班通固特等几处沙漠，是首条穿越沙漠大风区的高铁；横穿中国海拔最低的吐鲁番盆地和海拔最高的祁连山高铁隧道，16.3 km 的祁连山隧道中的最高轨面海拔为 3 607.4 m，被誉为"世界高铁第一高隧"。

2015 年海南环岛高铁西段开通运营，与 2010 年 12 月开通运营的海南环岛高铁东段实现联通（全长 653 km）。海南环岛高铁是世界上第一条热带地区环岛高速铁路。

2016 年 9 月 10 日，连接京广高铁与京沪高铁两大干线设计时速 350 km 郑徐高铁开通运营。

2016 年沪昆高铁全线贯通运营（全长 2 252 km），是目前中国东西走向线路里程最长、经过省份最多的高速铁路。

2021 年 6 月 25 日，沪昆高铁沪杭段在上海虹桥和杭州东站实现 "334" 动车组列车运行间隔模式，即前 3 列 3 分间隔连发、第 4 列与第 3 列间隔 4 分。按平均值看，沪杭高铁高速动车组实现 3 min 45 s 间隔连发 4 列的模式，该纪录在全世界 300 km/h 高速铁路中力拔头筹，标志我国高速铁路运行组织迈入了更高台阶，为高铁走出去战略提供了更强的国际竞争力。比较而言，世界最繁忙高速铁路之一东海道新干线的最高密度也是"334"间隔，但是东海道新干线限速 285 km/h 且仅限东京站下行出发，并且东京站下行出发为低速区段。

2017 年 9 月 21 日，"复兴号"中国标准动车组按时速 350 km 在北京至上海高速铁路正式运营，迈出了我国高铁从追赶到领跑的关键一步。

2017 年 12 月 6 日，全长 658 km，中国首条穿越地理和气候南北分界线—秦岭的西安至成都高铁开通运营，破解"蜀道难"去的历史性突破。

2017 年底，中国第一条民营控股高铁——杭台铁路全线开工建设，2021 年将开通运营。杭台铁路是中国铁路史上的一个里程碑，意味着中国有了第一条民营控股高铁。杭绍台高铁由民营资本控股 51%，将获得 30 年的特许经营权。杭台高铁全长 269 km，设计时速 350 km，并在绍兴北站东侧的镜湖线路和温岭站分别与杭甬高铁、甬台温铁路接轨。杭台高铁线路设绍兴北站（既有站）、上虞南（东关）、嵊州北（三界）、嵊州新昌、天台山（天台）、临海、台州（台州中心）、温岭（括号内为原工程建设名称）等 8 个车站。其中，东关站、嵊州新昌站、天台站和台州中心站 4 个站点为新建。杭台铁路是社会主义市场经济的制度优势下，尤其是改革开放 40 年来，民营企业试水垄断行业的积极探索，也是时代赋予杭台铁路公司的重要使命，并准备把国内首条民营控股高速铁路打造成智能铁路，并构建以高铁为核心的多种交通协同服务生态圈，促进智慧铁路与智慧城市融合发展的新业态，推动高铁沿线社会经济和站车周边社区共建、商圈共营、文化旅游等产业的升级。

2018 年 9 月 23 日, 广深港高速铁路香港段开通运营, 香港迎来"高铁时代", 从香港坐高铁可直通北京、上海、深圳、汕头、厦门、福州、南昌、杭州、长沙、武汉、郑州、石家庄、贵阳、桂林、昆明等几十座城市, 中国内地的高铁网络顺利进入香港因为世界第一条铁路和第一台蒸汽机车都出现在英国, 香港被英国侵占后, 也很早就有了铁路。1907 年, 英国主持开建九广铁路, 1910 年通车, 香港百余年的铁路史就此拉开序幕。然而, 由于特殊的历史和政治原因, 高铁很晚才进入香港。2018 年 9 月, 广深港高速铁路香港段开通运行, 广深港高速铁路香港段全长 26 km, 起于香港西九龙站, 最后经过皇岗进入中国内地。2019 年 7 月 10 日, 内地与香港联通的高铁站增至 58 个。这条高铁的建设可谓"历尽坎坷", 2006 年 2 月 6 日, 香港行政会议指示九广铁路公司规划广深港高铁香港段。2007 年 5 月 19 日, 九广铁路公司完成新建铁路的研究报告, 预计造价约 300 亿港币。2007 年 12 月 2 日, 九广铁路与香港地铁两铁合并成为港铁公司。2009 年 2 月 24 日, 广深港高速铁路香港段动工。因香港特别行政区面积狭小、寸土寸金, 广深港高铁香港段除了香港西九龙站和石岗车库外, 全部都在地下隧道中, 成了"高速地铁"。此举导致建设成本大大增加, 预算由最初的 300 亿港币飙升至近 3 000 亿港币。造价上涨近十倍, 加上挖掘隧道造成的地面塌陷、水井干枯等, 工程也时修时停、一拖再拖。由香港西九龙站开出的"动感号"列车, 就是在"和谐号"CRH380A 高速动车组的技术平台基础上, 保留原有技术特色并在性能上进一步提升的新型高铁列车, 并针对香港提出来的要求、香港人文环境和相应的约束规范进行了适当的设计改造。香港是一个色彩丰富的城市, 因此"动感号"车身以灰色作底色, 配上红色和橘色, 让人感到欢快愉悦, 车身的飘带是龙的形象, 包含着中国传统文化概念。

2018 年 12 月 25 日, 全长 272 km 的绿色生态黄金旅游线杭州—黄山高铁开通运营。

2019 年 12 月, 智能京张高铁开通, 京张高铁是京津冀协同发展的重要基础工程, 是 2022 年北京冬奥会的重要交通保障设施。京张高铁全线共设 10 个车站, 起自北京北站, 途经清河站、昌平站、八达岭长城站、东花园北站、怀来站、下花园北站、宣化北站、张家口站, 全长 174 km; 新建崇礼铁路位于河北省张家口市, 南起京张高铁下花园北站, 向北至太子城站, 全长 52.2 km, 主要服务于冬奥会崇礼赛区, 将与京张高铁同步开通运营。通车后, 乘高铁从北京到张家口的时间将被缩短到 1 h 内, 并与呼张和大张两条高铁线路相连, 对于促进京津冀协同发展、连通西部地区具有十分重要的意义。

"百年京张"是中国铁路创新工程的典范。2019 年既是京张铁路全线通车

110周年，也是"中国铁路之父"詹天佑逝世100周年。世界第一条智能高铁——京张高铁全线通车，悄无声息地在青龙桥站地下4 m位置通过隧道穿越，与地面上老京张铁路的"人"字形线路组合成一个立体的、气势宏大的"大"字，跨越110年的新旧联调京张铁路穿越时空进行交会，书写着新的历史篇章。

2020年12月24日，经过技术改造，成渝高铁达标提速提质，多项具有完全自主知识产权的铁路科技创新成果被投入应用，成渝间实现高铁公交化运营1 h直达，沿线旅客出行变得更加方便快捷，将为成渝地区双城经济圈建设提供有力的交通运输保障。成渝地区是西部人口最稠密、产业最集中、城镇最密集的区域，城市群人口和经济总量分别约占川渝两地总和的90%，是全国经济的"重要增长极"。成渝地区双城经济圈城际铁路网的主骨架，线路全长299.8 km。自2015年12月建成以来，成渝高铁按时速300 km运营，客流呈现快速增长的趋势，2019年发送旅客3 185万人次，较2016年增加1 507万人次、增长89.8%。成渝高铁安排开行动车87.5对，优化运输组织，加密列车开行频次，成渝间平均每20 min一趟；优化旅客候乘、乘车流程和接驳换乘服务，推行验证、检票合一，实现高铁、地铁、航空多种交通方式融合；对客服设施设备进行提档升级，改善站车环境，试点"静音车厢"，改进重点旅客、商务座旅客服务，进一步提升服务品质；运营服务将实现产品公交化、购票公交化、乘车公交化、服务公交化。

2020年12月27日，京雄城际高铁开通运营，该线自北京西站引出，经过既有京九铁路至李营站，接入新建高速铁路线路，向南途经北京市大兴区、河北省廊坊市、霸州市至雄安新区，线路全长91 km，最高设计时速350 km（其中，北京西至大兴机场段已于2019年9月26日开通运营），此次开通的大兴机场至雄安新区段59 km，设大兴机场、固安东、霸州北、雄安4座车站。北京西站至雄安新区最少旅行时间50 min，大兴机场至雄安新区最短19 min。京雄城际铁路是中国建设的又一条智能高铁，在多项智能关键技术上取得了新突破：在智能建造方面，大力推进BIM技术应用，首次实现以设计、施工到运营的三维数字化智能管理；在智能装备方面，运用先进的列车控制系统，采用智能控制、大数据、云计算等技术，广泛应用新一代移动通信、牵引供电等设备；在智能运营方面，建设智能高铁车站，能够提供旅客精准定位、路径规划、位置搜索等智能服务，高铁设备采用电子标签管理，实现了智能运维，并运用地震预警、综合视频一体化等智能技术，提升了高铁防灾能力。

2021年1月，京哈高铁京沈段由北京朝阳站至沈阳站，全长696 km，设20座车站，设计速度350 km/h；京哈高铁沈哈段由沈阳北站至哈尔滨站，全长 545 km，设 12 座车站，设计速度 350 km/h。京哈高铁沈哈段是中国首条、同时也是世界上第一条投入运营的新建高寒地区长大高速铁路。

京哈高铁是一条连接中国北京市、辽宁省沈阳市与黑龙江省哈尔滨市的高速铁路，是《中长期铁路网规划》（2016 年版）中"八纵八横"高速铁路主通道之一"京哈—京港澳通道"的重要组成部分，是北京连接环渤海和东北工业基地两个经济区域的重要轨道交通设施。

京哈高铁由北京至沈阳段、沈阳至哈尔滨段组成。2007 年 8 月 23 日，京哈高铁沈哈段开工建设；2012 年 12 月 1 日，京哈高铁沈哈段开通运营；2014 年 2 月 28 日，京哈高铁京沈段开工建设；2018 年 12 月 29 日，京哈高铁承沈段开通运营；2021 年 1 月 22 日，京哈高铁京承段开通运营。

京哈高铁线路如图 1.9 所示。

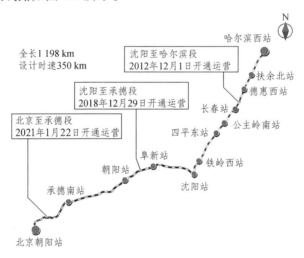

图 1.9　京哈高铁线路图

高速铁路"八纵八横"不断延伸的版图下，一个充满繁荣发展活力的流动中国正在奔腾向前。这些高铁线路都有一个重要的特点，就是让一些长期以来偏远或相对落后的地区也加入了"高铁圈"。例如，八百里蒙山沂水，曾是"四塞之崮、舟车不通、外货不入、土货不出"之地，随着日兰高铁日照至曲阜段的开通运营，沂蒙革命老区首次"触网"，山东省内高铁实现环形贯通；成贵高铁、昌赣客专、徐盐高铁让毕节、赣州、苏北等地接入全国高铁网；郑渝高铁郑州至襄阳段、郑阜高铁、京港高铁商丘至合肥段，让阜阳、南阳、周口等外出务工人员的集中地结束了不通高铁的历史。

自 2003 年我国真正意义上的第一条高铁秦沈客专建成通车以来，我国高铁、快铁及城铁累计通车里程 3.9 万千米，并于 2014、2015 年达到高峰，这两年建成的高铁里程突破 1 万千米随后 2018 年和 2019 年年度通车里程均突破 4 000 km。2021 年预计通车的高铁里程约 2 700 km。其中设计时速 300~350 km 高铁占比约 41%；设计时速 250 km 客专占比约 36%；设计时速 200 km 客货共线铁路及城际铁路占比约为 23%。

截至 2020 年年底，全国高铁营业里程达 3.79 万千米，超过《规划》中的目标 7 900 km。2016—2020 年这 5 年来，全国共新建高速铁路 1.89 万千米，几乎是 2015 年全国高速铁路 1.9 万千米的翻番。截至"十三五"末，全国铁路营业里程已达 14.63 万千米，同比"十二五"增长 20.9%，高铁 3.79 万千米，增长近 1 倍，复线率为 59.5%，电气化率达到 72.8%。"十三五"期间，完成旅客发送量 149 亿人次，其中动车组发送 90 亿人次，较"十二五"分别增长 41% 和 152%。

1912 年，孙中山曾经说过：今日之世界，非铁路无以立国。中华人民共和国成立前，铁路发展缓慢，中华人民共和国成立后，百废待兴，直到 1993 年，全国铁路运营里程只有 5.86 万千米，列车平均速度 48 km/h，2013 年，仅高铁运营里程就超过了 1 万千米，2016 年超过 2 万千米，2019 年超过 3 万千米，2020 年已达 3.79 万千米。百年后的今天，我们终于实现了当初的梦想。中国铁路经历百年沧桑巨变，现代化铁路强国新征程全面开启，这段波澜壮阔的发展历程，凝聚着一代又一代铁路人的梦想和奋斗，也见证了民族百年复兴伟业。

"十四五"期间，铁路在建、已批项目规模为 3.19 万亿元；到 2025 年，全国铁路营业里程将达到 17 万千米左右，其中高铁（含城际铁路）5 万千米左右，铁路基本覆盖城区人口 20 万以上城市，高铁覆盖 98% 城区人口 50 万以上城市。铁路部门将更加自觉地用新发展理念指导铁路建设，努力实现高质量发展。

我国高铁成网后，从南到北只需要花数小时的时间，极大地缩减了乘客的出行时间。2021 年 4 月，我国相关部门发布的《关于进一步做好铁路规划建设工作意见的通知》（以下简称《意见》）中，明确规定高铁主通道线路、城际铁路线路时速标准。简单来说就是我国现在对于城市地铁、高铁的建设进行严格把关，要科学有序推进铁路规划建设，防范并化解债务风险。其中还指出，我国一些地区盲目地建设高铁、地铁，出现"重高速轻普速、重投入轻产出"等情况，还导致铁路企业面临较大的经营问题，债务压力倍增。此外《意见》中规定，之后明确将速度等级和客流密度挂钩。就好比规划建设时速 350 km 的高铁主通道，需要满足 3 个条件：贯通省会及特大城市、近期双向客流密度 2 500 万人次/年以上、中长途客流比重在 70% 以上，不然规划就不会被通过。

4. 新的起点——川藏铁路

川藏铁路建成后将成为继青藏铁路之后世界屋脊通往内地的又一条大动脉。它不仅会拉近西藏与内地的空间和发展距离，也会拉近彼此的心理距离。川藏铁路对西藏的发展建设和生态保护意义重大，它不仅是西藏人民的期盼，更是全国人民的心愿。川藏铁路连接成都市和西藏拉萨市，是继青藏铁路后的第二条进藏铁路大动脉（后续还有滇藏铁路），全长约 1 580 km，项目总投资 2 700 亿元，川藏铁路为国铁 I 级双线电气化规格，设计时速 200 km，局部地段根据实际情况适当降低，最小曲线半径一般为 3 500 m、困难 2 800 m，限制坡度 30‰，到发线有效长 650 m，普速货车牵引质量 2 100 t。考虑价差预备费后全线预估算投资总额为 3 045 亿元，全线建成通车后从成都到拉萨的铁路通行时间将从 36 h 缩短到 12 h 左右，如图 1.10 所示。

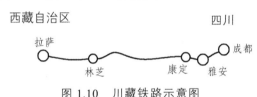

图 1.10　川藏铁路示意图

川藏铁路建设分为三段，成都至雅安段已开通运营，林芝到拉萨段在建，位于中间部分的雅安至林芝段是公认的铁路建设"最难段"。这一段的开工，意味着川藏铁路将全线开建。曾有西方工程师认为建造川藏铁路在 100 年内都是难以实现的，但从目前的进度来看，很快我国就能实现川藏铁路通车。届时，乘坐这条线路就能途经亚洲最大的 360°观景平台的牛背山、世界上海拔最高的城市理塘、最深的峡谷雅鲁藏布大峡谷、最美冰川之乡波密、世外桃源徒步天堂墨脱等著名景点。川藏铁路工程的主要特点和挑战包括：

（1）工程环境复杂。

线路依次经过四川盆地、川西高山峡谷区、川西高山原区、藏东南横断山区、藏南谷地区 5 个地貌单元，平均海拔 3800 m，地形起伏剧烈；线路"穿七江过八山"，沿线天气变化剧烈，水系分布复杂，内外动力地质作用强烈，地球板块活动仍在继续，地震活动高发，不良地质和特殊岩土发育，工程地质条件极其复杂，自然灾害频发。线路经过区域国家级保护区数十处、存在大熊猫等珍稀动植物近百种，生态环境敏感，环境保护任务艰巨。

（2）重难点工程多。

全线有千米级跨度悬索桥 3 座；200 m 跨度以上的钢桁梁、拱桥和刚构桥

7座；长度15 km以上隧道23座，最长的易贡隧道长达42.5 km；深埋隧道众多，最大埋深2 100 m。工程结构复杂、技术难度巨大，还受制于桥址隧址地质、水文、气候和交通条件等工程环境，安全风险因素众多，施工条件艰难。

（3）建设管理难度大。

线路位于高海拔地区，山高谷深、人迹罕至，高寒缺氧工效低，有效作业期短；区域工业基础薄弱，沿线交通运输能力不足，钢材、水泥、砂石料等建筑材料匮乏，电网和通信网络覆盖面不足；单体控制性工程多，建设周期10年左右，施工组织难度大。总体而言，川藏铁路全线复杂结构桥梁、超长深埋隧道众多，具有地形起伏剧烈、工程地质复杂、生态环境敏感、气候条件恶劣、自然灾害频发、施工条件艰难等特点，面临着"极端地质灾害、工程异常艰巨"两大挑战，给工程建设和运营带来了极高的安全风险。

川藏铁路前期勘察设计采用了"空、天、地"一体综合勘察，以"减灾选线"理念确定线路走向。在穿越复杂艰险山区铁路建设领域形成的高墩大跨桥梁、复杂环境隧道、路基变形控制及灾害防治、牵引供电系统和监测预警等科研成果，也将运用于川藏铁路。川藏铁路建设虽艰苦卓绝，但以祖国之强大，工程人之努力，川藏铁路势必完成，且前程似锦。

## 1.11 走向"全领域成熟"

### 1.11.1 从"追赶者"到"领跑者"

高铁是交通运输现代化的重要标志，也是一个国家工业化水平高低的重要体现。我国高铁发展虽然比发达国家晚40多年，但依靠党的正确领导和新型举国体制优势的发挥，经过几代铁路人接续奋斗，实现了从无到有、从追赶到并跑、再到领跑的历史性变化。

（1）成功建设了世界上规模最大、现代化水平最高的高速铁路网。以2008年我国第一条设计时速350 km的京津城际铁路建成运营为标志，一大批高铁相继建成投产。特别是党的十八大以来，我国高铁发展进入快车道，年均投产3 500 km，发展速度之快、质量之高令世界惊叹。

① 运营里程世界最长。到2020年年底，我国高铁营业里程已经占世界高铁总里程的69%；其中，时速300~350 km的高铁运营里程1.37万千米，占比为36%；时速200~250 km的高铁运营里程2.42万千米，占比为64%。

② 商业运营速度世界最快。目前，在京沪、京津、京张、成渝等高铁总计里程 1 910 km 的线路上，复兴号以时速 350 km 运营。我国是世界上唯一实现高铁时速 350 km 商业运营的国家，树起了世界高铁商业化运营标杆，以最直观的方式向世界展示了"中国速度"。

③ 运营网络通达水平世界最高。如今，从林海雪原到江南水乡，从大漠戈壁到东海之滨，我国高铁跨越大江大河、穿越崇山峻岭、通达四面八方，"四纵四横"高铁网已经形成，"八纵八横"高铁网正加密成型，高铁已覆盖全国 92%的 50 万人口以上的城市。

（2）形成了具有自主知识产权的世界先进高铁技术体系，主要包括涵盖高铁工程建设、装备制造、运营管理三大领域的成套高铁技术体系，高铁技术水平总体进入世界先进行列，部分领域达到世界领先水平。

① 在高铁工程建造领域。适应我国地质及气候条件复杂多样的特点，以原始创新为主，在高铁路基、轨道、长大桥梁、长大隧道、大型客站和系统集成等方面攻克了大量世界性技术难题，系统掌握了不同气候环境、不同地质条件下建造高铁的成套技术。建成了北京南、上海虹桥、广州南等一大批现代化高铁枢纽站；修建了沪苏通铁路长江大桥、五峰山长江大桥 2 座主跨超千米和武汉天兴洲大桥等 6 座主跨超 500 m 的世界级大跨度高铁桥梁；建成了广深港高铁狮子洋隧道、西成高铁秦岭隧道群等 100 多座 10 km 以上的长大高铁隧道。

② 在高铁技术装备领域。以引进先进技术、联合设计生产的和谐号动车组为基础，持续深化自主创新，突破技术瓶颈，成功研制拥有完全自主知识产权和世界先进水平的复兴号中国标准动车组，其中复兴号智能动车组在世界上首次实现时速 350 km 自动驾驶功能。目前，我国已经形成涵盖时速 160~350 km 不同速度等级，能够适应高原、高寒、风沙等各种运营环境的复兴号系列产品。同时，适应我国高铁成网运营对通信信号和牵引供电技术的特殊要求，自主研发了 CTCS – 3 级列车控制系统，建成了高铁供电调度控制系统（SCADA），使高铁网具备功能强大、安全可靠的中枢神经系统和电力供应系统。北斗导航、5G、大数据等先进技术也陆续在高铁得到成功应用。

③ 在高铁运营管理领域。全面掌握了复杂路网条件下高铁运营管理成套技术，创新了复杂路网条件下不同速度等级高速列车高密度跨线运输调度技术，解决了不同动车组编组、不同速度、长大距离和跨线运行等运输组织难题，实现了繁忙高铁干线和城际铁路列车高密度、公交化开行，高峰期发车间隔仅有 4~5 min。

④ 在高铁安全生产领域。充分发挥科技保安全作用，在智能型复兴号动

车组部署 2700 余项监测点，开发了自我感知、健康管理、故障诊断等列车运行在途监测技术，实现了对列车运行的全方位实时监测；建立了由高速综合检测车、沿线检测传感装置等设备组成的高铁线路设备在线监测系统，运用大数据分析，实现了对高铁基础设施运行状态的精准掌握；研发了风雨雪等自然灾害监测、异物侵限报警和地震监测预警系统，实现了对自然灾害和治安风险的立体防控。

（3）打造了具有世界一流运营品质的中国高铁品牌。着眼满足人民群众对美好生活的向往，结合运输供给侧结构性改革，大力实施客运提质计划和复兴号品牌战略，全面提升高铁运营品质。我国高铁的安全性、效能性、舒适性、便捷性、经济性等运营指标，均处于世界领先或先进水平。

① 在安全性方面，坚持把"安全第一，质量为本"的理念贯穿于高铁建设和运营管理的全过程和各方面，深入实施高铁"强基达标、提质增效"工程，健全高铁人防、物防、技防"三位一体"安全保障体系，推进高铁外部环境安全综合治理，确保了高铁安全持续稳定。2008~2020 年，我国高铁每百公里平均事故率较境外高铁低 82%。截至 2021 年 6 月底，我国高铁已累计安全运行 92.8 亿千米、相当于绕地球 23.2 万圈，安全运送旅客 141.2 亿人次，是世界公认最安全的高铁。

② 在效能性方面，发挥高铁成网运营效应，实行"一日一图"，优化和增加高铁产品供给，列车开行数量持续增长、通达范围不断拓展。目前，全国铁路日均开行动车组列车 7 400 多列，占全部旅客列车开行数量的 77%。世界银行 2019 年研究报告指出，我国高铁客运密度大约是欧洲高铁客运密度的两倍。

③ 在舒适性方面，我国高铁线路基本采用无砟轨道，铺设重型超长钢轨和无缝线路，具有超高的平顺性。复兴号动车组采用减振性能良好的高速转向架，车体振动加速度小、振幅低、噪音弱，平稳性指标达到国际优级标准，较好解决了列车空气动力学、轮轨关系、车体气密强度等技术难题，提高了列车进出隧道、高速交会时的安全性和舒适度。车厢内空调系统新风达到 16 立方米/人小时，比其他国家高 7%~60%；车体宽，空间大，横断面积达到 11.2 m$^2$，比其他国家多 14.3%，为旅客提供了宽敞舒适的旅行环境。

④ 在便捷性方面，我国建成了世界上规模最大的 12306 铁路互联网售票系统，单日售票能力达 2 000 万张以上，目前互联网售票比例为 86.2%，单日最高达 90%。依托 12306 平台，推动高铁网与互联网"双网融合"，推出电子客票、移动支付、在线选座、刷脸进站、互联网订餐等服务举措，同时保留纸质车票、车站窗口等传统服务渠道，保证老年人和脱网人群出行便利，显著提升了铁路服务品质。

⑤ 在经济性方面，我国高铁平均票价率约为其他国家的 1/3 至 1/4。"十三五"期间，我国高铁累计实现票价收入 11 044.7 亿元，占铁路客运收入的比例由 2015 年的 53%上升至 2020 年的 78%。世界银行 2019 年研究报告称：虽然中国高铁线路中高架桥梁和隧道占比很高，但高铁网络平均建设成本仅为其他国家的 2/3，高铁网络经济回报率为正，有理由对中国高铁干线线路的长期经济可行性保持乐观。

### 1.11.2　从"和谐号"到"复兴号"

1. "和谐号"

2004 年，我国开始尝试从国外引入高铁技术，并加以吸收和转化。经过长达六年的试验和改进，2010 年，时速超过 380 km 的国产"和谐号"CRH380A 高速动车组列车正式亮相，中国从此正式步入了高铁时代。通过引进国外技术、联合设计生产的 CRH 动车组车辆均命名为"和谐号"，其最早可追溯到 2007 年中国铁路第六次大提速调图后开行的 CRH 动车组列车。"CRH"（China Railways High-speed）是中国高速铁路的英文简称，是中国铁道部对中国高速铁路系统建立的品牌名称，广泛应用于中国高铁产业链的各个领域，包括 CRH1-CRH6、CRH380A\B\C\D 等十大型号，列车运行时速区间为 160~380 km。

中国高速列车的标志如图 1.11 所示。整体上采用五条并行的列车轨道进行变形，用弯曲的弧形表示列车通过弯道时的速度与力量，具有强烈的动感，展现中国铁路部门创新求变、勇往直前的精神；最左侧的钢轨弯曲的形式是一个透镜的字母"C"，是 CRH 的第一个字母，代表着中国（China），又仿佛一头怒吼的雄狮，寓意东方的睡狮已经觉醒，展现中国高铁的力量感；图案中间的图形外圆内方，整体上圆润而有秩序，既体现了中国传统的哲学与美学，也寓意着中国铁路部门"对内管理要方正，对外服务要周到"的经营理念；在色彩上，采用蓝色的渐变色系，给人感觉深邃而冷静，体现了中国高速列车的科技感与速度感。整个标志稳重厚实，节奏富于变化，静中有动、稳中求变，视觉冲击力强，韵律现代，寓意丰富，便于传播。

图 1.11　和谐号动车组标志

2008 年，在新一代 CRH380 高速动车组研制中提出了"协同创新"的设计理念，25 所重点高校、11 所一流科研院所、51 个国家级实验室和工程中心以及上万工程技术人员组成了高铁研发的"国家队"。两年多时间里，CRH380 高速动车组研发周期一举缩短 40%，运营速度、安全性、舒适性和节能环保等指标达到世界领先水平。这个车型的"和谐号"成为京沪、京哈等高铁干线的主力军。

2. 复兴号

（1）复兴号特征。

2017 年 1 月——中国标准动车组复兴号获得了制造许可证，同时，中国标动也正式获得新型号命名——"CR"。2017 年 1 月 3 日，中国铁路总公司正式向四方和长客颁发了中国标准动车组"型号合格证"和"制造许可证"，中国标准动车组也正式获得型号命名。复兴号的颜色搭配选用了中国国旗的红黄颜色组，早期的两个型号是红神龙 CR400AF 和金凤凰 CR400BF，其中 CR是 "China Railway"的缩写，即中国铁路；"A"和"B"为企业标识代码，代表生产厂家；"F"代表技术类型代码，表示动力分散式机车，区别于"J"代表的动力集中电动车组和"N"代表的动力集中内燃动车组；数字代表最高时速，例如，400 代表最高速度可达 400 km/h 及以上，持续运行速度为 350 km/h。新的命名规则在 2016 年 11 月底由中国铁路总公司党组会议确定，中国动车组将采用 CR200/300/400 命名，分别对应 160、250 和 350（km/h）三种持续时速等级，以满足不同的市场需求。中国高速铁路主要是时速 350 km、250 km两种，中国快速铁路主要是时速 200 km、160 km 两种，三种时速的列车可以满足这四种时速需求，由 CR200 兼容快速铁路的两种不同时速。

2017 年 6 月 25 日，中国标准动车组有了一个响亮的名号——"复兴号"动车组，"复兴号"倒过来念就是"好幸福"，以祝愿祖国永远繁荣昌盛。结合"复兴号"品牌战略的实施，一个崭新且极富潜力的中国高铁品牌正冉冉升起。"复兴号"logo 设计样式如图 1.12 所示。

由路徽及CR组合，logo组合纵横比：长289：高95/55

图 1.12　"复兴号"logo 设计样式

"复兴号"中国标准动车组构建了体系完整、结构合理、科学先进的技术标准体系，动车组基础通用、车体、走行装置、司机室布置及设备、牵引电气、制动及供风、列车网络标准、运用维修等十余个方面均达到国际先进水平。"复兴号"中国标准动车组大量采用中国国家标准、行业标准、中国铁路总公司企业标准等技术标准，同时采用了一批国际标准和国外先进标准，具有良好的兼容性能，在 254 项重要标准中，中国标准占 84%。更为重要的是，中国标准动车组整体设计以及车体、转向架、牵引、制动、网络等关键技术都是中国自主研发，具有完全自主知识产权，其技术创新及成果主要体现在以下几点：

① 安全保障技术更先进。

"复兴号"中国标准动车组设有智能化感知系统，并配置强大的安全监测系统，全车部署了 2 500 余项监测点，能够对走行部状态、轴承温度、冷却系统温度、制动系统状态、客室环境进行全方位实时监测。"复兴号"中国标准动车组还增设了碰撞吸能装置，以提高动车组被动防护能力。为满足中国地域广阔、温度横跨正负 40℃、长距离高强度等条件对运行提出的需求，"复兴号"进行了 60 万千米运用考核，超出欧洲标准 20 余万千米，整车性能指标实现较大提升，"复兴号"的设计寿命达到 30 年，高于"和谐号"的 20 年。

② 乘坐体验更良好。

"复兴号"中国标准动车组车厢内实现 WiFi 网络全覆盖，设置不间断供电的旅客用 220V 电源插座；空调系统充分考虑减小车外压力波的影响，通过隧道或交会时减小耳部不适感；列车设有多种照明控制模式，可根据旅客需求提供不同的光线环境。"复兴号"中国标准动车组还采取了多种减振降噪措施，改进了洗漱设施，设置有无障碍设施等，能够为旅客提供更良好的乘坐体验。

③ 感知系统更智能。

"复兴号"中国标准动车组采集的各种车辆状态信息多达 1 500 余项，能够全面监测列车运行状况，实时感知列车状态，包括安全性能、环境信息（如温度）等，并记录各部件运用工况，为全方位、多维度故障诊断、维修提供支持。列车出现异常时，可自动报警或预警，并能根据安全策略自动采取限速或停车措施。此外，"复兴号"中国标准动车组还采用远程数据传输，可在地面实时获取车辆状态信息，提升地面同步监测、远程维护能力。

④ 车体设计更优。

采用全新低阻力流线型头型和平顺化设计，不仅能耗大大降低，车内噪声也明显下降。坐过"和谐号"的乘客都会发现，动车组车顶有个"鼓包"，那其实是受电弓和空调系统。"复兴号"将受电弓和空调系统下沉到了车顶下的风道系统中，使得列车不仅看起来更美，运行阻力也比既有 CRH380 系列降低了 7.5%~12.3%，在 350 km 时速下运行，人均百千米能耗能够下降 17%

左右。在车体断面增加、空间增大的情况下，"复兴号"中国标准动车组按时速 350 km 试验运行时，列车运行阻力、人均百千米能耗和车内噪声明显下降，表现出良好的节能环保性能。复兴号优点如图 1.13 所示。

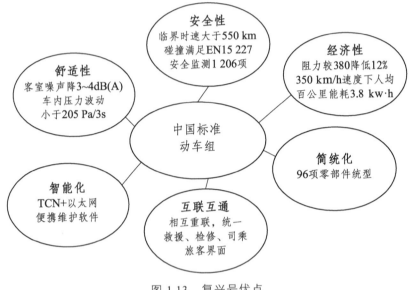

图 1.13　复兴号优点

（2）"复兴号"设计。

2004 年，动车组的牵引控制系统还依赖于引进国外的整套系统，经过我国科研人员多年来的引进消化吸收和不断的再创新，从国外精选最优的芯片做成板集、模块集直到组合筹建成系统，实现了从设计采购一直到芯片的试验、组建、结构设计全部自主完成，实现高速动车组从"中国制造"到"中国创造"的飞跃。其中"正向设计"是关键，所谓"正向"是对应"逆向"而言的，"逆向"设计是模仿进口产品的设计，而"正向"设计则不但摆脱了核心技术受制于人的局面，同时还实现了产品的简统化及其零部件的标准化，大幅度降低了运用和维修成本。从"先锋号"和"中华之星"到"和谐号"，再到"复兴号"，中国高铁技术经过了"独立研发—中外合作—自主创新"3个阶段，最终把核心技术牢牢掌握在自己手中。

"复兴号"中国标准动车组最具特色的亮点是它的互联互通性能。所谓互联互通，就是要把两个不同生产厂家、按不同技术规范和图纸生产的动车组进行重联运行，并且能够进行完全一致的控制操作，例如能够控制同时开关门，控制空调，等等。此外，中国标准动车组还统一了零部件标准，实现了零部件互换，从而节省大量的费用。这些技术在国际上都是首创。

　　牵引变流技术曾是我们一直以来的弱项，直到 20 世纪 90 年代，中国机车主要还是采用直流牵引传动技术。从 20 世纪 70 年代开始，铁科院机辆所开始研究效率更高、功率更大的交流传动牵引技术，铁路牵引变流器技术也一次次取得突破。牵引变流器作为列车的核心部件和动力保障，在列车上线前，研发团队要对其进行成百上千次的检测试验。2014 年，时速 350 km 的中国标准动车组牵引和辅助变流器自主研制成功，于 2015 年完成装车考核，成为复兴号的"心脏"。与和谐号相比，复兴号牵引变流器功率从 8 000 多千瓦提升到 1 万多千瓦，启动加速能力更强、效率更高。

　　"复兴号"的车头造型很有特色。"中国人长一张中国的脸孔，中国车也要长一张'中国范'的脸孔"。"复兴号"在头型设计中，融入了中国文化中"龙"的形象，如图 1.14 所示。车头的两条红飘带演变自龙的"髯"，整体造型十分飘逸，又气势如虹。研发人员最初设计了 46 个概念头型。通过综合评估选出 23 个头型方案进入工业设计，再从中挑选出 7 个头型，进行精细化的仿真计算。之后，全部制作成 1∶8 的缩比模型，前往风洞实验室进行气动力学和气动噪声的风洞试验。通过循环优化、反复评估，最终遴选出"复兴号"的头型方案——"飞龙"。"飞龙"在技术上也独具一格，采用修长的流线型设计，头型的形状叫"单拱椭圆"，即水平断面型线为长椭圆型，纵断面型线由双拱型变为单拱型，有利于降低阻力；鼻锥部分设计为宽扁型，增加向下的引流作用。光是围绕车头的气动性能，团队就进行了 17 项 75 次仿真计算，做了 760 种工况的气动力学试验和 60 个工况的噪声风洞试验，完成了 22 项多达 520 个测点的线路测试。每绘制一个压力波，就要计算数万次，最终的气动性能数据报告堆了 4 米多高。如图 1.14 所示。

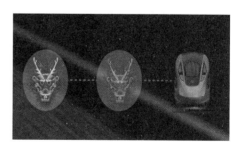

图 1.14　复兴号车头造型和设计灵感

　　（3）"复兴号"运营投入过程。

　　为全面提升中国高速铁路动车组设计、软件开发、制造技术等的水平，打造适合中国国情、路情的高速动车组设计制造平台，实现中国高速铁路动车组自主化、标准化和系列化，促进动车组由中国制造到中国创造的跨越，从 2012 年开始，铁道部主导，集合国内有关企业、科研院所及高校，开展了时速 350 km 中国标准动车组的研制工作。

2016 年 7 月 15 日，两列中国标准动车组在郑徐高铁上分别以 420 km 的时速交会和重联运行，成功完成了世界最高速度的动车组交会试验，验证了"复兴号"整体技术性能的可靠性，中国首次实现了高速动车组牵引、制动、网络控制等关键技术的全面自主化。

2017 年 6 月 25 日，中国标准动车组被正式命名为"复兴号"，并于 26 日在京沪高铁两端的北京南站和上海虹桥站双向首发，复兴号开通图片如图 1.15 所示。

2017 年 8 月 21 日，"复兴号"中国标准动车组在京津城际上线运行，通达北京南、武清、天津、北京西等 10 个车站。

2017 年 9 月 21 日，新列车运行图实施，7 对"复兴号"动车组列车在京沪高铁率先以时速 350 km 运营，京沪两地间运行时间压缩至 4.5 h，标志着中国成为世界上高速铁路商业运营速度最高的国家。

2017 年 12 月 28 日，"复兴号"在西南地区登场"首秀"，从昆明南开往上海虹桥的 G1372 次列车成为首列在中国西南地区载客运营的"复兴号"动车组。

图 1.15　复兴号开通图片

2018 年 4 月 10 日，运行图调整后，"复兴号"动车组开行数量增加，北京始发新增复兴号列车 39 对，其中，京沪高铁新增 8 对，京津城际新增 31 对，调整 2 对，北京复兴号列车共计达到 81.5 对。其中北京南站京津城际方向复兴号列车达到 64.5 对，约占京津城际图定列车 90.5 对的 71%，至此，京津城际成为全国开行复兴号列车最密集的高铁线路，更多的旅客能够享受"复兴号"高速列车的优质服务。

2018 年 6 月 26 日，"复兴号"动车组上线运营满 1 周年，累计发送旅客 4 130 万人次。

2018 年 7 月 1 日，中国自主研制的全球最长高铁列车——16 辆长编组"复兴号"正式上线运营。相比于之前 8 辆编组的"复兴号"列车，新款列车的最高时速不变，增加了可调节灯光及 USB 充电接口等功能，商务座席位和整列定员也有所增加。

2018 年 8 月 1 日，京津城际运营满十年，线上全部更换为"复兴号"动车组列车，旅客可在列车上全程享受 WiFi 上网等服务。

2018 年 9 月 23 日，由 CRH380A 改造而成的"动感号动车组"在广深港高铁上线运营，此前在该线运营的动车组列车悉数退役。

2018 年 10 月，复兴号家族迎来新成员，17 辆编组超长版时速 350 km 复兴号、时速 160 km 动力集中复兴号登场亮相，全国日开行复兴号列车 350 余对，通达 23 个省会城市和香港特别行政区。

2018 年 12 月 24 日，"蓝暖男"复兴号亮相，这列时速 250 km 的 CR300BF 型复兴号动车组，适用于不同基础设施、不同客流量的运营线路，以低能耗、高性价比的优势，满足多样化的运输服务需求。

2019 年 1 月 5 日，时速 160 km"绿巨人"复兴号投入运营，普速铁路踏入动车时代。"绿巨人"在不改造原有普速铁路线路的条件下提高了运营速度，并大幅度提高既有车辆的舒适度，车厢内 Wi-Fi 全覆盖、卧铺配备 USB 电源接口，还有残疾人专用座椅和卫生间，让乘客拥有乘坐高铁般的乘车体验。

2019 年 1 月 5 日 12 时，北京南开往上海虹桥的 G9 次列车准时出发，这也是调图后全国首发的 17 辆超长版"复兴号"。

2019 年，12 月 30 日，智能型复兴号高速列车率先在京张高铁投入运营。

截至 2020 年年末，全国铁路配备复兴号动车组 1 036 组，已累计安全运行 8.36 亿千米，运送旅客 8.27 亿人次，2021 年复兴号将覆盖我国绝大部分地区。如今，复兴号已经为我们的生活带来了天翻地覆般的变化，而随着科技的发展和进步，更多的新系列、新产品、新设备，也将逐渐在世人面前呈现。

"十三五"期间，特别是复兴号动车组，在安全性、经济性、节能环保等方面展现出优异性能，已经形成涵盖时速 160~350 km 速度等级的复兴号系列化动车组，深受市场和广大旅客欢迎，客座率较动车组平均客座率高出 0.7 个百分点。在深化复兴号高速列车自主创新方面，已启动"CR450 科技创新工程"，研发新一代更高速度、安全、环保、节能、智能的复兴号动车组新产品，实现中国高铁更高商业运营速度，持续巩固中国高铁领跑优势。

（4）科技创新看"复兴"。

复兴号以其安全快捷、平稳舒适、高品质的运营服务等优势赢得了社会的广泛赞誉，成为展示中国高铁发展成就的标志性产品。复兴号展现出良好的技术先进性、安全可靠性和乘坐舒适性。为了让更多人民群众享受到安全可靠、方便快捷、温馨美好的旅行生活，中国铁路总公司以复兴号投入运营为契机，全面落实客运提质计划，努力打造复兴号服务品牌。

在上线运营之前，复兴号中国标准动车组经历了迄今为止试验周期最长、试验项目最多的高速动车组列车综合试验。试验历时16个月，依次在环行铁道试验基地、长吉高铁、大西高铁综合试验段、郑徐高铁、哈大高铁进行，其间在中国标准动车组列车上布置测点近3 000个，在地面60个工点布置测点上千个。复兴号运用考核、试验考核里程更是超过60万千米，远超欧洲、日本40万千米的考核指标。在铁科院永丰产业基地，一个大屏幕上实时显示着每天3 000多列高铁列车运行中的天气状况、运行区间、运行速度及故障状态，每一列动车组列车都有独特的编码，系统随时监控每一趟高铁列车的运行安全。每天超过300列复兴号的运行数据都在这个系统中。

中国标准逐渐成为国际标准。复兴号核心部件从无到有的过程，是中国工业快速赶超世界先进水平的缩影，是基础工业和生产水平不断升级结出的硕果。复兴号的诞生也带动了国内大批企业的发展。例如，曾经高铁制动盘只能从国外进口，而在两年时间内，从寻找合作企业，到一次次试验、检验，经过无数次失败，反复改善配方、改进工艺，制动盘最终试制成功，如今复兴号制动盘完全实现国产。而为复兴号生产产品的几个合作厂家也因此提高了技术工艺，企业发展迈上了新台阶。又如，和谐号列车上，仅一个橡胶部件的采购周期就长达6个月，而且价格高昂，随着复兴号中国标准动车组的诞生，列车上的橡胶件和弹簧完全实现了自主研制，采购成本大大降低。复兴号还解决了长期存在的不同厂家生产的动车组列车不能够重联运行的问题，在国际上开创了两个厂家基于不同电气系统设计的动车组列车重联的先例，使运营组织更加灵活高效，大幅降低了运维成本。

从"和谐号"到"复兴号"，体现了中国科技的日新月异，展现了中国铁路工作者的汗水与勤劳。中国高铁的起步比大部分发达国家要晚，以往运营的高铁列车全都采用的是德标或日标，但这一次，中国自主研发的动车组列车"复兴号"大量采用了中国国家标准和中国铁路总公司企业标准等技术标准，在江苏常州，还由此诞生了一批专门为"复兴号"制作配套的工厂，可谓真正的"中国制造"。其中，齿轮箱是"复兴号"动车组高速行驶的驱动核心，具备30年2 400万千米的超长使用寿命，而这样的距离相当于绕地球行驶600圈，而零件表面精度要求达到了一根头发丝的五十分之一。如今，"复兴号"采用的多项技术已经领跑世界舞台，中国工程师创造的"标准"正成为其他各国追逐的新目标。

### 1.11.3 成功的主要原因

我国高铁发展之所以能够取得历史性成就，是在坚持党中央权威和集中统一领导下，我国高铁发展始终坚持以人民为中心的发展思想，充分体现了人民群众对美好生活的向往，统筹兼顾经济发达地区和老少边及脱贫地区需要，使高铁发展成果能够造福最广大人民群众。坚持全国"一张网"、全路"一盘棋"，打破行业、区域的局限性，形成与国家重大战略相贯通、与相关产业布局相衔接、与区域发展需求相结合的高铁发展规划，并保持了高铁规划的稳定性、连续性，实现了高铁发展与经济社会发展相互促进、相得益彰。

坚持集中力量办大事，为建成世界最发达的高铁网汇聚了强大合力。高铁建设投资巨大、工程浩大、挑战极大。我国高铁能够在全国范围内迅速建成"四纵四横"高铁网、布局构建"八纵八横"高铁网，关键是在新的历史条件下善用我国社会主义制度能够集中力量办大事这一重要法宝。在高铁发展实践中，从中央到地方，从路内到路外，从科研创新、生产组织到产业化应用，从规划设计、工程建设、装备制造到运营管理整个创新链产业链，既坚持按市场经济规律办事，又坚持局部利益服从整体利益、国家利益兼顾地方利益，团结协作、密切配合，汇聚了推动高铁发展的强大合力。尤其是在高铁发展中，国家有关部门在规划建设、产业布局、项目可研、环保水保、投融资改革等方面给予强有力支持；地方党委政府在建设用地、市政配套、站城融合发展等方面发挥主导作用，解决了重大项目建设中困难复杂的征地拆迁和移民安置等难题，保证了高铁建设科学有序、安全优质地大规模推进。

我国高铁发展坚持"引进来"和"走出去"相结合，坚持自主创新与开放创新相统一，切实用好国际国内两个市场、两种资源。一方面，充分发挥后发优势，对世界高铁先进技术进行引进、消化、吸收、再创新，学习借鉴国际先进理念、创新成果，使我国高铁技术集世界高铁技术之大成，大大加快了我国高铁技术创新赶超步伐；另一方面，坚持以国情路情为基础，始终把科技自立自强、自主创新作为高铁创新的根本，对一切外来技术坚持以我为主，坚持不懈加强关键领域技术攻关，形成了从高铁基础理论、技术应用到成果推广乃至技术标准体系的完整创新链条，牢牢地将创新主导权、发展主动权掌握在自己手中，不断巩固和提升中国高铁的世界领跑地位。

坚持全国铁路统一规划建设，实行全国铁路一张网和运输集中统一指挥的管理体制，为高铁发展提供了可靠的机制保证。国铁集团作为国家铁路的建设和运营主体，统筹整合高铁科研、勘察设计、工程施工、装备制造、建设运营管理等各方资源，实现产学研用有机结合，推进协同创新、集成创新，把铁路行业的各种力量集合在一起，形成推动高铁创新的组合优势；发挥开放大市场的平台作用，利用丰富的高铁建设和运营技术资源及试验场景，强化对高铁技术创新的导向牵引和支撑作用，推动高铁技术创新成果直接转化应用；坚持正确的技术路线，实现技术政策、技术标准、技术平台和技术布局的统筹协调、专业融合，保证高铁规划建设运营协调一致，安全质量和效率效益相匹配，使高铁建设运营的成功经验在全国范围内快速复制推广，形成规模产业效益，大大提高了高铁的发展效率和质量。

坚持统筹技术专业和管理人才培养和使用，为高铁建设发展提供了强大的人才保证和智力支撑。面对高铁快速发展对人才队伍提出的迫切需求，国铁集团培养了一大批立志我国高铁事业发展，具有先进理念、掌握高新技术、富有创新精神的高铁技术人才、管理人才和高技能人才。尤其是面对高铁养护维修夜间作业多、野外作业多等情况，广大干部职工大力发扬主人翁精神，全身心投入到高铁事业发展中，涌现出一大批爱岗敬业、争创一流、艰苦奋斗、勇于创新、淡泊名利、甘于奉献的劳动模范和一大批执着专注、精益求精、一丝不苟、追求卓越的铁路工匠。

中国各高铁供应商如图 1.16 所示。

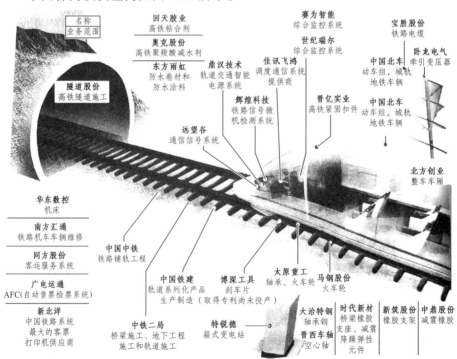

图 1.16　中国高铁供应商

再如，高速铁路系统试验国家工程实验室是于 2007 年 9 月经国家发展和改革委员会批准建设的国家工程实验室，主要围绕高速动车组、线路工程、通信信号、接触网与供电、客运服务、振动噪声等系统，在可靠性、安全性、舒适性和节能环保等方面，为高速铁路和客运专线的联调联试、科研试验、综合检测、性能验证和检查评价提供技术支持，为我国高铁技术标准体系提供海量数据与科研试验手段，是固定设备和移动设备相结合、试验基地和正线试验相结合、试验仿真和实车试验相结合的具有国际先进水平的国家科技创新平台。国家工程实验室高速铁路系统试验内容如图 1.17 所示。

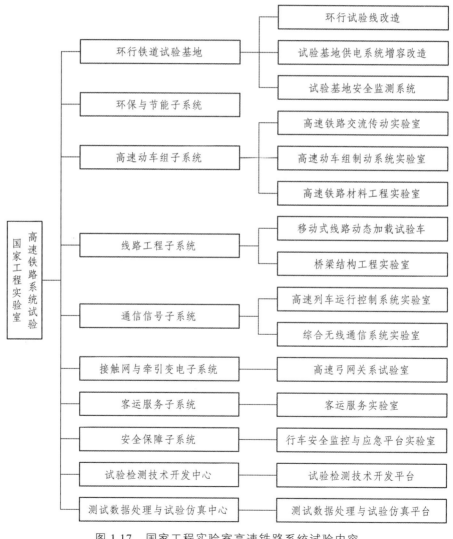

图 1.17 国家工程实验室高速铁路系统试验内容

## 1.12 中国高铁与经济发展的综合分析

交通强国，铁路先行。从世界大国崛起的历史进程看，国家之强离不开交通之强，也往往始于交通之强。随着中国高铁速度等级的不断上升，高铁带来的交通便利已惠及全国 180 个地级市，370 余个县级市，中国高铁的兴盛无可比拟。现在中国已经拥有世界上最现代化的铁路网和最发达的高速铁路网，其中，设计速度超过 350 km/h 等级的高速铁路约占 50%。中国高速铁路与其他铁路共同构成的快速客运网已达 4 万千米以上，中国以高速铁路为骨架的客运快速铁路网和以高速铁路为骨架的综合交通运输体系正在形成。高速铁路在国民生活中已成为不可缺少的交通工具，中国 50%以上的铁路旅客发送量已经由动车组列车承担，每天有 400 多万旅客享受高速铁路旅行生活，改变了中国的交通格局，深刻地影响着人民生活，也大大增强了中华民族的自豪感和广大人民群众的幸福感。

1. 高铁客运量

中国疆域辽阔，陆地面积与整个欧洲面积相仿，东西相距约 5 200 km，南北相距约 5 500 km，地形多样、气候多样，跨越热带、北亚热带、北温带、北亚寒带和高原寒带 5 个气候带，又拥有大江大河、高山峡谷、平原丘陵、沙漠戈壁、草原绿洲、湖泊海湾、半岛海岛等丰富多样的地形种类，环境的复杂性、多样性可谓全世界之最。这为中国的高铁发展增加了诸多难度，同时也提供了更大的创新发展空间。只有线路运营距离长，且成网运营后，才能体现高铁速度快的优势。

2011 年 10 月，高铁累计发送旅客突破 10 亿人次，历时 3 年；2014 年 10 月，高铁累计发送旅客突破 30 亿人次，历时 3 年；2016 年 6 月，高铁累计发送旅客突破 50 亿人次，历时 2 年；2017 年 9 月，高铁累计发送旅客突破 70 亿人次，历时 1 年；2018 年 9 月，高铁累计发送旅客突破 90 亿人次，历时 1 年；2019 年 8 月，高铁累计发送旅客突破 110 亿人次，历时 11 个月；2020 年 6 月，高铁累计发送旅客突破 125 亿人次，历时 10 个月。

随着我国高铁运量快速增长，高铁网络经营效益逐步显现，特别是东部地区高铁呈现出良好的盈利能力，京沪、京津、沪宁、沪杭、深等高铁开通后 2~5 年就达到盈亏平衡点。截至 2019 年年底，国铁控股的已运营的高铁合资公司共 81 家（运营时间大多不到 10 年），其中已有 25 家盈利，盈利额同比增长 26.2%。

2. 高铁票价分析

2011 年原铁道部根据市场需求、运营状况，对京沪高铁票价实行票价季节浮动、时段浮动和周内浮动，浮动方案由京沪高铁公司在运价政策范围内确定，浮动幅度灵活，不受 5%的限制。如表 1.2 所示。

表 1.2　高铁与普铁二等座定价机制

| 里程/km | 高速车票价率/（元/人 km） | 中速车票价率/（元/人 km） | 定价标准 |
| --- | --- | --- | --- |
| 0～500 | 0.46 | 0.34 | 基准价 |
| 500～1 000 | 0.414 | 0.306 | 基准价 9 折 |
| 1 000～1 500 | 0.368 | 0.272 | 基准价 8 折 |
| 1 500～2 000 | 0.322 | 0.238 | 基准价 7 折 |
| 2 000～2 500 | 0.276 | 0.204 | 基准价 6 折 |

根据国家发改委 2015 年 12 月发布的《关于改革完善高铁动车组旅客票价政策的通知》，对在中央管理企业全资及控股铁路上开行的设计时速 200 km 以上的高铁动车组列车一、二等座旅客票价，由铁路运输企业依据价格法律法规自主制定；商务座、特等座、动卧等的票价，同社会资本投资控股新建铁路客运专线旅客票价一样，继续实行市场调节的方式，具体由铁路运输企业根据市场供求和竞争状况等因素自主制定。

3. 高铁运营成本

在巨大的市场刺激下，中国高铁实现了规模化建设运营，以最低建设成本、最低的客票价格得到高质量发展，多条高铁超预期实现盈利，远低于国际建设和运营成本。世界银行曾对 2013 年年末中国 27 条运行中高铁建设成本进行分析，设计时速 350 km 的线路单位成本为每千米 9 400 万至 1.83 亿元；设计时速 250 km 的客运专线（个别除外）的单位成本为每千米 7 000 万至 1.69 亿元；加权平均单位成本，时速 350 km 的项目为 1.29 亿元/km，时速 250 km 的项目为 0.87 亿元/km。实践证明，中国人口流动的巨大市场提供了强劲需求，在现有资产负债和市场条件下，高铁双向客流密度达到年均 3 000 万人次左右，高铁公司就可以实现盈亏平衡。中国高铁成网运行后，市场发育更好，经营潜力巨大，中国东中部许多高铁公司已经实现了财务平衡。

4. 高铁建设空间分析

由于高速铁路兼具明显的经济效益和社会效益，因此发展高速铁路已经

成为了现在世界铁路发展的共同趋势。中国高铁建设的中长期规划方案为
2016 年出版的《中长期铁路网规划》。对于中长期高铁建设，规划提出了"八
纵八横"建设目标，即构筑纵向和横向分别为 8 个通道的高速铁路网。"八纵
八横"作为中国中长期高铁建设安排（中期展望到 2025 年，远期展望到 2030
年），虽未囊括全部线路，但基本覆盖主要的高铁线路，其建设进程大致反映
了中国高铁建设长期规划的整体进度。如表 1.3 所示。

表 1.3　中国高铁规划建设里程预测　　　　　单位：km

| | | |
|---|---|---|
| 八纵八横总里程 | 45 640 | 100 |
| 已开通 | 29 043 | 63.64 |
| 在建 2019 年开通 | 3 524 | 7.72 |
| 在建 2020 年开通 | 1 737 | 3.81 |
| 在建 2021 年后及以后开通 | 2 364 | 5.81 |
| 未建规划中 | 11 595 | 25.41 |

总体来看，中国"八纵八横"完成目标刚过 60%，未来仍有近 40% 的建
设空间，但长期来看，未来通车里程的增幅会逐步放缓，行业正由快速成长
期向成熟期过渡。中国新建的高速铁路路线仍持续兴建中，预计到 2025 年，
中国高铁运营里程将达 3.8 万千米左右，到 2030 年，高铁里程将达到 4.5 万
千米。未来几年，铁路建设投资仍将高位运行，有序安排，每年都会有数千
千米新线投产运营。

5. 高铁车站选址问题

中国多数建成的高铁车站离市区较远，不仅在大城市，在不少中等城市
也是如此。形成这种格局有多方面原因，有的是既有车站没有扩建的余地，
有的是基于地方政府借高铁带动城市发展的强烈意愿。在一般情况下，车站
选址应尽可能靠近旅客集散中心。车站远离市中心，甚至有的和机场差不多
远，就削弱了铁路辅助行程短的优势。对旅客而言，重要的是减少"门到门"
的旅行耗时，而不仅仅是减少乘坐火车的时间。车站迁至城外，势必要增建
与其连通的其他交通设施。况且，目前很多普速列车不能开进高铁车站，导
致高铁列车与普速列车换乘相当不便。

巴黎、柏林、东京等国外城市对其高铁站选址之便捷和无缝换乘给人留
下了深刻印象。在欧洲和日本，既有普速铁路车站通常都为高铁所利用，因
为既有车站位居市中心而深受欢迎。例如，虽然巴黎火车站运输业务异常繁

忙，但建设高铁时仍旧以此为依托。这样做的好处是，既便于与便捷的市内交通衔接，又能实现与普速列车的"无缝"换乘。十几年前，柏林在毗邻总理府和议会大厦的市中心新建面积 9 万平方米的中央火车站，每天能接发各种列车 1 100 列，可同时停靠高速列车、普速列车，并接驳地铁、公共汽车和出租车，广受好评。经典的案例是日本东京站。2001 年东京站被纳入日本都市更新计划。通过对站内和周边地区进行综合开发，东京站不仅是交通枢纽，还是城市的商务、文化、社交中心。波兰华沙中央火车站，该站位于华沙市的中心地带，外观简单朴素，步入站内，才发觉玄机所在——原来站台位于地面以下，火车如同城市地铁一般，通过地下隧道进出，非但没有造成城市地面交通的切割，反而在此与多条公交线路实现有机衔接，十分方便。中国沪宁城际铁路各站以及天津、宁波、绵阳等高铁车站均由位于市中心的老站改建而成，新建的深圳福田地下高铁站选在人口稠密的商务区，大大方便了旅客出行。

　　高铁站选址设站也是一项综合的规划，除了要考虑城市内部的交通便利，更重要的可能要权衡城市规模、形态、发展方向和城市群之间的联系。英国城市规划学者彼得·霍尔分析总结了欧洲的高铁站点区位，将其分为市中心、城市边缘、远郊三类，不同区位有着不同的城市功能，其原理也适用于中国。修建在市中心的高铁站最为便捷，是欧洲日本高铁站的主流，可作为城市交通枢纽，促进办公、消费产业的聚集。中国此类站一般由旧站改造而成，加开少量高铁班次，如天津站、杭州站等。设在城市边缘地区的站点，一般是为了塑造城市新增长点。设在远郊的车站是中国新建高铁站较多的一种类型。除了建在郊区可以不占用城市原有的土地指标，决策者往往寄希望于带动周边土地开发，建设高铁新城。在最优的假设中，高铁站可以发展为产业集聚的开端，进而发展为高铁商务区，带动城市的活力。如郑州东站就设在新旧两个城区中间，杭州东站则设在 2001 年规划的城东新城附近。2013 年 7 月 1 日，改扩建后的杭州东站正式投入运营。短短六年时间，杭州东站出发旅客从日均 6.5 万人次增加到日均 18.8 万人次。2018 年，杭州东站到发客流 1.26 亿人次，日均客流量 34.6 万人次，位列全国第三。2019 年 4 月 5 日，杭州东站客流量创历史新高，达到 58.1 万人次。2019 年以来，杭州东站先后推出了安装自助实名制核验闸机、设置便捷换乘通道、优化人工售票布局等创新举措，旅客的获得感和满意度进一步增强。谁曾想到，这个始建于 1992 年的铁路小站，已发展成为杭州的高铁之心，并正进行着一场朝着"未来枢纽"进行的悄然"蝶变"。当然，在一些特定地区，成本和收益并不是高铁选线设站的首要因素，取而代之的则是对区域均衡发展因素的考量，比如兰新高铁、贵广高铁等就是出于国家战略需要，拉动边远地区的经济发展。

不过，在中国高铁站选址的实际操作中，成本是最重要的因素之一。时速 350 km 的高铁，保证安全的最小曲线转弯半径要达到 7 000 m，这就意味着，城市体量内的高铁设施几乎是一条直线。若将高铁站修在市中心，要么一路沿线拆迁，要么上高架或将线路设于地下，这些无不需要巨额开支。由于高铁站是由铁路总公司与所在省、市共同出资建设，部分城市能通过负担更多的投资份额，将站点建在对城市发展更有利的地方。例如，上海高铁站选址时，曾有过三个备选方案。改造老上海站或在城市外围新建虹桥枢纽以及选择市区外的七宝镇。最终建成了虹桥综合枢纽，总投资超过 150 亿人民币，规划用地面积约 26.26 km²，相当于 36 个故宫。深圳的第一个高铁站是龙华高铁站（深圳北站），虽是行政区划的几何中心，但距中心市区颇有距离。由于往返广州、香港的客流的出行目的地集中在中心商务区，深圳市决定全资加设福田高铁站，通过两端线路设于地下，解决了噪声干扰和拆迁难题。广州市最初将高铁站设置在城市外围，寄希望于能够靠广州南站来带动番禺的土地开发，近期也在改造市中心的广州站，配建高铁动车运用所。香港的高铁站选址，因经费全靠特区政府自筹，集中体现城市自身的发展意愿。2009年，香港政府选定市中心的西九龙为高铁站，但因为造价高昂而引发争议。公共专业联盟随即提出了"更平"的锦上路方案，选址改至偏远的新界，以降低建设成本。其中，锦上路站是郊区型方案，西九龙站则可以直接服务市中心。多方权衡后，西九龙方案最终胜出。因为锦上路方案与机场快线、港岛线不能理想衔接，而西九龙是香港 2030 规划的商务区发展方向，周边 5 km 半径可覆盖接近五成的本地工作人口，更符合城市发展所需。可见，与大型城市相比，中小型城市更愿意在选址上让步。另外，针对京广与京沪高铁的研究表明，城市规模越小，高铁站距离城市中心相对越远。京沪高铁线中距离市中心最远的枣庄站与宿州东站的距离，甚至达到了 30 km。对高铁站设置的急切追求，自然是为了赢得经济增长机会和城市扩张的动力。然而，边缘城市的边缘车站是否能带来足够的客流量和关注度，尚需进一步论证。

### 6. 客运站建设问题

中国高铁客运站从第一代发展到第四代，客运站房越来越现代化。中华人民共和国成立初期，中国新建和改造了一大批铁路客站，如北京站、广州站、长沙站、韶山站、南京站等。当时铁路客运量不大，城市交通不发达，客站功能相对单一，流线布局比较程式化。例如，1959 年建成的北京站是新中国第一代铁路客站的经典之作，自此形成"铁路站场、旅客站房和交通广场"三要素模式，对我国后续客站建设的影响深远。改革开放以后，国民经济迅速腾飞，铁路建设力度加大，客站建设迎来新的发展机遇。1987 年，又出现了一个划时代的铁路客站作品—上海站，首创了"南北开口、高架候车"的线上式车站类型，令大型客站缩短流线、节省用地，车站与城市的关系也变得更加紧密，这种大胆创新的布局模式迅速风靡全国。这一时期建设的客站被称为中国第二代铁路客站，初步奠定了我国铁路网量大面广的客站基本布局。

21 世纪初，中国高速铁路技术实现弯道超车，催生出以高铁站为代表的第三代铁路客站。2004 年，为更好地指导新时期铁路客站建设，按照"五性"（以人为本，综合体现功能性、系统性、先进性、文化性、经济性）的客站建设新理念，2008 年 8 月 1 日投入使用的北京南站，是集铁路、城市轨道交通、公交、出租汽车等多种运输方式为一体的大型现代化综合交通枢纽，是我国大型客站的示范性工程，也是目前我国现代化程度最高、先进技术运用最多、建设规模最大的铁路客站。北京南站的规划建设主要有以下特点：满足城市综合交通体的功能需求、体现城市地域特色与人文特征、为城市提供人性化服务、为城市提供绿色环保建筑。此后，武汉站、广州南站、上海虹桥站等一大批现代化综合客运枢纽相继建成，从设计理念、规划统筹、设施装备、建造技术和管理水平等各方面迅速把中国铁路客站技术水平推向全新高度。它们不仅成为城市名片，也为广大旅客提供了快捷、方便、舒适的乘车环境，显著提升了中国铁路运输服务品质。

近年来，面对大型高铁站人流量密集、空间跨度大、结构体系复杂、公众关注度高等情况，保证其日常使用维护、突发应急疏散等安全，以及解决结构构件耐久和抵抗自然灾害的安全问题，是极为重要的。今天的高铁客站建筑形象已成为反映城市及地域风貌、展现中国人文化自信的最好载体。中国第四代铁路客站应具备以下四个主要特征：站城融合、综合开发、智能车站、安全运营。另外，高速铁路车站是一个大量人流集散的场所，要以方便旅客使用为宗旨，思想上要从"管理为本"向"以人为本"转变，在设计中提供多层次的出入通道引导旅客顺畅的进出，在保证安全的前提下，快速集散客流、尽量减少旅客步行距离、减少滞留时间。同时，将客运站由传统单一客运业务转变为客运、商服综合体，使其具备"自我造血"功能，促进良性循环。通过发展 TOD 模式，即以综合枢纽站、场为中心，对上盖及毗邻地块进行综合开发，物业及商务收益弥补建设成本及运营支出，实现客运站的多维互动与协调发展。

以重庆沙坪坝站城综合体项目为例，该项目基坑开挖深度达 47 m，地下空间达到 8 层，承担全部交通换乘功能，实现包括一条高铁线、三条轨道线等在内的各种主要交通方式的"零距离换乘"，同时站城综合体将通过无缝衔接和"交通核"设计、优化人行路线、设置节点广场等方式，便捷、高效地打通交通人流、过境人流与商业中心之间的联系，形成中心效应，成为高效集约的交通枢纽体系。如图 1.18 所示。

图 1.18　重庆市重庆沙坪坝站铁路综合交通枢纽 TOD 项目效果图

　　2020 年 12 月 30 日，中国内首个高速铁路 TOD"站城一体化"项目正式投用，沙坪坝站便坐落在项目的中心位置。何为 TOD 模式？即以公共交通为导向的发展方式，以地铁、轻轨、公交等公共交通站点为中心，400~800 m 为半径建立中心广场或城市中心。沙坪坝站充分借鉴世界发达城市 TOD 发展模式，是国内首例高铁车站上盖城市综合体的开发案例。金沙天街位于沙坪坝核心商圈，修建在高铁沙坪坝站上，该站同时接驳轨道交通 1 号线和轨道环线，站内换乘 9 号线，同步配套公交线路 24 条，形成立体式铁路综合交通枢纽，充分发挥了高铁枢纽的人流集聚效应。其实，复兴号下穿的并不只是火车站，而是一个向地下延伸深度达 47 m 巨大而复杂的建筑体。8 层地下空间承担全部交通换乘功能，包括高铁换乘通道、轨道车站、公交车站、出租车站、停车场等，实现各交通方式"零换乘"。成渝高铁开行复兴号动车组，从沙坪坝到成都实现了 1 小时通达。高铁拉近的不只是时空距离，更让"双城生活"变成了"同城生活"。为让旅客出行更加便捷，沙坪坝站在出站层设置"下进下出"通道，将出站闸机外侧玻璃隔断向西侧平行延伸，设置安检区，实现地铁及私家车换乘旅客快速进站。此外，为更好适应 TOD 模式，让旅客感受全方位、多样化的旅途体验，沙坪坝站还设立了开放式服务台，将传统售票窗口整合为集售票、公安制证、会员办理、服务咨询、汽车租赁、旅游预订、行李寄存等功能于一体的综合服务中心。中国铁路成都局集团有限公司联合重庆市轨道交通集团有限公司完成对出站旅客换乘地铁的流线优化，实现地铁对高铁旅客单向免安检，畅通"最后一公里"。

　　7. 高铁与经济发展

　　高铁作为现代化轨道交通建设的重大成果，不仅为广大人民群众出行提供了安全舒适便捷的交通方式，大大增强了人民群众的获得感、幸福感、安全感，而且深刻影响和带动了城市格局、人口布局、经济版图的积极变化，促进了国家现代化进程。

　　高铁的快速发展，使铁路客运能力实现重大跃升，全面保障了人民群众日常便利出行，基本解决了客运高峰期运力严重短缺的问题。"坐着高铁看中国"成为广大旅客享受美好旅行生活的真实写照。自高铁投入运营以来，日均发送旅客由 2008 年的 35 万人次增加至 2019 年的 645.9 万人次，年均增长 30.3%。2020 年，高铁客运周转量在全社会客运量占比为 25.2%，较 2012 年提高 20.4 个百分点。高铁的快速发展，还充分释放了高铁平行径路的既有铁路货运能力，尤其是"四纵四横"高铁网的形成，使我国繁忙铁路通道客货争能的问题得到明显缓解，有力推动了全社会运输结构优化调整，降低了社会物流成本。2020 年，国家铁路货物发送量完成 35.8 亿吨，较 2016 年增加 9.2 亿吨、增长 35.1%；铁路货运量的全社会占比由 2016 年的 7.6%提高到 2020 年的 9.6%。可见，高铁的发展推动解决了长期存在的铁路运输瓶颈制约问题，为实现人畅其行、货畅其流提供了可靠运力支撑。

　　高铁发展涉及多种技术、多个领域、多类产业，建设投资大、产业链长，对产业结构优化升级具有非常强的带动作用。我国高铁建设不仅强化了工程建设、装备制造等产业优势，而且推动了关联产业集群式发展，拉动了对钢材、水泥等基础建材的需求，带动了机械、冶金、建筑、橡胶、合成材料、电力、信息、计算机、精密仪器等高端产业发展。据测算，我国高铁每 1 亿元投资，对建筑、冶金、制造等上下游关联产业拉动产值在 10 亿元以上，可创造就业岗位 600 多个。特别是复兴号高速列车作为现代高新技术的集成，零部件数量达 10 万个以上，独立的技术系统超过 260 个，设计生产动车组零部件的核心企业超过 100 家、紧密层企业达 500 余家，覆盖 20 多个省市，高铁装备制造业已成为我国具备全产业链国际竞争优势的战略性新兴产业。例如，作为铁路主要装备制造企业的中车集团，以及以铁路工程承包为主营业务的中国中铁、中国铁建等施工企业，均进入世界企业 500 强排行榜。高铁发展还对资本市场发展产生了积极影响，目前国内上市公司中涉及高铁概念的公司有 40 多家，市值 1.1 万亿元以上。"十三五"期间，铁路建设累计发行债券 1.01 万亿元、银行贷款 1.92 万亿元，对我国股市、债市平稳健康发展起到了积极作用。

　　我国幅员辽阔、内陆深广，区域资源分布和经济社会发展差异较大。高铁成网后，通达半径 500 km 的城市群形成 1~2 h 交通圈，实现公交化出行；1 000 km 跨区域大城市间 4 h 左右到达，实现当日往返；2 000 km 跨区域大城市间 8 h 左右到达，实现朝发夕至，对于促进经济持续健康发展、加快构建新发展格局意义重大。高铁的发展大大强化了中心城市对周边地区的辐射和带动作用，显著拓展了都市圈的覆盖范围，有力促进了京津冀协同发展、雄安新区建设、长三角一体化发展、粤港澳大湾区建设、成渝地区双城经济圈建设等重大战略的落实落地。高铁运营将沿线城市和区域串点成线，促进了沿线各种生产要素和消费要素的优化配置和集聚发展。例如，高铁深刻影响和带动了城市格局、人口布局、经济版图的积极变化。京雄城际铁路是北京至雄安新区的重要铁路交通干线，对密切雄安新区与北京、天津等京津冀中心城市的联系，便利群众往来、加快产业聚集和促进区域经济协调发展，具有十分重要的意义。同时，高铁网的发展使区域分工协作更为密切，促进了内陆地区和经济欠发达地区有效承接经济发达地区的产业转移，形成了优势互补、高质量发展的区域经济布局，有力支撑了西部大开发、东北振兴、中部崛起和东部率先发展。特别是党的十八大以来，老少边及脱贫地区建成高铁 2.2 万千米、占同期全国高铁投产里程的 80%，198 个县跨入高铁时代，有效补齐了交通基础设施短板。

　　在节能方面，高铁每人百公里能耗仅为飞机的 18% 和大客车的 50% 左右。在节地方面，与 4 车道高速公路相比，高铁占地仅为其 50%，完成单位运输量占地仅为其 10%。在环保方面，高铁二氧化碳排放量仅为飞机的 6%、汽车的 11%。2012~2019 年高铁增加的客运周转量与公路完成同样客运周转量相比，减少二氧化碳排放 2 320 万吨。此外，高铁运营释放的既有线货运能力，为增加铁路运量、优化运输结构创造了有利条件，促进了交通运输绿色转型发展。另外，高铁均采用电气化技术，高铁的建设发展显著提高了铁路电气化率。截至 2020 年年末，国家铁路电气化率达到 74.9%；国家铁路燃油年消耗量已从最高峰的 1985 年 583 万吨下降到 231 万吨，降幅达 60%，相当于每年减少二氧化碳排放 1 256 万吨。

## 1.13　中国台湾高铁

　　我国台湾地区的高铁是连接台湾台北市与高雄市之间的高速铁路系统。以南港为起点，经台北、板桥、桃园、新竹、台中、彰化、云林、嘉义、台南至左营（高雄市区），共 11 个车站，全长 345 km。采用日本新干线技术，最高营运速度 300 km/h。往返台北高雄两市的时间仅需 1.5 h。1998 年，台湾开始兴建高铁。2007 年 1 月 5 日正式建成通车，贯通了台湾西海岸的交通大动脉，建设总成本约新台币 4 806 亿元。台湾高速铁路股份有限公司负责兴建和营运阶段的工作。台湾高铁自通车以来，因其快捷、舒适，已成为台湾西部民众往来的主要交通工具。台湾高铁的建设使用的新干线技术也是日本首次向海外输出的。台湾高铁 700T 型电联车台湾高铁八卦山山脉段景观如图 1.19 所示。

图 1.19　台湾高铁 700T 型电联车台湾高铁八卦山山脉段景观

台湾高铁公司于 1997 年以较低的竞标价格获得台湾高铁项目，负责兴建和运营。台湾高铁在建设之初就为之后的困境埋下了伏笔。由于高铁造价突破预算，且原定的资本金不能足额到位，1998 年又受东南亚金融危机冲击，台湾高铁即陷入资金困难，加上台湾整体经济乏力，即使在开通 7 年后，实际日平均运量还不足预估的一半。在巨大的财务压力下，台湾高铁项目只有筹借资金，项目面临高昂的银行利息和折旧成本。到投入运营时，高铁公司的资产负债率已经高达 80.7%。

日本财团选择中国台湾作为其新干线铁路计划的试验田，从 1996 年开始，三井物产凭借在台湾的事业基础，加快推动台湾高速铁路项目的进程，并在日本成立了相关负责企业。1997 年 9 月，欧铁联盟（主要厂商为德国的西门子和法国的阿尔斯通）击败了日本企业，但是最终台湾高铁将日本新干线系统与欧洲高铁系统混合使用，因此造成了技术上的不兼容。

由于总体方案修改仓促，台湾高铁的部分细节设计、信号和机电系统仍然使用欧洲规格，形成了"欧日混血"的技术格局，在工程调试中发现，两种系统不兼容与冲突的问题多达 26 项，由于往往涉及系统底层冲突，解决起来困难，耗资不菲而且导致工程进度一拖再拖，至少使建设期延长了一年以上，仅在工程成本与延后通车成本上就增加了不少于 400 亿元新台币的消耗。

台湾高铁还因欧规、日规系统的"混血"对台湾高温多雨气候"水土不服"，造成道岔信号异常、高铁密集出错，影响大批游客乘行。

日本新干线的标准与欧洲系统不相兼容，这就意味着，由于台湾高铁系统一开始就选择了新干线，所以以后也只能选择新干线。因此，台湾高铁在技术上完全受制于人，在重要零配件、列车采购及系统更新等方面全部依赖进口，而无法更换主要的供应商，运营成本一直居高不下。台湾高铁采用日本新干线系统，其核心机电系统包括列车、行控、信号、通信、电力、轨道等，开工当年的采购金额达一两千亿元新台币，其后续维修零部件、列车采购与系统升级全依赖于日本供应，导致台湾高铁虽班班客满，却连年亏损。台湾相关部门提出高铁财务改善方案，希望通过延长特许年限、增拨财政补贴以及资金转换偿还等方式舒解破产风险。当台湾高铁长期陷入在台湾高铁因巨额债务而进入"破产倒计时"之际，台湾高铁第一个大规模更换的系统为列车营运的神经中枢——行车控制中心系统，对于这个系统，日方要价 100 多亿元新台币（约合 19.66 亿元人民币）。

台湾高铁运量高，每逢假日列车十分拥挤。为疏解车厢拥挤的情况，2019 年起高铁公司对外发出采购邀标书，预购置 12 组车厢的新车。当年高铁列车采用"日欧混血"的方案，因列车控制系统等专利掌握在日本厂商手中，不只令欧洲厂商难以涉足标案，日方开出 1 组列车 50 亿元新台币（约合 11.6 亿元人民币）的天价（可以购买 7 列时速 350 km 复兴号动车组）。台湾高铁采用的 12 辆编组，与大陆 8 辆编组复兴号动车组相比较的话，日本给台湾的报价，可以购买时速 350 km"复兴号"动车组 7 列左右。如果折合成 8 辆编组，台湾高速动车组为人民币一列 7.7 亿，差不多相当于复兴号价格的 5 倍。

2019 年 2 月，中国台湾高铁综合考量高铁现行乘载率状况、未来运量成长趋势、列车维修及运转调度需求等多项因素，在规划新列车增购项目（预计购置 12 组车厢的新车）后启动采购流程——以邀标方式邀请制造商投标。

# 第 2 章　高速铁路技术

高速铁路的诞生是继航天业之后，世界上最庞大、最复杂的现代系统工程。它涉及的学科之多、专业之广，已充分反映了其系统的综合性和复杂性。

## 2.1　当代高新技术的集成

高铁技术的发展以基础专业技术的发展为支撑，是当代高新技术的集成。20 世纪后期随着科学技术的蓬勃发展，以此为代表的新技术迅速转化为生产力，即计算机及其应用、微电子技术、电力电子器件的实用化与遥控技术的成熟和新材料、复合材料的推广应用。高速铁路技术除了具备普速铁路的基本特征外，还体现在其是一个广泛吸收应用当今机械、化工、材料、工艺、电子、信息、控制、空气动力学、环境保护等领域高新技术的，多学科、多专业的综合技术，集中体现了铁路机车车辆、牵引供电、工务工程、通信信号等专业的巨大技术进步，综合利用了电子计算机、信息传输、机械制造、电力电子元件等多种新材料、新工艺、新产品等。高速铁路技术全面突破普速铁路的理论、概念、技术以及控制手段和方式。是高稳定的基础设施、性能优越的高速列车、先进可靠的列车运行控制系统、高效的运输组织与运营管理体系等的综合集成。各系统围绕整体统一的经营管理目标，彼此兼容，完整结合。

例如：高速铁路突破了前人关于轮轨极限速度理论的设想；通过交-直-交电传动方式的技术突破，解决了大功率牵引电机在有限空间和质量下实现运行的技术难题；通过采用新结构和新材料，实现了流线型的高速列车车体外形、动力性能优良的高速转向架的制造，有效减轻列车质量和运行阻力；航天航空技术的移植，机电一体化向更高程度的发展，列车高速运行轮轨黏着、弓网规律探索研究的提升，为研制牵引和制动功率大、运行阻力小、环境噪声低的高速动车组提供了条件；融现代计算机、通信技术、信号技术和遥感技术于一体的列车运行自动控制系统和行车调度指挥系统的变革，以及轨道线路、桥隧工程技术和监测、养护技术的发展和进步等，为高速列车的安全、舒适运营创造了前提；高速铁路以外部供电作为动力，可广泛利用各种新型能源，原始的排放可在电厂进行集中处理，有效减少了对沿线环境的污染。

随着列车运行速度的提高，不同功能的各个子系统之间的联系变得愈加紧密，高速铁路已经成为庞大复杂的现代化系统工程。它不仅依靠于各个学科、专业技术的进步和发展，藉此提高各子系统的技术水平，更依赖于各个子系统间的协调、配合、集成创新。高速铁路系统需要高可靠和高性能的高速列车、高质量和高稳定的铁路基础设施、高安全可靠性和先进性的列车运行控制系统、高可靠性的大功率牵引供电系统、高效的运输组织与运营管理系统。速度的提高使子系统间的相互作用发生了质的变化，各个子系统相互制约、相互依赖，只有共同的集成创新合力提高，才能保证高速铁路大系统高水平运转。高速铁路子系统之间的关系远比普速铁路复杂，在筹划高铁之初，必须从整体上认真研究并协调各子系统主要技术参数变异的合理范围，重视新系统的强耦联特性。高铁从可行性研究、规划、设计、施工、制造到运营管理，都要在超前、系统地进行研究后才能付诸实施。铁路实现"高速"梦想的背后，是一次从基础理论到铁路行业各系统及其相互关系的质变。

提高列车的运行速度是一项复杂的系统工程，列车的性能非常关键，但这不仅仅只是列车性能优劣的问题，还取决于线路设计建造水平、配套设施完善程度、行车组织及运营管理能力等。速度重新定义了铁路各子系统间的相互作用及变化规律。高铁不仅要求每个子系统都具有卓越的性能，还要求系统有强大的集成能力。如果系统中某项参数或标准选择不慎，都将引发连锁反应，造成严重后果。例如，线路参数、路基密实度或桥梁刚度选择不合理，引起的不仅是线路的质量问题，还将影响列车运行的平稳性及可靠性，甚至可能干扰运输组织、行车指挥。反之，确定列车主要参数及性能时也必须考虑线路参数与控制系统方案，否则将最终制约整个系统效能的发挥。

随着列车速度的大幅提升，最直接的影响是产生了更为突出的系统动力学问题。根据动力学理论，列车在线路上运行时，在空气阻力的作用下，车辆与线路、桥梁之间存在振动与冲击。列车在起动、制动及转弯过程中，惯性力巨大，同时，因为高速运行下的振动与冲击动力响应加剧，高铁的空气动力学问题、惯性问题也更为突出，直接影响到列车运行速度以及运行的安全性和平稳性。传统车辆动力学、轨道动力学理论体系，通常是将车辆或轨道子系统作为单一考察对象，分别从各自振动与冲击问题入手进行研究，不能完全解决高铁复杂的列车与线路动态相互作用等问题。科学家们进行了深入的研究分析和基础理论创新，从列车与线路耦合的角度入手进行动力学的系统研究。

高速列车在线路上行驶时速度越高，车-线-桥系统发生的振动与遭受的冲击越强，致振的敏感因素越宽。振动与冲击的频响函数关系，主要取决于参振系统各自的动力学特性，它包括其内在的物理力学参量、相互间发生接触或约束的几何参量与物理参量。很明显，相互接触的物体相对速度越高，可能发生的强作用点就越多。因此，高速铁路的基础设施及运载装备不仅要具有优良的固有特性，还必须有均匀、平顺、光滑的界面特征，这是高速铁路各子系统建立时都必须遵守的共性准则。

进行系统振动与冲击力学分析最主要的目的是协调各子系统组成部分的特性参数，保证系统功能优化。对于高速铁路来说，最重要的是确保列车持续、安全、平稳的运行。因此，必须能预见在各种速度工况下系统的动力响应问题。例如，轮轨间接触力的变化，将直接影响列车牵引与制动的实现、轮轨的磨损与疲劳、运行的安全指标等；车—线—桥系统的动力反应，影响着结构功能与列车的平稳运行；弓网系统的振动，影响着受电性能及行车安全。由此可见，动力响应问题是涉及高速行车技术的最基本问题之一。

高速铁路正是建立在这些相关领域高新技术基础之上，综合协调、集成创新的成果。高铁技术集成既包括通过结构化的综合布线系统和计算机网络技术将各个分离的设备、功能、信息等集成到相互关联、统一、协调的系统之中，使资源达到充分共享，实现集中、高效、便利的管理，也包括解决各类设备和子系统间的接口、协议、系统平台、应用软件等与子系统、建筑环境、施工配合、组织管理和人员配备相关的一切面向集成的问题。还包括协调匹配高速铁路土建工程、牵引供电、列车运行控制、高速列车、运营调度及客运服务等不同子系统，保证各子系统间标准匹配协调、接口设计协调、固定和移动设施匹配兼容，实现系统优化和目标功能。比如高铁的信号与控制系统是集计算机控制与数据传输于一体的综合控制管理系统，高速铁路通信信号一体化和智能化技术的投入使用，实现了列车安全运行和调度指挥功能。由于高速列车又是运送旅客的动力设备，集机械、材料、电子、计算机、网络通信等领域的最新技术于一体，且具有机车车辆一体化的特征。高速列车系统、高速列车运行控制系统和运营调度系统之间的整体性和系统性功能，必须通过硬件和软件上的连接来实现。中国高铁技术的三大突破如图 2.1 所示。

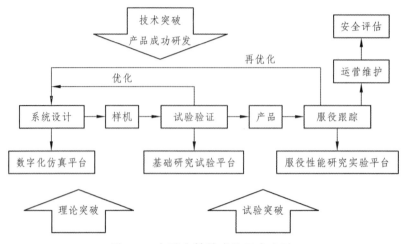

图 2.1  中国高铁技术的三大突破

高速铁路也是复杂的系统工程，是当今许多前沿科学技术，即信息技术、自动控制、新材料、新工艺等多种技术门类、多专业综合的高新技术的创新和集成。高速铁路运营系统主要由六大核心系统构成，分别是工务工程、动车组、牵引供电、通信信号、运营调度及客运服务系统。各系统之间既自成体系，又相互关联、相互影响、相互匹配、协调运转，在高速铁路运营组织与管理中发挥着关键作用。高速铁路运营六大核心系统之间的关系如图 2.2 所示。

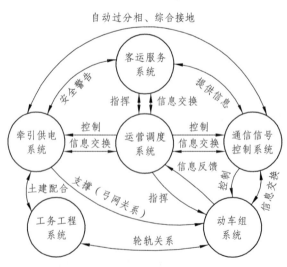

图 2.2  高速铁路系统关系

高速铁路技术标准体系如图 2.3 所示。

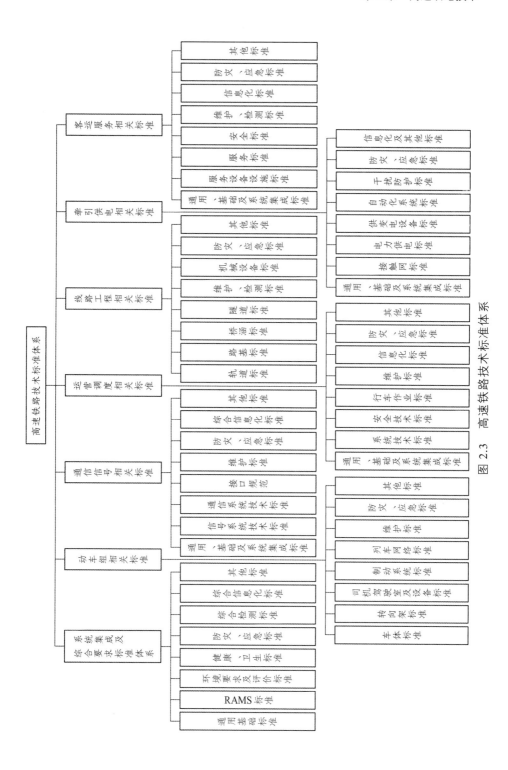

图 2.3　高速铁路技术标准体系

近年来，中国铁路立足科技创新和建设、运营实践，建立起先进完善的中国高速铁路技术标准体系，同时大力推进国际标准化工作，先后主持和参与了 47 项国际铁路联盟标准的制修订工作。主持制定的《高速铁路开通运营前的动态集成测试和运行试验》等已经发布的标准中，积极纳入了中国铁路先进的技术和实践经验。作为国际铁路联盟标准工作的重要力量，中国铁路将为世界高速铁路发展贡献更多的中国智慧和中国力量。2021 年 3 月，在第三届国际铁路联盟标准化大会上，由中国铁路主持制定的《高速铁路实施可行性》获标准化杰出奖。该奖项由国际铁路联盟于 2020 年设立，旨在表彰由国际铁路联盟发布的、能够提升铁路建设运营效率的新编或从既有标准转化而来的国际铁路标准。该奖项从精准编制、标准兼容、创新增值、商业化应用四个方向入手，从已发布的国际铁路标准中评选。《高速铁路实施可行性》是创新增值类唯一获奖标准。该标准是中国铁路主导、国外铁路专家参与编制的《高速铁路实施》系列标准之一，内容涵盖高速铁路实施过程中可行性研究、环境影响评价、财务评价和经济评价、综合评估、初步设计和项目审批等方面的有关技术和管理要求。该标准于 2020 年 5 月正式发布，纳入了中国高速铁路顶层设计的理念，纳入了中国高铁的关键技术和部分关键参数，是中国铁路主持制定的重要高速铁路国际标准之一。

## 2.2　高速铁路工务工程

### 1. 高铁线路选线、选址设计

高速铁路主要以城市间旅客运输为服务对象，在进行线路规划时首先要考虑线路所经过城市的经济发展情况，同时规划设计应以快速、方便、安全、舒适及减少环境干扰为主要思路，兼有为既有线分流客运、扩大货运能力的功能，又具有牵引功率大、列车质量小、地形高程障碍一般不突出、线路较顺直等特点。高速铁路规划和建设时要符合环境保护、水土保持、土地节约及文物保护的要求。避绕各类不良地质体，无法避绕时应在详细地质勘察的基础上结合特殊岩土、不良地质的特性，做好工程整治措施，保证运营安全。高速铁路规划和建设时要结合地形地质条件，优化线路平面、纵断面，减少拆迁工程量，合理确定工程类型，统筹考虑边坡及排水工程，做好工程方案比较。进行高速铁路规划和建设时要考虑既有交通走廊、高压电力线、重要地下管线、军用设施及易燃、易爆或者放射性物品等危险物品的影响。除此之外，高速铁路在建设之前还要做好线路的总体规划，考虑与其他线路的衔接和配合。高速铁路线路的规划要符合铁路网总体规划，与城市总体规划及其他交通方式、农田水利和其他工程建设相协调，做到布局合理。

高速铁路定线设计的自然条件与工程条件总体要求：线路空间曲线按列车运行速度及速差设计；车站分布应根据城市分布、客运量、运输组织、设计输送能力及养护维修、救援等技术作业要求，结合工程条件等因素综合研究确定，站间距离宜为 30～60 km；逐步形成"客货分线、客内货外"的总格局；综合研究确定客运站数量，客运站站址选择结合城市总体规划和引入方向，形成综合交通枢纽；路基、桥涵及隧道等工程类型的选择应在进行技术经济分析后确定；路基与桥梁的分界高度应根据地质条件及地基处理措施、填料性质及运输距离、当地土地资源、建筑物拆迁、城镇交通要求等情况进行技术经济分析后确定；选线、桥梁、轨道设计应统筹考虑，减少钢轨伸缩调节器的设置；平面曲线和竖曲线地段应避免设置钢轨伸缩调节器；引入枢纽引起的既有线改建应符合相应技术标准规定。

高速铁路与其他铁路、公路以桥梁方式交叉跨越的总体要求：宜采用高速铁路上跨的方式；困难条件下经技术经济分析后采用高速铁路下穿方式时，应按有关规定采取可靠的安全防护措施。

可见，建设一条高铁首先需要做好设计工作，高铁设计是一项庞大复杂的工程，除了涉及线路、车站、桥梁、隧道、动车组、供电、轨道、信号等诸多专业，在设计时还需要充分考虑地形、人口、城市、环保、风俗习惯、施工难度等因素，工程师通过大量的调研、勘测，为工程施工涉及提供最科学可靠的方案，这样不仅能让高铁惠及更多的人，还能节约建设开支，保护环境。

### 2. 工务工程特征

高速铁路与普速铁路相比，最大的特点是高速度、高舒适性、高安全性和高密度。高速铁路的基础设施既要为高速列车提供高平顺性与高稳定性的轨面条件，又要保证线路各组成部分具有一定的坚固性与耐久性，使其在运营条件下保持良好状态。占投资 80%以上的高铁土建工程，其技术主要源于中国长期的实践。中国气候与地质条件之复杂为世界罕见，没有也不可能有现成的国外经验可以借鉴。超长大纵断面隧道、结构新颖的桥梁、高平顺度的轨道等建造技术之所以领跑世界，主要是有了自主创新的结晶。

中国幅员辽阔，地质复杂，自然气候多样。高速铁路要经过东部地区的软土、南方地区的松软土、西南地区的岩溶黄土、东北地区的冻土等复杂地质，还面临着最低零下 40 ℃、最高 47 ℃、西北地区的湿陷性温度的气温条件，以及大风、海水、干旱等环境。在软土、松软土、黄土地上如何修建高速铁路，如何能经受住天寒地冻和雨水冲刷等恶劣气候考验，保证线路长期稳定安全，这些棘手的问题世界少有。

要实现"高铁上立硬币"，就要保持线路的高平稳性，概括起来就五个字：稳、顺、平、检、修。"稳"是指路基、桥梁、隧道、涵洞等基础要稳，要严格控制工后沉降。"顺"是指桥梁、隧道、涵洞与路基不同结构物之间设置过渡段，实现"软、硬"平顺过渡。"平"是指轨面平，500 m 长钢轨焊接成的无缝线路，让大家坐高铁时再也听不到"咔哒"声。"检"是采用综合检测列车、探伤车、轨检车等先进的检测设备，定期对线路状态进行检测、诊断。"修"是根据检测与分析结果，对存在问题的地段，利用每晚列车停运天窗时间进行养护维修。中国高铁采取以上综合技术措施，使平顺性达到了世界领先水平，所以才有了"高铁上立硬币"的奇迹。

高速铁路工务设施具有无砟轨道、新型桥梁、高架长桥、宽大隧道、刚度均匀、沉降控制、精密控制、动态优化、灾害预防、环境友好十大技术特点。高速铁路工务设备要满足高可靠性、高稳定性和高平顺性的要求。高可靠性是指工务设备适应高速度、高密度的行车要求，能保证高速列车行车安全和有序，具有更高的抵御自然灾害和突发事件的能力。高稳定性是指强化线桥设备结构、降低设备故障率，延长维修周期，减少维修工作量。高平顺性是指轨道几何尺寸精度高，轨道结构经常处于良好状态，以保证高速列车运行的安全、平稳、舒适。

### 3. 工务工程发展阶段

中国高铁工务工程由轨道、路基、桥涵、隧道及其他建筑物构成，其技术发展历程大致可分为四个阶段。

技术积累阶段（20 世纪 90 年代初~2002 年）：铁道部组织开展了铁路列车荷载等基础理论、京沪高速铁路关键技术的科研攻关；进行了广深铁路的提速改造，编制了《既有线提速技术条件（试行）》。2002 年 12 月，中国自主研究、设计、施工的第一条时速 200 km（预留 250 km/h），客运专线秦皇岛-沈阳客运专线投入运营，标志着形成了时速 200 km 的铁路技术体系。

积极推进阶段（2002~2012 年）：自 2004 年以来，在引进国外高速铁路先进技术的基础上，全面开展高速铁路技术国产化，并开展了既有线铁路六次大提速，编制了《既有线提速 200 km/h 技术条件（试行）》；2007 年建成了设计时速 250 km 的合宁客运专线，系统掌握了时速 250 km 的铁路整套技术。自 2008 年以来，深入推进高速铁路技术创新，自主研发了高速铁路轨道扣件、道岔、900 t 级 32 m 常用跨度简支箱梁等，建成了京津、京沪等一批设计时速

350 km 具有世界先进水平的高速铁路。

自主提升阶段（2012~2017 年）：自主研发了 CRTSⅢ型板式无砟轨道系统、跨度 40 m 简支箱梁、装配式隧道与路基结构、聚氨酯固化道床、地震预警系统等，进一步完善了中国高速铁路线路工程技术体系。

智能化阶段（2017 年至今）：在全面自主化的基础上，深入推进信息化、数字化、智能化铁路建设，通过 BIM、大数据等新一代信息技术和高速铁路线路工程技术的集成融合，在基于 BIM 全生命周期建设管理、基于云计算和大数据的全路工程建设智能管理平台等方面取得显著成绩，全面提升了中国高速铁路技术水平。

### 2.2.1　高速铁路线路

高速铁路线路的组成与普速铁路基本相同，但由于高速铁路的高速度、高舒适性、高安全性等要，在线路技术方面，采用道床和路基强化技术、无轨道技术、无道技术、跨区间超长无缝线路技术等，提高了轨道平顺性、刚度均匀性，减少了维修工作量，保证了高速行车安全，满足了旅客对于乘坐舒适度的要求。同时，为了解决与既有公路、道路立体交叉的问题，节约宝贵的土地资源，减少了拆迁工程量，控制无砟轨道铺设完成后的沉降，应视地形、地貌、地质情况，采用高架线，以桥代路。

#### 1. 平纵断面

高速铁路线路采用全封闭、全立交，线路两侧按标准进行栅栏封闭。最小曲线半径根据不同的区间，因地制宜、合理选用。200 km/h 客运专线，一般为 2 200 m；250 km/h 区间，有砟轨道一般为 3 500 m，无砟轨道一般为 3 200 m；300 km/h 区间，有砟轨道和无轨道均为 5 000 m；350 km/h 区间，一般要求 7 000 m，最大曲线半径为 12 000 m。由于高速铁路具有功率高、速度快的特点，运营时可以为动车爬坡提供强劲的动能，所以允许采用较大的坡度值。高速铁路区间正线的最大坡度为 20‰，困难地段达到 30‰，动车组走行线的最大坡度可达 35‰。高速铁路线路的相邻坡度差大于 1‰，应设置竖曲线。竖曲线一般采用圆曲线型，且竖曲线最小长度不小于 25 m，竖曲线半径不得小于 15 000 m，允许速度大于 200 km/h 的地段，竖曲线半径不得小于 20 000 m，最大不大于 40 000 m。

#### 2. 轨道结构上的要求

高速铁路轨道结构和普速铁路轨道结构一样，是由钢轨、轨枕、扣件、道床等组成。由于列车对轨道结构的作用力与其速度密切相关，所以要求高速铁路的结构具有足够的强度和稳定性。我国高速铁路正线及到发线轨道采用一次铺设跨区间无缝线路，并焊成无缝线路。高速铁路轨道使用钢筋混凝土轨。为减少轨道形变，增大强度，高速铁路轨道还采用双块式钢筋混凝土轨。双块式钢筋凝土轨的特点是横向有 4 个受力点（单块或只有 2 个），从而增加了稳定性，而造价却比单块式减少了 20%。

中国高速铁路线路采用弹性扣件。中国高速铁路有砟轨道使用弹条型扣件，无砟轨道使用 W-7 型、W-8 型扣件。

高速铁路道岔按通过道岔的股道方向可分为直向高速道岔、直向和侧向均可高速通过的高速道岔两类。其中，直向高速道岔与普通单开道在道岔的长度及岔角上没有大的差别。为保证列车直向通过道岔的速度与区间线路一致，只是从局部改善道岔的几何形状、强化结构的强度、增强稳定性，以延长使用寿命。按《铁路技术管理规程（高速铁路部分）》的规定，正向的直向通过速度不小于路段设计行车速度。直向和侧向均可高速通过的高速道岔应用于新建高速铁路线路上，可满足高速列车侧向通过时对运行的安全性和舒适性的要求，一般在区间的单渡线和高速联络线上使用。高速铁路道床分为有砟轨道和无砟轨道两种。新建 300 km/h 及以上铁路、长度超过 1 km 的隧道及隧道群地段，可采用无砟轨道。其中，有砟轨道在高速铁路有轨道正线时应采用特级碎石道。道床应有足够的厚度，以减少路基所受的压力和振动，保证路基顶面不发生永久性变形；无砟轨道是以混凝土或沥青混合料等取代散粒道砟道床而组成的轨道结构形式。其具有平顺性高、刚度均匀性好、轨道几何形位能长久保持、维修工作量显著减少等特点。

### 3. 中国高速铁路线路的技术创新

中国铁路还建立了高速铁路勘测设计、施工、运营维护"三网合一"的精密测量控制网，实现了无砟轨道工程化、规模化、标准化应用；研制了高速钢轨、扣件、道岔和钢轨伸缩调节器以及轨道施工成套装备，形成了具有中国特色的高铁无砟轨道设计、制造与施工成套技术。在高铁路基施工中，中国铁路攻克了地基处理、路基填筑、边坡防护、沉降变形观测评估等关键技术难题，研发了施工装备，形成了成套施工工艺。针对不同的地质条件，选用了强夯、搅拌桩、旋喷桩、岩溶注浆、挤密桩、CFG 桩筏（水泥粉、煤灰碎石桩）板复合地基等不同方法，相继解决了武广高铁岩溶、郑西高铁湿陷性黄土、哈大高铁防冻胀等技术难题，地面沉降因此得到了有效控制。

（1）高速道岔。

通过速度为 160 km/h 及以上的高速道岔被称为侧向高速道岔。高速道岔由尖轨和转辙器、连接杆、辙叉及护轨三部分组成。高速道岔采用可动心辙叉，通过扣件系统、限位器、间隔铁等坚实的纵向力传递结构，满足跨区间无缝线路的铺设需要。采取缩短轮载过渡段长度和合理设置尖轨、心轨顶面降低值等方式，可以保证列车过岔时轮对的平稳过渡。在生产过程中采用全数控高精度铣床，对钢轨件进行加工，大幅度提高了钢轨件的平直度，并通过将铁垫板和橡胶垫板硫化的方式，实现了两者的有效结合，消除了轨下支撑铁件和弹性元件间的空隙，使轨道刚度得到了更加精确的控制。中国的高速道岔研究采取自主创新与技术引进相结合的方式，按技术类型的不同分为中国自主研发的高速道岔系列（客运专线系列）、中德合资生产的高速道岔系列（CN 系列高速道岔）、引进法国技术的高速道岔系列（CZ 系列高速道岔）。高速铁路选型上采用大号码道岔，如 18 号、42 号、62 号等。这里的道岔号数是指道岔的辙叉号数。辙叉号数利用辙叉尖端夹角余切值表示，即辙叉跟端长度与跟端支距的比值，辙叉转向角度越小，侧向通过列车的速度就越高。道岔号数越大，尺寸越大，过渡越平顺。为提高列车车轮通过辙叉部分的平顺性，高速道岔的辙叉普遍采用可动心轨辙叉。为防止冬季线路积雪影响道岔正常工作，高速道岔设有专门的监测系统及道岔融雪装置。

（2）轨道结构。

铁路发展至今共有两种形式的轨道结构，有砟轨道和无砟轨道。我国设计速度 300 km/h 及以上高速铁路主要采用无砟轨道，设计速度 200 ~ 250 km/h 的高速铁路主要采用有砟轨道。有砟轨道是铁路的传统结构。随着行车速度的提高，维修工作量显著增加、维修周期明显缩短。据德国高速铁路统计资料显示，当行车时速达到 250 ~ 300 km 时，其线路维修费用约为行车时速 160 ~ 200 km 时的 2 倍。日本对高速铁路桥上的有砟轨道与无砟轨道维修费用进行的统计分析表明，有砟轨道线路维修费用比无砟轨道高了 111%。无砟轨道初期造价高，但具有使用寿命长、保持线路稳定状况好、维修工作量小等优点，因此在高速铁路发展进程中获得了越来越广泛的应用。普速铁路为有砟轨道，道床采用枕木下面垫碎石的方式，其优点是建设费用低、建设周期短、容易修复；缺点是随着列车速度的提高，有砟轨道会不断出现道砟变形、道砟磨损粉化以及道砟飞散，导致线路维修频繁。针对有砟轨道的缺点，无砟轨道伴随着高速铁路的兴起，应运而生。无砟轨道顾名思义，其不用道砟，它使用混凝土或沥青混合料。砟是岩石、煤等的碎片，在铁路上，指作路基用的小块石头。通俗地讲，有石子的是有砟轨道，没有的就是无砟轨道。普速铁路通常是两条平行的钢轨固定在轨枕上，下面铺上小碎石作为路砟。有砟轨道属于弹性结构，轨枕与钢轨通过扣件连接成轨排，架在碎石铺设的道床之上，通过道床碎石的摩擦力可以保证轨道的稳定性，也可以帮助钢轨承重，防止钢轨因压力太大而陷到泥土里。当然，这些小碎石还能减噪、吸热、减振、增加透水性等。但有砟轨道还存在维修频繁、容易下陷、车速受限等缺点。从技术层面讲，有砟轨道一般是用在通过速度 250 km/h 以下的线路上的，因为一旦列车提速，对轨道的平顺性要求就更加严格，而有砟轨道弹性大，很难满足这些苛刻要求，于是就需要研制更加先进稳定的刚性轨道形式。

无砟轨道的整体混凝土结构是其"精髓"。要保障铁路高速、平稳、安全地运营，无砟轨道成为了一种理性的选择。德国、日本等国家的高速线路都以无砟轨道为主，日本新建铁路的无砟轨道铺轨里程已超过 80%，德国新建高速铁路的无砟轨道也占据了线路总长的 70%以上。所以，中国新建时速 300 km 以上的高铁客运专线时，基本全部采用板式无砟轨道。无砟轨道是用整体混凝土结构代替轨枕和碎石道床的结构，钢轨直接铺在钢筋混凝土板上，通过高强度的弹条扣件与轨道板衔接，将它们"扣"在一起，这样就可以减少维修次数，使用寿命长达 60 年。无砟轨道其实早在 1840 年，就在英国大西铁路上开始得到使用。在漫长的历史沿革中，无砟轨道家族先后出现过连续钢筋混凝土轨道、预应力钢筋混凝土轨道、梯形轨道、连续纵向支撑轨道、内嵌式板式轨道等多种类型。德国在 1959 年便开始了无砟轨道的研究，首先在希尔赛德站试铺了 3 种轨道结构，1977 年又在慕尼黑试验线试铺 6 种。日本在 1968 年开始研发 RA 型板式轨道并大规模推广应用。英国从 1969 年开始研发无砟轨道，1973 年开始推广应用，主要品牌是整体浇筑式（PACT）无砟轨道，法国研发的产品主要是弹性支撑块式无砟轨道。

中国早在 1965 年就在长大山岭隧道内大量试用混凝土整体道床，主要有支承块式、短木枕式等，20 世纪 80 年代又被有砟轨道取而代之。到了 20 世纪 90 年代，针对高速铁路，工程师们提出了板式等无砟轨道结构形式，并进行试铺试验。2004 年，中国在遂渝铁路开展了成区段的无砟轨道综合试验，研究解决不同类型无砟轨道结构、扣件、道岔、施工工艺等关键技术问题，取得了可喜的科研成果。从 2006 年开始引进消化吸收再创新德日等国外先进的无砟轨道技术，经过十多年的研发，逐渐形成了具有自主知识产权的板式 CRTS 无砟轨道系列品牌，如图 2.4 所示。中国的无砟轨道可以按照"地段"进行区分，比如在高铁正线使用的是 CRTS 系列板式无砟轨道；在道岔区就用岔枕埋入式无砟轨道；进入了车站站线，就用双块式无砟轨道（早期客专正线也采用双块式无砟轨道，如郑西高铁）。无砟轨道表面看起来很简单，就是将钢轨铺在一个高强度混凝土板上，其难点与核心技术在于对轨道板生产要求精确度极高，打磨精度为 0.2 mm。轨道板从工厂预制到打磨，再到现场浇筑混凝土底座，精确定位铺设轨道板。通过注入经特殊配置的水泥砂浆将轨道板与底座粘合，最后用扣件将钢轨固定在轨道板上，每个环节都要求严格控制各部件的精确度和制造质量，形成平顺、稳定、安全、耐久的高速铁路无砟轨道。京沪高铁全线共计铺设了 407 万块 Ⅱ 型轨道板，为了保障高速列车平稳运行，每块轨道板都编有"身份证"，在工厂内预制时其编号都对应特定的线路平面及高程信息。现场施工时根据每块板的"身份证"号，实现轨道板的精确铺设。

图 2.4　无砟轨道

无砟轨道单元式结构受温度影响较小，一般轨道板长度为 5～7 m，底座厚度为 15～20 m，轨道结构裂缝控制相对较好。而纵连式结构，因受温度影响较大，设计时温度荷载是它的主要荷载，它的结构整体性相对较好，需要解决单元轨道板间连接、连续结构端部纵向限位等关键设计，不过它后期出现"病害"的可能性相对较大。无砟轨道是采用混凝土沥青混合料等整体基础取代散粒碎石道床的轨道结构，轨枕和道床融为一体，结构整体性和稳定性大大提升，视觉上也更整洁美观。中国高速铁路无砟轨道结构总体上分为两大类，即预制板式无砟轨道和现浇混凝土式无砟轨道。其中预制板式无砟轨道分为 CRTS Ⅰ 型、CRTS Ⅱ 型、CRTSⅢ型和道岔区板式四种；现浇混凝土式无砟轨道分为 CRTS Ⅰ 型、CRTS Ⅱ 型双块式和道岔区轨枕埋入式 3 种。CRTS 是 China Rallway Track System 的缩写，其中 CRTSI 型板引自日本，CRTS Ⅱ 型板、双块式引自德国，CRTSⅢ型板是具有中国自主知识产权的轨道结构形式，是中国引进消化吸收再创新的产品。

发展 CRTS Ⅲ型板式无砟轨道是中国高铁轨道建设的"大方向"。CRTS Ⅲ型板式无砟轨道是中国自主研发具有完全知识产权的新型无砟轨道结构，也是今后高速铁路建设的主要无砟轨道结构形式。CRTSⅢ型板式无砟轨道具有较高的稳定性和耐久性，建成后维修工作量小。CRTSⅢ型板式无砟轨道是单元分块式结构；路基地段底座采用纵连结构，并在每块轨道板对应的板中位置伸缩假缝；在桥梁和隧道地段，底座板为分块结构。底座板在每块轨道板范围内设置两个限位挡台（凹槽结构），底座板与自密实混凝土层间设置中间隔离层。在中国 500 km 以上长距离高铁中，京哈高铁承沈段首次铺设中国具有完全自主知识产权的新型无砟轨道板——CRTSⅢ型先张板式无砟轨道板。这种轨道板不仅可以将铺设精度精确到 0.5 mm 以内，更在内部埋入了可识别电子标签，使轨道板第一次拥有了"身份证"。如此一来，不仅提高了生产效率，更加强了质量管理，所有轨道板的设计、生产、铺设、精调运维等全过程都以物联网链接，实现了全生命周期管理。2019 年 7 月，经智能机器人监测合格的 15 000 块高铁 CRTSⅢ型轨道，在中铁二十二局集团公司京沈客专京冀段 9 标北京密云巨各庄制板厂下线。该自动化检测系统的检测过程与轨道板生产流程一致，无需人工干预，每块轨道板检测时间由 45 min 缩短为 6 min，检测精度达±0.15 mm，完全满足高铁建设规范要求。这项自动化检测技术推动了中国高铁零部件检测向"智能检测"和"智能测量"的进化。这一技术历经两年多，最终成功研发出集成智能机器人和三维成像仪的高速铁路 CRTSⅢ型轨道板自动化检测系统。CRTSⅢ型轨道板是中国自主研发、具有完全自主知识产权的高铁轨道产品。该轨道板采用的扣件对精度要求非常高，允许偏差为±0.5 mm。铺设完毕的 CRTSⅢ型先张板式无砟轨道板如图 2.5 所示。

图 2.5　铺设完毕的 CRTS Ⅲ 型先张板式无砟轨道板

（3）无缝线路。

中国高铁为无缝线路，即把钢轨焊接成没有缝隙的长轨条。以京沪高铁为例，1 318 km 长的钢轨没有一个接缝。施工时首先将生产的 100 m 定尺长钢轨焊接成 500 m，运到现场后焊接为 2 km 长，最后再将相邻 2 km 长的钢轨焊连起来，形成无缝线路。普速铁路主要采用标准长度为 25 m 的钢轨，留有十几毫米的轨缝，以防止钢轨热胀冷缩。无缝线路采用能承受气温变化的高强度钢轨，并用高标准扣件锁定钢轨，避免钢轨热胀冷缩。高速列车运行在无缝线路的钢轨顶面，保证了行进的平顺，减少了对轨道部件的伤损，大幅减少了养护维修量。无缝线路能节省 15% 的维修费用，延长 25% 的钢轨使用寿命，旅客在乘车过程中不再听到车轮通过钢轨缝隙时发生的"咔哒"噪声。

　　高铁建设对钢轨的安全性能、钢质纯净度、平直度等要求高，而国产钢轨由于生产设备和工艺落后，钢质不够洁净，平直度差，定尺长度仅 25 m，难以满足高铁高平顺的要求，与从法国进口的钢轨比，存在较大的差距。进口的国外钢轨不仅价格高，而且运输困难。2001 年铁科院完成《秦沈客运专线综合试验段进口及国产钢轨试验研究》，提出了高铁钢轨自主研发的系统方案。创新团队历时 7 年，采用精炼、精轧、精整、长尺化等现代化生产技术。在铁路与冶金行业的共同努力下，攀钢集团有限公司于 2004 年 12 月生产出中国第一根百米定尺钢轨，鞍钢、包钢、武钢也相继完成技术改造，钢轨生产质量与设备工艺均达到国际先进水平。周清跃率领团队科研攻关，攻克钢轨焊接难题，优化了钢轨焊后热处理工艺，成功解决了高铁钢轨的自主研发、生产及相关配套技术等的问题。高铁建设全部使用具有完全自主知识产权的国产钢轨。另外，钢轨和道岔轨件是通过扣件系统与轨枕相连的。扣件系统一般由弹条、螺栓、绝缘块、橡胶垫板等零部件组成。扣件除了有固定钢轨、约束其纵横向位移的作用外，还有小幅度调整钢轨空间位置、恢复线路平直度和平顺性的作用。对无砟轨道而言，由于用混凝土或沥青混合料等整体道床取代传统散粒道砟道床，这使得原本由"道砟+扣件"提供的轨道弹性基本上全都由扣件提供。所以，无砟轨道扣件系统的另一主要功能是提供系统的弹性，弹性是通过橡胶垫板来实现的。

　　正如前文所说，无缝长钢轨是由 5 根 100 m 长的钢轨在焊轨基地焊接成一根 500 m 长的钢轨，运到铺设现场后再焊接而成的。长钢轨的焊接工艺复杂，科技含量高：焊接一根 500 m 长钢轨，首先要对钢轨母材几何尺寸、表面伤损进行检测，然后经过除湿除锈、焊接、粗磨、正火、钢轨时效、精校直、精铣、接头探伤、接头平直度检测等 10 多道工序，最后经检测合格后才能出厂。钢轨在焊接前存放在堆场上，它们都有独一无二的条形码，这是钢轨的"身份证"。

　　检测：焊接之前，要对钢轨进行十多项检查，合格后才能焊接。

　　配轨：钢轨有不同的焊接参数，只有配轨到参数相同才能焊接。

　　焊接：焊接机将两根钢轨迅速融为一体，最高温度超过 1 000℃。

　　打磨：焊接后的钢轨还要进行打磨。

正火：打磨好后，要进行正火处理，增加韧性。

精校直：正火处理后，还要上下左右精校直，再利用数控机床对焊缝精铣。

探伤：对焊缝进行探伤，看看有没有伤损。成品：500 m 的长钢轨堆放在成品场，等待运出焊轨基地，届时将成为高铁列车平稳运行的"基石"。500 m 的长钢轨运输到施工现场的流程：起吊一根长 500 m、重 30 t 的长轨，需要 36 台龙门吊一齐出动，耗时 10 多分钟，运输长轨的车辆，由 36 节长度为 12.5 m 的平板车组合而成，500 m 长轨挂靠在货车上运往铺设现场。长轨平板运输车是特制的，每节平板车长 12.5 m，36 节平板车连接在一起，两车之间的连接尺寸就 1 m 多，36 节车刚好装 500 m 钢轨，车两头还有约 2 m 的安全距离。运输的时候，作业人员开来机车，将长轨拉至车站，挂靠在货车上，运往铺设现场。

无缝线路不怕热胀冷缩的秘诀是：无缝线路主要利用强大的线路阻力来锁定轨道，限制钢轨的自由伸缩，通过合理确定锁定温度，采用高标准的扣件、轨枕和道床等轨道部件对钢轨进行约束，并用高强度钢轨来承受温度力。无缝钢轨的一个扣件需通过 6 万小时疲劳试验，使其能圆满应对轨道应力的各式难题。一根无缝钢轨应对的气候温差有时极大，极端情况下，一天之内高铁列车要同时穿越雪山和沙漠，温差达 80℃，钢轨产生的应力惊人。铁路部门在施工中采取合理的工艺，运营过程中开展定期巡检、应力放散等手段，确保了无缝线路的使用安全。

### 2.2.2 高速铁路路基

路基是经开挖或填筑而形成的土构筑物，与桥涵、隧道连接成贯通坚实的轨下基础。路基由路基基床、基床以下路基本体以及路基防排水、边坡防护和支挡工程等组成。

高速铁路路基排水设施分为地面、地下两部分。地面排水设施的主要作用是将有可能停滞在路基范围以内的地面水迅速排到路基以外，如横向排水槽、侧沟、排水沟、天沟、边坡骨架截水等。对不具备横向直排条件的纵联板式无砟轨道地段，则在线间设置集水井、线下设置横向排水管。地下排水设施的主要作用是根据水文和地质条件修筑于地面以下一定深度，用来截断、疏干、引出地下水或降低地下水位，以使路基及边坡保持干燥状态，提高土的稳固能力，如排水槽、渗水暗沟、渗井、边坡渗沟、暗管等。

坡面防护工程以防冲刷、防渗、有利于水土保持和环境保护为目的。对于土质边坡，防护采用固土植草垫护坡、菱形立体植被网护坡以及骨架护坡、锚杆框架梁护坡、框架梁打锚杆挂钢丝网护坡，并在坡面骨架内种植植物，在起防护作用的同时，又有绿化、美观的环保作用，是绿色高速铁路的象征。

边坡支挡结构是用来支撑、加固填土或山体土坡，防止其坍塌以保持稳定的一种建筑物，主要用于承受土体侧向土压力。在铁路路基工程中，支挡结构被广泛应用于稳定路堤、路堑、隧道洞口以及桥梁两段的路基边坡等，主要包括挡土墙、支挡墙、支柱等。当工程或其他岩土工程遇到滑坡、崩塌、泥石流等不良地质灾害时，支挡结构主要用于加固或挡拦不良地质体。

路基承受着轨道结构重量和列车荷载，路基的变形，自然会引起轨道的几何不平顺。特别是有砟轨道，其轨下基础是散体材料组成的道床与路基，它是整个线路结构中最薄弱、最不稳定的环节，是轨道变形的主要来源。它在多次重复荷载作用下所产生的累积永久变形将造成轨道不平顺，同时其刚度对轨道面的弹性变形也起关键性的作用，因而对列车的高速运行产生重要影响。因此，高速铁路路基除了应具备一般铁路路基基本功能外，还需要满足高速铁路轨道对基础的性能要求，满足静态平顺和高速列车运行状态下的动态平顺。

### 2.2.3　高速铁路隧道

高速铁路隧道数量多、长度大。这是因为高速铁路要求"高平顺度"。如果"随山就势"小半径，线路弯曲不直，势必会影响行车速度，因此高速铁路需要穿山越岭，修建顺直的山岭隧道。高铁隧道标准高，隧道断面面积比普速铁路大得多。高速列车进入隧道时会产生压力波，在隧道中列车交会时的表面压力波会剧烈变动，使旅客耳膜压感不适，实测最大值能达到 10 kPa。根据空气动力学效应研究，通过增加隧道断面可以降低会车压力波，满足旅客乘坐的舒适度要求，还可减小列车和隧道壁受力，为此高铁隧道要求宽为 13 m，高达 9 m，其净空断面达到 100 m² 左右。

针对复杂的地层条件，高铁隧道施工研制出了各种有针对性的施工办法：一类是用机械化程度较高的隧道挖进机法或盾构法，通过刀具切割岩体全断面后整体向前推进；另一类是采用炸药爆破开挖施工的钻爆法、新奥法，先分部开挖，再将各开挖部分连起来。随着科技的进步，隧道挖进机、盾构法、多功能钻机、机械喷锚手、三臂凿岩台车等先进的大型机械设备在施工中大显神威，替代了传统的"打眼、放炮、出砟、进料"的施工模式。

在建设实践中，中国铁路攻克了大断面黄土隧道、江河水下隧道、高压富水岩溶隧道等复杂地质条件下的隧道设计和施工技术难题，攻克高地温、高地应力、软岩大变形条件下长大隧道建造世界级难题，解决围岩形量大、速度高、持续时间长等问题，掌握了高铁隧道设计、风险防控、安全施工等成套安全施工方法，并成功建造了以下一批具有代表性的高铁隧道工程：

中国最长的高铁隧道——石太客运专线太行山隧道。该隧道全长 27.8 km，最大埋深 445 m，设计为双洞单线隧道，两线间距离 35 m，于 2005 年开工，2009 年 4 月 1 日开通运营。隧道设置有运营通风和发生火灾时的防灾通风设施。

中国最复杂的高铁隧道——浏阳河隧道。京广高铁浏阳河隧道位于长沙市境内，长为 10.11 km，穿越城市、河流、高速公路。

中国最密集的高铁隧道群——大瑶山隧道群。京广高铁大瑶山隧道群由大瑶山 1、2、3 号道组成，隧道长度分别为 108 km、602 km、8 km，其中 1、2 号之间距离为 167 m，2、3 号之间距离为 47 m，三座隧道均为双线隧道。隧道群设置了疏散定点、洞口消防、事故通风等设施大型盾构机。

中国第一座水下高铁隧道——狮子洋隧道。广深港高速铁路狮子洋隧道全长 1 049 km，其中盾构段长 9.34 km，盾构内径 9.8 m。穿越珠江口狮子洋河段，水深流急，隧道水压高，地层渗透性大。中铁隧道局集团采用水底"地中对接、洞内解体"的盾构施工方法，为国内首创，展现了盾构施工的专业优势与技术实力。中铁隧道局也被誉为中国隧道施工的"国家队"，其承建的水底隧道曾三次穿越长江，四次穿越珠江。

强大的桥梁与隧道工程能力是中国高速铁路网能够覆盖山区、沙漠、丘陵、平原、盆地等各类复杂地质地形的基础，而中国在桥梁与隧道工程建设上的领先能力极大程度上助力了高铁产业的发展与成功。

以下以甬舟铁路建设为例。与挑战世界难题、突破科技壁垒的港珠澳大桥一样，甬舟铁路主体工程也是采用桥+隧的组合方式，是港珠澳大桥的孪生"铁路版"，并将诞生"一隧""一桥"两项世界之最：全长 16.2 km 的金塘海底隧道，建成后将成为世界最长的海底高铁隧道；主跨 1 488 m 的西堠门特大桥，将成为世界同类项目中跨度最大的公铁合建大桥。二者不同的是，港珠澳大桥越海隧道全长 6.7 km，属于沉管公路隧道，而甬舟铁路金塘隧道是铁路盾构隧道，全长达到 16.2 km，意味着全线的 1/5 都将沉在东海下。长度的简单增加看似轻松，工程背后却是从量变到质变的难度跨越，不断挑战着科技极限。甬舟铁路平面示意和水道分布如图 2.6 所示。

甬舟铁路西起宁波东站，经宁波市鄞州区、北仑区，至舟山市金塘岛、册子岛及本岛定海区，止于舟山（白泉）。依次穿越金塘水道、西堠门水道、桃夭门水道和富翅门水道。其中，穿金塘水道采用公路、铁路分建隧道方案，跨西堠门、桃夭门、富翅门采用公铁两用桥方案。甬舟铁路项目设计时速 250 km，是实现浙江省高铁 1 h 交通圈的重大项目，对舟山加快融入宁波都市圈和长三角一体化等都具有深远意义。建成后不但将结束舟山群岛不通火车的历史，而且从宁波到舟山只要 30 min，从杭州至舟山只需 80 min。同时，该项目的建设，将使中国桥梁、隧道设计水平提升到一个新高度。

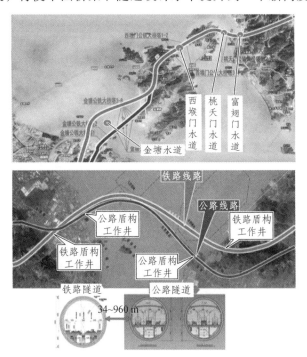

图 2.6　甬舟铁路平面示意和水道分布

从构想走向现实，甬舟铁路一直备受关注。最引人关注的是穿越金塘水道段。在前期的研究过程中，对该段究竟采用桥梁还是隧道方式过海，进行了全方位的比选，最终推荐并评审通过了公铁分建的隧道方案。其中铁路单洞隧道全长 16.2 km，海底盾构段长 10.87 km。无论是水下盾构隧道长度还是盾构横断面规模，都属世界铁路之最，开挖的每一米，几乎都伴随有世界级难题的技术攻关，主要包括如下内容：

地质条件差：中国已建的广深港狮子洋隧道（中国第一条高铁海底隧道）、厦门翔安海底隧道（中国第一条海底隧道）、青岛胶州湾海底隧道（中国第二条海底隧道），海中段均位于岩层，而甬舟铁路隧道海中段位于岩土复合地层，尚无超大直径泥水平衡盾构施工经验。

水压高：港珠澳大桥隧道沉管埋入 40 多米海底，相当于要顶住近 10 层楼高度的深海水压力。甬舟铁路金塘盾构隧道最大埋深达到 78 m，要承受的海水压力更高。曾因高水压而创造当时大直径盾构隧道纪录的南京长江隧道，一个指甲盖面积大小的隧道需要承受的水压力是 6.5 kg，而金塘隧道同等面积要承受的压力达到 7.8 kg。

防灾救援难度大：英法海峡隧道、广深港狮子洋隧道等著名的铁路海底隧道均采用一条线路、两个隧洞的设计，一旦出现灾情事故，可利用两个隧洞互相疏散。金塘隧道则采用单洞设计，且海中段长约 9 km，无法设置直通地面的出入口，对隧道内的防灾救援设计难度极大，要求极高。

海中对接难度大：金塘隧道采用两头盾构掘进、中途对接贯通的模式建设，宁波侧盾构机掘进长度约 4 920 m，金塘侧盾构机掘进长度约 5 950 m，两侧总掘进长度比广深港狮子洋隧道多出了近 2 000 m，盾构长距离相向掘进海中对接洞内解体，对接精度要求更高，技术更复杂，拆机与运输更困难。

复合地层高水压长距离掘进难度大：强度极高的破岩好比"钻石层"，粘粉粒含量高的地层好比"年糕团"，软硬不均的地层一方面令快速磨损盾构机的刀具，另一方面又结成泥饼贴在刀盘上，大大增加了大直径、长距离、高水压更换刀具的风险和施工难度。

## 2.2.4　高速铁路桥梁

桥梁是跨越河流、山谷、线路及各种障碍物的架空结构。高速铁路大量采用"以桥代路"的高架桥方案，桥梁结构占线路里程的半数以上。高速铁路桥梁除满足限界、通航、立交净空、渡洪、抗震和国土规划等基本要求外，基于少维修、易维修的目的，桥梁结构在构造上特别注意改善结构的耐久性和使结构便于检查、养护及更换部件。因此，高速铁路桥梁主型采用预应力混凝土简支箱梁形式。

中国高铁系统掌握了千米级复杂结构斜拉桥、悬索桥设计施工关键技术，解决了超大跨度桥梁变形控制、材料疲劳、结构稳定等难题，建成了一批世界级的桥梁工程。

中国高速铁路桥隧、路基等轨下土建工程已具备国际领先水平，轨道结构技术同样处于国际领先水平，高速动车组技术已处于国际先进水平，高速铁路的总体设计、施工、运营、快速建设技术，从安全、可靠、适用、经济、先进五大指标进行对比，总体技术已处于国际领先水平。

　　据统计，桥隧工程占高速铁路线路长度的比例为：日本东海道新干线为47%，东北、山阳、北陆、上越新干线分别为95%、89%、83%、99%；法国TGV 东南线为 6%，大西洋线、北方线巴黎环线、里昂—郎斯线分别为 18%、22%、29%、37%；德国曼海姆—斯图加特、法兰克福—科隆、汉诺威—威尔茨堡线分别为 34%、22%、49%。

　　桥梁堪称高铁线上的"皇冠"。中国高铁快速延伸，高铁桥梁不断吸引着人们的目光：京津城际铁路的桥梁累计长度占正线总长的 86.6%；京沪高铁的桥梁占线路总长的 80.5%；武广高铁桥梁占线路总长的 42.14%，整体超过了 50%；京沪高铁，桥梁占比 80%；沪杭高铁，桥梁占比 92%……高铁发展对桥梁提出了更高的要求，高铁桥梁的突破则促进了高铁速度、质量、乘坐舒适度的提升，促进了高铁的发展。

　　桥梁是道路的延伸，是跨越天堑的纽带。3 万多座人类智慧的丰碑，不但展示着我国桥梁建设令人自豪的技术水平，更张扬着桥梁科技人员勇攀科技高峰的胆气和创造"大国重器"的豪气。从 20 世纪 80 年代"奋起直追"，90年代"跟踪提高"，到 21 世纪"创新突破"，我国铁路桥梁取得了系统性的创新成果，突破了一系列关键技术，形成了具有我国自主知识产权的高铁桥梁建设技术体系。改革开放初期，为节省工程投资，修建铁路只在跨越重要道路、大河及深谷时才架设桥梁。京九铁路九江大桥以 20 世纪 90 年代建成的京九铁路为例，当时桥梁里程在全线的占比只有 2%，2 000 多千米的路程中只有 40 km 的桥长。改革开放 40 年来，我国铁路特别是高速铁路快速发展，铁路营业里程由 1980 年年底的 4.9 万千米发展到 2019 年底超过 13.9 万千米，其中高速铁路长度突破 3.5 万千米。2020 年 11 月 9 日，从中铁第四勘察设计院集团有限公司承办的 2020 铁路桥梁年会上得到信息，我国高铁桥梁数量已经超过 3 万座，总长度突破 1.6 万千米，中国已经成为世界铁路桥梁运营里程最长，在建规模最大的国家。

　　高速铁路行车速度高、基础设施建设标准高、线路曲线半径大，必然会导致大量的桥隧工程。出现京沪高铁丹昆特大桥到了 2011 年京沪高铁开通时，1 300 多千米的线路中一大半都是桥梁，其中，中国铁建勘察设计建设的丹昆特大桥全长更是达 165 km，是世界上最长的桥梁。四十年来，中国铁路桥梁在跨度、结构型式、新材料、施工工艺和装备等方面均取得了明显进步。经过桥梁建设者的不懈努力，铁路桥梁从跨越障碍、满足列车通行的基本功能需求，到全面解决了高速铁路桥梁动力性能、工后沉降及变形控制、行车安全性及舒适性等一系列难题，并建成一批具有世界领先水平的大跨度铁路桥梁。现在，铁路桥梁不仅能跨越河流、峡谷等自然环境障碍，还能通过高架方式支撑轨道结构，以节约宝贵的土地资源。十几年来，建成了以南京大胜关长江大桥、云桂铁路南盘江特大桥等为代表的一批跨江和山区大跨度铁路桥梁；建成了以武汉天兴洲长江大桥、铜陵长江大桥等为代表的公铁两用钢桁梁斜拉桥。特别是沪苏通铁路长江大桥的开通运营，常泰长江大桥的开工建设，表明我国已具备建造超千米跨度铁路桥梁的技术实力。另外，昌赣客专赣江特大桥昌赣客专赣江大桥、商合杭铁路裕溪河大桥则成为高速铁路大跨度无砟轨道斜拉桥的代表，它们标志着中国用自主创新技术解决了大跨高铁桥降速难题。连镇铁路五峰山长江大桥的建设，标志着我国已进入大跨度铁路悬索桥时代，作为世界首座高速铁路悬索桥，在世界悬索桥发展史上具有标志性意义。世界首座跨度超千米的公铁两用斜拉桥——沪通铁路长江大桥和首座跨度超千米的公铁两用悬索桥——连镇铁路五峰山长江大桥的工程技术和施工难度创造了桥梁建造的多个世界之最，取得了多项技术创新成果。

另外高速铁路桥梁要有较强的抗挠和抗扭刚度，不应采用柔性结构。采用钢结构和框架结构，既可减少维修工作量，又可保证在有局部损伤时也不会影响整体。并且常采用多跨连续的钢筋混凝土梁桥，使受力安全可靠。根据我国铁路新的中长期规划，到 2030 年，我国铁路运营总里程将突破 20 万千米，并且有更多更复杂的桥梁工程投入建设和运营。中国铁路桥梁，正在成为"中国制造 2025"的践行者和先行者。

## 2.3　高速铁路牵引供电

### 2.3.1　概　述

我们可以形象地将牵引动力称为高铁获得能力的源泉。世界各国的高速铁路，无一例外地采用了电力牵引方式。高速铁路是中国为加大区域间旅客运输能力而大力发展的新型交通形式，相比较于普通的电气化铁路，高速铁路的电力牵引供电系统有其特殊性。目前供电制式，世界各国大都以单相、工频 50 Hz、25 kV 供电制式为主。但德国仍沿用了 162/3 Hz、15 kV 低频供电制式。牵引供电方式除德国以外（德国高速铁路采用直供电方式），各国 300～350 km/h 高速铁路建设和运营，均采用 AT 供电方式（自耦变压器供电方式）。AT 供电方式在供电能力和减少牵引供电系统的薄弱环节——电分相方面更适应高速铁路旅客列车的需要，同时可明显改善沿线电磁环境并降低建设成本。

　　从第一条电气化铁路修建至今，中国已完成了从普速电气化铁路至高速铁路供电系统的跨越式发展，取得了高速电气化铁路领跑世界的不菲成就。1958年中国开始修建电气化铁路，最初便直接采用了最先进的电压等级为 25 kV 的单相工频交流电，为中国大规模发展电气化铁路奠定了良好的基础。1961 年 8 月 15 日，中国第一条干线电气化铁路试验区段宝鸡至凤州段建成通车，揭开了中国电气化铁路发展的序幕。1975 年 7 月 1 日宝成电气化铁路全线建成通车，在中国铁路建设史上产生了重大影响。20 世纪 80 年代，中国的电气化铁路飞速发展，除了在运煤通道上进行电气化改造和建设外，又开始在客货运输繁忙的陇海和京广两大干线及通往沿海经济特区的鹰厦线上进行。同时还修建了中国第一条以运煤为主，开行万吨重载单元列车的大秦双线电气化铁路。20 世纪 90 年代，是中国铁路发展的重要时期，鹰厦线鹰潭至来舟段、漳平至厦门段等 10 条电气化铁路相继建成。20 世纪 90 年代的最后五年，中国建设电气化铁路的步伐加快，建成开通了干武线、京郑线等 10 条电气化铁路。2002 年 12 月 31 日建成秦沈客运专线，在此基础上通过总结经验和引进国外先进技术，中国开始了规模化的高速客运专线建设。目前，中国已经建成了最发达、场景最复杂、运输最繁忙的铁路网、电气化率世界第一。

　　通过京津城际、武广、京沪、郑西等高速铁路的成功建设和运行，经过原始创新、集成创新和引进消化吸收再创新，目前在设计、装备制造、施工安装、联调联试、运营管理等技术方面，中国逐步建立和形成具有自主知识产权、国际一流水平的高速铁路牵引供电技术体系和标准体系，系统掌握了高速铁路牵引供电系统设计、施工、高速检测和主要装备等关键技术，攻克了大容量供电及高速度、双弓受流技术难题，基本构建了高速铁路牵引供电系统设计施工、装备制造的成套技术平台。

## 2.3.2　电气化铁路供电系统的组成

　　电气化铁路是以电能作为牵引动力的一种现代化交通运输工具。它与内燃机车牵引不同的地方在于电力机车或动车组本身不带能源，必须由外部供给电能，专门给电力机车或动车组供给电能的装置称作牵引供电系统。同时，牵引供电系统本身并不产生电能，而是将电力系统的电能通过牵引变电所、馈电线、接触网、钢轨、吸上线及回流线供给电力机车（对于直接供电加回流线供电方式而言）。电气化铁路供电系统主要由牵引变电设备、接触网设备、电力供电设备构成。高速铁路牵引供电系统如图 2.7 所示。

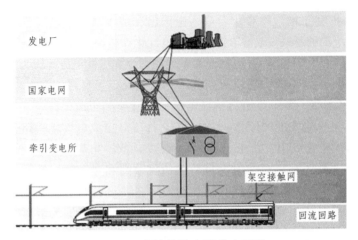

图 2.7  高速铁路牵引供电系统

1. 牵引变电设备

（1）牵引变电所。

牵引变电所是电气化铁路的心脏。它的功能是将电力系统输送来的110 kV 或 220 kV 等级的工频交流高压电，通过一定接线形式的牵引变压器变成适合电力机车使用的 27.5 kV 等级的单相工频交流电，再通过不同的馈电线将电能送到相应方向的电气化铁路（接触网）上，满足来自不同方向电力机车的供电需要。牵引变电所一般设在车站的一端，在车站和区间分界处与另一端不同相位的供电臂通过分相绝缘器或电分段锚段关节相连。同一方向馈出回路的高压开关具备旁路备用开关，可满足不间断可靠供电要求和检修的需要。

（2）分区所。

分区所的作用是将电气化铁路上下行接触网通过分区所并联起来，以提高供电臂末端接触网上的电压水平，均衡上下行供电臂的电流，降低电能损失，在较重车方向和线路有较大坡道情况下效果更为明显。在一个牵引变电所故障的情况下，通过分区所可以由相邻牵引变电所实行越区供电。

（3）开闭所。

开闭所的主要作用是在大的编组站和客运站实现分束、分段供电，提高供电的可靠性，缩小停电范围，减少事故对铁路运行的影响。如果开闭所在供电臂末端，通常将其与分区所合建。同样，不同馈出回路的高压开关具备共用旁路备用开关，可满足不间断可靠供电要求和检修的需要。

（4）馈电线。

馈电线是牵引变电所与接触网之间的连接线，它的功能是从牵引变电所向接触网供电。它由馈出开关引出，在分相装置的两侧连接到接触网上，使之获得 27.5 kV 电源。

高速铁路牵引变电设备包括牵引变电所、分区所、AT 所、开闭所、接触网开关控制站等。牵引变电各所亭的接线形式应满足可靠、安全、简捷的原则，馈线接线方式应满足上、下行分别供电及全并联供电的要求。牵引变电设备应尽量满足免维护、少维修的原则，并满足无人值班的需要。

牵引变电所进线电源和牵引变压器、开闭所进线、分区所和 AT 所自耦变压器设置备用自投入装置；牵引变电所馈线设一次自动重合闸装置。分区所、AT 所馈线设检压合闸装置。牵引变电所、分区所、AT 所馈线设故障测距装置。牵引变电所、分区所、自耦变压器设基于吸上电流比原理的故障测距装置。分区所、AT 所的吸上电流值通过通信通道上传至同一供电臂的牵引变电所，并与其牵引变电所的馈线所测得的电流值通过接触网故障测距装置进行计算得出接触网故障点的距离。牵引变电所、开闭所、分区所、AT 所的继电保护及自动装置均采用微机型综合自动化系统，系统采用多层分布式结构，采用集中组盘安装方式。牵引变电所、开闭所、分区所、AT 所综合自动化系统均由站级管理层、通信层、间隔层三部分设备组成。综合自动化系统完成就地的运行管理（保护、控制、测量、通信等功能），并可通过运动通道与调度端设备接口实现远动功能。为了满足无人值守的要求，各所的防灾安全监控系统及交、直流自用系统的操作、监控、直流绝缘监视等装置接入综合自动化系统。

2. 接触网设备

接触网是电气化铁路上的主要供电装置，它通过钢筋混凝土方柱或等径圆支柱及软横跨、硬横跨，以一定的悬挂形式将接触线直接架设在铁路线路的上方。它的功能是通过与电力机车顶部受电弓的滑动接触将电能供给电力机车或电动车组。从结构形式上看，接触网由接触悬挂部分、支持装置、定位装置、支柱和基础组成。

（1）接触悬挂部分。

接触悬挂部分包括承力索、整体吊弦、接触线、中心锚结绳及各种线夹、全补偿下锚装置等。承力索承受接触线的重力，并将整个接触悬挂的重力和拉力（或压力）传给支持装置，同时通过吊弦悬挂使接触线保持在规定的高度，电力机车受电弓滑板同接触线相接触取得机车所需的电能。

（2）支持装置。

支持装置包括腕臂、棒式绝缘子、固定底座、腕臂支撑、斜拉线、承力索座等，用于支持接触悬挂部分，并将其负荷传给支柱。

（3）定位装置。

定位装置包括定位管、定位器、定位线夹、定位支撑等，用于固定接触线的水平位置。定位器处于受拉状态，使接触线沿铁路线路均匀分布在机车受电弓中心运行轨迹两侧，保证受电弓不脱离接触线而发生弓网事故，并将接触线的水平负荷传给支持装置。

（4）支柱和基础。

支柱和基础包括钢筋混凝土方支柱和等径圆支柱、钢柱、软横跨、硬横跨、杯形基础、拉线基础、横卧板、底板等。它用于承受接触网的全部负荷，包括上部结构的重力、垂直线路方向的拉力（或压力）、顺线路方向的拉力。支柱和基础施工质量的好坏会直接影响到接触网能否长期稳定运行。

（5）钢轨和吸上线。

在电气化铁路上，电力机车是利用钢轨作为牵引电流回路的，大部分牵引电流经过与之相连的吸上线（绝缘电缆）直接回到变电所。由于轨道与大地之间是不绝缘的，所以牵引电流的一部分要流经大地，从埋设在牵引变电所下面的接地网回到变压器。同时钢轨和吸上线不是直接相连，而是在轨道电路绝缘节处增设扼流变压器，二者分别与变压器的接线柱和中性点牢固连接，从而使牵引电流回路和轨道信号回路各自形成导通回路，互不干扰。

（6）回流线。

回流线是轨道回路与牵引变电所之间的连接线，它的作用是将流经吸上线的牵引电流直接回送变电所内的牵引变压器，一方面减少电能损失，另一方面降低了对电气化铁路沿线通信、信号线路和装置的电磁谐波干扰。通常回流线与接触网线路同杆架设，每隔一定的区段通过吸上线与钢轨相连。

3. 电力供电设备

电气化铁路电力供电系统是为调度指挥、通信信号、旅客服务等业务提供可靠电力保障的系统。铁路电力供电系统优先从国家（或地方）电网取得可靠电源，通过沿铁路线架设的输配电网络分配给铁路用户。电气化铁路电力供电系统平均每 60 km 建设一座配电所，一般采用双电源供电进线，在铁路沿线架设两条贯通线（高速铁路称为一级贯通线、综合贯通线，普速铁路一般称为自闭线、贯通线）将配电所相互连接形成输配电网络，并向铁路沿线车站及区间负荷供电。相邻两变配电所之间的贯通线称为供电臂，每个供电臂均具备双端供电条件，并可以失压自投。

电气化铁路电力供电系统中进线电压与出线电压不同，经过变压器的称为变电站；进线电压与出线电压相同，一进多出称为配电所，包括 10 kV 变电所（10 kV 降压为 0.4 kV）、10 kV 配电所（进出线都是 10 kV）、10 kV 交配电所（10 kV 变电所和 10 kV 配电所合建）。与地方电力系统相比，铁路变配电所规模相对较小，出线一般只有几回到十几回。

铁路沿线电力负荷既有对供电可靠性要求很高的一级负荷，也有对可靠性要求一般的二级和三级负荷。以铁路沿线信号基站为例，铁路信号基站的可靠运行关乎铁路行车安全，对基站的供电电源可靠性有着严格要求。为了保证铁路沿线信号基站可靠供电，每个基站分别以两条贯通线各取一路电源，形成主备互供。

由此可见，铁路供电可靠性主要取决于变配电所和贯通线的运行水平。随着铁路行车向着高速、大密度迅速发展，对与行车安全密切相关的铁路电力系统供电可靠性的要求越来越高。传统上是依靠人员值班、沿线布置值班检修工区等方式监视控制供电网络运行，如人工调度、电话调度等方式，显然这已经不能满足行车安全的要求。采用先进的电力自动化技术，实施远程自动监控和调度管理，是铁路电力系统必然的发展趋势。

我国动车组采用的是交流传动装置，其牵引电机采用的是三相交流异步电机。交流牵引传动系统包括牵引电机、牵引变压器、牵引变流器和牵引控制器。交-直-交传动原理。当列车需要牵引运行时，牵引传动系统从接触网上接受电能供给牵引电动机，实现电能到机械能的转换。当列车需要制动时，牵引电机作发电机运行，将单项交流电反馈给电网，实现再生制动，从而实现机械能到电能的转换，能量变换与传递的途径如图 2.8 所示。此外，动车组的电气部分还有车辆信息控制系统、网络控制系统、监测诊断系统、空调通风系统和司机室等。传动装置就是将电能转换成机械能牵引列车运行，同时在列车制动时将机械能转变成电能回馈电网。

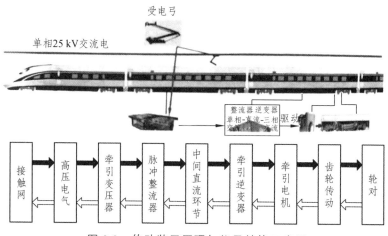

图 2.8　传动装置原理与能量转换示意图

## 2.4 高速铁路的信号

### 2.4.1 发展历史

在传统的铁路运营中，司机需要由实际瞭望地面信号机显示，人工完成列车运行控制，但在线路存在曲线、隧道等地形时，司机瞭望地面信号机的显示存在现实困难，特别是在雨雪、风沙、大雾等恶劣天气下，地面信号更难以看清。而且随着高速列车的出现，列车速度不断提高，当时速达 160 km 以上时，地面信号难以辨认，观察距离 1 km 的信号机，已经很难有充足的时间使司机从容采取措施。如果司机发现红色停车信号，即使立即制动，列车在巨大惯性的推动下，也会越过信号机，单独依赖地面信号机显示是极其危险的，为此必须引入新的列控设备，以新的技术控制列车安全运行。

铁路通信信号设备是严格遵循故障导向安全原则的基础设施，是保证铁路运输行车安全，提高运输效率和运营管理水平的重要装备。铁路通信、信号的发展与国家铁路的发展密切相关，与科技进步紧密相关。铁路通信、信号的发展水平的提高是铁路现代化的一个重要标志。

2008 年开通运营的合宁（合肥—南京）铁路是中国第一条运用客运专线 CTCS-2 级列控系统技术标准体系建造的高速铁路。2009 年开通运营的武广客运专线是中国第一条运用 CTCS-3 级列控系统的高速铁路。大规模铁路建设加快推进，铁路运营里程跃居世界前列，一批速度 200～250 km/h 和 300～350 km/h 的客运专线相继通车运营。中国铁路加大通信信号的技术攻关力量，推进铁路技术创新，一批核心关键技术取得突破性进展，达到世界先进水平。

2010 年至 2018 年是中国铁路信号发展的重要历史时期，这期间 CTCS-2 级列车运行控制系统日趋成熟，CTCS-3 级列车运行控制系统研发成功，为高速铁路的发展提供了可靠的技术支持，铁路通信信号技术达到世界先进水平。中国通号在高速铁路列控系统关键技术产业化方面取得了突破，成功研制自主化高速铁路列控系统，在大西客专和京沈客专开展了上道试验和工程示范应用，自主化率达到 100%，可彻底摆脱对国外垄断技术的依赖，而且全部实现产业化，为中国高速铁路列控系统自主研发及技术进步奠定了坚实的基础。2011 年开通的京沪高铁进一步完善了 C3 级列控系统系统功能，并于 2017 年率先完成全路首次标准示范线创建，高铁通信信号技术装备水平得到了显著提升。国产 CTCS-3 级列控系统，自主化 RBC 产品通过 SIL4 级安全认证，2016 年在中国铁路总公司组织的大西高速综合试验段完成上道试验，并于 2017 年 1 月圆满完成不同厂家 RBC（无线闭塞中心）的现场互联互通试验，最终顺利通过欧盟 TSI 认证，获得走出国门的"签证"。2018 年，中国铁路总公司在京沈高铁率先组织全面的智能高铁技术装备测试检验，进行了自主化列控、自动驾驶、铁路下一代移动通信等通信信号关键技术的试验验证，进一步推进了高铁铁路通信信号技术水平的发展。经过十几年的发展，中国铁路通信、信号的技术进步取得重大进展。随着计算机技术、通信技术、自动控制技术、信息技术、网络技术的发展，铁路通信、信号技术正由开环控制向闭环控制发展，由孤立分散的控制向网络化、区域化控制发展，由继电设备控制为主向计算机控制为主发展，由单一的信号向通信信号一体化发展。

### 2.4.2 高速铁路信号系统组成及功能

高速铁路信号设备主要由列车运行控制设备（CTCS）、调度集中系统（CTC）、车站计算机联锁设备以及相应的光电缆等高铁信号基础设备及子系统组成。

#### 1. 列车运行控制系统 CTCS

为了适应中国高速铁路的迅速发展和保证铁路运输安全的需要，原铁道部研制成功了"CTCS 系统"（Chinese Train Control System），即中国铁路列车控制系统，英文缩写是"CTCS"。CTCS 体系的构建原则是以地面设备为基础，车载与地面设备统一设计。

（1）高速铁路信号与控制系统的发展过程。

高速铁路的信号与控制系统，是高速列车安全、高密度运行的基本保证。因此，世界各国发展高速铁路，都十分重视行车安全及其相关支持系统的研究和开发。高速铁路的信号与控制系统是集计算机控制与数据传输于一体的综合控制与管理系统，是当代铁路适应高速运营、控制与管理而采用的最新综合性高技术系统，一般通称为先进列车控制系统（Advanced Train Control Systems, ATCS）。典型的高速铁路列车控制系统有欧洲列车控制系统（ETCS）、法国的实时追踪自动化系统（ASTREE）、日本的计算机和无线列车控制系统（CARAT）等。

近年来，许多国家为先进列车控制系统研制了多种基础技术设备，如列车自动防护系统、卫星定位系统、车载智能控制系统、列车调度决策支持系统、分散式计算机联锁安全系统、列车微机自动监测与诊断系统等。世界上许多国家如美国、加拿大、日本等都已逐步推广应用这些新技术。

高速铁路发展较快的日本、法国和德国等国，在地面信号设备及区间设备都采用了符合本国国情的可靠性高、信息量大、抗干扰能力强的微电子化或计算机化的不同形式的自动闭塞制式；车站联锁正向计算机集中控制方向发展；为了实现高速铁路道岔转换的安全，转辙装置也向大功率多牵引点的方向发展，同时开发研究了道岔装置的安全监测系统。在列车上，世界各国的高速铁路都积极安装了列车超速防护和列车自动控制系统。

日本在东海道新干线采用了列车自动控制（Automatie Train Control，ATC）系统，法国 TGV 高速线采用了 TVW300 和 TV M430 系统，德国在 ICE 高速线上采用了 LZB 系统。这些系统的共同点是新系统完全改变了传统的信号控制方式，可以连续、实时监督高速列车的运行速度，自动控制列车的制动系统，实现列车超速防护；通过集中运行控制，系统还可以实现列车的速度自动调整，使列车保持在最优运行状态，在确保列车安全的条件下，最大限度地提高运输效率，系统还可以发展为以设备控制全面代替人工操作的方式实现列车控制全盘自动化。这些系统的不同点主要体现在控制方式、制动模式及信息传输的结构等方面。

德国的 LZB 连续式列车运行控制系统是目前世界上唯一用以轨道电为连续式信息传输媒体的列车控制系统，可实现地面与移动列车之间的双向信息传输，同时还可利用轨间电缆交叉环线实现列车定位功能，控制方式以人工控制为主。LZB 系统首先将连续式速度模式曲线应用于高速列车的制动控制，打破了过去分段速度控制的传统模式，可以进一步缩短列车运行的间隔时分，因此能更好地发挥硬件设备在提高线路运输效率方面的潜在能力。

法国的 TVM300 系统是早期产品，TVM430 系统是在 TVM300 系统的基础上进行数字化改造后的列车控制系统，在 TCV 北方线上采用。TVM430 系统的地面输设备采用 U M71 型无绝缘数字式轨道电路，由地面向移动列车之间实现及时的单向传输。信号编码总长度为 27 个信息位，其中有效信息为 21 位。TVM430 型系统制动模式采用的是分段连续式速度线，控制方式以人工控制为主。当司机没有按要求操作时，控制设备自行完成应执行的任务。

1990 年，欧洲铁路组织提出了统一欧洲信号技术的铁路运营管理系统（简称 ERTMS）/列车控制系统（简称 ETCS）标准。2001 年，欧盟正式通过法律，要求今后新建高速铁路线，均采用 ERTMS/ETCS 技术标准，法国 UM2000/TVM430、德国 LZB 等高速铁路列车控制系统将被 ETCS 系统所取代。

当列车时速提高到 300 km 以上时，由于模拟式轨道电路由地面向列车传递的信息量不够，而增设了地面与机车之间的应答器设备作为辅助信息传输装置列。日本 ATC 系统的安全信息传输媒介采用有绝缘模拟式轨道电路，因地面与列车之间为单向信息传输，信息量较少。近年来，日本对原有 ATC 系统进行了数字改造，使地面向移动列车传输的信息量增加到 40~60 位 bit（比特）数据。因此日本高速铁路列车运行控制系统能够适应更高的列车运行时速的要求。

世界高速铁路列车自动控制系统的控制方式主要分为两类：一类是以设备为主、人控为辅的控制方式，这种方式以日本的列车自动控制系统为代表；另一类是人机共用、人控为主的控制方式，以法国的列车自动控制系统为代表。高速铁路的信号与控制设备，分为行车指挥自动化与列车运行自动化两大部分，信号显示应以机车自动信号为主，车站与区间的地面信号为辅。

从 20 世纪 60 年代起，电子设备开始被引入铁路信号及控制系统。例如，大站与电子集中及移频自动闭塞等制式，由于这类系统动作速度加快，可靠性提高，为高速铁路的信号与控制设备奠定了技术基础。

（2）基本功能。

CTCS 列控系统是为了保证列车安全运行，并以分级形式满足不同线路运输需求的列车运行控制系统，在不干扰机车乘务员正常驾驶的前提下有效地保证列车的运行安全。它的基本功能包括：

安全防护：防止列车出现无行车许可便运行的情况，防止列车超过进路允许速度、线路结构规定的速度、机车车辆构造速度、临时限速和紧急限速以及铁路有关运行设备的限速运行，防止列车溜逸。测速环节应保证，一定范围内的车轮滑行和空转不影响车载设备的功能，并具有轮径修正能力。

人机交互：为机车乘务员提供必需的显示、数据输入及操作装置。能够以字符、数字及图形等方式显示列车运行速度、允许速度、目标速度和目标距离。能够实时给出列车超速、制动等表示以及设备故障状态的报警。机车乘务员输入装置配置必要的开关、按钮和有关数据输入装置。具有标准的列车数据输入界面，可根据运营和安全控制要求对输入数据进行有效性检查。

设备制动优先：当列车减速时，在闭塞分区入口处，设备自动实施制动，低于目标速度后自动缓解。当列车速度超过紧急制动制动曲线时，则实施紧急制动。列车的减速制动完全由列车运行控制系统自动完成，不必司机人工介入。设备制动优先的列控系统可以适当缩短列车运行间隔时间，保证列车按时刻表运行。

检测功能：具有开机自检和动态检查功能，具有关键数据和关键动作的记录功能及监测接口。

（3）系统组成。

地面子系统可由以下部分组成：应答器、轨道电路、无线通信网络（GSM-R）列控中心（TCC）/无线闭塞中心（RBC）。

应答器是一种能向车载子系统发送报文信息的传输设备，既可以传送固定信息，也可连接轨旁单元传送可变信息。可以形象地将应答器比喻成坐标轴上的刻度、临时限速比喻成风雨里的警示灯、地面中心比喻成超级路由器、联锁比喻成列车的方向盘、车载设备比喻成高铁的大脑。另外，列车运行的指挥官为调度集中。目前中国高铁列控系统技术已实现核心技术和产品的100%国产化，有力地保证中国高铁路网的安全有序运营。

轨道电路具有轨道占用检查、沿轨道连续传送地车信息等功能，应采用UM系列轨道电路或数字轨道电路。

无线通信网络（GSM-R）是用于车载子系统和列车控制中心进行双向信息传输的车地通信系统。

列车控制中心是基于安全计算机的控制系统，它根据地面子系统或来自外部地面系统的信息，如轨道占用信息、联锁状态等产生列车行车许可命令，并通过车地信息传输系统传输给车载子系统，保证列车控制中心所管辖列车的运行安全。

车载子系统由以下部分组成：CTCS车载设备、无线系统车载模块。CTCS车载设备是基于安全的计算机控制系统，通过与地面子系统交换信息来控制列车运行。

无线系统车载模块用于车载子系统和列车控制中心进行双向信息交换。

（4）CTCS的应用等级划分。

各应用等级均采用目标距离控制模式，采取连续一次制动方式。由于中国的列控系统应用起步晚，起点高，因此第一步就瞄准了比较先进的控制模式。在中国，阶梯式和曲线式分级速度控制都被采用过，未形成规模前取得了足够的经验，CTCS推荐采用目标距离控制模式是适宜的，符合国际列控系统的发展趋势。由于列控系统的控制模式是其主要特征和性能之一，控制模式决定了闭塞方式和列车运行间隔，从而决定了运输能力，所以说除移动闭塞外，各应用等级的主要功能几乎是一样的。

各应用等级是根据设备配置来划分的，其主要差别在于地对车信息传输的方式和线路数据的来源。线路数据储存于车载数据库，靠逻辑推算来提取相应数据的方式，用于较低等级列控系统；点式信息设备传输线路数据的方式，增加了线路数据的实时性，用于中等级列控系统，至于是采用储存电子地图还是点式信息设备提供闭塞区段地址码的方式将在技术发展中比选；无线通信连续、双向信息传输，拥有大信息量和实时性的优势，用于高等级列控系统。CTCS不同等级对照表如表2.2所示。

表 2.2　CTCS 不同等级对照表

| 应用等级 | CTCS-0 | CTCS-1 | CTCS-2 | CTCS-3 | CTCS-4 |
|---|---|---|---|---|---|
| 控制模式 | 目标距离 | 目标距离 | 目标距离 | 目标距离 | 目标距离 |
| 闭塞方式 | 固定闭塞或准移动闭塞 | 准移动闭塞 | 准移动闭塞 | 准移动闭塞 | 移动闭塞或虚拟闭塞 |
| 制动方式 | 分级式 | 分级式 | 一次连续 | 一次连续 | 一次连续 |
| 轨道占用检查 | 轨道电路 | 轨道电路 | 轨道电路 | 轨道电路 | 无线定位，应答器校正 |
| 地对车信息传输 | 多信息轨道电路+点式设备 | 多信息轨道电路+点式设备 | 多信息轨道电路+点式设备或数字轨道电路 | 无线通信双向信息传输 | 无线通信双向信息传输 |
| 列车间隔时间 | 按固定闭塞运行，大于对照值 $L$ | $L$ | $L$ | $L$ | 小于 $L$ |
| 线路数据来源 | 存储于车载数据库 | 存储于车载数据库 | 应答器提供或由数字轨道电路提供 | 无线通信提供 | 无线通信提供 |

中国列车运行控制系统（CTCS）是中国高速铁路保证列车行车安全、提高列车运行效率的重要技术装备，以有效的技术手段对列车运行速度、运行间隔进行实时监控和超速防护。同时能够减轻司机劳动强度、改善工作条件、提高乘客乘坐舒适度。

CTCS 标准体系的建立始于 2004 年。为满足高速铁路建设需求，通过对 ETCS 标准的引进、消化、吸收，并结合中国铁路六次大提速的成功经验，中国构建了具有自主知识产权的 CTCS 列控系统标准。CTCS 是在保证列车安全运行的前提下，以分级形式满足不同线路运输需求的列车运行控制系统。CTCS 根据功能要求和设备配置划分为 CTCS-0 ~ CTCS-4 五个应用等级。

CTCS-0 级（简称 C0 级）：由通用机车信号和列车运行监控装置（LKJ）组成，为既有系统，适用于列车最高运行速度为 120 km/h 以下的区段。

CTCS-1 级（简称 C1 级）：由主体机车信号和安全型列车运行监控装置（LKJ）组成，点式信息作为连续信息的补充，可实现点连式超速防护功能。适用于列车最高运行速度为 160 km/h 以下的区段。

CTCS-2 级（简称 C2 级）：CTCS-2 级列控系统利用轨道电路实现列车占用检查并向列车连续传送前方空闲闭塞分区数目信息，利用应答器向列车传送线路数据、临时限速等信息，ATP 车载设备根据轨道电路信息和应答器信息，采用目标距离连续速度控制模式自动计算控车曲线，监控列车运行。面向提速干线和客运专线，满足 200～250 km/h 的高速铁路运用，地面可不设通过信号机。2008 年开通运营的合宁线是中国第一条运用客专 CTCS-2 级列控系统技术标准体系建造的高速铁路。

CTCS-2/3 是以地面控制为主的固定闭塞系统，列车占用检查由轨道电路实现，地面控制系统根据联锁进路和列车位置生成列车移动授权，并通过轨道电路/无线通信发送给列车，由车载进行列车运行安全防护控制。CTCS2 列车控制系统如图 2.9 所示。CTCS-3 级列控系统则是基于铁路数字移动通信系统（简称 GSM-R）无线通信实现车地信息双向传输的，由无线闭塞中心生成行车许可，轨道电路实现列车占用检查，应答器实现列车定位，并向下兼容 CTCS-2 级功能，具体如图 2.10 所示。

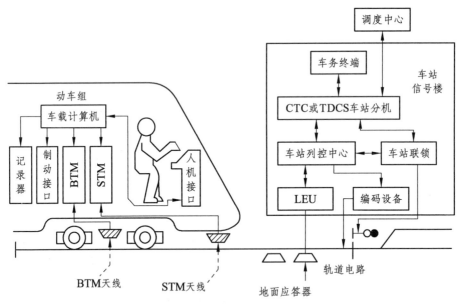

图 2.9　CTCS2　列车运行控制系统

CTCS-3 级（简称 C3 级）：基于无线传输信息，并采用轨道电路等方式检查列车占用的列车运行控制系统，点式设备主要传送定位信息。C3 级列控系统可以叠加在 C2 级列控系统上。运用在速度 300 km/h 以上的高速铁路上，CTCS-3 和 CTCS-2 这两个系统的区别就在于，前者在地面设备上增加了无线闭塞中心 RBC 和 GSM-R 无线通信网络；在车载设备上增加了 GSM-R 无线通信单元及天线；车载设备根据 RBC 的行车许可，生成连续速度控制模式曲线，实时监控列车安全运行。2009 年开通运营的武广客运专线是中国第一条运用 CTCS-3 级列控系统的高速铁路。列控中心实现了区间三点检查功能，当出现分路不良时，可有效防止列车追尾的事故。提高了列车运行速度和列车密度，CTCS-3 级列控系统可实现最小追踪间隔 3 min，旅客运输能力得到提高，中国高速铁路日均发送旅客的 100 万人次。一是实现了由地面固定信号显示的控制到面向列车移动体直接控制的转变；二是实现了由只是对信号显示控制而不能控制列车执行与否的开环控制到列车按照要求执行信号指令闭环控制的转变；三是实现了由车站分散控制到调度集中统一指挥控制的转变。

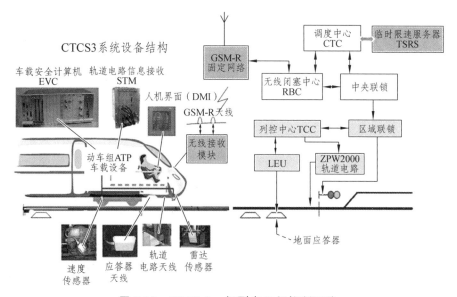

图 2.10　CTCS-3　级列车运行控制系统

国产 CTCS-3 级列控系统，自主化 RBC 产品通过 SIL4 级安全认证，2016 年在中国铁路总公司组织的大西高速综合试验段完成上道试验，并于 2017 年 1 月圆满完成不同厂家 RBC 的现场互联互通试验，最终顺利通过欧盟 TSI 认证，获得走出国门的"签证"。主要设备组成、功能，及信息流如图 2.11 所示。

CTCS-4 级（简称 C4 级）：完全基于无线传输信息的列车运行控制系统。地面可取消轨道电路，由无线闭塞中心（RBC）和列控车载设备共同完成列车定位和完整性检查，实现虚拟闭塞或移动闭塞。

CTCS-4 是完全基于无线通信（如 GSM-R）的列车运行控制系统，由地面无线闭塞中心（RBC）和车载设备完成列车占用检测及完整性检查，点式信息设备提供列车用于测距修正的定位基准信息。

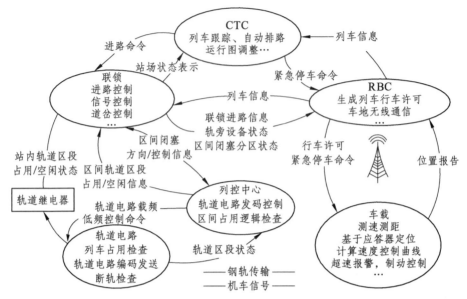

图 2.11 CTCS-2/3 设备构成、功能及信息流程

在此模式控制下，列车按移动闭塞或虚拟闭塞方式运行。虚拟闭塞是准移动闭塞的一种特方式，它不设道占用检查设备，采取无线定位方式实现列车定位和占用轨道的检查功能，闭塞分区是以计算机技术拟设定的。移动闭塞的追踪目标点是前行列车的尾部，留有一定的安全距离，后行列车从最高速开始制动的计算点是根据目标距、目标速度及列车本身的性能计算决定的。目标点是前行列年的尾部，与前行列车的走行和速度有关，是随时变化的，而制动的起始点是随线路参数一列车本身性能的不同而变化的。空间间隔的长度是不固定的，所以被称为移动闭塞。其追踪运行间隔时间要比准移动闭塞更小一些。

（5）CTCS-3 级列控系统发展历程。

2007 年铁道部成立 C3 攻关组开展 C3 技术攻关工作，中国通号作为技术牵头单位，对内联合国内相关企业开展系统和部分装备的自主创新工作，对外联合国外合作方开展部分核心装备的引进消化吸收工作，投入大量的人力、财力和物力，于 2009 年完成 CTCS-3 级列控系统成套装备研制，并成功开通全球第一条时速 350 km 的长大干线——武广客专。此后，于 2011 年开通一次建设里程最长、标准最高的高速铁路——京沪高铁，于 2012 年开通第一条穿越高寒地区的长大高速铁路——哈大高铁，随后 CTCS-3 级列控系统在我国高速铁路快速、大面积得到推广应用。

2007 年至 2012 年，借鉴 ETCS 标准规范的发展经验，根据 CTCS-3 级列控系统的特点，结合武广和郑西客运专线的建设，我国制定并编制了

CTCS-3 级列控系统标准规范体系。在武广 C3 系统研发和实施过程中，逐步建立了囊括设计、研发、生产、施工、维护、认证等各个环节的标准规范，形成一套完整的 C3 系统技术标准体系，以此为准则指导整个系统的研发、集成和工程建设。

根据技术来源的不同，我国 CTCS-3 级列控系统分为武广、郑西和广深港 3 个不同形式的平台。在系统发展的初期，各平台之间不能实现互联互通，严重制约我国高速铁路四通八达的运营需求。为此，我国开展了 CTCS-3 级列控系统互联互通工作，以实现不同制式车载设备和不同制式地面设备的协同工作。2010 年，实现不同厂家地面设备——车载设备之间的互联互通。2010年发布列控系统 RBC 接口规范，统一 RBC 接口技术条件，满足互联互通要求，并于 2011 年实现武广平台—郑西平台地面设备间的互联互通，2012 年实现武广平台—广深港平台地面设备间的互联互通。

CTCS-3 级列控系统在保障列车高速安全运营方面开展了大量工作。2009~2011 年，中国有包括武广、沪宁在内的 4 条装备 CTCS-3 级列控系统的客专按照 350 km/h 的最高速度运营。2011 年，在京沪高铁线路上成功完成时速 380 km 的综合试验，CTCS-3 级列控系统满足高速列车以时速 380 km 持续运行的需求。但在京沪高铁开通前后，中国高铁踩下"急刹车"，装备 CTCS-3 级列控系统的高速铁路从 350 km 时速降至 300 km 时速。2017 年 9 月 21 日，中国标准动车组"复兴号"在京沪高铁正式运营，装备 CTCS-3 级列控系统的高铁重回 350 km 时速，速度再次领跑全世界。

我国于 2015 年成功研制了具有自主知识产权的 CTCS-3 级列控系统全套核心设备，2016 年在大同—西安客专综合试验段完成 350 km 时速的现场测试，2018 年在系统中增加 350 km 时速的智能驾驶功能并在北京—沈阳客专综合试验段完成现场试验，实现了列控系统装备的自主化、智能化和产业化，能够满足国内高铁运用技术提升及高铁走向国际的需求。

2017 年，我国自主研发的 C3 列控系统核心装备无线闭塞中心（RBC）、列车自动防护设备（ATP）、地面电子单元（LEU）和应答器相继获得欧盟互联互通（TSI）认证证书，拿到海外市场的"通行证"，适用于采用欧洲 ETCS-2 级列控系统标准建设的高铁线路。2019 年 6 月，为欧洲匈塞铁路量身打造的匈塞铁路 ETCS-2 级列控系统实验室在贝尔格莱德落成，成为我国企业在海外建成的首个高铁列控系统实验室，为采用 ETCS-2 级列控系统标准建设的匈牙利—塞尔维亚铁路提供核心技术支撑。

CTCS-3 级列控系统在既有高铁改造方面开展卓有成效的工作。2018 年 6 月，京津城际铁路完成了全球首例在运营的高速铁路全线进行的信号系统改造，在三十余小时的短暂天窗内，成功将原列控系统升级为 CTCS-3 级列控系统，零问题一次开通，安全优质地实现了复兴号 350 km/h 运营。

中国通号自主化 CTCS-3 级列车运行控制系统吸收继承了既有系统大量安全可靠的运用经验，在解决自主知识产权问题的基础上，依据中国列控标准，面向未来发展需要，重点考虑了系统装备的标准化和技术的先进性，以支撑当前在用设备的长期运用维护，支撑新建高铁自主化列控系统的应用，支撑高铁技术的可持续发展。

自主化设备系列标准制定：针对设备运用维护过程中存在的问题，制定了自主化设备系列标准规范，使自主化列控设备在既有基础之上的标准化程度更高、功能更完善、安全性更高、适应性更强，提高了系统可维护性、兼容性及不同厂家设备的可互换性。

自主安全计算机平台技术突破：为了满足铁路信号列车控制领域的高安全性与高可靠性要求，针对安全计算机平台的安全采集、安全计算、安全通信、安全驱动以及智能检测维护等方面，攻克一系列核心技术，研制了具备完全自主知识产权的安全计算机平台，提升了系统的安全性和可靠性。

自主专用芯片技术突破：针对铁路信号系统的应用场景与需求，攻克功能安全芯片设计技术、低功耗片上系统设计技术和先进封装技术，同时攻克列控专用通信总线的片上快速实时编解码技术，成功研制符合国际 IEC-61375 标准（列车通信网络国际标准）的专用通信芯片，并在列控装备中获得成功应用，提升了中国列控装备的国际竞争力。

国密算法首次使用：首次在列车运行控制系统安全相关设备中采用国密局推荐的国密算法，具有更高安全性和实时性，提高了列车运行控制系统的信息安全等级。

车载全功能无缝切换技术突破：自主化 CTCS-3 级列控车载设备突破了全系统/功能无缝切换技术，主机、BT M、TCR 等设备故障后均可在不停车的情况下自动切换到另一系，提升系统可靠性，保障运营效率。

高速测速测距技术突破：针对高速列车测速测距高安全需求，提出传感器可配置的多信息融合算法，提出多源安全误差容限算法和自适应空转打滑补偿算法，并在自主化 CTCS-3 级列控车载设备成功应用，既保证了使用的灵活性，又能有效提高测速测距的精度和安全性。

工业标准化设计提升：采用产品工业设计理念和方法，开展自主化列控系统装备的设计和生产，增强装备可靠性、提升装备工艺品质、建立装备工业标准化体系，彰显自主化列控系统装备产品形象。

中国通号自主化高铁列车运行控制系统（CTCS-3）由计算机联锁（CBI）、

列控中心（TCC）、无线闭塞中心（RBC）、临时限速服务器（TSRS）、自动防护设备（ATP）组成。如图 2.12 所示。

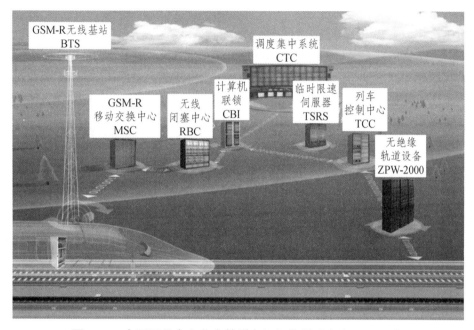

图 2.12　中国通号自主化高铁列车运行控制系统（CTCS-3）

计算机联锁 CBI-DS6-60 型：计算机联锁系统是实现车站内道岔、信号机和轨道电路之间联动锁闭控制，保障铁路安全行车的核心控制装备。DS6-60型计算机联锁是中国通号自主研发的二乘二取二架构的设计的安全控制系统，目前已广泛用于国内的客运专线、普速线路，城市轨道交通以及部分海外铁路项目，已累计开通运行 400 多个车站，系统运行安全可靠。

列控中心 TCC-LKD2-T3 型：列控中心设备根据线路情况和前车位置控制列车运行速度和运行间隔，保障列车安全、高速、平稳运行。相比于既有列控中心设备，自主化列控中心具有自主可控、成熟可靠等特点，为后续智能诊断和综合维护等功能奠定了基础。目前，自主化列控中心已在 20 余站 2 年无间断零故障运行，确保全自主列控系统安全可靠运行。

无线闭塞中心 RBC-RBC-TZ 型：无线闭塞中心 RBC 是列控系统的核心设备，其主要功能是向列车发送行车许可，告诉列车能向前开多远，按照什么速度运行。

临时限速服务器 TSRS——TSRS-TH2 型：临时限速服务器负责列控系统临时限速命令的集中管理，在风雨雪和其他特殊情况下，保证车载设备控制列车安全运行。自主化 TSRS 延续了既有 TSRS 先进技术方案，应用软件成熟，能够适应复杂的枢纽场景，同时具有设备结构紧凑、接口清晰和用户安装维护简单等特点，性能强大、易于扩展，在高速铁路自动驾驶系统（ATO）和下一代列控系统中承担更多的安全功能。

列车自动防护 ATP——CTCS3-400T：列车自动防护 ATP 是列车运行控制系统的核心安全设备，是保障列车运行安全和提高运输效率的关键技术装备。自主化 CTCS3-400T 车载设备，是中国首个完成研制和现场试验的自主化 C3 车载设备，也是首个通过欧盟基线 2 与基线 3 双基线 TSI 认证的车载设备，可兼容国内外不同等级，具备自动驾驶功能。

2. 分散自律调度集中系统（CTC）

CTC 系统由 CTC 调度中心子系统、车站子系统和网络子系统组成。其中，CTC 中心子系统是 CTC 的核心，由中心机房及各调度台应用终端组成。车站子系统主要包括车站自律机、车务终端、综合维修终端、电务维护终端、网络设备、电源设备、防雷设备、联锁系统接口设备和无线系统接口设备等。网络设备主要包括路由器、交换机、协议转换器等[调度集中系统（CTC）见第 3 章相关内容]。

3. 计算机联锁系统（CBI）

计算机联锁系统一般由控制台子系统、联锁子系统、输入输出子系统三部分组成。

（1）控制台。

该系统也称为上位机子系统。主要由上位机、显示器、上位机转换箱（也称倒机机箱）组成。它主要有操作和表示两个主要功能。它接收车站值班员的有效操作命令，向主控系统发出相应的执行命令；它接收主控系统提供的站场表示信息，向值班员提供站场图像的实时显示。

（2）联锁。

联锁子系统是 CBI 的核心，由并列两重系组成，每系都具有两套通信接口，分别完成与输入输出系统的接口及与上位机子系统的接口。它的功能主要有：根据接收来自上位机子系统的进路操作命令和来自输入输出子系统的现场设备的状态信息，进行联锁运算，根据运算结果进行相应的控制。

（3）输入输出。

它由电子电路（驱动、采集电路）和继电电路组成。主要功能是接收来自联锁子系统的控制道岔和信号机的命令，完成对实际道岔和信号机的控制；

同时采集室外道岔、信号机和轨道电路的状态信息，发送给联锁子系统。

## 2.5 高速铁路通信

### 2.5.1 高速铁路通信系统的主要组成

铁路专用通信业务是指铁路运输组织、客货营销、经营管理等活动所使用的通信业务，一般包括语音通信业务、数据通信业务、图像通信业务和其他业务。铁路专业通信业务包括干线通信、区段通信、站场通信、无线专用通信，应急通信和列车通信，其中干线通信以调度通信和电视会议为主；区段通信以电信和信号控制信息为主；站场通信以广播、电话等通信手段为主；无线专用通信以调度电话、防护报警、移动通信系统、对讲为主；应急通信和列车通信以电话指挥系统、图像数据传输为主。随着现代铁路通信技术的不断发展，铁路通信新技术已经被应用到铁路运输中，其中通过运用以高速铁路信号系统为代表的通信技术，提高了铁路安全稳定的运行效率，用现代化计算机技术和通信技术来准确、及时地完成运行信息的采集、处理、传输、反馈和信息资料共享等功能，确保铁路安全和高效运行。

按照通达地区和通信范围一般分为长途通信、地区通信、区段通话和站内通信 4 种，按照通信业务性质不同可以分为公用通信和专用通信。

高速铁路通信基础设备共包括 14 个子系统，按系统功能可分为基础承载网、支撑网、业务网等三类，其中基础承载网包括通信线路、接入网、传输网、数据通信网等 4 个子系统；支撑网包括时钟同步网、时间同步网、通信电源等 3 个子系统；业务网包括电话交换、调度通信、会议通信、应急通信、综合视频监控、铁路数字移动通信系统（GSM-R）、移动通信终端等 7 个子系统。GSM-R 的工作原理如图 2.13 所示。

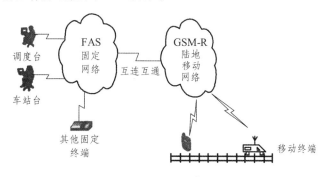

图 2.13 GSM-R 工作原理

### 2.5.2　高速铁路通信技术的特点

目前我国铁路通信系统存在业务功能少、传输速度慢、传输效果差、信息实时性差等问题，对高铁应急抢险指挥效率存在一定影响。面向未来，移动数据流量将出现爆发式增长，新一代无线通信技术将实现万物互联，智能设备与信息流无处不在。虽然铁路建设 5G 网络还有诸多困难需要克服，如频点发放、技术标准确定、长大隧道覆盖方案、高额投资等。但 5G 通信技术将给铁路管理、生产、运营模式带来革命性变化，助力智能高铁和智慧交通的发展。基于 5G 技术的高铁列车位置查询及应急处置辅助系统正是把握当前需求和面向未来趋势，是对中国高铁智能化的有益拓展。

铁路作为我国最早应用无线通信技术的行业之一，经过几十年的应用发展和技术积累，已形成与铁路管理体制相适应的铁路专用通信技术体系。进入 21 世纪，为满足我国高速铁路的发展需要，铁道部正式确定了铁路专用数字移动通信系统（GSM-R）的技术方向，有力支撑了高速铁路、重载铁路、高原铁路的列车调度通信和列车运行控制等多项行车安全业务运用。历经 10 多年发展，我国已建成全球最大的 GSM-R 网络。截至 2019 年年底，全国铁路 GSM-R 网络覆盖线路里程接近 7 万千米。

为保证列车运行控制和调度指挥互联互通，欧盟于 1997 年开始部署 GSM-R 系统，承担列车调度通信、列车运行控制等功能。根据欧洲电信组织 2018 年提交的报告，欧盟 20 多个国家已部署 GSM-R 系统，总里程约 10 万千米。

国际铁路联盟（UIC）于 2014 年正式设立未来铁路移动通信系统（FR MCS）项目，开展铁路下一代移动通信技术研究工作。FR MCS 项目研究下设功能、架构和技术、频谱 3 个工作组。截至目前，FR MCS 已发布用户需求规范（URSV5.0.0），并计划于 2021 年发布第 1 个完整版本的功能需求规范（FRS）和系统需求规范（SRS）。德国铁路计划于 2019~2024 年期间进行 5G 的研究和试验，期间继续部署 900 MHZGSM-R 系统；于 2025~2034 年期间规模部署 5G 技术。

日本铁路目前主要以 150、300 和 400 MHz 频段承载列车无线通信业务。近年来，在高频段通信技术上的研究进展较为迅速，先后研发、试验了用于列车无线通信的 40、60 和 90 GHz 等毫米波频段通信系统，并积极推动将 90 GHz 频段系统纳入 5G 标准。

韩国铁路无线通信使用 150、400、700、800 MHz 和 18 GHz 频段，计划将 800 MHz 集群通信替换为 700 MHz 频段 LTE-R 系统。

中国铁路通信技术是随着网络技术的不断发展而发展的，如列车定位技术、网络化技术和铁路数字移动通信技术都是目前世界上最为先进的铁路通信技术，虽然中国铁路通信技术相较发达国家落后，但是，近年来中国在铁路通信技术上也得到飞速的发展，目前 GSM-R 技术已经得到广泛应用，并达到世界先进水平，铁路通信技术向着网络信息化方向发展，从铁路信号系统发展的角度看，中国铁通通信技术必将向自动化控制方向发展，实现集运输计划、维护工作管理、设备管理、运行管理、集中信息管理、车辆管理、站内管理、电力系统控制、站内工作管理和通信信号于一体的管理系统，实现低成本、高性能的列车运行。控制系统在铁路通信网未来的趋势为：应该与公共网相结合，最终使铁路通信网统一于公用网，在无线数字网络技术上要向新一代的 CD MA 的方向发展，形成强大的铁路网络通信技术。

展望通信技术发展未来，5G 是跨时代的技术，除了更极致的体验和更大的容量，它将开启物联网时代，并进入各个行业。5G 相对于 4G 有新频谱、新空口、新业务、新架构、新场景五大创新点。车站里能体验这样的 5G 活动：4G 网络条件下的人均速率为 5～10 Mb，5G 网络条件下的速度将提升十倍。目前 5G 网络峰值速率能达到 1.2 G，下载一个 2 GB 大小的高清电影，最快20 s 就可以完成，这样的带宽和网速能满足包括智能服务机器人在内的大量物联网设备的接入。5G 低时延的特点可以让室内导航精度更高，可以在高峰期精确监控疏导人流。另外，5G 技术具有超高带宽、超低时延和海量连接等特征，充分弥补了用户的多样化需求，在自动驾驶、智能制造等众多垂直行业具有广阔的应用空间。但由于 5G 频段较高、单基站覆盖范围较小等特点，5G 网络建设成本约为 4G 网络的 2～3 倍。对于大型楼宇、高铁、矿山等相对封闭场景，5G 基站很难进行无缝覆盖，而 WiFi 将会是 5G 的最好补充，高铁WiFi 与 5G 技术的融合也将创造更大的社会效益和经济效益。

上海虹桥车站是亚洲最大的火车站之一，每年发送旅客超过 6 000 万人次，高峰期间单日旅客发送量超过 33 万人次。据上海移动统计，在 2019 年春运期间，虹桥火车站单日移动通信流量突破 7 000 GB，是 2018 年春运期间的 2.3 倍。2019 年 2 月 18 日上海虹桥站正式启动 5G 网络建设，成为全球首个用 5G 室内数字系统建设的火车站，并在 9 月完成 5G 网络深度覆盖。广大旅客可享受到高速、便捷的各类 5G 网络服务。在虹桥火车站的 5G 体验区可以看到许多方方正正的小盒子，它们就是 5G 室内小基站。这些 5G 室内小基站能够均匀辐射 5G 信号，适用于人流量大、室内结构不规则的火车站，而且安装十分便捷。由于 5G 手机还没有正式上市，5G 小基站还需要配上这个圆柱形设备才能让现有的 4G 手机连上 5G 网络，而这个叫 CPE 的圆柱形设备，还能把 5G 转化成 WiFi 信号，让人们不用换手机也能体验 5G 网络。

## 2.6 高速铁路动车组

当前，国外高速铁路动车组列车已普遍采用轻量化铝合金车体、大功率交直交牵引传动、高可靠性无摇枕转向架、微机控制电空联合制动以及基于计算机和网络技术的列车控制和旅客信息系统等技术。在动力配置方式方面，日本采用独立式动力分散型动车组，法国采用铰接式动力集中动车组，德国兼有独立式动力分散和动力集中两种动车组。由于动力分散型动车组和动力集中动车组相比在高速运用条件下具有相对明显的优点，原本采用动力集中技术的国家在开发时速 300 km 及以上高速铁路动车组时，也选择了动力分散技术。在当前技术条件下，动力分散型和动车组成为高速铁路动车组的发展趋势。中国铁路坚持原始创新、集成创新和引进消化再吸收的方式创新，系统掌握了 250 km/h 和 350 km/h 及以上速度等级的高速铁路成套技术，构建了具有自主知识产权和世界先进水平的高速铁路技术体系。

高速列车是高新技术的系统化集成，涉及包括机械、材料、电子计算机、网络通信、工程仿真等领域的最新技术，采用了诸如大功率牵引、制动控制、列车运行控制、空气动力学工程、减振降噪技术、可靠性与安全性技术等铁路专业领域的最新重大成果，是高速铁路的标志性移动装备。

动车组是铁路旅客运输的高速运载工具，是由若干动力车和拖车（或全部由动力车）长期固定联挂在一起组成的车组。传统的机车牵引型式就是牵引动力集中配置，列车由一台或几台机车集中于一端来牵引。由于机车总功率受到限制，难以满足进一步提高速度的要求。高速动车组的牵引动力的配置有两种型式，即集中配置型和分散配置型，目前普遍采用的是分散配置型。

动力分散方式动车组的动力配置有两种模式，一种是完全分散模式，即动车组中的车辆全部为动力车；另一种是相对分散模式，即高速列车编组中部分是动力车，部分为无动力的拖车，如目前中国普遍运用的各型动车组。动力集中式动车组在中国还没有得到广泛应用，目前正处于研究试制阶段。

### 2.6.1 动车组设备组成

高速动车组总成技术包括总体技术条件、系统匹配、设备布置、参数优化、工艺性能、组装调试和试验验证。在总体设计技术条件下，对动车组车体、转向架、牵引传动系统、制动系统、列车控制网络系统、辅助供电系统和车端连接装置等元素按照有关参数进行合理选择设计和优化，确定各子系统间的接口关系。最后经历生产、组装、测试、调整和试验等过程，完成动车组整体集成。系统集成使动车组达到牵引、制动、车辆动力学、列车空气动力学、舒适性和安全性等基本性能要求。

动车组组成技术中包含"九大关键技术""十项配套技术"。"九大关键技术"是指系统集成、车体、网络控制系统、牵引控制系统、转向架、牵引电机、牵引变流器、主变压器、制动系统；"十项配套技术"是指受电弓、空调系统、车钩及缓冲装置、车门、车窗、集便装置、车内装饰、座椅、车端连接及风挡装置、车内电器。"九大关键技术"和"十项配套技术"中，转向架、牵引传动装置、制动系统、车钩及缓冲装置、网络控制系统、受电弓、主变压器、蓄电池等系统（部件）发生故障的占比较大，对动车组运行安全风险的影响较大。九大关键技术如图 2.14 所示。

中国高速列车的关键技术被归纳为九大类：系统集成、车体、转向架、牵引变压器、牵引变流器、牵引电机、牵引控制、制动系统、列车网络控制系统。这些关键技术，代表着高速列车总体技术的发展水平，而且随着速度的进一步提升，高速列车的开发必须在这些关键技术上取得创新和突破。

（1）动车组整体集成技术。

动车组整体集成技术是对动车组车体、转向架及牵引变流、制动、网络控制、辅助供电、车辆连接等元素按有关参数进行合理选择设计，进而生产、组装、测试、试验的过程。通过集成使动车组达到牵引、制动、车辆动力学、列车空气动力学、舒适性、安全性等性能要求。

（2）车体技术。

动车组由于运行高速化需要对车体进行流线化设计、并对车体减重，动力分散使得车体承载了众多设备，车体需保证强度、刚度与轻量化上达到一种平衡。车体技术包括铝合金/不锈钢车体焊接制造技术，车门、车窗的整体加工技术等。

（3）高速动车组转向架技术。

转向架是列车高速运行最重要的基础条件之一，作为执行机构，高速转向架在保证列车高速稳定运行时承担列车的减振降噪作用；作为承载结构，高速转向架在各种振动工况下确保结构的强度安全可靠。

（4）牵引传动与控制技术。

牵引传动系统包括牵引电机、牵引变压器、牵引与辅助变流器、牵引控制系统。列车网络控制系统是采用双绞屏蔽线和光纤作为传输介质的网络通信技术；是硬件与软件相结合的系统冗余控制技术；是具有自诊断功能的系统监视与诊断智能技术。

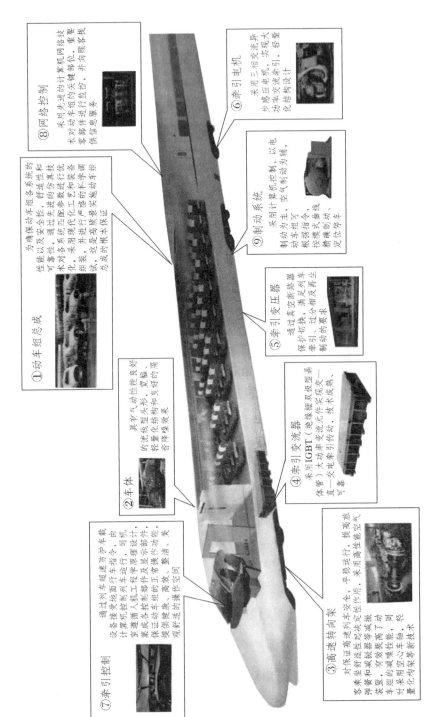

⑧网络控制　采用先进的计算机网络技术对动车组的关键部位、重要部件进行监控，并向旅客提供信息服务

⑥牵引电机　采用三相交流异步感应电机，实现大功率交流牵引，结构最优化结构设计

①动车组总成　为确保动车组各系统的性能以及安全性、舒适性和可靠性，通过各系统配套数据的仿真技术对各系统匹配现代工艺和科学调整优化，并进行严格的科学实施动车组总成，这是质量保证的根本保证

⑨制动系统　采用计算机控制，以电制动为主，空气制动为辅，动车组可根据指令，按黏着式曲线黏着式制动、定位停车

②车体　具有气动性能良好的流线型头型、变形、轻量化结构和支好的降噪效果

⑤牵引变压器　通过真空断路器保护切换，满足列车再生牵引，过分相及交直制动的要求

④牵引变流器　采用IGBT（绝缘栅双极型晶体管）大功率变流元件实现交—直交电牵引传动，技术成熟，一直可靠

⑦牵引控制　通过列车超速防护车载设备接收地面行车指令，由计算机控制列车运行，司机室通过各种操作原理设计，集成各控制部件及工程原理显示部件，保证动车组的正常操作功能，装置为旅客提供健康、高效、美观舒适的操作空间

③高速转向架　对保证高速列车安全、平稳运行，提高旅客乘坐舒适性起决定作用，采用高旅客乘坐和减震器起垫离了动悬挂装置、有效减震性能，对车组的减震性能，轻时采用空心车轴，减重化构架等新技术

图2.14　中国高铁九大关键技术

（5）制动技术。

列车速度不断提高的同时，还必须能在规定距离和时间之内停车，依靠传统的摩擦制动方法已经不能实现有效制动，也不能确保安全。因此，高速动车组要综合利用多种制动技术实现动车组的制动。

（7）网络控制系统。

动车组的网络控制系统是实现整个动车组功能的关键，同时也是其监控和诊断的核心，主要由主处理单元、列车信息显示装置、车内信息显示装置、网关、远程输入输出模块等组成。主要功能是牵引控制、制动控制、设备状态监测与控制、辅助设备控制等，同时可以记录、储存车内设备的数据信息以便于进行故障分析与排除。

（8）受电弓。

受电弓是将电能从接触网引入动车组的设备，由碳滑板、上框架、下臂杆、底架、升弓气囊、支撑绝缘子等部件组成。受电弓升弓时，压缩空气经过控制阀板进入升弓气囊，升弓气囊使下臂杆转动，抬起上框架和碳滑板，接触后接触网进行受流；受电弓降弓时，受电弓内的压缩空气经过快速降弓阀（ADD 阀）迅速排向大气，受电弓由于自重原因降下。

（9）主变压器和蓄电池。

主变压器是将受电弓引入的高压电能进行整流逆变成牵引系统、空调系统及其他辅助系统所需要的中压电能的设备，同时通过充电机对蓄电池进行充电。主变压器采用冷却油循环和风冷的冷却模式。蓄电池电压为 110 V，提供司机室激活所需的电能，用来升起受电弓，并为动车组各网络模块、各监测安全环路和应急照明供电。

另外，动车组整列车分为三个基本单元，每个单元有相对独立的高压系统、牵引系统和辅助动力供给系统，单元之间采用多功能车辆总线相连。牵引控制系统是一个基于现场总线的分布式控制系统，各列车基本单元独立运行，受列车主控制器的协调与监控。每台动力转向架上的两个牵引电机并联到一个电脑控制的变压器上，可实现牵引、再生制动工况的灵活转换。两者的优化匹配设计，减小了波形畸变和转矩波动，噪声小、损耗少，最大限度减少了牵引电机零部件数量，减少了维修时间，提高系统运行的可靠性。牵引电机变流器功率器件采用模块化设计，开关频率高、抗干扰及短路保护能力强、性能好、工作可靠。变流器采用微机控制，具有自检、自诊断和保护功能，模块化程度高，冷却系统效率高，控制系统协调性好。

### 2.6.2　动车组谱系

1. 和谐号动车组家族成员

CRH1 型动车组：CRH1 型动车组家族有 CRH1A、CRH1B、CRH1E、CRH1A-A、CRH1E-250。

CRH2 型动车组：CRH2 型动车组家族有 CRH2A、CRH2B、CRH2C、CRH2E、CRH2G。

CRH3 型动车组：CRH3 型动车组家族有 CRH3C。

CRH5 型动车组：CRH5 型动车组家族有 CRH5A、CRH5E、CRH5G。

CRH6 型动车组：CRH6 型动车组家族有 CRH6A、CRH6F、CRH6S。CRH6不是高速动车组，构造时速在 140~200 km，CRH6A 和 CRH6F 是城际铁路动车组，CRH6S 是市域铁路动车组。

CRH380A 型动车组：CRH380A 型动车组家族有 CRH380A、CRH380AL。

CRH380B 型动车组：CRH380B 型动车组家族有 CRH380B、CRH380BL、CRH380BG。

CRH380C 型动车组：CRH380C 型动车组家族有 CRH380CL。

CRH380D 型动车组：CRH380D 型动车组家族有 CRH380D。

（1）CRH1。

CRH1 型动车组是采用交流传动及动力分布式牵引方式的电力动车组，于 2007 年投入运营，是引进加拿大庞巴迪的技术，中加联合设计，由青岛四方庞巴迪-鲍尔铁路运输设备有限公司（BSP）制造，适合运行时速 200 km 以内的城际线路。运营最高时速为 205~250 km，设计最高时速为 250 km，起动加速度为 2.16（km/h）/s，普遍被用于城际线路、小流量的线路。

CRH1 型动车组家族有：CRH1A、CRH1B、CRH1E、CRH1A-A、CRH1E-250。CRH1A、CRH1A-A 型列车编组为 5 动 3 拖，牵引功率 5 300 kW。CRH1B、CRH1E、CRH1E-250 型列车编组为 10 动 6 拖，牵引功率 1 100 kW。

CRH1A 型是以庞巴迪运输为瑞典国铁（SJ）设计的 Regina C2008 型电力动车组为基础，实现国产化和自主创新的。

CRH1A-A 原称 CRH1A-250、新 CRH1A，于 2016 年 10 月投入营运。CRH1A-A 借鉴 CRH380D 的设计，车体使用铝合金材料，具有载客量大、启动和停车快、上下客快捷的技术优势。CRH1A-A 的头型与 CRH380D 型动车组的头型接近，但是比后者短。

CRH1E 型是以庞巴迪新研发的 ZEFIR0250 系列为基础，实现国产化和自主创新。CRH1E 是 16 节车厢的大编组卧铺动车组。

CRH1E-250 也称作 CRH1E-NG( New Generation )，于 2015 年 12 月问世。CRH1E-250 头型类似于 CRH380D，由原来的不锈钢车体改为铝合金车体，改了车体气密性。CRHIE-250 设计为铺动车组，主要为满足夜间运行。

（2）CRH2。

CRH2 型动车采用交流传动及动力分布式牵引方式，车体为双层蒙皮结构的大型铝合金中空型材，于 2007 年投入营运，是引进日本川崎重工的技术，中日联合设计，由青岛四方机车车辆股份有限公司制造。CRH2 系列动车组功率较大，用来运行大客流的长途线或者动车卧铺夜车，其外形呈扁平的鸭嘴流线型。CRH2 型动车组家族是以日本新干线 E2 系为基础，实现国产化和自主创新。CRH2 型动车组家族：CRH2A、CRH2B、CRHC、CRH2E、CRH2G。列车编组：CRH2A/G 为 4 动 4 拖，CRH2B/E 为 8 动 8 拖，CRH2C 为 6 动 2 拖。运营最高时速：CRH2A/B/E/C 为 250 km，CRH2C 为 350 km。设计最高时速：CRH2A/B/E/G 为 300 km，CRH2C 为 370 km。起起加速度：CRH2A 为 1.46（km/h）/s。牵引功率：CRH2AG 为 4 800 kW，CRH2B/E 为 9 600 kW、CHH2C 为 7 200/8 760 kW。

CRH2G 是高寒抗风沙动车组，是由青岛四方机车车辆股份有限公司历经 3 年自主研制的，其调研、试验和线路考核期间进行了大量试验研究，全面验证了动车组技术性能。其中，耐低温试验 67 项、抗风沙试验 16 项，高海拔试验 6 项，并先后在哈大高速铁路和兰新高速铁路通过了线路考核。CRH2G 采用与此前的 CRH2 系列不同的头型，同时由内藏门改为塞拉门，2015 年 12 月开始服务于兰新高速铁路。CRH2G 型动车组具有耐高寒、抗风沙、耐高温、适应高海拔、防紫外线等特点，还能经受±40℃的高温高寒气候，能在 11 级大风下安全运行，适合兰新高速铁路极端严恶劣的气候条件。

（3）CRH3。

CRH3 型动车组是采用交流传动及动力分布式牵引方式的电力动车组，于 2008 年 8 月投入京津城际铁路的营运，是引进德国西门子的技术，中德联合设计，由唐山轨道客车有限责任公司制造，功率比 CRH2 型动车组大，最高安全时速为 330~350 km，是目前城际高速铁路的主力车型之一，其外形是尖嘴流线型。CRH3 型动车组是以生自德国铁路 ICE-3 列车的西门子 Velaro 平台为基础,实现国产化和自主创新的。CRH3 型动车组家族：CRH3C 等。CRH3C 型动车组列车编组为 4 动 4 拖，营运最高时速 350 km，设计最高时速 350 km，起动加速度 1.37 m/s$^2$，牵引功率 8 800 kW。

（4）CRH5。

CRH5 型动车组是采用交流传动及动力分布式引方式的电力动车组,是引进法国阿尔斯通的技术、中法联合设计，由长春轨道客车有限责任公司制造，国产化程度最高的车型之一，车厢的气密性好，比较适应中国北方的气候，因此大量运行在东北和西北区域。CRH5 型动车组列车编组为 5 动 3 拖，营运最高时速 250 km。起动加速度 1.8 m/s²，牵引功率为 5 500 kW。CRH5 型动车组是以法国阿尔斯通的潘多利诺（Pendolino）宽体摆式列车为基础，但是取消了原有 CRH5E 型卧车组的摆式功能，而车体以意大利铁路的 ETR600/610 动车组为原型，实现国产化和自主创新。CRH5 型动车组家族有：CRH5A、CRHSE、CRH5G。CRH5A 型于 2007 年投入营运。CRH5G 型为高寒动车组，专门针对兰新高速铁路的特点，通过改进使其在-40℃的高寒条件下能正常运行，并具有抗风、沙、雨、雪、雾、紫外线等恶劣天气的能力。CRH5E 型为高寒卧铺动车组。

（5）CRH380。

CRH380A 是采用用交流传动及动力分布式引方式的电力动车组、车体为双层蒙皮结构的大型铝合金中空型材。CRH30A 型动车组是"中国高速列车自主创新联合行动计划"的重点项目，由青岛四方机车车辆份有限公司在 CRH2C 动车组的基础上自主研发而成，并于 2010 年投入营运，营运最高时速 350 km，设计最高时速 380 km。试验最高时速 CRH380A 为 416.6 km，CRH38OAL 为 486.1 km。CRH380A 动车组家族有：CRH380A、CRH380AL。CRH380A 型列车编组为 6 动 2 拖，牵引功率为 9 600 kW，CRH380AL 型列车编组为 14 动 2 拖，引功率 21 560 kW。CRH380A 型动车组实现了以下技术创新：

① 低空气阻力流线型头型。

实际运行时，新设计的低空气阻力流线型头型的气动阻力比原来的动车组头型的气动阻力相比降低了约 6%，新头型的空气阻力系数小于 0.13，尾车升力系数小于 0.08。

② 振动模态系统匹配。

新的振动模态系统匹配设计优化了转向架设计参数并改善了车厢内部结构，以配合动车组车体的自然震动频率，有效地抑制列车在高速运行时的车体结构性共振，同时提高了乘坐舒适度。

③ 高强度气密性。

由于列车运行时速提高到 380 km，为满足 2 列动车同时双向通过隧道的气密需要，进一步提升了气密性，车厢采用差压控制模式的全密封加压，达到了高强度气密性。车厢内压力从 4 000 Pa 下降到 1 000 Pa 的时间实际大于 180 s，气压变化值小于 200 Pa/s。

④ 高速转向架。

新的高速转向架增加了抗侧滚扭杆，带两组抗蛇行减震器，加强了二系悬挂空气弹簧柔度，提高了转向架的稳定性和减震效果，满足转向架临界失稳速度达 550 km/h 的指标要求。抗侧滚扭杆装置能有效地提高车辆的侧滚刚度而且结构简单，它依靠扭杆的扭转变形，来限制车体的侧滚角度，使车体的沉浮运动不受影响，提升了车辆的抗倾覆安全性。中国与欧盟的列车脱轨系数安全标准是小于或等于 0.8，实验结果表示，当 CRH380A 型动车组运行速度为 386.3 km/h，其最大脱轨系数为 0.34，而 CRH2A 型动车组以 250 km/h 运行时最大脱轨系数为 0.72 满足安全标准。

⑤ 噪声控制技术。

列车采用先进的噪声控制技术，使用各种新型噪声吸收和阻隔技术材料，CRH380A 型动车组在时速 350 km 的情况下车厢内噪声保持为 67~69 dB，与 CRH2A 型动车组以 250 km/h 运行时的情况差不多，而低阻力新头型的使用也减少了超过 5% 的气动噪声。

⑥ 车辆减重技术。

由于列车牵引动力、结构质量、减噪声水平的提高，车辆重量相应增加，由于应用了先进的车辆减重技术，轴重仍维持在 15 t 的水平。当 CRH380A 型动车组维持 380 km/h 的运行速度时，平均每位旅客的每百千米能量消耗小于 5.2 kW·h。

⑦ 高效率再生制技术。

再生制动时再生电能回馈电网的效率达到 90%。

⑧ 人性化的旅客界面。

列车内部的旅客空间"航空化"，座位号除了数字外还增加了英文字母。驾驶室后面也有一个 VIP 包间，称为观光区。观光区的座椅有扬声器按钮，可通过这个按钮控制车内广播音量。

CRH380B 是采用流传动及动力分布式方式的电动车，车体为双层蒙皮结构的大型铝合金中空型材。CRH380B 动车组是"中国高速列车自主创新联合行动计划"的重点项目、CRH380B 型动车组家族是由唐山轨道客车有限责任公司和长春轨道客车有限责任公司在 CRH3C 型电力动车组基上自主研发而成的，于 2011 年投入运营，运营最高时速 350 km、设计最高时速 380 km、试验最高时速（CRH380BL）487.3 km、动加速度（CRH380BL）1.8（km/h）/s。与 CRH3C 型动车组相比、CRH380B 型动车组的速度有所提高。其性能的优化体现在：提高牵引功率、降低传动比、为降低空气阻力优化了动车组的气动外形。在列车舒适度优化方面主要有：提高列车减振性能、降低车厢噪声、加强车内气压控制等。

CRH380B 动车组家族有：CRH380B、CRH380BL、CRH380BG。CRH380B/BG 动车组为 4 动 4 拖组，牵引功率为 9 376 kW。CRH380BL 型动车组为 8 动 8 拖编组，牵引功为 18 752 kW。CRH38OBG 型为高寒动车组，主要为哈大客运专线提供。CRH380BG 型高寒动车组能够自监测、自诊断、自决策，发生故障时，可自动导向安全，采用高度智能化的计算机控制技术，通过近千个传感器使诊断系统智能化，通过多重安全保障保护旅客安全。CRH380BG 型高寒动车组安装有远程数据传输系统，地面专家可随时监控列车状态，发现故障时可以随时出主意。列车运行中出现故障，网络控制系统还能自动对车辆采取安全防护措施、进行减速或停车。列车设置了 700 多个传感器、3000 多个个监测点，对高速动车组各子系统进行实时监控。列车一旦出现故障，列车网络系统会报警或预报警，并自动限速。车上的门、空调等设施也通过网络控制，与其他高速动车组相比更加智能。全列车有 60 个烟火报警装置，通过测量自身所处环境的烟雾浓度，以及测量线性热探测器阻值，确定线性热探器所处环境，判断是否发生火灾。因此，一旦乘客在卫生间或者其他地方擅自吸烟，车的烟火报警系统会立刻发挥作用，列车将自动降速。

CRH380C 型动车组是采用交流传动及动力分布式牵引方式的电力动车组，车体为双层蒙皮结构的大型铝合金中空型材。CRH380C 型动车组也是"中国高速列车自主创新联合行动计划"的重点项目，是由长春轨道客车股份有限公司在 CRH3C 型动车组、CRH38OBL 型动车组基础上自主研发的，于 2013 年投入营运，列车编组为 8 动 8 拖，营运最高时速为 350 km，设计最高时速为 380 km，牵引功率为 19 200 kW。与 CRH3C 型动车组相比，CRH380C 型动车组的速度有所提高。性能的优化：提高牵引功率降低传动比、为降低空气阻力优化动车组的气动外形。在列车舒适度方面的优化主要有：提高列车减振性能、降低车厢噪声、加强车内气压控制等。CRH380C 型动车组家族的其他成员还有 CRH38OCL 型列车。

CRH380D 型动车组家族是采用交流传动及动力分布式牵引方式的电力动车组，车体为双层蒙皮结构的大型铝合金中空型材。CRHU 型动车组是由青岛四方巴通铁路运输设备有限公司（BST）基于庞巴 ZEFIRO 平台研发的，于 2014 年投入营运，列车编组为 4 动 4 拖，可通过两编组联挂方式增加到 16 节编组，营运最高时速为 350 km，设计最高时速为 380 km，试验最高时速为 420 km，CRH380D 型动车组家族的其他成员还有 CRH380D。

因为车头长得不同，它们有了很多可爱的"称呼"，如："耗子""兔子"……

如图 2.15~2.23 所示。

图 2.15　"带鱼" CRH2A/2B/2E

图 2.16　"带鱼" CRH2C

图 2.17　"大地铁" CRH1

图 2.18　"耗子" CRH380A

图 2.19　"兔子" CRH380B

图 2.20　"鲨鱼" CRH380C

图 2.21　"胖头鱼" CRH380

图 2.22　"动驴" CRH5A/5G

图 2.23　"熊猫" CRH5E

**2. 复兴号动车组家族成员**

中国标准动车组与 CRH 系列动车组的区别主要为：形成了一套中国标准体系，而非欧标、日标；自行设计、自主研发，拥有全面自主知识产权。"复兴号"动车组共有三个速度等级，目前投入运营的是设计时速最高为 400 km 的动车组，并用字母 A、B 代表各技术平台的动车组型号。型号中的 F 和 J 是技术类型代码。"F"代表动力分散电动车组，"J"代表动力集中电动车组，"-A""-B""-C""-G"等是技术配置代码。

具体如下：400-代表设计运行速度为 300 km/h < $v \leqslant$ 400 km/h；300-代表设计运行速度为 200 km/h < $v \leqslant$ 300 km/h；200-代表设计运行速度为 100 km/h < $v \leqslant$ 200 km/h。其中，CR400AF、CR400AF-A 型代表由中车青岛四方机车车辆股份有限公司/青岛四方庞巴迪铁路运输设备有限公司制造；CR400BF、

CR400BF-A 型代表由中车长春轨道客车股份有限公司/中车唐山机车车辆有限公司制造；其中，F 代表动力分散型电动车组，A 代表 16 辆编组动车组，无 A 标识的为 8 辆编组动车组。

"复兴号"动车组列车这个"大家庭"成员的名单如下。

（1）"AF"系列动车组列车

① CR400AF 型动车组列车如图 2.24 所示。

图 2.24　CRAOOAF

CR400AF 型复兴号动车组列车是"中国标准动车组"项目的量产车型之一，是中国铁路"复兴号"动车组列车的代表车型，很多人都叫它"红飞龙"，它为 8 辆编组车型，也可重联运行，通常的动车组是 2 列 8 辆编组，CR400AF 型复兴号动车组重联形成的。

② CR400AF-A/B 型动车级列车如图 2.25 所示。

图 2.25　CR400AF-A/B

CR400AF-A 和 CR400AF-B 是 CR400AF 动车组列车的衍生车型，在制造上进行了技术改进，CR400AF-A 动车组列车为 16 辆编组车型，载客量能达到 1 193 人，CR400AF-B 动车组列车为 17 辆编组车型，载客量能达到 1 283 人，很多人叫它"超长红飞龙"，

（2）"BF"系列动车组列车。

① CR400BF 型动车组列车如图 2.26 所示。

图 2.26　CR400BF

复兴号 CR400BF 动车组列车同 CR400AF 一样，也是"中国标准动车组"项目的量产车型之一，它的涂装主要是以金色和白色为主，腰线为金色。

因为俊美的"面庞"，让很多人都称呼它为"金凤凰"。

② CR400BF-A/B 型动车组列车，如图 2.27 所示。

CR400BF-A 动车组列车为 16 辆长编组车型，总长度 414 m，载客量能达到 1 193 人，CR400BF-B 动车组列车为 17 辆超长编组车型，总长度可达 440 m，载客量能达到 1 283 人，因此，很多人都叫它"超长金凤凰"。

图 2.27　CR400BF-A/B

③ CR400BF-C 型动车组列车如图 2.28 所示。

图 2.28　CR400BF-C

CR400BF-C 动车组列车相对于其他"BF"系列的动车组列车，科技含量更高，这款动车组列车首次实现 350 km/h 速度等级，采用有人值守的自动驾驶，它一改传统 CR400BF 头型样式，采用全新的低阻力流线型头型，它的新头型和轻量化，可相应降低 7%的能耗，并且它具备无线充电和智能环境感知调节技术，它被很多小伙伴们亲切地称呼为"智能凤凰"。

④ CR400BF-G 型动车组列车，如图 2.29 所示。

CR400BF-G 动车组列车是在 CR400BF 动车组基础上，进一步技术改进而来的，经过技术改进后，车体裙板的密封结构和保温功能更好，它的特点可以用六个字来形容："耐高寒、抗风沙"，可运行于东北、西北部等自然气候条件较恶劣的区域。

图 2.29　CR400BF-G

（3）CR300AF 和 CR300BF，如图 2.30 所示。

图 2.30　CR300AF 和 CR300BF

CR300AF 和 CR300BF 型复兴号动车组是一对复兴号"蓝色 CP"，同属 CR300 复兴号动车组系列。这对"蓝色 CP"有许多相同之处：列车都是 8 编组，包含 1 辆一等座车和 7 辆二等座车，定员都是 613 人，设计最高运营时速都是 250 km，当然都是"暖蓝"底色——"海空蓝"色藏着复兴号动车组的"星辰大海"。

CR300 复兴号动车组除了拥有与众不同的"海空蓝"外观外，还具有运行品质平稳舒适，乘坐环境宽敞明亮，列车噪声低、振动小以及安全可靠、运能强大、节能环保等特点，能适应风沙雨雪等恶劣运营环境。客室内部色调明快，造型风格简约现代，配有无障碍卫生间、大件行李架、盥洗室、置物架等服务设施，整体设计更加人性化。车厢内饰更加美观，柜体、台面边缘多采用弧线造型的全新美工设计，更节省空间。车内设备全新优化升级，包括变更侧门结构、内部门优化设计、充电插座增设 USB 插口等，全面提升旅客的乘坐体验。

分辨这对复兴号"蓝色 CP"的方式如下：CR300AF 型复兴号动车组采用红色的车身飘带，车头有红色的棱线，头型设计取意"飞龙"，红色线条是龙须演变而来；CR300BF 型复兴号动车组为金色飘带贯穿全车，头型设计取意"金凤"，头部有凤眼腰线似凤羽。

（4）CR200J 动车组列车，如图 2.31 所示。

图 2.31　CR200J

CR200J 动车组列车也是复兴号动车组列车"大家庭"的成员之一，现在分 18 辆长编动车组列车和 9 辆短编动车组列车两种。其中长编动车组，总长度 464.33 m，载客定员 918 人。CR200J 动车组因其有着"国槐绿"颜色的外表，被很多人亲切地称为"绿巨人"。

（5）2021 年 6 月 25 日起，继首条智能动车组京张线后，复兴号智能动车组将扩大范围至京沪、京广、京哈、徐兰及成渝高铁线开行，将覆盖京、津、冀、辽、吉、黑、沪、苏、浙、皖、鲁、豫、鄂、湘、粤、陕、川、渝等 18 个省级行政区，辐射京津冀、长三角、粤港澳大湾区及成渝双城经济圈等地区；服务功能再次优化，更多旅客可享受复兴号智能动车组乘车体验，进一步提高铁路旅行便利感、舒适感和更美好的体验。本次复兴号智能动车组包括 CR400AF 和 CR400BF 两个型号产品，车体外观分别采用"瑞龙智行"和"龙凤呈祥"方案，灵感来源于中国传统文化的"龙凤图腾"以及"舞龙""飞凤"等意象，寓意科技创新引领中华民族伟大复兴、中国高铁领先世界造福人类，表达了对祖国繁荣昌盛、人民幸福安康的美好祝福。复兴号全谱系如图 2.32 所示。

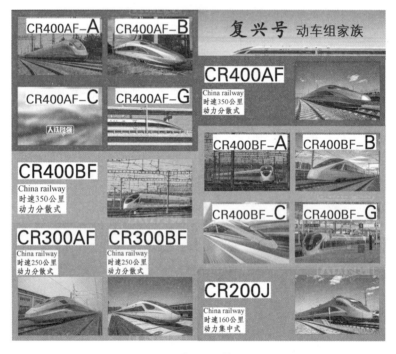

图 2.32　复兴号谱系

2019 年 12 月，具有完全自主知识产权的复兴号智能动车组率先在京张高铁投用，与标准版复兴号动车组相比，增加了旅客服务、列车运行、安全监控等方面的智能化功能，受到广大旅客的热烈欢迎。根据京张高铁复兴号智能动车组两年多来运营服务积累的经验和旅客意见建议，2021 年 6 月 25 日智能复兴号列车以复兴号 CR400BF 动车组为基础，结合中车长客研制的京张高铁复兴号智能动车组的智能技术、优势配置和运用实践，中车四方股份公司基于既有时速 350 km CR400AF 动车组平台，融合互联网、云计算、大数据、5G 等新技术，研制了新型"复兴号"智能动车组。新车在智能化、舒适性、安全性、运维便捷性等方面实现升级，服务功能再次优化。此外，智能动车组智能运维水平进一步升级。全车设有 3300 多个监测点，采用以太网控车技术，传输容量提升 100 倍，同时支持 5G 车地无线通信，车辆状态信息可"全数据"实时传输到地面。特别是智能动车组升级优化故障预测与健康管理系统，利用大数据技术，实现动车组关键系统部件故障的自动预警或预测，同时指导列车视情况开启"维修模式"。该智能动车组还首次为司乘人员开发了人机交互智能显示屏、故障精准处理指导、手持移动终端等智能设备和功能，方便司乘人员日常行车。

## 2.7　高速铁路运营监测检测系统

中国高铁构建了人防、物防和技防"三位一体"的安全保障体系，综合运用现代测量、时空定位同步等先进技术及自然灾害监测、异物侵限报警等系统，实现对基础设施及动车组列车动态时空的同步检测和对施工安全风险、自然灾害和治安风险的立体防控。

### 2.7.1　高速铁路基础设施运用状态检测

高速铁路基础设施包括高速铁路线路、桥隧、信号、通信、牵引供电设备等。为了加强高速铁路基础设施运用状态检测管理工作，提高检测、维修和运输效率，预防事故和减少故障频率，确保铁路运输安全。

高速铁路状态检测是指依据相关标准或者技术规范，利用动、静态测试手段对高速铁路基础设施运用状态进行的检查、测试、监测及对其运用质量进行的安全评定。高速铁路状态检测工作应当贯彻检修分开、以检定修的理念，遵循安全、准确、高效的指导思想，科学合理利用天窗，实现高速、及时、精确检测。高速铁路状态检测工作应当积极采用新技术、新设备、新方法，运用成熟可靠的高速车载等检测设备，推广实时在线监测技术，提高检测质量和检测效率。

高速铁路线路、桥隧等工务设备运用状态检测的主要项目包括：轨道几何状态，轨道结构状态，钢轨伤损，路基沉降及结构状态，防护栅栏、挡风墙和声屏障状态，桥涵结构状态，隧道结构状态。根据检测项目的需要，配置轨道测量仪、轨道检查仪、双轨式钢轨超声波探伤仪、钢轨探伤仪、焊缝探伤仪等静态检测设备和钢轨探伤车、线路检查仪、巡检设备等动态检测设备。如 2018 年 9 月，由铁科院集团公司完全自主设计研发的轮轨式高速铁路隧道检查车正式下线，并在运营高铁上开展隧道衬砌检测试验。轮轨式高速铁路隧道检查车以国内最先进的 25T 型客车车体为平台，集成地质雷达检测系统、激光断面扫描仪、高精度相机和新型液压控制机械臂等系统装备，实现了检测距离自动保持、障碍物自主识别躲避以及高速高清成像等功能，具备时速 350 km、时速 250 km 的单、双线运营高铁隧道衬砌内部及表面状态质量检测能力。

高速铁路信号、通信设备运用状态检测的主要项目包括：联锁、闭塞、列控系统设备，道岔转辙设备、信号机、轨道电路、补偿电容、应答器、电源设备等状态，系统设备接口，铁路数字移动通信系统（GSM-R）网络状态，通信漏缆状态，根据检测项目的需要，装备信号集中监测系统、通信监控监测系统和网管系统。

高速铁路牵引供电设备运用状态检测的主要项目包括：接触网几何参数，接触网悬挂状态，接触网平顺性，接触网受流性能，供变电、电力设备，根据检测项目的需要，配置高速弓网综合检测装置、接触网安全巡检装置、车载接触网运行状态检测装置、接触网悬挂状态检测装置、受电弓滑板监测装置、接触网及供电设备地面监测装置等检测设备和检测综合数据处理中心。运用高速综合检测列车对高速铁路基础设施开展周期性状态检测工作，特殊时期可以加大检测频次，并优先利用运用中的动车组开展高速铁路状态检测工作，并在每日开行的首趟确认列车上和一定比例运用中的动车组上搭载车载式基础设施动态检测装置，实现实时动态检测。加强高速铁路防灾监测，配置监测预警设备，逐步建立风、雨、雪、洪水、地震、地质灾害、异物侵入等方面的智能化监测体系。

建立高速铁路状态检测体系，配齐检测设备及人员，满足设备运用状态高效检测的需要，日常天窗时间一般应当保证在 4 h 及以上。体系建设应当充分考虑各专业之间检测技术融合，共用天窗开展高速铁路状态检测工作，科学设置综合检测、维修机构，实施综合检测。

在组织与实施方面：制定年度、月度检测计划和实施方案。制定检测计划和实施方案时，应当坚持质量和效率并重，最大限度实行天窗共用。结合季节变化等影响因素，对故障率高或者状态易发生变化、影响高速铁路正常运行及其他与行车安全直接相关的高速铁路基础设施检测项目进行调整。结合高速铁路基础设施运用状态和变化规律，确定、优化检测周期。建立检测数据平台，加强检测数据综合分析处理，利用分析结果指导日常检查工作，掌握设备运用状态变化规律，为科学合理地安排设备维修提供支撑。及时处理检测中发现的问题，有安全隐患的，应当立即采取安全保障措施。

### 2.7.2　防灾与异物侵限监测系统

防灾安全监控系统为列车运行计划调整、控制提供依据，保证列车正常运行。日本、德国、法国等国均开发了高速铁路防灾安全监控系统。例如，日本新干线对风、雨、洪水、雪、地震、异物侵限进行监测，当达到报警控车条件时立即对列车限速，并可立即切断接触网电源。法国高速铁路对风、地震、异物侵限进行监测，当风、地震、异物侵限监测数据达到报警控车条件时立即对列车限速。我国高速铁路也设置了防灾安全监控系统。

1. 大风监测系统

高速铁路与普通铁路相比，一方面列车运行速度要快，另一方面列车轴重更轻。因此，风对高速铁路安全的影响是不容忽视的。强横风作用下，接触网可能引起强烈摆动、翻转；作用于车辆的侧向大风则将影响列车运行的横向稳定性，可能造成列车倾覆。长大桥、车站一般要设风向风速计，风期长、风力强劲的风口也应设置风向风速计。因为气象部门只能提供大面积范围内的气候概况，不能满足高速铁路对特定点、线和具体数据的实时性要求，所以，高速铁路针对大风灾害所采取的安全对策是建立大风监测子系统（系统还需与气象部门联网以保证数据的合法性和对未来天气的预测需要）。该系统由风向风速计、发送装置、接收分析记录显示装置组成。大风监测系统在风速达到定值时，自动通知中央控制中心，控制列车减速或停止运行。当大风监测系统报警解除后，列车调度员向相关列车发布恢复正常运行的调度命令。根据规定当风速大于 15 m/s、小于 20 m/s 时，列车限速 300 km/h；风速大于 20 m/s、小于 25 m/s 时，列车限速 200 km/h；风速大于 25 m/s、小于 30 m/s 时，列车限速 120 km/h；风速大于 30 m/s 时，列车禁止进入该区段。

2. 异物侵限系统

为确保高速铁路行车安全，应在公跨铁立交桥上安装异物侵限监控装置，检测机动车、大型货车因故越过护栏（防撞墙）、护网（防抛网）而侵入高速铁路限界。在公跨铁立交桥的两侧均设置防护网，当异物落下砸断防护网侵入铁路限界时，防灾系统向 CTC 系统发送异物侵限报警信息，同时通过列控联锁触发列车自动停车。

3. 雨量监测

为减少洪水对高速铁路带来的灾害，需要建立雨量及洪水监测子系统。该系统根据高速铁路沿线气象、水文、灾害历史及线路的路基、桥梁等设计状况，有针对性地设置监测终端，有效地制订运营及防洪措施。高速铁路受降雨及洪水的破坏，主要表现在路堤、桥梁破坏以及路堑、边坡破坏三大方面。路堤破坏主要有边坡侵蚀、堤内水位上升、排水不良等；桥梁破坏主要为桥墩台过度冲刷、桥梁撞击、水位过高等；路堑、边坡破坏，很大一部分也是由雨水冲刷造成的。因此，应针对上述情况考虑设计相应的探测及数据采集设备。雨量及洪水监测子系统由数据采集、数据传输、监测终端等设备构成。设置在各地点的雨量计通过各自的带阻滤波器连接在一对芯线上，通过各自对应的频率发生器发送信号，接收记录装置分别接收各自频率的信号，分析、统计各监测点的雨量信息。降雨警报标准的发布是非常复杂的问题，报警、限速虽然保证了灾害发生时的安全，但如果灾害没有发生就会使列车误点或停运，破坏正常运输。为此，设定限速标准时，要确实把握现场情况，既要保证安全，又要使运输损失控制在最低程度，同时还要根据环境的变化，经常予以调整。日本东海道新干线明确规定了降雨警报的发布标准及限速措施，例如连续雨量（24 h 的累计）达 140 mm 或每小时雨量达 40 mm，就要实行限速 170 km/h 运行，且每 30 min 须报告一次雨量。

### 4. 雪害监测系统

在年降雪量和积雪深度大的地区，下雪时积雪对高速铁路的主要危害如下：暴风雪形成的雪堆，过高时影响行车安全；高速列车气动力卷起积雪并凝结在列车车体底部，导致车辆绝缘失效；列车从降雪地区行至温暖地区，车下积雪或结冰脱落，影响道床，使道砟飞起，危害车辆设备及附近建筑物和人员；积雪使道岔转换扳动失灵等。

为应对雪害，应在风口地段设置防雪栅或防护林，防止在线路和设施上形成雪，同时在适当地点设置防雪崩柱，阻止斜坡发生雪崩；降雪路段配备有自动喷水器进行融雪；人工或机械清除积雪；车体下部易凝雪的地方加设防护装置和加热融雪装置；道岔处采用融雪装置；设置雪害监测设备等。雪害监测设备包括降雪计、积雪深度计、自动控制部分及除雪（热风融雪、温水喷射融雪）设备等。

### 5. 地震监测系统

借鉴国外地震预警的经验，开发适于中国高速铁路线路、构造物特点，并反映历史震灾情况及未来发展趋势的高速铁路地震预警系统。结合智能京张、智能京雄、京津城际等高速铁路地震预警示范应用，开展了高速铁路地震预警社会风险性分析，推动高速铁路地震预警信息发布与紧急处置等方面的政策法规建设；持续跟踪高速铁路地震监测预警系统的应用情况，继续深化高速铁路地震预警技术研究和应用，不断提高系统的准确性和可靠性。

高速铁路地震预警系统由高铁地震预警监测系统和车载紧急处置装置组

成。可以实现对高速铁路沿线地震的实时监测。地震台网信息接入生成传输发布，地震警报信息和紧急处置信息通过车地联动的方式，对列车采取紧急处置措施。当地震发生时，高铁沿线的传感器，监测到地震波信息紧急发送到铁路局集团公司中心系统，铁路局集团公司中心系统结合国家地震台网信息，计算出震源、震级、影响范围，在地震波到达线路前，通过 GPRS 将信息发送至车载紧急处置装置，对行驶的列车发出预警信号，提前使列车减速或紧急制动，确保车上人员的生命安全。

中国地震局与中国铁路总公司就高铁地震预警进行战略合作签约，2018 年实现地震速报信息接入，2021 年正式为全国高铁提供地震烈度速报与预警信息服务。此次协议签署将推进高速铁路地震预警系统与中国地震台网信息系统互联互通工程的实施，实现地震系统和铁路部门之间的信息接入与共享；结合智能京张、智能京雄、京津城际铁路等高速铁路地震预警示范应用，加快推进地震预警信息服务能力建设。双方将借鉴国内外已有的实践经验，开展高速铁路地震预警社会风险性分析，推动高速铁路地震预警信息发布与紧急处置等方面的政策法规建设；持续跟踪高速铁路地震监测预警系统的应用情况，继续深化高速铁路地震预警技术研究和应用，不断提高系统的准确性和可靠性。

### 2.7.3　动车组列车运行状态监测

运行状态监控系统以信息网络技术为平台，以现场总线、故障诊断、无线传输、专家系统、数据库等技术为手段，以动车组运营安全为目标，实现主要设备的状态监测数据采集、网络传输、故障处理、远程监控、安全防护等功能，确保列车运行安全。

1. 车载监控系统

主要监测动车组性能、功能及主要部件的运用状态，进行故障诊断，显示故障发生的部位和功能，实现动车组运行跟踪监控及故障等。车载监控系统具有信息采集、信息处理、综合判断、故障安全恢复及故障数据存储等功能，提高了动车组运营安全性，便于运用和维修作业。通过布设于动车组重要部件和关键设备的各类传感器，实时监测速度、压力、应力、电流、电压、温度等参数和列车走行部、牵引传动和制动等系统的运行状态，网络控制系统将列车主要监测设备连为一个整体。根据各类传感器的检测、监测信息进行综合诊断，确定故障等级，提示司机采取何种排除故障的方式，必要时提示紧急制动、实现故障隔离和故障导向安全的目的。

2. 远程监控系统

车载信息采集设备采集车载网络控制系统中的运行状态数据及故障报警信息,将动车组运行位置、速度、牵引、制动、轴温等安全信息及客服设施信息,利用 GSM－R、GPRS 无线传输网络实现车载信息落地和远程传输,实时掌握动车组状态及故障情况,实现动车组安全状态的远程监控。通过远程监控实现地面中心实时掌握动车组故障情况及工作状态,为故障的应急处置提供技术支持,也为动车组安全运营及高效检修提供技术保障。

3. 地面监控系统

在车载监控和远程监控的基础上,目前正在积极推进动车组运行安全地面监控系统的研究,在高速铁路进出站、动车所进出库等咽喉地段安装地面监控系统,综合识别途经动车组的图像、声音和温度等,判断动车组运行是否正常,确保动车组运行安全。如动车组运行故障动态图像检测系统(TEDS),就被誉为守护动车组安全的"千里眼"。高速摄像机以每秒 3000 张图片的速度,第一时间把动车组高速行进中的各部位高清图像传递到 TEDS 监控中心,经由分析员对图像进行检查分析,判断动车组运行状态,及时发现故障并上报处理。对于随车机械师不能轻易检查到的部位,如动车组底板、车端连接处、牵引传动装置等相关部件,主要依赖 TEDS 监控系统进行检查确认。再如动车组轮轴探伤。轮轴探伤是动车组检修最为重要的内容之一,车轮主要缺陷分布为径向、周向和斜向。研究表明,径向缺陷扩展速度快,几千到几万千米就可能崩裂;周向缺陷几万千米可形成较大崩裂。目前,中国已建成较为完善的轮对探伤体系,只要严格按周期、按量值要求探伤,就可有效预防缺陷轮对上线运行。

## 2.8 综合维修技术

维护和维修是保证高速铁路安全的最基本要素之一。所谓综合维修是指把路基、轨道、桥梁、隧道、电力、牵引供电、通信信号、房屋建筑和给排水设施的施工维修作业内容统一整合起来,实行一元化领导。如果将铁路作为一个整体,其固定设施主要由路基、轨道、桥梁、隧道、电力、牵引供电、通信信号、房屋建筑和给排水设施等组成。在高速铁路中,路基、轨道、桥梁、隧道、电力、牵引供电、通信信号和机车车辆关系密切,其相互影响程度远远大于普速铁路。这一特点直接影响到高速铁路的维护和维修工作。高速铁路使各种维修的关系更加紧密。例如:道岔转辙机的维修,必然会涉及线路和供电系统；线路的捣固，要顾及轨道电路等设施；拨道和补砟，直接影响到间关系和接触网高度；接触网的抢修，需要线路、信号的畅通。再如信号专业检查轨道电路，可以发现轨道缺陷；而轨道的结构设计特点也直接影响到轨道电路的性能。线路人员巡检时，可以发现有些明显的接触网误差；接触网人员在执行自己的任务时，也能发现线路、桥梁的问题。按惯例分专业段管理维修，则必须由各自的上级进行协调，然后由各自调度下令执行。这样由下而上的反映，再由上而下的指示，必然会延误时间，影响维修作业。综合维修是尽可能授予基层权力，在组织施工方面发挥基层的主动性，自觉承担运营的责任。

### 2.8.1　维修理念和方式

维修实践需要以一种思想观念作为指导，称之为维修思想。在一定的维修思想指导下，制订出的一套规定与制度（维修计划、维修类型、维修方式、维修等级、维修组织、维修考核等），称之为维修制度。目前世界上的维修思想和制度可分为两大体系：

（1）以"预防为主"的维修思想指导下，以磨损理论为基础的计划预防维修制度。

计划预防维修制是指对机械设备的修理是有计划进行的，其要点是通过对机械零部件损伤的大量统计资料，进行分析研究后，把机械设备上不同损伤规律和损伤速度的零部件，科学地划分成若干组，并确定出不同零件损伤极限，从而规定了不同修程的修理期限和修理范围。这样，使机械设备在运用中能得到有计划的修理，亦即在零件尚未达到极限损伤之前就加以修复或更换，所以是预防性的计划修理。预防性维修主要包含三个方面的关键技术：状态检测、故障诊断和状态预测技术。

（2）以"可靠性为中心"的维修思想指导下，以故障统计理论为基础的预防维修制度。以"可靠性为中心"的维修是在计划预防修制的基础上发展起来的，在实践中人们发现：并不是维修越勤，修理范围越大就越能减少故障，相反，会因频繁拆卸安装而导致更多故障出现。设备的可靠性是由设计制造所确定的，有效的维修只能保持其固有可靠性。

维修方式是指对设备维修时机的控制。也就是说对维修时机的掌握是通过采用不同的维修方式来实现的。目前的维修方式有三种：定期维修（又称计划修）、视情维修（又称状态修）、事后维修（又称故障修）。

维修方式的选择应该从设备发生故障后对安全和经济性的影响来考

虑。定期维修和视情维修均属于预防性维修，可以预防渐进性故障的发生，事后维修则是非预防性的，多用于偶然故障或用于预防维修不经济的部件。定期维修是按时间标准进行送修，视情维修是按实际状况标准，而事后维修则不控制维修时间。三种维修方式各有其适应范围。从这个意义讲，它们本身并没有先进落后之分，然而应用是否恰当，则有优劣之分，问题的关键是应该根据维修的具体情况，正确地选择维修方式。在现代复杂设备上往往三种维修方式并存，相互配合使用，以充分利用各个机件的固有可靠性。

### 2.8.2　工电供维修体系

铁路工电供作为专业分工，虽有三个专业，但在铁路运输企业中却只有一个共同的名字，即铁路运输固定基础设备（基础设施），也就是说设备早已融合，现在就是要在专业管理的基础上，强化结合部设备的维修融合，实现从物理融合向化学融合。

铁路局集团公司设置高速铁路维管段，段下辖综合维修车间，综合维修车间下辖综合维修工区，对管辖范围内所有工务、电务、供电设备的安全运行全面负责，按照高速铁路基础设施的技术要求制定维修管理细则，全面落实各项生产任务，综合安排维修天窗，卡控天窗作业的各安全环节，实行周期检查、状态检修，实现安全、稳定，有序可控。改变了原有三个专业工种分别设置专业车间和专业工区的做法，能够充分实现资源统筹共享、安全责任共担、高度融合的一体化目标，维修生产布局经过这一优化，既节约了成本，又提高了劳动生产率。中国铁路上海局集团有限公司高速铁路工电供"三位一体"模式，用以解决原有接触网维修时的分工合作不协调、各项作业占用时间过长造成时间浪费、挤压列车运行时间等问题。这里的"三位一体"是指将承担铁路基础设施养修任务的工务、电务、供电三个专业整合到一个管理单位中，三个组织单元联合组成一个紧密协作的整体，建立一个设备共管、资源共享、天窗共用、责任共担，实行生产生活一体化，破除原有的各专业工种界限的综合维修的组织体制。以上海铁路局集团公司为例，装备在上海高速铁路维修段的综合巡检车，集成了摄像采集、激光扫描、计算机图像处理、RFID精确定位、智能化分析判断等先进技术于一体，一次开行，可同时对工务、电务、供电三个专业设备同步进行检测、分析、预警。工务、电务、供电三个专业规划实施设备养修作业时，从检修周期的兼顾、检修项目的重组、计划编制的平衡、生产组织的优化、出行方式的统筹等方面进行组合优化，最大限度消除专业间的结合部问题，以最小的成本投入，提供高可靠性的设备质量，实现高速铁路基础设施综合养修的三个专业作业计划上统一平衡、劳动组织上优化组合、生产资源上统筹共享、生产效率上显著提高的目的。其中，综合检测车检测项目内容主要有：

（1）轨道检测。

综合检测列车具有轨距、轨向、高低、水平、三角坑等轨道几何参数检测功能。采用捷联式检测系统结构，采用多维惯性基准技术实现了大半径曲线精确测量。

（2）弓网检测。

综合检测列车具有接触网几何参数、弓网动态作用、接触线磨耗和受流参数检测等功能。通过高速图像处理算法，提出非线性摄像机标定模型；实现接触网几何参数与弓网动态作用参数测量的合成。

（3）轮轨动力学检测。

综合检测列车具有车体加速度、轮轨作用力等的检测能力，通过列车动态响应特性评价轨道平顺性。

（4）通信检测。

综合检测列车具有 GSM－R 场强覆盖、应用业务服务质量检测及评定功能，沿线电磁环境干扰检测和分析功能。

（5）信号检测。

综合检测列车具有轨道电路、应答器、车载 ATP 等技术参数检测功能；轨道电路、应答器传输模型，实现轨道电路、应答器信号采集和实时分析；解决了动态无接触方式无砟轨道补偿电容状态检测难题。

（6）综合系统。

综合检测列车具有检测列车精确定位和监测信息实时传输等功能。系统利用多种定位技术实现精确定位，实现了各检测系统的空间同步、时空校准、数据交换和集中监控。

### 2.8.3　动车组运用维修

高速列车是高速铁路典型的现代化技术装备，其检修管理的很多方面都体现了代修思想。随着新车型、技术和材料的大量应用，传感器技术、计算机信息处理技术乃至各种自动检测技术正逐步投入使用，车辆检测技术正在向智能化高科技、自动化方向发在车辆故障检测方面积极弥补由传统人工检查带来的不足。以往定期、定型及分解的列车检修方式，也正向状态监测、以功能为中心和非分解型的检修方式发展。由于各国高速铁路采用的技术、牵引方式和运营情况不尽相同,在高速列车维修项目和维修制度等方面,日、法、德、中等都已形成各自的风格和特点。动车组运用维修分类如图 2.33所示。

图 2.33　动车组运用维修分类

　　中国高铁动车组由国铁集团统一管理、统一调配、实行配属制度。所谓配属制度,就是国铁集团根据高铁运输生产任务的需要和运输条件等因素将动车组配属给各铁路局(动车段)使用和保管的制度。动车组检修修程分为一、二、三、四、五级。一、二级为运用检修修程,以维护保养为主在动车运用所内进行;三、四、五级为高级检修修程,在具备相应车型检修资质的检修单位(动车段或基地)进行。其中,一级维修以检查为主,包括制动、走行、受电弓在内的全面检查,还包括排污,清扫保洁等,主要在夜间库停期间完成;二级维修是鉴于动车组各零部件检修周期或寿命不同而提出的专项维修,是一个大的维修工作包,其中包括许多小的维修工作包,每个小工作包的检修周期、内容各不相同;三级维修主要是转向架分解检修,对制动、牵引、空调等系统进行状态检查;四级维修主要针对动车组各系统的分解检修,对电机、电器进行性能测试及更换,以及进行车内设备的检修等;五级维修是对全车进行分解检修,在较大范围内更新零部件,根据需要对动车组进行现代化升级和改造,主要包括动车组全面分解、清洗、检查、修复、更换、车体重新油漆等。

　　动车组运用维护体系。动车组实行预防性维修体系,分定期维修和状态维修两种,对重点设备如轮对进行定期探伤,确保动车组性能和运行安全。在动车组运用维护信息管理系统建设方面,该系统以运用、维修、技术、物流 4 类业务为主线,包括调度、作业、技术、设备、安全、质量管理和动态监控等应用子系统,分为配属、履历、大部件、计划和故障 5 大模块,形成覆盖铁路总公司、铁路局集团公司、动车段、动车所及主机厂的四级框架体系。动车组运用维护信息管理系统已在铁路总公司、12 个铁路局集团公司、7

个动车（客车）段、31 个动车所及 4 个主机厂实施运用，基本覆盖全路的动车组运用检修信息共享及技术管理平台，实现了动车组全路调配运用和网络化维修管理，为动车组安全运用和维护提供了技术支撑。

经过反复研究，结合高速列车的技术特点以及既有线路检修设备、人员的布局情况，我国已逐步构建起高效、可靠、经济的现代化高速列车运用维修技术体系，在保证安全、稳定运行的前提下，始终遵循"提高车辆运用效率，节约维修成本"的原则，中国高速列车检修仍然是计划预防修为总体框架，基于在运高速列车的设计、运用和维修等方面特点，灵活采用分层次的"定期修、状态修、换件修、均衡修"相结合的检修制度，在到车不解编状态下，以"预防为主、检查为主，换件修为主、组装调试为主"为原则，从而减少在修时间，提升维护可靠性和车辆利用率。近年来，中国高速列车检修正逐渐向"状态修"出发，基于设备状态检测，使设备和部件的更换时期和维修程度达到最佳化，最大程度避免事后维修可能带来的风险和预防维修可能造成的浪费。

为降低车辆维护成本，提高车辆使用效率，中国铁路总公司从 2015 开始启动了机车车辆修程修制改革。4 年来逐步延长包括动车组在内的机车车辆维修里程。2019 年中国铁路总公司将在原有基础上，继续延长动车组检修里程，压缩维修时间，以期增运增收，保障运输主业利润。

动车组检修中的一、二级修，也就是"日常修"，往上的三、四、五级对应称作"高级修"。CRH380 型动车组高级修一次，花费约在 2 500 万元。也就是说仅高级修里程周期延长一项就能节省一半的维修费用，复兴号可以节省 20%～30%的维修费用。若以上举措能全部实施，将会压缩 40%～50%动车组维修时间，降低成本效果显著。

从 2019 年开始，和谐号动车组将进入高级修高峰期，动车组检修成本将大幅攀升。目前中国铁路总公司已经明确要求下属铁路局集团公司在动车组检修能力上要"打满用足、大胆实践"，找到安全与效益之间的最佳平衡点，实现动车组检修成本降低突破性进展。

在动车组维修领域，铁路总公司计划在控制关键质量安全的基础上全面放权，由路局集团自主发挥市场主体作用，根据实际情况自主决定一、二级修检修项目和周期；对于高级修，铁路总公司将对关键条款和技术要求进行界定。具体措施上，2019 年中国铁路总公司计划选取 150 余组 CRH2A/380A 型动车组进行高级修周期间隔延长实验，40 余组复兴号进行三级修周期里程延长试验，其他车型动车组开展高级修间隔延长 20%试验。此外，动车组核心部件，如车轴、齿轮箱、牵引变流器等也将进行检修周期延长或由定期更换改为状态检测试验；除此之外的时速 250 km 动车组、CRH6 型动车组、普速客车、货车均将开展检修周期延长验证。中国铁路总公司要求 2019 年动车组三级修不返中国中车股份有限公司（下称"中国中车"），全部实现自主修，同时四级修要逐步提高路局自主修比例。中国铁路总公司已将 2018 年全路机车和动车组高级修最短维修时间作为标准，要求 2019 年全路维修单位达到此指标。即动车组三、四、五级修要分别控制在 28 d、43 d 和 62 d。经过上述措施，中国铁路总公司 2018 年累计压缩动车组高级修停时 6 000 余日，折算每日多提供近 17 组动车上线运营，至少节省了近 20 亿元的维修费用。中国铁路总公司车辆系统优化检修标准的目的是既要防止失修，也要避免过度修，在保证安全质量的前提下，进一步压缩检修成本。

国家铁路集团公司动车组修程修制改革正在深化中。动车组检修周期延长步入验证阶段，高速复兴号和时速 300 km 和谐号动车组，高级修里程间隔上限将从 132 万千米分阶段逐步延长到 165 万千米和 145 万千米。动车组检修周期延长是一个具体的过程，从 145 万千米开始，每隔 10 km 为一次叠加，分批次检查列车，最终到 165 万千米，通过国铁集团的深度抽查，加大检查范围，来判定是否继续延长周期。除复兴号动车组外，既有和谐号 CRH3C/380B/380C/和 380D 平台动车组高级修里程周期间隔延长 10%，由 132 万千米提高到 145 万千米；CRH2C/380A 平台动车组高级修由 60 万千米/1.5 年延长至 120 万千米/3 年。

为保证动车组运营安全，复兴号修程修制改革验证方案通过系统规划、稳步推进、分阶段实施，具体分为三、四、五级修三个阶段逐次开展可行性评估和验证，提前规划验证方案保障实施。就具体验证阶段方案，第一阶段也就是实施阶段，三级修从 132 万千米延长到 165 万千米；第二、三阶段为规划阶段，四级修将在三级修评估验证基础上开展完善跟踪方案，四级修从上限 372 万千米延长到 495 万千米；同时五级修将根据第一、二阶段验证成果，评估四、五级修差异部件延长可行性。

除动车组高级修延长外，一二级修也逐步延长。时速 200 km 以下、200 ~ 250 km 和 300 ~ 350 km 动车组一级修周期延长分别由 4 400 km（48 h）延长至 6 600 km（96 h）、4 400 km（48 h）延长至 6 600 km（72 h）和 5 500 km（48 h）延长至 7 700 km（48 h）；二级修车轮探伤从现行 25 万千米延长至 35 万千米，车轮镟修由定期改为视情况而定。就修程修制改革目标，在确保动车组质量安全的前提下，通过改革优化检修周期、检修标准和检修范围，避免过度修，防止失修。实现压缩调试停时、降低检修成本，提高检修运用效率。

## 2.9 智能高铁技术

随着云计算、大数据、物联网、移动互联、人工智能、北斗导航等新技术的广泛应用，高铁发展正迈向移动互联、融合感知、主动学习和科学决策的信息化智能化新阶段。中国高铁的快速发展离不开铁路信息化、智能化建设的持续推进。2017 年中国铁路总公司正式启动智能京张、智能京雄等重大工程建设，并提出建设智能高铁的发展目标。智能高铁广泛应用云计算、大数据、物联网、移动互联、人工智能、北斗导航、BIM 等新技术，综合高效利用资源，实现高铁移动装备、固定基础设施及内外部环境信息的全面感知、泛在互联、融合处理、主动学习和科学决策，实现全生命周期一体化管理的新一代智能高速铁路系统。

### 2.9.1 智能高铁总体框架

本书采纳中国铁道科学研究院有限公司的研究成果。智能高铁总体组成可概括为"一核三翼"，即以 1 个智能高铁大脑平台为核心，包含智能建造、智能装备、智能运营三大板块。智能高铁技术体系框架设计采用分类分层设计原则，自顶而下划分为板块、领域、方向、创新、支持平台五个层面，可概括为三大板块、十大领域、十七个方向、N 项创新、一个平台。详细组成如图 2.34 所示，智能高铁技术体系框架的搭建致力于实现铁路运输全业务流程、全价值链条、全生命周期、全生态体系的整体智能化。

智能铁路信息系统是智能铁路的外延，是智能铁路最终发挥效果、对外提供能力的载体。智能高铁大脑平台是实现智能建造、智能装备、智能运营 3 个复杂系统互联互通、协同互动、有机统一的神经中枢。基于智能建造、智能装备、智能运营系统感知获取的数据，开展数据的汇聚、治理，建成智能高铁大数据资源湖，支持开展跨专业、跨行业的多维智能分析，为智能诊断、智能预测、智能决策等提供支持。

十大领域指在三大板块框架下的勘察设计、工程施工、建设管理、移动装备、通信信号、牵引供电、检测监测、客运服务、运输组织、养护维修等领域。

十七个方向指在三大板块、十大领域框架下的基于 GIS 工程勘察、基于 BIM 工程设计、桥隧路轨工程智能化施工、客运站工程智能化施工、四电工程智能化施工、基于 BIM+GIS 工程建设管理、智能动车组、智能综合检测车、信号、通信、智能牵引供电、智能检测监测、智能客运 CPS、智能票务、智能综合调度、智能行车调度、工电供一体化运维 PHM 等方向。

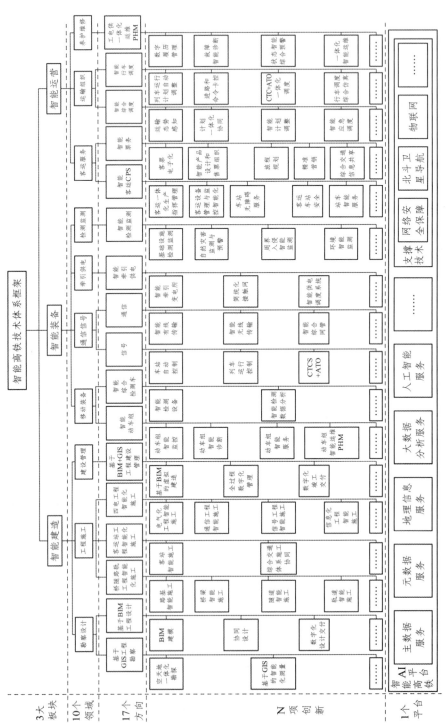

图 2.34　智能高铁技术体系框架

1. 智 能 建 造

智能建造是以 BIM+GIS 技术为核心，综合应用物联网、云计算、移动互联网、大数据等新一代信息技术，与先进的工程建造技术相融合，通过自动感知、智能诊断、协同互动、主动学习和智能决策等手段，进行工程设计及仿真、数字化工厂、精密测控、自动化安装、动态监测等工程化应用，构建勘察、设计、施工、验收、安质、监督全寿命可追溯的闭环体系，围绕桥梁、隧道、路基、轨道及车站，实现建设过程中进度、质量、安全、投资的精细化和智能化管理，形成和谐共生的工程建设产业生态环境，使复杂的建造过程透明化、可视化，推动铁路建设从信息化、数字化走向智能化。

按照基础设施的建造过程，智能建造板块横向上划分为勘察设计、工程施工、建设管理三个领域。

勘察设计领域包含基于 GIS 工程勘察、基于 BIM 工程设计等 2 个方向。其中，基于 GIS 工程勘察主要包括空天地一体化勘探、基于 GIS 的智能化测量等创新内容；基于 BIM 的工程设计主要包含 BIM 建模、协同设计和数字化设计交付等创新内容。

工程施工领域包含桥隧路轨智能化施工、客运站工程智能化施工、四电工程智能化施工等 3 个方向。其中，桥隧路轨智能化施工主要包括路基、桥梁、隧道、轨道等方面的智能工程施工；客运站工程智能化施工主要包括客站智能施工、综合交通体系施工协同等创新内容；四电工程智能化施工主要包括电气化工程智能施工、通信工程智能施工、信号工程智能施工、信息化工程智能施工等创新内容。

建设管理领域包含基于 BIM+GIS 工程建设管理，主要包括基于 BIM 的虚拟建造、全过程数字化管理、数字化竣工交付等创新内容。

2. 智 能 装 备

智能装备包括智能移动装备（动车组）、智能基础设施（工务、电务、供电）等。基于全方位态势感知、自动驾驶、运行控制、故障诊断、故障预测与健康管理（PHM）等技术，实现铁路移动装备及基础设施的自感知、自诊断、自决策、自适应、自修复；实现动车组、机车等移动装备的自动及协同运行；构建新一代智能化牵引供电和通信体系，实现线路、通信信号、牵引供电等基础设施全生命周期精细化管理及优化配置，保持基础设施的最佳使用状态。

基于全方位态势感知、自动驾驶、运行控制、故障诊断、故障预测与健康管理（PHM）等技术，实现高铁移动装备及基础设施的自感知、自诊断、自决策、自适应、自修复，实现动车组的自动及协同运行；实现新一代的智能化牵引供电和通信体系；实现线路、通信信号、牵引供电等基础设施全生命周期精细化管理及优化配置，保持基础设施的最佳使用状态。智能装备包括：智能动车组、智能牵引供电、智能列车运行控制、新一代铁路无线通信。

按照主要业务对象分类，智能装备在横向上划分为移动装备、通信信号、牵引供电、检测监测 4 个领域。

移动装备领域包含智能动车组、智能综合检测车等 2 个方向。其中，智能动车组主要包括动车组智能监控、动车组智能诊断、动车组智能服务、动车组智能运维 PHM 等创新内容；智能综合检测车主要包括智能检测设备、智能检测数据分析等创新内容。

通信信号领域包含信号、通信等 2 个方向。其中，信号主要包括车站自动控制、列车运行控制、CTCS+ATO 等创新内容；通信主要包括智能有线传输、智能无线传输、智能综合网管等创新内容。

牵引供电领域包含智能牵引供电 1 个方向，主要包括智能牵引变电所、简统化接触网、智能供电调度系统等创新内容。

检测监测领域包含智能检测监测 1 个方向，主要包括基础设施监测、自然灾害监测与预警、周界入侵智能监测、环境智能监测等创新内容。

### 3. 智能运营

智能运营横向上可划分为智能综合计划编制、智能调度、智能运维和智能客服等 4 个领域。采用泛在感知、智能监测、虚拟现实、智能视频、事故预测及智联网等技术，实现运输计划的一体化编制和智能调整，全力打造列控与调度一体化体系，保障列车的自动安全准点运行。围绕购票、进站、候车、乘车、出站等环节，为旅客提供自助化、精准化、个性化、智能化的"温馨、便捷、安全、绿色"无障碍全过程出行服务。以客运车站设施设备及运营环境状态感知、故障诊断、智能决策为基础，实现车站设备智能化、车站服务多样化、客运车站人员-设备-作业协同联动，提高管理效率，提升服务质量，优化业务流程。掌握基础设施及移动装备劣化机理及演变规律，实现预测性维修，提高养护维修效率，降低运维成本。通过铁路固定设施、移动装备、运输过程及自然环境等的状态感知，实现对设备故障、行车事故的预测、预警，突出超前防范，整体提升铁路运行安全保障能力。准确把握市场需求，科学开展客货运产品设计及优化，实现运输价格的动态化、售票组织的智能化、运输收益的最大化，提升铁路精细化经营管理水平、提高运营效率。

智能综合计划编制包括客流预测和需求分析、列车开行方案编制、列车运行图编制、动车组计划和乘务计划的智能编制等，也就是运力资源的合理配置。准确把握市场需求，科学开展客运产品设计及优化，实现客票价格的动态化、售票组织的智能化、运输收益的最大化。

　　智能调度领域包含智能综合调度、智能行车调度等 2 个方向的内容。其中，智能综合调度主要包括运输态势感知、计划一体化协同、智能计划调整、智能应急调度等创新内容；智能行车调度主要包括列车运行计划自动调整、进路和命令卡控、CTC+ATO 一体化调度、行车调度综合仿真等创新内容。智能调度系统的标志性指标：智能感知、智能决策、智能防控（控制）、智能分析（保障）。智能感知核心构成能力包括：对市场需求的感知能力，对特定运输单元（专运、重点物资运输、重点列车）状态的感知能力，对运输环境的感知能力，对运载机具状态的感知能力，对全局或运输趋势的感知能力（车流的自动预测）；智能决策核心构成能力包括：工作计划智能编制的能力，基于影响因素消解或目标优化的智能调整能力，对决策结果的验证或仿真的能力，作业指令智能下达的能力（计划的自动编制和调整）；智能分析核心构成能力包括：决策结果与实际执行情况对比分析的能力，运输产品供给与旅客需求适应情况分析能力等。同时，智能防控核心构成能力包括：对风险（运输：装卸、运行、技术作业等；地质；气象；设备状态等异常状况）的识别和防范的能力，对计划执行过程的全面掌控的能力等。通过高铁固定设施、移动装备、运输过程及自然环境等状态感知，实现设备故障、行车事故趋势预测预警，做到超前防范。

　　智能运维领域包含工电供一体化运维 PHM1 个方向，主要包括数字履历管理、故障智能诊断、状态智能综合预警、一体化智能运维等创新内容。全面掌握基础设施及移动装备劣化机理及演变规律以实现预测性维修。

　　为满足北京冬奥会和雄安新区建设需要，中国铁路总公司又组织开展京张、京雄智能动车组研制。京张、京雄智能动车组是"复兴号"动车组的智能型，以现有 CR400BF/AF 型"复兴号"动车组为基础，在智能化、安全舒适、绿色环保、综合节能等方面实现升级。京张、京雄智能动车组在高速动车组智能行车、智能运维、智能旅客服务的基础上，基于城际交通短交路、高客流、往返频繁等运营特点，依托 5G、大数据、人工智能、区块链等新兴信息技术融合发展理念，融合 5G+人脸识别、智能分析、智能视频感知的智能视频系统，打造服务于公交化城际交通的人数统计、人员辨识等公共安全平台，构建我国智能高铁系统。京张高铁智能动车在 4 个方面利用智能化技术与既有动车组技术结合，实现自感知、自诊断、自决策、自适应，利用在广度和深度上的进一步提升，实现自动及协同运行。

　　（1）利用智能传感技术、物联网、天线雷达、AI 识别技术、二维码等多维度现代电子监测感知手段，进一步加深对动车组自身状态、环境状态、运行数据等不同层次、维度的状态监测，增加了列车自感知的广度和精度。

（2）通过对大数据的融合集成、存储管理、挖掘处理，同时利用智能化技术的定制化、集成化、一体化的运用，进一步优化控制策略，实现动车组自动驾驶、故障导向健全、突发及灾害应对、车辆运营秩序调度等业务过程中自诊断、自决策的可控性与可管理性。

（3）利用工业以太网、车地数据传输、图像识别、语音识别、信息显示、大数据、移动应用、身份验证、智能环境调节、多元化信息服务、在线支付等技术，实现动车组运行过程可观测、可表达和可理解，提高系统的自适应性。

（4）利用多网融合、导航及定位、高速大容量数据传输等技术，实现车-车、车-地及车与其他交通方式的互联互通，实现自动及协同运行。

（5）在智能行车方面，首次实现时速 350 km 的无人值守自动驾驶，采用 CTCS-3+ATO 技术，停车度可控在 0.5 m 以内，自动速度控制功能精度在 2 km/h 以内，减轻了司机 40%的压力，大幅度提高运行效率。列车通过车传感器、雷达、天线等设备对环境信息（地理位置、线路信息等）和车辆状态进行采集与处理，并与动车组技术融合，同时在满足安全性、稳定性和舒适性的前提下进行算法预设，结合线路限速要求等进行决策判断，实现车站自动发车、区间自动运行、车站自动停车、车门自动打开、车门/站台门联动控制。

（6）在智能服务方面，主要从 3 个方面进行智能化提升：①智能环境调节：利用智能环境感知调节技术，从温度调节、灯光智能调节、人机工程学、车内噪声控制、压力波调节、变色车窗、资源配置优化等方面实现旅客视觉、听觉、嗅觉、触觉等方面感官舒适度的提升。②智能信息推送：首次在动车组上实现电视分屏显示，实现电子地图和旅游信息、行车信息（到站、离站、途中）推送；LCD 外显，座位号提示；车-地视频、语音信息回传等业务，提高信息服务精准度及效率。③智能便民服务，通过智能点餐、Wi-Fi 增值业务服务，为用户拓展无限乘车体验空间。

（7）在智能运维方面，整车传感器数量增加 10%，监控点多达 2 718 个。综合自感知数据，在动车组主机企业、运用部门、零部件供应商之间实现研发数据、试验数据、运维数据、检修数据、履历数据交互与共享。利用大数据技术、监测及分析技术、大容量车-地传输技术等为用户提供关键零部件的健康评估、故障状态预警预测、关键故障精确定位、检修建议策略高效推送、备品备件库存智能建议及更换提醒、列车健康状态及全面监控，提高车辆安全性和检修效率、降低维修成本，满足动车组全生命周期管理需求，实现列车服役性能由阈值管理向状态管理的提升。车载故障预测与健康管理（PHM）系统如图 2.35 所示。

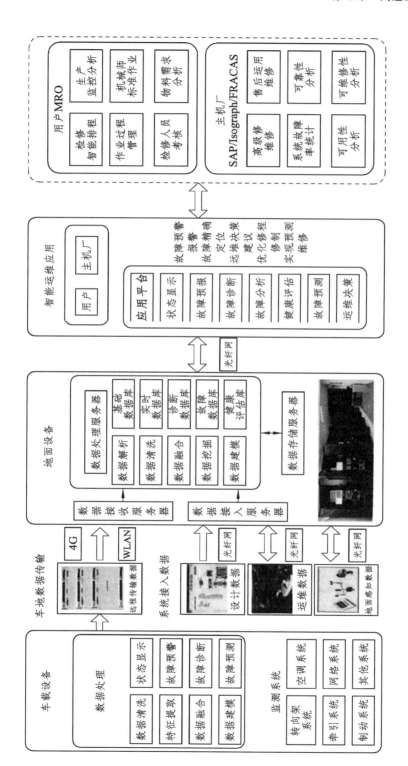

图 2.35　车辆故障 PHM 系统

（8）其他在安全可靠、节能环保、适应性方面：

① 在走行部增加、温度复合传感实现轴承、齿轮箱、牵引电机等零部件失效模式的精确判断，保证行车安全。车内采用视频组网设计，实时准确掌握车厢内旅客动态、环境状态，全面提高车内反恐、防暴能力。同时实现火灾与视频联动，进一步确保旅客行车安全。实现多监测系统集成综合处理诊断、统一存储、显示、发送，完成由单部件单车级安全监测到多系统、整车级、交互监测的提升。

② 通过低阻力流线型车头设计及进行空气动力学优化以减小气动阻力，能耗相应降低 5%；通过轻量化设计，能耗相应降低 2%，整车综合节能约 7%。化工品、零部件选用环保材料，内装材料可回收率达 75%，其中可降解材料占比 50%以上。通过优化结构、提升密封性能，使车内外噪声总体指标降低 1%~2%；德铁采用废水再利用技术，节约净水消耗，节水率超过 10%，减少污染排放。以京沪高铁为例，每年可节约用水 8 万升。

③ 采用经长期验证的 CRH38OBG 型动车组成熟的高寒技术，适应-40℃高寒运用环境。牵引、制动系统性能提升，适应 30%坡道起动条件和能够安全停放，满足山区环境运用需求。新增动力电池系统，在高压发生供电故障时以 30 km/h 速度走行 20 km，具备在京张高铁任何 1 个区间发生供电故障时应急走行至就近车站的能力。

智能客服：智能客站、智能检测监测、智能安全保障、智能票务、智能出行服务，客运服务领域包含智能客运、智能票务等 2 个方向。其中，智能客运主要包括客运一体化生产指挥管理、客运设备管理与监控智能化、车站无障碍服务、客运车站安全、站车智能服务等创新内容；智能票务主要包含客票电子化、智能产品设计和售票组织、旅程规划、精准营销、综合交通信息共享等创新内容。为旅客提供购票、进站、候车、乘车、出站等全环节的自助化、精准化、个性化、智能化的全过程出行服务。

作为智能高铁的标杆，京雄城际铁路在施工及投入运营后有以下这些科技亮点。

（1）隔音隧道。

京雄城际铁路自北京西站引出，途经北落店村附近，有一座长 847.25 m 的全封闭声屏障。主体结构采用圆形钢架，外围采用金属隔音板，相当于在高铁通行的大桥上修建了一道"隔音隧道"。这个"隔音隧道"可以最大程度降低噪声，有效解决列车高速运行对沿线集中居民区带来的影响。动车组以 350 km 时速通过大桥时会产生极强的气流，轮轨摩擦、车体与空气摩擦产生的噪音会对周边环境产生影响。在建造同级别的全封闭声屏障方面，这在以往的高铁建设中没有先例。

（2）有编号的钢筋。

雄安站特大桥工程有着高标准的质量要求，钢筋的制作质量影响着墩身、梁体等工程质量。为保证钢筋绑扎的高精度要求，中铁九局建设者把现场使用的每根钢筋都印上编号，从规格型号交底到加工制作，直至现场施工，都严格按编号制作和验收。项目部还引进国内最先进的智能钢筋加工设备，在切割、弯制、成笼等多道工序实现了数控流程化。该项工艺的使用，使作业人员劳动强度减少 30%，生产效率提升 1.3 倍，且产品合格率达 100%。

（3）智慧建造技术。

雄安站智慧工地建设应用成立了 BIM、智能建造、信息化技术、清水混凝土、绿色建造五大创新工作室。其中 BIM 技术的应用，有力地保障了高铁站的建设。雄安站应用了 BIM 技术机电管综的施工，这项技术是通过 BIM 技术正向辅助设计，解决了复杂空间及净高问题。同时利用 BIM 的三维可视化，使施工现场平面布置与现场一致；通过 BIM 三维模型的建立模拟，对各主要阶段的交通组织、大型设备配置、材料堆场、临建设施使用是否合理进行管理，使工程施工合理有序地进行，实现质量管理优化、安全管理优化。结合 BIM+GIS 技术的运用，通过无人机对现场进行不同阶段的航拍扫描，生成数字模型，可以更加真实地反映现场实际进度。在建设阶段积极探索应用 BIM+GIS 技术、BIM 信息模型技术、物联网技术，将为后期实现数字模型的交付、CIM 平台对接创造有利条件。

雄安站是京雄城际铁路的终点站，也是雄安新区第一个开工建设的大型基础设施工程。该站为桥式站，主体共 5 层，其中地上 3 层、地下 2 层，总建筑面积 47.5 万平方米。雄安站总规模相当于 6 个北京站，智慧化建造技术应用是雄安站工程又好又快的保障。建设中充分运用 5G、边缘计算、BIM、高精度定位、高清视频通信等高科技手段，大大提高施工效率和精度。雄安站站房钢结构工程共计 32 万条焊缝，总长度约 800 km，完成一条焊缝需要来回焊 100 余次。熟练焊工 4 人一班，要连续焊接 4 天 4 夜。

（4）车站智能设备。

① 光伏发电装置。

在雄安站站房屋顶上，会看到闪闪发光的光伏发电装置。雄安站站房屋顶的分布式光伏发电项目，是由国网雄安综合能源服务有限公司投资建设，项目采用合同能源管理模式，运营期 25 年。光伏发电项目在建设过程中，并没有运用大型机械装载光伏电板，而是通过人工将一块块光伏电板装载完成，所以施工难度较大。项目主要为雄安站的日常照明、办公等供电，属于雄安站的辅助供电设施。雄安站的屋顶上铺设了 4.2 万平方米的光伏建材，总装机容量 6 兆瓦，使其成为一座会发电的火车站，年均发电量可达到 580 万，可实现自发自用、余电上网。光伏发电的引入，初步测算，可每年节约用煤 1 800 t，减少二氧化碳排放 4 500 t。雄安站站房屋顶分布式光伏发电项目犹如水滴上的一颗明珠闪闪发光，与雄安站合二为一，多晶硅光伏组件布置在屋顶两侧屋面，助力雄安新区建设成为绿色生态宜居新城区。

②穿孔吊顶和光谷。

京雄城际铁路大兴机场站位于北京大兴国际机场下方，层高较低。如何在飞机于上空飞过时，不让乘车旅客听到巨响？中铁北京工程局建设者在车站主吊顶上采用穿孔镜面，每块吊顶板上全部采用激光雕刻出 3 600 个小孔，可以很好地吸音降噪，营造舒适的乘车环境。雄安站标志性的椭圆形屋顶犹如一个能量收集场，拉开一条宽 15 m 的"光谷"，可有效改善地面候车厅的采光、通风环境。"光谷"下方通道内布置大量绿植，为旅客营造舒适宜人的绿色空间。"光谷"不仅改善采光环境、丰富室内空间效果，还增加了地面候车厅与高架候车厅的联系，同时解决了采光、通风、消防排烟等技术要求。

③岛式空调。

在雄安站一楼候车大厅内，可以看到多个集成风柱单元体，也被称为岛式空调机组。它集成了包括 5G 信号放大器、消防报警器、空气净化器等在内的多种智能装置。岛式空调机组实现了高大空间候车室的室内热湿环境的分层控制及均匀分布。同时，在岛式空调机组内还集成了防水箱及水炮、标识及客服系统、地暖配套装置等设施、设备，使候车厅内部更加整洁美观。

④隔音设备。

为防止旅客在雄安站候车时被列车通行产生的噪音所干扰，雄安站使用了装配式可降噪吸音站台墙，最大程度提高了旅客的舒适度。雄安站在站台层立面墙上安装了很多带孔的墙板，这种墙板有一米高、两米多长，采用声学设计，上面有很多 55 mm 见方的孔眼，夹层为玻璃丝绵。雄安站首次采用了这种装配式站台吸音墙板，这种墙板能很好地起到降噪作用，极大地降低了列车通行时产生的噪声，提高了旅客的出行体验。另外，京雄城际专项研究的无砟轨道高架车场减震降噪关键技术，增设了轨道隔振垫，同步研究了成品预制吸音墙板，有效改善铁路客站站台空间声环境。

⑤服务设备。

雄安站在站内服务台设置了车票退改签服务，解决了旅客临时改变行程还要出站才能办理退改签的不便。车站设有儿童娱乐区、重点旅客服务区、军人候车区、休闲娱乐区、母婴室，根据不同年龄段旅客的需求，按需设置，更加贴心地为不同人群有针对性地提供服务。车站内在重点旅客候车区内部设置了轮椅候车席位，考虑哺乳需求设置私密的哺乳室，儿童候车娱乐区采用温馨的配色系统，保证视觉舒适度，选用软包墙裙，保护儿童安全。设多处无障碍卫生间、盲道、无障碍车位、无障碍电梯，以服务特殊乘客。此外，雄安站的综合服务中心为敞开式综合服务台设置，布置了等候座椅、叫号机等为旅客服务的功能性设施。拉近了工作人员与旅客的距离，更好地为旅客提供更加贴心的服务。

　　雄安站有着多套智慧系统，可通过大数据云计算、人工智能物联网技术，把业务与技术深度融合，让数据与服务器资源共享，形成统一的指挥平台，可以对全站监控设备、电表、水表、扶梯、直梯等进行作业全过程监控，一旦设备发生故障，可以及时进行抢修和检修，为旅客提供更便捷的服务。雄安站及线路如图 2.36 和 2.37 所示。

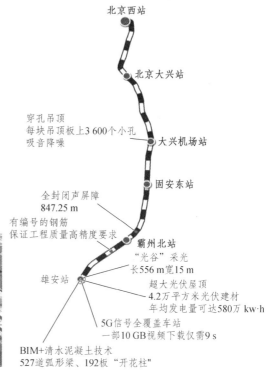

图 2.36　雄安站　　　　图 2.37　京雄城际铁路线路图

### 2.9.2　智能高铁技术发展

　　未来，我们可借鉴国外铁路调度指挥的发展经验，结合我国现阶段的特有国情，切实有效地引入云计算、物联网、大数据、人工智能、区块链等先进的数字化技术，通过跨区域和多专业协同的全面信息感知学习、科学的调度决策处置和先进的人因工程设计，实现复杂运营环境下的运输计划自动编制与智能动态调度，全面提升网络化运营下的高速铁路应急处置能力和乘客服务质量，形成以智能行车调度为核心，结合工务、电务、乘务、环境监测、异物侵限智能感知等多个专业的一体化、精准化的智能协同控制，在保障安全的前提下最大限度地释放线路资源的运输能力，为乘客提供高效、便捷的运输服务。

应新一轮技术革命和世界铁路发展趋势，以先进自主技术装备发展和新型基础设施融合应用为突破口，推动大数据、云计算、物联网、互联网、人工智能、区块链、新一代通信北斗系统等新技术与铁路深度融合和运用，推进信息技术和数据资源赋能铁路高质量发展，实现铁路系统各要素全面感知、泛在互联、协同融合，实现基础设施移动装备、经营管理、运输服务、调度指挥、运输组织以及养护维修、安全保障、防灾减灾等系统要素交互协同，打造集智慧基础设施、智慧载运装备、智慧运输服务、智慧运营管理、智慧调度指挥、智慧安全保障等为一体的现代智慧铁路系统。中国高速铁路发展拟在以下几个方面进行创新研究。

### 1. 智能建造技术

研究向多用户的 BIM+G1S 多源异构数据融合与智能化助察设计技术，开展高精度全要素地球空间信息获取、全空间时空信息高效组织管理及全生命周期关联应用等关键技术研究，为铁路工程建设提供重要的地球空间信息技术支撑。研究应用北斗、INSAR、机载雷达、航空物探等技术，深化基于风险控制理论的防灾减灾建造选线与总体设计技术攻关，推进工程地质勘察数字化、信息化，提升铁路空天地一体化综合勘察技术水平，提高工程勘察设计质量。研究 BIM 技术的数字化设计及智能施工技术，研究应用钢筋和钢构件数字化加工、土方工程数字化施工、安装构件快速自动放样等技术，提高施工质量，降低建设成本。开展复杂山区长大隧道、大跨桥梁智能化建造关键技术攻关，深化 CRTSⅢ式无砟轨道智能建造技术研究，研发具有自主学习、感知决策、协同作业功能的智能化施工装备，全面提升工程建设质量和效率。推进数字化、少人化智慧工建，推进模块化制造和装配式建筑设计技术研究应用，提高建筑部件质量和安全性能。构建基于 BIM 模型的铁路工程全寿命周期综合管理系统平台，不断提升铁路建设数字化、智能化水平。通过 5G 技术与 BIM+GIS、智能机械、自感传感器等技术的集成应用，实现对施工环境、施工机械、工程结构状态的全面实时感知，实现施工作业的精细化协同及对施工全过程、全工序、全要素的智能化精准管控，建设智能工地。

另外，在客站建设技术上，开展车站雨棚预制装配技术研究，深化客站绿色节能、噪声控制、地下管廊系统升降式站台安全门等技术研究，推进综合枢纽及站房建造技术研究，打造融合区域发展特点及城市历史文化的精品客站。

2. 智能装备技术

（1）线路建设技术。

攻克轨道结构与复杂线下基础变形的协调性、在长期服役环境状态下的可控性关键技术。深化装配式弹性道床成套技术、重载铁路轨道结构及部件设计建造技术研究，推进新型高速道岔、高韧性高速铁路钢轨关键技术研究，深化无砟轨道结构技术攻关，深化基于全寿命周期的轨道结构设计技术研究，开展时速 300 km 及以上有砟轨道应用技术及标准的研究，提高不同型式轨道适应性、可维修性。

（2）路基建设技术。

针对复杂地质条件下铁路工程特征，推进铁路路基处理新技术研发，重点研究攻克地形陡峻、高烈度地震、应力扰动、频繁降雨、冻融循环等特殊气候与地质条件下路基结构、施工、变形控制和加固技术。深化高速铁路轻质路基技术、绿色路基技术研究，实现路基工程可持续性发展。

（3）隧道建设技术。

深入开展隧道施工机械化、信息化、智能化技术研究，研制深埋长大山岭隧道进机、爆法施工无人作业装备、智能凿岩新型施工装备，推动机械化、信息化、智能化技术与隧道建设深度融合。开展高地应力环境条件下软岩大变形隧道和硬岩岩爆隧道建造技术攻关，深入研究隧道工程机械化、信息化建造工法条件下围岩力学特性及"围岩支护"作用机理，以及强震活跃带衬砌结构体系适应性。推进时速 250 km 及更高速度隧道断面和结构优化技术攻关，支撑隧道列车速度的进一步提高。掌握超长穿江越海隧道工程设计、建造成套技术，支撑超长海底铁路隧道建设。针对铁路隧道衬砌开裂掉块、渗漏等病害，深化隧道衬砌施作工艺、成套工装等研究，从源头上保障工程质量。

（4）桥梁建设技术。

开展桥梁施工装备智能化技术研究，实现混凝土智能化灌注、智能化振捣、预应力智能化张拉以及钢结构智能化拼装和架设等。推进超高性能混凝土、耐候钢等新材料的应用研究，深化混凝土桥梁预制装配技术研究，攻克跨海大桥、深水基础和复杂艰险山区桥梁设计、建造关键技术，使超大跨度悬索桥、斜拉桥技术水平不断增强和提升特殊结构桥梁、复杂环境桥梁建造能力。

（5）发展智能牵引供电系统。

推进新一代智能牵引变电所建设，满足全站信息数字化、通信平台网络化、信息共享标准化等基本要求，自动完成信息采集测量控制、保护、计量和设备在线监测等功能，提升智能牵引供电系统技术水平。全面推进智能供电调度系统建设，对智能牵引供电设施进行远程监视、测量、控制及调度作业管理，实现源端维护、综合告警、辅助调度决策等功能。

（6）研发新型智能列控系统。

围绕更高效、更智能、更环保，突破列车精准定位、多元融合测速、移动闭关键技术难题，实现列车追踪时间缩短、车与车直接通信、全面感知的智能以及列车群协联控、电能内部循环利用等功能，在高速铁路保证全面应用。进一步丰富和完善自动驾驶系统功能，优化 5G 技术在 ATO 系统中的应用，研究增加列车主动环境感知、安全态势自动评估等智能功能，逐步实现由自动驾驶向智能驾驶的转变，推动运输作业全面自主操控、无人化。

（7）研发智能型动车组。

建立智能自动驾驶交互、智能列车控制、智能故障导向安全控制、智能故障诊断、智能安全监控、智能旅客服务、智能运维管理的智能动车组技术体系。采用物联网、云计算、大数据、人工智能等先进技术，基于车载信息物联网、车载以太网通信网络、车载数据存储计算中心、车内 Wi-Fi 网络传输、车地 5G 通信网络、量子数据通信网络、地面云存储计算中心、车载燃料电池氢能源的智能动车组技术支撑平台，进一步优化自感知、自运行、自监控、自诊断、自决策、自保护的智能型动车组功能，全面扩大智能动车组应用。并不断深化动车组智能监控、智能诊断、智能服务、智能运维关键技术研究，提升智能动车组、智能综合检测车的技术水平。深化自动驾驶向智能驾驶转变的列控系统关键技术研究，不断优化完善系统功能。深入研究面向智慧铁路大业务量的高速率、高可靠、低延时移动通信关键技术。推进智能牵引供电、智能调度指挥系统等技术装备研制，优化系统运行品质。

（8）完善智能综合检测装备。

研制新一代高速综合检测列车，优化综合检测列车的总体设计、提高检测系统的可靠度、集成度，完善检测系统状态自诊断功能，加强检测列车与地面数据中心数据的智能交互，实现基础设施状态智能分析和判识功能。研制智能化专业检测车，实现地质雷达检测设备国产化、数据处理和病害诊断的智能化。研制钢轨状态综合检测车，实现钢轨探伤、钢轨外观状态、钢轨廓形和钢轨平顺性等项目的同步检测和智能分析。研制智能普速铁路综合检测车辆,实现网轨电一体化综合检测。

### 3. 智能运营技术

构建智能运输综合调度管理系统,实现运输需求动态掌握、运力资源状态感知、运输计划和调度计划协同编制、列车运行计划智能调整以及车站作业、系统维护、应急处置智能化等功能,全面提升铁路运输组织水平。开展基于大数据的高速铁路客流预测、票额预分、精准营销、交通信息共享技术研究。深入推进电子客票技术研发和推广应用,建立面向出行全过程的智能旅客服务技术体系。深化智能客站信息系统数据集成、运营状态智能分析、辅助决策等技术攻关,开展智能型货场、智能集装箱办理站技术研究。研究构建铁路设备设施全生命周期综合智能运维平台。

深化智能综合调度关键技术攻关和一体化模式研究,实现铁路运输需求动态掌握、运力资源状态智能感知、运输计划和调度计划协同编制以及列车运行计划智能调整。

## 2.9.3　中国高铁的自动驾驶技术

人类对自动驾驶的向往和追求从交通工具诞生之日起便诞生。自动驾驶涉及车辆、信号、通信、监控等多个专业,是基于现代计算机、通信、控制和系统集成等技术实现列车运行全过程自动化的一代交通系统。司机的行为具有离散型,操作具有动态性、不确定性和复杂性,这些都是潜在的安全隐患。与计算机相比,司机的操作处理需要较长的反应时间,在遇有紧急情况时,司机往往需要综合多个因素进行判断,才能做出反应,导致错过了应急处置的最佳时机。在列车实际运行过程中,外部环境多变、设备异常偶发,也对司机提出了更高的要求。轨道交通控制系统的智能化和自动化是必然趋势。高速铁路列车运行控制技术是高铁的“大脑”和“神经中枢”,是实现高铁列车准时准点发车、安全高效运营的关键核心装备。随着自动化、智能化程度的不断提高,高速铁路自动驾驶系统将更多替代司乘人员的工作,带来传统铁路信号系统安全功能边界的拓展。

中国高速铁路自动驾驶系统是在 CTCS-2/CTCS-3 级列控系统基础上发展而来,参照该标准,可将中国高速铁路自动驾驶系统分为 GOA1～GOA4 几个等级。其中,GOA1 级系统仅提供连续的速度防护,由司机人工驾驶列车运行、负责开关车门和处理紧急情况,目前在中国高铁广泛使用的 CTCS-2/CTCS-3

级列控系统均属于该等级；GOA2 级系统自动驾驶列车运行，驾驶室保留司机负责检查列车安全起动条件、关闭车门和处理紧急情况，珠三角城际使用的 C2+ATO 系统和京沈客专使用的高速铁路 ATO 系统（C3+ATO 系统）均属于该等级；GOA3 级系统自动驾驶列车运行，车上取消司机但保留乘务人员，负责关闭车门和处理紧急情况；GOA4 级系统自动驾驶列车运行，车上取消司乘人员，由系统或控制中心调度人员处理紧急情况。GOA3 级和 GOA4 级高速铁路自动驾驶系统目前尚未得到应用。

中国通过自主研究实现了 CTCS 列控系统叠加 ATO 功能（GOA2 级）。2016 年 3 月 30 日，装备 CTCS2+ATO 列控系统的珠三角城际莞惠线开通运营，这是世界上第一个应用于时速 200 km 铁路上的 ATO 系统，使中国在这一领域处于国际领先水平。高速铁路 ATO 系统是在 CTCS-2/CTCS-3 级列控系统的基础上，列控车载设备设置 ATO 单元、GPRS 电台及相关配套设备实现自动驾驶控制，地面在临时限速服务器（TSRS）、调度集中（CTC）、列控中心（TCC）等设备上增加相应功能，设置专用精确定位应答器以实现精确定位，车载设备和地面设备之间通过 GPRS 网络通信实现站台门控制、站间数据发送和运行计划处理。高速铁路 ATO 系统的主要功能包括：车站自动发车、区间自动运行、车站自动停车、车门开门防护、车门/站台门联动控制。上述自动化功能仅在自动驾驶（AM）模式下由系统自动完成，AM 模式的投入和退出、目视行车、引导接发车、调车等特殊场景下的操作仍由司机负责。珠三角莞惠城际装备的 CTCS2+ATO 列控系统是中国高速铁路走向自动驾驶的一次飞跃，实现了高速铁路的综合自动化和智能化，并实现了与国铁的互联互通。

# 第 3 章　高速铁路运营组织与管理

中国高铁运营管理技术处于世界领先水平，构建了国铁集团、铁路局集团公司和车站的三级调度指挥体系，掌握了复杂路网条件下列车运行计划编制和列车运用综合调度技术，解决了不同列车编组、不同速度、不同距离、跨线运行等运输组织难题，实现了设计最小追踪间隔 3～5 min；12306 已成为世界上规模最大的实时票务交易系统，年售票量接近 35 亿张，电子客票系统成功试运行，移动支付、智能导航、刷脸进站、自助订餐、站车 WiFi……让亿万旅客享受到美妙的旅行生活。

## 3.1　高速铁路运营组织与管理作用

高速铁路不是孤立的线路，是融汇于整个铁路网中的，与路网有着密切的关系。高速铁路与既有线通常交织在一起，高速和中速的跨线列车，为满足各地区提速需求，都要驶离高速线进入路网干线，或从路网干线驶入高速线。高速线和其他铁路干线应具有共同的兼容性。先进的技术与高效的运输组织与运营管理体系综合集成，形成一种能与既有铁路路网兼容的新型高效交通运输系统。高速铁路运营组织活动的特点是为高速度、高密度、高正点率的高铁运营组织提供保障。中国高铁客流量大、客流结构组成复杂，不同高铁运营条件差别大和动车组种类多，采用科学的运营组织管理方法意义非常重大。

高铁运营不仅需要高性能、高质量的基础设施与移动设备，还要有与之相适应的现代化铁路调度指挥体系，以实现对运输过程的高效组织、对运力资源的合理运用，及时处理各类突发事件，确保高速铁路及整个铁路网络的运输安全、正常秩序。与欧洲的网运分离模式和日本的区域独立模式不同，中国高铁是全国一张网，负责对高速与普速铁路、客运与货运的协调统一运输。这种复杂的路网情况。其运营组织速度明显增快，高速铁路的运行控制及调度系统应更加完备，运输组织与经营管理体系也应更加严密。

运输的方便、快捷、舒适以及运营的安全、正点、可靠是高速铁路吸引旅客的主要优点，为保证高速铁路高质量的服务水平，高速列车必须具有高正点率，这就要求高速铁路运营计划必须具有高可靠性和可实施性。因此，高速铁路运营计划必须全面、细致和准确，对运营计划的编制和组织要求较高。高速铁路列车运行具有高密度、高速度等特点，在列车高速度运行条件下，进行高密度的列车运行组织，无疑是高速铁路运营组织的基本特征。高速铁路运输组织工作特点如下：

（1）运输服务系统覆盖旅客旅行服务的全过程，最大限度地满足不同层次的旅客出行需求。从客票预定和售票服务、站车信息服务、旅客换乘服务等方面，实现了运输组织管理和运输服务管理的一体化，高质量、便捷地满足客的需求，安全、迅速、准确、舒适地将旅客送到目的地。

（2）充分满足旅客出行需求、适应客流变化，制订运输计划和旅客车开行方案。列车运行图所规定的列车种类、数量、始发终到和途中停靠车站其停站时分都要从最大限度满足不同层次的旅客出行需求出发，兼顾合理安排。同时，还要重视与既有铁路和其他交通方式的配合，方便旅客换乘。

（3）建立以高新技术为基础的安全保障体系的运营管理系统。在保证高速铁路运输的高度安全性和可靠性的基础上，形成以设备使用、整备、检修一体化的系统运营管理特色。铁路调度指挥系统既是组织铁路日常运输活动的管理中枢，又是对过程进行实时监督调整的指挥中心。它在协调各部门工作、提高列车运行质量、确保行车安全、保持运输系统整体有序运行等方面起着重要的核心作用。

## 3.2 高速铁路运输组织模式

世界上高速铁路线路技术模式各具特色，归纳起来主要有以下几种。

1. "全高速"模式

采用这种模式时，高速线上只运行高速列车，即列车最高运行速度都在200 km/h 以上。此种模式的优点是列车运行速度较高，列车追踪运行时间较短，运输组织相对简单，运输能力较大。日本高铁基本上都采用全高速模式。日本新干线全部修建新线，轨距 1 435 mm，旅客列车与既有线（轨距1 067 mm）不连通，互为独立系统。

## 2. "全高速-下线"模式

"全高速-下线"模式是指高速线上既运行本线高速列车又运行跨线高速列车，跨线高速列车在既有线上按其允许速度运行。法国高铁就是采用的此种运输组织模式，其优点是可以增加高速列车的通行网络，扩大高速线路服务范围，更多地吸引客流，较好地解决跨线旅客运输问题。但模式要求高速铁路与既有铁路必须兼容。如法国 TGV 模式，在修建新线的同时，部分改造既有线，旅客列车专用，与既有线实现连通。

## 3. "混运"模式

"混运"模式下，高速线上不仅能运行高速旅客列车，还能运行速度较低（最高运行速度在 200 km/h 以下）的旅客列车，甚至是高附加值的快速货运列车，如德国高速铁路利用夜间开行了部分货运列车。此种模式多用于改建既有线为高速铁路的线路上，其优点是当高速列车开行数量较少时，可以最大限度地利用高铁运能；其缺点是行车组织较为复杂，对线路通过能力的提高不利。德国 ICE 部分修建新线，部分改造既有线，实现连通，旅客列车和轻快货物列车混用。

另外，英国、瑞典摆式列车模式为既不建设新线，也不对既有线改造，主要采用摆式车体的列车提高旅客列车速度，并与货物列车混用。

中国高铁运输组织模式主要包括全部修建新线（旧线路难以改造，改造成本高，甚至超过新建线路），旅客列车专用，与既有线可以连通。

## 3.3　高速列车运行计划

### 3.3.1　高速铁路客流分析

#### 1. 客流特征

高速铁路客流是一个复杂的要素集合体共同影响的产物，其形成和发展是内外各种动因共同作用的结果。系统内部因素主要有运营组织计划、服务质量、客运票价等；系统外部因素包括系统环境和旅客方面等因素。环境方面主要是区域经济发展水平、人文与自然环境条件交通结构等因素；旅客方面的因素诸如个人社会经济条件、消费偏好等。客流出行规特征主要包括客流的年龄、职业结构、出行目的、对票价的敏感性等，由于每个出行者的特征都不相同，每个旅客出行行为选择也各不相同，继而导致高速铁路客流量的相应变化，客流出行特征分析方法主要是对旅客或潜在的旅客进行出行调查。分析以下客流影响因素：

① 目的性：公务、商务、探亲、旅游。

② 规律性：季节、气候、社会活动、周期规律。

③ 消费能力、交通便利。

④ 客流预测：流量、流向、流时，波动区间、历史数据、周期规律、天气、社会活动、客流趋势。

### 2. 影响因素

可从客观和主观层面对影响高速铁路客流的因素进行分析。其中，在客观层面是以对客流外部的影响为主，在主观层面主要是站在针对旅客运输需求的角度。客观因素主要包括经济发展水平、地理区域、居民消费水平、人口数量、季节及气候、其他运输行业的竞争等；主观因素是从旅客出行需求的主观角度看，旅客对运输产品的选择是综合多种影响客流因素后的结果。

影响客流的因素不会单方面发挥作用，而是相互交织、相互作用，其影响因素可归纳为安全、列车正点率、速度（旅行时间）、发车密度（特别是高峰时段）、票价、舒适度、营销策略等方面。其中，舒适度是指随着人民生活水平的提高，旅客对出行工具的舒适度有越来越高的要求。旅客不再只满足于其位移需要的实现，而且要求在接受运输服务的过程中感到舒适，对这方面的需求也是多层次的。铁路部门在细节上做文章，全面开展差异化、个性化服务，拓展服务内容和方式。围绕旅客购票、进站、候车、检票、上车、乘车、下车、出站等 8 大环节，优化服务流程，改进服务方式，为旅客提供通畅有序、便捷温馨的服务；继续抓好老弱病残孕等重点旅客进出站、上下车预约，旅客遗失物品查找，视力障碍旅客携带导盲犬乘车等服务。同时，高铁服务品质不断提升，自助售取票、自助验证验票、自助检票进站、互联网订餐、机器人问询、APP 资讯查询、车站智能导航、服务预约、站车 WiFi 等一批创新服务产品的推出，极大地改善了旅客出行体验。在营销策略上，主要是指寻找适应高速铁路客运市场需求的各种营销手段，如降低销售价格、实行优惠价、改进产品性能、提高列车速度及档次、提高服务质量等。

### 3. 客流需求预测

在实际应用中，铁路局集团公司一般选择多种算法（如时间序列法、指数平滑法、概率法、组合法、神经网络等），根据所需预测的目标、种类或精度选择相应的算法。元数据是为预测未来而准备的相近历史数据，主要包括历史客流数据、历史社会经济活动数据、气象数据、节假日数据等。高速铁路客流需求预测是基于以上因素构建而成的，在客票系统、客运营销辅助决策系统的基础上，利用大数据方法，采用合适的客流预测模型算法，对列车、区域、线路的总量或者 OD 客流进行预测，为客流需求预测提供科学依据。

高速铁路运输组织分析如图 3.1 所示。

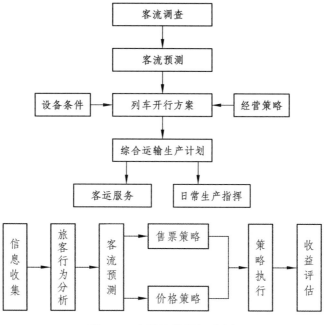

图 3.1　高铁运输组织分析

### 3.3.2　高速列车开行方案

1. 高速列车开行方案概念

高速列车的开行方案是指确定列车运行区段、列车种类及开行对数的计划。高速列车的始发站、终到站及经由线路，构成了高速列车的运行区段。列车种类区别出列车不同的速度等级以及不同的停站方案，开行对数的多少表示列车行车量的大小，三者共同组成了一个完整的高速列车开行方案。

高速铁路的开行计划方案应以市场需求导向为基础，做好客流的精准预测，在编制高铁运行图时，充分结合高速铁路运营实际，合理使用运能运力资源，实现客流预测。与列车开行方案、列车运行图、动车组交路图一体化设计是进行市场导向型运营管理的有效途径，因此，高速铁路列车运行图的编制具有协同一体化的技术特征和要求。

## 2. 中国高速列车运行种类

采用的动车组列车从运营的层面来看，主要分为高速列车（G字头列车）、城际列车（C字头列车）和动车组列车（D字头列车）。

高速列车速度等级主要有250 km/h和350 km/h两大类，在运行图上进行呈现，为D字头列车和G字头列车。另外，同一等级速度列车，由于其停站次数的不同，其在途旅行速度也有较大区别，通常根据停站次数的多少划分其等级，停站次数越少则等级越高，停站次数越多则等级越低。

根据客运市场的需要，高速列车有不同的停站方案，根据不同的停站方案，形成了一站直达、大站停、择站停以及站站停列车。

## 3. 高速列车编组数量

列车的编组数量是影响列车定员的主要因素，进而影响开行方案中列车开行对数。列车编组辆数除了动车组运行、制动性能因素外，还要根据列车运行径路上沿途车站的到发线有效长度、站台长度、折返牵出线长度、线路能力等多种因素统一确定，当这些固定设备、移动设备因素确定之后，主要根据服务范围的市场因素决定编组辆数，此时的主要决定因素是运行径路上沿线客流密度、客流波动、列车服务频率等。

由于高速铁路采取公交化的运营组织方式，为保证较高的服务频率，需要扩大列车的行车密度。因此，高速列车的编组辆数相对较小。而当高速铁路通过能力比较紧张，或在节假日期间客流量较大时，为充分利用线路能力，通常需要开行大编组的高速列车。

当列车为8辆编组的单组列车时，列车开行数量会相应地增多，即以短编组、高密度的方式，提高服务的频率，从而较好地吸引客流，且为旅客提供可供选择的多时段、多车次的服务。但当线路能力紧张时，重联的大编组列车能够充分利用线路通过能力，并提高列车的输送能力。因此，高速列车的编组辆数决定了列车的定员，列车定员会进一步影响到列车开行对数。而列车编组辆数应根据市场需求、线路通过能力等具体情况综合考虑。

## 4. 设计原则

高速铁路列车开行方案是编制列车运行方案的基础。提高列车开行的经济效益和社会效益是编制和优化列车开行方案的基本原则，制定列车开行方案的市场依据是客流，而客流构成的四要素（流量、流向、流时、流程）以及客流性质（或目的），是确定列车开行方案的重要条件。列车运行区段、长短途比例、快慢比例、停站方案、编组辆数、开行对数等，都从不同角度反映了列车开行方案与实际需求的符合程度。

综合考虑现有设施设备能力是开行方案编制和优化的基础，设施设备能力包括线路通过能力、车站到发能力、车底数量及折返能力等，需要在经济、合理地利用各种客运设备的基础上编制和优化高速列车开行方案。

编制和优化高速列车开行方案的基本原则是：以客流为依据，以提高经济效益和社会效益为前提，充分利用现有设施设备，最大限度地满足客运市场的需求。

5. 设计流程优化

高速铁路列车开行方案是在掌握客流计划、遵循铁路客运市场规律的基础上，在一定的运输能力限制下，采用基于 OD 间客流量的编制办法。综合考虑各站点间的客流量，有效地组织不同编组动车组列车的开行，将客流分配到不同种类的列车上，既要充分满足市场需求，又能合理利用运输能力，最大限度地满足广大旅客需求。列车开行方案的优化编制流程如图 3.2 所示。

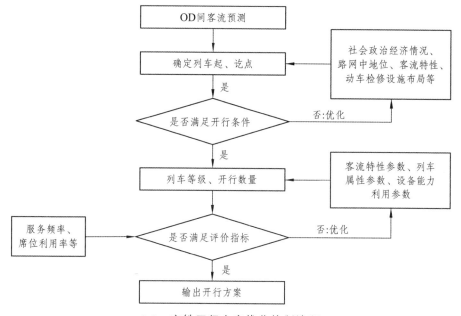

3.2　高铁开行方案优化编制流程

### 3.3.3　高速铁路列车运行图

列车运行图是组织全线列车运行的基础，通常以一天为周期。由于列车运行图规定了各次列车在每个车站的到达、出发、通过时刻，在区间的运行时间、在车站的停站时间、在折返站的折返时间以及列车占用区间的先后次序，并规定了列车的重量、长度以及运行交路等，因而运行图也规定了铁路线路、站场、通信信号、动车组车底等设施设备占用的顺序与程度（称之为设备运用），以及与行车有关的各部门的工作要求。因此，列车运行图是铁路运输工作的综合计划，是铁路行车组织的基础，是协调铁路各部门、各单位按一定程序进行生产活动的工具，也是铁路与旅客、与社会联系的纽带。

列车运行图是列车开行方案在调度指挥系统的直观显示。列车运行图是利用坐标原理描述列车在轨道上运行的时空关系，直观显示列车在沿途各站到达、出发、停站或通过的时间，是各类列车在沿途各区间运行状态的一种图解形式。简单地说，列车运行图就是"距离-时间"关系曲线。中国列车运行图的纵轴为列车沿途运行的距离，被不同的站间距切分，横轴为一天 24 h 的时间轴，图上的斜线即为列车运行线，由左下方向右上方运行的为上行列车运行线，由左上方向右下方运行的为下行列车运行线，斜率代表列车的运行速度，如图 3.3 所示。

中国列车运行图以横轴表示时间，纵轴表示距离，俄罗斯、日本等多数国家的铁路均采用这种形式的运行图。但也有一些国家反过来，如德国、瑞士等，以纵轴表示时间，横轴表示距离。由于线路平纵断面（平面和纵断面的简称）的参数不同，即曲线半径和坡道坡度不同，列车运行速度有很大的波动。此外，由于列车进出车站时起动和停车需要，列车速度也有很大的变化，因此，真实的列车运行线本应随着速度的变化绘制成曲线，但为了运行图铺画的方便，均以斜直线表示，且斜直线的表示方法能够满足运输组织的需要。

高速铁路列车运行图铺画的均是速度在 200 km/h 以上的高速动车组列车，与客货混跑的既有铁路不同，运行图上铺画的都是旅客列车运行线，主要分布在符合人们出行习惯的 6：00～24：00 范围内，夜间主要是高速铁路综合天窗维修时间。

高速铁路客流以通道流、区段流为主，呈现出明显的季节性、波动性、时段性特点，同一条高铁在一年、一季、一周，甚至一日内各小时之间的客流常有急剧的起伏变化，为充分发挥高速铁路的社会和经济效益，提升高速铁路适应市场变化的能力，铁路部门根据客流规律按年度分季节编制高速铁路日常图、周末图、高峰图。随着人们出行规律和出行习惯的改变，以往的高速铁路日常、周末、高峰图已逐渐不能满足旅客的出行需求。2018 年，中国铁路总公司提出了高速铁路旅客列车运营实施"一日一图"的决定。一日一图就是在既有的动态调整图上，根据每日客流的精准预测，实施每日不同列车开行方案的原则，体现了精准贴近市场，精准投入运能，精准实施设备检修的动态化运营组织。

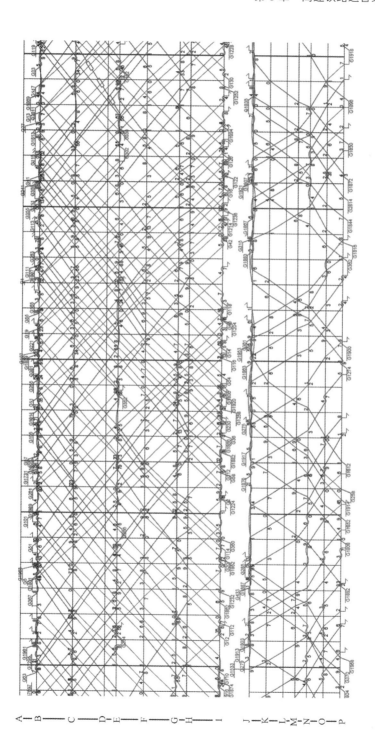

图 3.3　高速铁路列车运行图（局部）

### 3.3.4　动车组运用计划

动车组运用计划是高速铁路运输组织技术关键的重要组成部分,是动车组运用和维修的综合计划,在列车运行图、动车组检修修程规定以及检修基地等既定的条件下,对动车组担当列车车次周转和在何地点进行哪种类型检修等作出的具体安排,以确保良好状态的动车组实现列车运行图。动车组运用计划主要包括 3 个方面的内容,动车组交路与运转制、动车组的乘务组织、动车组的周转时间与车组需要数量,动车组运用计划最终反映在动车组周转图上。

提高动车组使用效率和保持良好的运行状态是矛盾的两个方面,动车组运用计划就是要实现动车组的运用与整备、维修一体化。一方面,动车组的运载设备运用和管理理念已经从常规铁路的分散化走向集中化。动车组检修包括日常检修和定期检修,各级修程分别对应检修周期走行千米数或运营小时数;另一方面,动车组运用主要分为固定区段和不固定区段使用方式两种。尤其是不固定区段的运用方式,因运行区段没有限制、一组动车组多车次套用而且可以兼顾长短交路套用,已经在国外的运作以及中国铁路既有线提速开行动车组得到了成功验证。同时,动车组乘务制度应随之与运行方式相协调,采取不固定交路轮乘制,有利于提高动车组的使用效率,减少配属站数量。因此,可以说,整备和维修是保证动车组有效使用和运用质量的前提条件,而动车组运用计划又是合理安排整备和维修工作的重要依据。将动车组运用、整备、维修计划同时编制、统筹安排,也是运输组织的难点之一。

动车组运用计划须与客车开行计划、列车运行图以及调度指挥系统结合而生,以提高动车组利用率、减少动车组使用数量、降低运用成本作为日常的运输组织原则,在实际中依靠综合调度来实施调整。中国高速铁路动车组运用的突出问题在于面临复杂网络化运营的挑战。

### 3.3.5　综合施工维修天窗计划

我国高速铁路主要采用夜间停运列车的施工维修组织模式,综合施工维修天窗一般设置在夜间 0:00~4:00,时间须不少于 4 h,具体是否设置垂直天窗,须根据线路设施设备维护需要及运输组织需求决定。目前中国高速铁路的天窗设置主要有 3 类:300 km/h 及以上高速铁路区段及部分 250 km/h 客专铁路,设置 4 h 垂直维修天窗;部分 250 km/h 客专,铁路根据夜间列车开行需求,分日期设置不同时段天窗,但最少不低于 3 h;针对 200 km/h 快速线路，设置不少于 180 min 分段矩形天窗或"V"型天窗，但同一区段的垂直天窗时间不少于 2 h。

## 3.4　中国高速铁路调度指挥体系

高速铁路运营调度系统是高速铁路运营管理和列车运行控制的中枢，是高速铁路高新技术的集中体现，是高速铁路运营管理现代化、自动化、安全高效的标志，并对统一指挥列车运行和协调铁路运输各部门的工作作用重大。高速铁路调度强调集中指挥，是综合效益的集中体现，关系到整体效率和效益的发挥。

### 3.4.1　高速铁路调度指挥的作用

（1）是高速铁路运营管理和列车运行控制的中枢，担负组织高速铁路列车运行和日常生产。

（2）能准确识别各类影响调度指挥决策及行车安全的风险因素，具有风险预警与控制以及智能化决策、管理能力。

（3）充分发挥高速铁路运输效能，协调运输各部门工作以确保高速铁路行车安全和优质服务的基本保证。

（4）保证高速铁路安全、正点、高效运行的现代铁路控制与管理系统，是一个复杂的包括实时控制和信息传输等功能的综合系统。

### 3.4.2　高速铁路调度指挥体系构成

国外高速铁路调度指挥系统和国外高速铁路调度指挥模式基本划分为三种类型。第一类是以日本为代表，通过构建各专业综合调度系统以适应高速客运专线的特点和需求，按照新的思路构成的综合型调度指挥系统，简称"综合型"系统；第二类是以德国为代表，其调度系统是以地区为中心建立调度控制中心，而不是以高速线为中心；第三类是以法国和西班牙为代表，线路为目标建立控制中心，基本沿袭既有铁路的传统模式。

中国高速铁路调度指挥机构的设置以满足高速铁路调度指挥需要为前提，在充分考虑高速铁路运营管理模式、行车组织特点、调度指挥模式及功能的基础上按照一般组织机构设置的原则来合理设置调度指挥机构，遵循"分工明确，业务不交叉"的原则，中国高速铁路调度指挥机构采取两级调度架构，即国铁集团调度中心、铁路局集团公司调度所。

1. 国铁集团调度中心（管理层）

总体负责组织协调全路高速铁路运输调度指挥。国铁集团调度指挥中心高速铁路调度设值班副处长、计划、列车、动车、客运、供电、综合维修调度台。国铁集团调度指挥中心作为全路调度指挥的领导者，主要负责全路列车运行的协调、监控。工作具体可以概括为：负责全路列车基本运行图的编制；组织跨线列车的开行，协调高速铁路公司和既有线铁路局集团公司之间以及高速铁路公司之间的利益冲突；监视全路列车的运行状况；非正常情况下指示相应调度机构的应急处理工作，必要时接管指定区域列车运行指挥工作等。

2. 铁路局集团公司调度所（高速铁路调度指挥中心）

高速铁路调度指挥涉及计划、列车、工务、电务、供电、动车、客运以及维修等部门，为满足高速铁路调度指挥业务的需要，在调度指挥中心设置相应的业务调度台，由各业务调度台来直接指挥现场的工作。铁路局集团公司调度所是列车运行的实际控制中心，主要负责实施计划的制订，组织列车按图运行，在列车运行偏离计划时实时进行列车运行调整，在非正常情况下开启应急救援模式等。要保证高速铁路运营的安全，离不开各高速铁路调度台间的紧密联系，密切配合。高速铁路调度值班主任领导和协调各工种调度，督促各岗位按章、按标作业，共同确保高速铁路列车运行的安全畅通，保证高速铁路调度指挥的安全稳定。铁路局集团公司调度所在高速铁路值班主任领导下，设有计划、列车、客服、动车、工务、电务、供电和施工调度等岗位，中国铁路上海局集团公司调度所如图3.3所示。

图 3.3　中国铁路上海局集团公司调度所

计划调度主要负责列车运行计划、动车组运用计划、乘务计划以及维修计划的编制，列车运行实绩统计分析等，并负责日班计划编制及列车运行图数据维护和高铁计划子系统基础数据维护。列车调度又称行车调度，列车调度台是确保高速铁路调度指挥安全、列车安全畅通运行的中枢与关键，负责组织列车按计划运行，在列车运行偏离计划时实时进行运行调整等。列车调度员作为调度部门的关键岗位，是日常运输组织指挥工作的大脑，担负着保障运输安全、组织客货运输、保证国家重点运输、提高客货服务质量的重要责任，凡与行车组织有关的日常生产活动都必须在运输调度的统一组织指挥下进行。按照集中领导、统一指挥、逐级负责的原则，一个调度区段内由本区段列车调度员统一指挥，列车调度员作为一个调度区段行车的统一指挥者，其发布的调度命令和指示，相关行车人员必须执行。列车调度一般有列车调度员（主调）和助理调度员（助调）两人协同配合完成工作。工务、电务、供电调度分别负责辖区范围内的工务、电务、电力调度及牵引供电调度、监控设备的监视、控制等。动车调度负责监控管辖范围内动车的运用情况，合理安排动车组的运用、检修；合理安排动车组司机及乘务组等。客服调度负责管辖范围内车站与旅客服务相关的各项事务，积极应对各种突发情况，做好旅客的疏导、安抚工作等。施工（综合维修）调度负责收集基础资料及各种报表信息，制定维修计划，监视线路以及列车运行状况等。根据工作量情况，综合维修调度的职能可并入列车调度岗位，也就是说，不单列综合维修调度，其工作职能由列车调度完成。

### 3.4.3　调度集中指挥系统

高铁调度区别于普速列车调度，变单一指挥者为组织者、指挥者和执行者于一身，既负有高铁行车指挥者的职能，还要担当车站值班员、信号员等一线执行者的职责，集行车、工、动车组、客服、供电、应急"六体"于"一体"；除正常的运输组织外，还需对运营中出现的设备故障、灾害天气、线路障碍、列车晚点等 30 多种非正常情况进行应急处置，实现运输组织的规范有序和畅达高效。

1. 中国高速铁路调度集中系统（CTC）——列车运行指挥官发展进程

高速铁路调度集中系统是（CTC）调度中心（行车调度）对某一区段内的信号设备进行集中控制、对列车运行直接指挥、管理的现代化技术装备；是实现铁路各级运输调度对列车运行实行透明指挥、实时控制的高度自动化的调度指挥系统；是保证行车安全、提高运输效率、改善行车指挥人员工作条件的重要设施；是用计算机网络构成的重要行车设备。

1925 年，美国铁道协会采用在铁路区段按信号显示行车，并对列车运行方式进行集中控制的方式，这套系统被命名为调度集中系统，这也是第一次在客运专线使用调度指挥系统。按照最初的设计方案，调度集中系统可以实时显示现场的行车作业情况，方便调度员对列车进行调度和管理。然而当时的工业技术水平较低，轨道在使用一段时间后锈迹斑斑，这导致轨道感应模块不能准确显示现场列车占用情况，经常出现现场没有列车占用，而系统显示有车占用的错误情况，这严重地影响了区间和车站的通过能力，进而严重地影响了整个调度区段的通过能力；另外设备的使用寿命有限，对大规模集成电路维修养护的成本也十分高昂。所以，虽然调度集中系统开创了铁路调度指挥的新时代，但由于它在实际应用中的缺点远大于优点，系统未能发挥预期的作用，因此没有得到广泛的推广，仅仅投入使用较短的时间便就匆匆地退出了历史舞台。

20世纪80年代，随着计算机技术和工业技术的飞速发展，各国重拾微机化调度集中的研发。首先是德国研发的新一代调度集中系统中，考虑到列车运行速度的提高，增加了保证列车运行安全的设计；瑞典和挪威等北欧国家，铁路常年运输煤炭、木材等货物，货运压力大，虽然基础工业比较发达，但运输水平不高，因此他们也在集中精力研发集监视、控制和数据统计于一体的分散自律调度系统；法国作为第二次世界大战以后欧洲高速铁路的领跑者，也在集中精力研发具有报表处理、运行图调整等功能的调度集中系统；美国并没有因为创造了分散自律的历史而感到优越，其对调度集中的研制一直在紧密的进行中，第二次世界大战后，在上一代系统的基础上，延伸出符合美国本土铁路客货混跑特点的新一代分散自律系统；日本在美国调度集中系统的基础上，针对本国地形地貌的特征对系统进行改造，并加入抗震设备。在此之后，随着技术的进步，对调度集中系统的研究进一步向综合化、自动化和智能化方向发展。尤其是通信领域的新成果引入系统后，使得调度集中系统的能效性、可靠性及操作界面发生了质的改变，而且调度集中系统的功能涵盖面也越来越广，在原有的基础上进一步加强了监视、控制、报警、设备状态监测、决策、运行图管理、列车运行实迹描绘、运行计划调整、晚点预告等功能，经过几十年的发展，调度集中系统已经比较成熟，日本、美国、德国等均采用了以调度集中为基础的行车指挥自动化系统，实现了以安全为前提，集列车运行管理、调度监督、机车车辆监控和旅客信息服务等功能为一体的运输管理信息化，且相当多车站已实现调度无人化，大大节省了人工成本，并提高了运输效率。

中国是第一批跟进研究调度集中系统的国家，早在1963年由于当时运输煤炭的需要，在宝鸡至凤州段，便开通了91 km的电气化铁路，这是国内第一段调度集中系统区段。当时是在没有任何可借鉴的情况下试验成功的。当时在宝鸡至凤州线上已经运用了国内最为先进的线路、信号、牵引供电设备，但因没有成熟的车载信号设备，所以效能并不是非常明显，尽管如此仍然为中国铁路调度集中系统的发展奠定了坚实的理论和实践基础。到了 20 世纪 90 年代，由中国铁道科学研究院研发的新一代 D5 型分散自律调度系统应用在大秦线上，列车在整个区段的通过能力大大提高。中国的铁路运输组织场景比国外要复杂得多，通过引进、消化和吸收国外的成功经验，经过多年努力和攻关，中国高速铁路逐步形成了拥有自主知识产权的调度集中系统。

尽管旧的调度集中系统已经能完成基本功能，但由于智能化程度不高，没有从根本上改变铁路运输的组织，造成一些调度员仍依靠传统的"老三件"，也就是铅笔、尺子和电话来指挥行车，造成工作劳动强度大、效率低。另外，系统未能减轻铁路运输调度员的繁琐工作内容，因为调度员承接了车站值班员的既有工作内容，而车站值班员又需要完成其他许多工作，这些问题严重制约了铁路现代化的进程。2003 年起，新一代分散自律式调度集中系统开始建设。首先在济南局的胶济铁路试验并成功运用了国产化的调度集中系统；而后又在郑武线试验并成功运用了国产化的调度集中系统；更让人感到兴奋的是，在时速 350 km 的武广高铁使用的客运专线调度指挥系统，也实现了完全国产化。

新一代调度集中系统使运输组织指挥达到准确化、智能化、便捷化，最大程度地减轻了调度员的繁琐工作。目前，高速铁路调度集中系统可以实时监视站场信号设备和列车运行状态，实现站间和区间透明显示；追踪列车运行位置和到发时刻，自动描绘列车实际运行图；利用计算机辅助编制和调整列车运行计划，实现调度指挥自动化；通过系统网络向车站下达计划和调度命令，通过系统网络和无线通信向机车下达调度命令、调车作业单、行车凭证和接车进路预告等信息。系统改变了行车调度员使用"老三件"指挥行车的高强度却低效率的局面，使调度员通过调度集中系统对其所管辖区域内的信号设备进行集中控制，对列车运行进行指挥和管理，从而能更好地提高铁路运输效率。

调度集中系统（CTC）是调度中心对某一区段内的信号设备进行集中控制，对列车运行直接指挥、管理的技术装备。系统是综合了计算机技术、网络通信技术和现代控制技术，采用智能化分散自律设计原则，以列车运行调整计划控制为中心，兼顾列车与调车作业的高度自动化的调度指挥系统。调度集中系统的核心技术是程序化进路控制（Programming Route Control，简称 PRC），其功能是根据列车运行调整计划，自动生成列车进路指令。简单地说就是自动确定进路的始端和终端按钮（包括变通按钮），并根据车次号追踪结果实时地将进路操作命令下达到联锁设备,以排列进路。

高速铁路调度集中系统(CTC)由调度中心系统、车站系统、网络通信系统等三部分构成,并可与联锁、列控、临时限速服务器(TSRS)、无线闭塞中心(RBC)、GSM-R 等其他系统连接,构成功能完善的列车运行指挥安全控制体系。CTC 系统是铁路调度指挥现代化建设的标志。

### 2. CTC 系统的构成

CTC 是以现代通信技术和分散自律控制为基础的分布式远程控制系统,由调度中心子系统、车站子系统和调度中心与车站及车站之间的网络子系统三部分构成。

调度中心子系统是 CTC 的网络核心,由中心机房设备及各调度台应用终端组成。中心机房设备包括数据库服务器、应用服务器、通信服务器、日志服务器、网络通信设备、电源设备、网管工作站、系统维护工作站。调度台应用终端包括行调工作站、助调工作站、综合维修工作站、计划员工作站、值班主任工作站等。

车站子系统是 CTC 系统的控制节点,主要设备包括车站自律机、车务终端、综合维修终端、电务维护终端、网络设备、电源设备、防雷设备、联锁系统接口设备和无线系统接口设备等。

网络子系统是调度中心子系统和车站子系统联络的桥梁,由网络通信设备和传输通道构成双环自愈网络,采用迂回、环状、冗余等方式提高其可靠性。

### 3. CTC 控制模式

CTC 控制区段设有分散自律控制与非常站控两种模式。分散自律控制模式是用列车运行调整计划自动控制列车进路,并具备人工办理进路的功能;非常站控模式是当调度集中设备故障、发生危及行车安全的情况或行车设备施工、维修需要时,转换为车站控制的模式。

在分散自律控制模式下,中心操作和车站调车操作方式下的车站的行车工作,均由本区段列车调度员统一指挥。在非常站控模式或车站操作方式下,车站的行车工作由车站值班员(应急值守人员)统一指挥。

在分散自律控制模式下,系统根据列车运行调整计划自动控制列车进路,根据调车作业计划自动控制调车进路,并具备人工办理进路的功能;非常站控模式是脱离 CTC 控制转为车站控制台人工控制的方式,调度中心不具备直接控制权,此时在系统完好时应同时具备 TDCS(列车调度指挥系统)的功能。

　　分散自律控制模式下按照对列车进路和调车进路的控制权限不同，设有中心操作、车站调车操作及车站操作三种操作方式。

　　中心操作方式指调度员对列车及调车进路均有操作权，车站对列车及调车进路均无操作权。

　　车站调车操作方式指调度员对列车进路有操作权，对调车进路无操作权。而车站对调车进路有操作权，对列车进路无操作权。

　　车站操作方式指车站对列车及调车进路均有操作权，调度员对列车及调车进路均无操作权。

　　CTC 系统分散自律控制下操作方式的转换由列车调度员确定，助理调度员与车站值班员（应急值守人员）进行操作。进行操作转换时须在《行车设备检查管理登记簿》（运统一 46）内登记。分散自律控制下，从车站操作方式转换到车站调车操作方式、中心操作方式时，由调度员点击"模式申请"后，车站点击"同意模式申请"；从车站调车操作方式、中心操作方式转换到车站操作方式，由车站点击"模式申请"后，调度员点击"同意模式申请"；车站调车操作方式与中心操作方式间的转换，由调度员通知车站值班员后直接切换。切换完成后，相应指示灯亮稳定绿灯，表示操作方式切换已完成。

　　通过 CTC 设备编制列车运行阶段计划，下达至车站自律机，车站自律机生成进路序列信息，并按照进路触发时机，将进路序列中相关按钮命令发送到联锁设备，由其排列相关列车进路。CTC 系统主要包括列车计划管理子系统、自律控制子系统、车次管理子系统、调车作业子系统、调度终端子系统、车务终端子系统、与外部系统（TD MS）等接口子系统、GSM-R 接口子系统、限速命令管理和列控接口子系统，以及其他相关维护功能。CTC 系统结构图如图 3.4 所示。

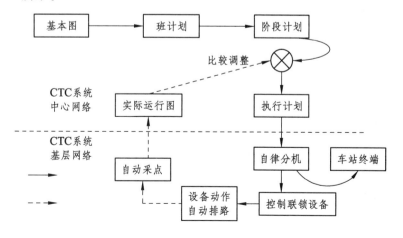

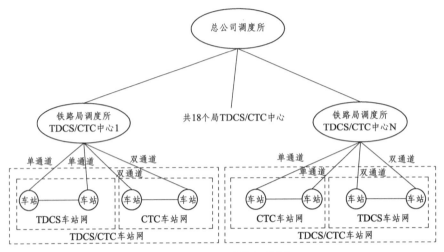

图 3.4 CTC 系统架构图

**4. 利用 CTC 系统进行列车作业进出主要流程**

列车调度员在调度中心列车调度工作站编制、下达列车运行调整计划并下达到各管辖站；CTC 车务终端及车站自律机收到计划后，自动将列车运行调整计划转换为列车进路指令序列；车站自律机根据排列进路的规定时机，经过《站细》条件检查通过后，向联锁系统下达进路控制命令；在进路排列完成后，自动以文字方式向司机提供前方站的接车进路预告信息；联锁系统将各项电务设备中的行车表示信息以及自身采集的表示信息发送至调度中心；车站自律机按照报点规则自动采集列车的到、发点或通过点，并将报点信息发送至调度中心，调度中心依此来自动描绘实迹图；车站自律机将报点信息传送至车务终端，车务终端根据该信息自动填写《行车日志》。

CTC 系统单站界面图与列车运行图如图 3.5 所示。在运行图调整实施过程中，如果旅客列车办客站、动车组列车办客股道、列车运行径路等未经核对，列车调度员要加强运行径路、办客站、办客股道资料的核对工作；加强与软件部门、行车台的核对工作。

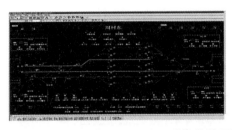 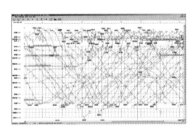

图 3.5 CTC 系统单站界面图与列车运行图

## 3.5　高速铁路安全保障与应急管理

### 3.5.1　安全风险

因高速列车运行速度高、设备技术新、涉及结合部多、外部环境复杂等特点，对我国高铁十年来运营安全风险引起的事故原因进行分析，可知我国高速铁路运营安全风险基本由设备设施、人员作业、外部环境、管理运作等方面组成。

1. 设施设备

高速铁路设备的结构趋向精密化与复杂化、功能趋向自动化与集成化，设备在使用过程中不可避免地会产生故障问题，由此增加了列车运行的风险。若风险处置得当，设备故障本身造成的风险就会受控，列车运行秩序也将受到较小程度的影响，若处置不当，设备故障造成的风险就会进一步升级，严重时甚至造成安全风险失控。高铁设备设施风险主要包括工务、电务、供电基础设施风险和动车组车辆移动设备风险，而且每一设备还可细分，如供电设备风险主要体现在外部供电中断、防雷失效、牵引所内跳闸、弓网故障、接触网断线、接触网倒杆等因素上。

2. 人员作业

人员作业风险包括人员因素造成的风险和现场作业的不安全行为风险。其中，人员作业风险主要包括高铁关键岗位（如动车组司机、车站应急值守人员、高铁运营维护）人员业务素质不符合高铁运营要求、培训不足等。如，铁路调度员在指挥过程中，调度指挥设备的风险主要包括遇有恶劣天气和设备本身出现故障时，要按照安全风险管理的流程即风险识别、评估、预警和防控采取应急处置，妥善处理设备故障造成的影响；同时，若调度员业务素质不过关，所采取的应急处置方式不正确，则会将设备故障引起的事态进一步扩大。可见，调度员的业务能力也是至关重要的。

3. 环境因素

环境因素主要包括自然环境、外部环境、社会环境。高铁动车组对于各种自然条件因素造成的影响更为敏感。自然灾害风险主要主要包括风、雨、雪、雷电、地震以及洪水、滑坡、泥石流等地质灾害，因其不可预测性及巨大破坏性，会对列车造成限速运行或停运的负面影响。伴随着高速铁路的发展和城市的扩张外部环境安全风险日益突出。高铁社会环境主要是指社会生产活动等直接或间接的影响动车组列车的运行安全。从影响全国高铁运营安全的信息和事故统计数据看，因外部环境因素影响高铁安全事件具有逐年增加的趋势；再根据行为特点和发生因素分析，按所占比例排序依次是社会治安环境、社会生产环境、自然环境、地理环境因素。

4. 管理运作

管理运作风险的出现因高铁规章制度、安全管理、运营维护管理、双重预防机制等方面存在欠缺而导致，具体包括：安全生产法律法规的符合性、安全管理体系的构建及落实的有效性、预防事故发生的预警措施的完善性、不安全作业行为等的控制等。

### 3.5.2　安全保障

中国高铁全生命周期的安全保障体系如图 3.6 所示，包括高铁开通运营前和运营中的安全保障等方面的内容。具体来讲，是以技术为支撑、以管理为手段，涵盖企业主体责任、政府监管、社会监督各方面，贯穿了从项目启动、科研、设计、设备制造、工程施工、静动态试验、联调联试、运行试验直至运营管理等各阶段，内容涵盖了安全保障方法、技术与相关标准规范等各个方面。

值得一提的是：高速铁路开通前要组织联调联试试验。联调联试是为确保动车组列车安全平稳运行，在高速铁路开通前进行的严格试验检测和调整优化。在新线工程静态验收合格后，铁路部门通过综合检测列车动态检测的方式，验证轨道、供电、接触网、通信、信号、预警监测等系统性能；评价综合接地、电磁环境、振动噪声等数据是否符合标准，使各系统和整体系统性能达到设计要求，为开通运营提供重要技术保障。联调联试是指采用检测列车和相关检测设备，对高速铁路各系统的功能、性能、状态和系统间匹配关系进行综合检查和验证，并通过此种方法指导系统进行调整和优化，使得整体系统达到设计要求，提高安全系数。联调联试工作主要包括轨道、路基、桥梁、隧道、电力牵引供电、通信、信号、客运服务系统、自然灾害及异物侵限检测系统等的综合检测和验证。另外，中国在高铁新线开通前，还启动了试运营阶段、应急演练（综合设置高铁基础设施故障场景）、开通运营安全评估机制等环节。

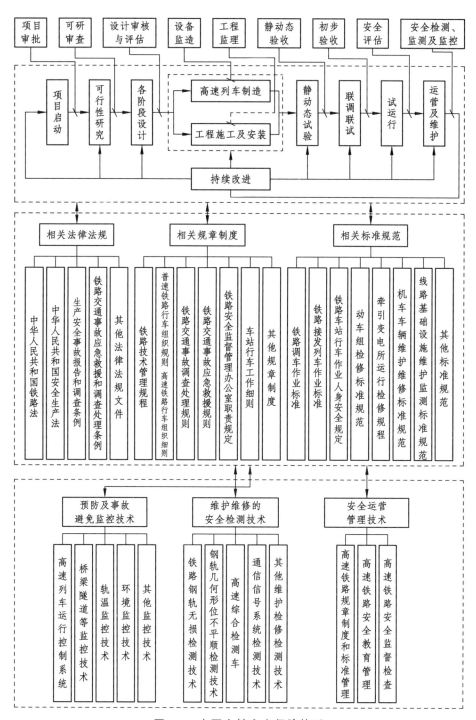

图 3.6  中国高铁安全保障体系

### 3.5.3　应急组织

通常说来，调度指挥是围绕"人、车、天、地、图"五大要素展开的。人是指参加运输工作的人员，即调度及车站行车工作人员的状况；车是指各类列车、机车、车辆运行状态信息；天是指天气、气候状况；地是指铁路技术设备，线路的横纵断面条件、平面布置情况及沿线地质状况；图是指列车运行计划图和实际图。

正常情况下，高速铁路调度指挥系统每日以 0 时 0 分为分界，根据高速铁路调度日计划铺画运行图，再下达 3～4 h 列车运行调整计划，实时盯控高速动车组列车运行。遇有恶劣天气、设备突发故障等情况时，通过临时调整并下达 3～4 h 列车运行调整计划指挥列车运行，以减少对列车运行秩序的影响，确保高速动车组列车开行日计划的兑现。当出现列车晚点、停运、换乘等情况时，协调各部门将影响控制到最小，尽最大可能维护高速铁路列车运行秩序稳定，满足旅客出行需要。

高速铁路安全问题一旦发生，调度员要根据事件的现场状况对事件的影响、发展的态势进行预先评估，通过给出的事件影响评估和事件态势评估确定这次事件的损失程度、影响层面、影响规模以及事件种类，按照安全风险评估的风险等级，制定出详细的处理方案，并对应相关预案，组织应急处置。在处置过程中，各相关岗位协同一致、共同完成。高速铁路列车调度员各项规章规定是做出正确的应急处置的必要的前提，在处置过程中，要按照"单一指挥、导向安全、按章处置、减少损失、方便旅客"的处置原则，在日常应急处置过程中着重把握安全、效率和服务准则，对于对应的预案操作流程和关键项点，要有序熟练规范处置。

应急预案指面对突发事件如自然灾害、重特大事故、环境公害及人为破坏的应急管理、指挥、救援计划等。应急预案的编制和救援组织是应急救援的核心内容。中国铁路以安全技术和现代信息技术为支撑，建立了国铁集团、铁路局集团公司、站段三级应急救援系统，相应的应急预案分为综合应急预案、专项应急预案和现场处置预案。综合预案是铁路应急管理的整体预案，从总体上阐述铁路的应急方针、政策、应急组织结构及相应的职责、应急行动的总体思路等。专项预案是针对某种特定的突发事件制定的，例如交通伤亡事故、危险物质泄漏、火灾、地震等。专项预案是在综合预案的基础上，充分考虑了某特定突发事件的特点，对应急的形势、组织机构、应急活动等进行更具体的阐述，具有较强的针对性。现场处置预案是铁路局集团公司下属各站段针对各种类型突发事件制定的具体处置措施，它是在专项预案的基础上，根据具体情况需要而编制的。现场处置预案的特点是针对某一具体站段、部门及具体的事故情况，在详细分析的基础上，对应急救援中的各个方面做出具体、周密而细致的安排，因而具有更强的针对性和对现场具体救援活动的指导性。

高速铁路突发事件应急组织体系分为国铁集团、铁路局集团公司、站段三层。

（1）国铁集团应急组织机构。

国铁集团负责领导、协调高速铁路突发事件应急处置工作。其主要职责：决定启动或终止本级预案；组织、指导有关铁路局集团公司进行突发事件的应急处置；负责与有关部委、地方人民政府相关事务的协调工作；决定向国务院有关部门报告和请求支援；有关事项的决策。

（2）铁路局集团公司、站段应急组织机构。

铁路局集团公司应急组织由铁路局集团公司分管副总经理任组长，成员由集团公司办公室、安监室、运输、客运、货运、机务、供电、工务、电务、车辆、财务、物资、建设、计划、劳卫部、调度所、工会、宣传部、公安局等部门负责人组成。应急领导小组下设办公室。办公室设在应急救援指挥中心。站段有关组织机构由铁路局集团公司具体规定。集团公司、站段层面的应急领导小组主要负责突发事件应急处置的组织、执行，具体职责在铁路局集团公司、站段高速铁路突发事件应急预案中规定。

（3）应急响应流程。

中国高速铁路应急响应采用分级响应的原则，应急响应分为特别重大、重大、较大、一般四级（即Ⅰ、Ⅱ、Ⅲ、Ⅳ级）。发生突发事件时，由相应部门启动应急预案，作出相应级别的应急响应。应急响应的启动按照启动级别，由国铁集团（铁路局集团公司）高速铁路突发事件应急领导小组以《国铁集团（铁路局集团公司）关于启动高速铁路突发事件×级应急响应的命令》的形式宣布，命令内容应包括灾害基本情况、响应级别、响应单位及相关要求等。

## 3.6　高速铁路客运服务

### 3.6.1　车站服务

1. 客运服务

车站客运服务要满足旅客在站内的基本需求，包括购票取票、候车、问询、乘降等。同时，对一些重点旅客，车站工作人员需提供主动服务、联程服务，实行首帮负责制；并接受旅客投诉，主动化解旅客矛盾。

（1）候车服务。

候车区域内配备一定数量的座椅，保障旅客在候车期间的休息。同时，在休息区附近设置卫生间和饮水处，卫生间内有通风换气和洗手池、干手器等盥洗设备，厕位间内设置挂钩；饮水处配备电开水器，有加热、保温标志，水质符合国家标准要求。在高铁特大、大型车站的候车区域内，可向旅客提供银行自助取款机、无线互联网接入服务，以及移动设备充电服务。另外，也可向商务座旅客提供独立的贵宾候车区。

（2）问讯服务。

问讯处包括旅客咨询服务台、遗失物品招领处以及旅行综合服务处，车站内设置醒目标志指示各服务窗口的位置。旅客咨询服务台主要针对旅客在车站内遇到的问题提供帮助，保障旅客在车站内购票、取票、候车、检票等活动的顺利进行；遗失物品招领处主要服务于车站内遗失物品或拾到陌生物品的旅客，旅客在站内遗失物品时，帮助（或利用广播）查找，收到旅客遗失物品及时登记、公告等。

（3）乘降服务。

乘降服务内容广泛，包括检票进站（站台）、进站走行（通道与站台上）、对号（车厢号）上车，以及到站下车、出站走行（站台与通道上）、验票出站等流程环节提供的客运服务。其中，进出站流程要求按"路线短、交叉少"的流线进行组织，特殊情况下可组织旅客快速进出站；检查旅客车票是否满足票面指定的乘车日期、车次、车别、座（铺）别等乘车条件。此外，乘降服务还涉及无障碍电梯和自动扶梯等乘降设备，需要确保设备的安全。

2. 信息服务

根据各服务处所和服务设备设施的功能、用途设置揭示揭挂，采取电子显示屏、公告栏等方式公布规章文电摘抄、旅客乘车安全须知、客运杂费收费标准、列车运行信息等服务信息。图3.8显示的站内指示牌，可在车站内用于指引站内及站外周边设施的位置。车站各处具体的信息设置如下：售票处、候车区（室）、出站检票处和补票处设有儿童标高线；售票处、候车区、站台有时钟，显示时间准确；特大、大型车站进站大厅（集散厅）设置进站显示屏，显示车次、始发站、开车时刻、候车区（检票口）、状态等发车信息；候车区内设置候车引导屏，显示车次、始发站、开车时刻、站台、状态等信息；天桥、地道内设置进、出站通道屏，显示当前到发列车车次、始发站、终到站、站台、到开时刻、列车编组前后顺位等信息；站台设置站台屏，显示当前车次、始发站、终到站、实际开点（终到站为到点）、列车编组前后顺位、引导提示等信息；出站口外侧设置出站屏，显示到达车次、始发站、到达时刻、站台、状态等信息；售票处、候车区可设置自助查询终端，显示车站概况、列车时刻等信息。

图 3.8　高铁车站站内指示牌

### 3.6.2　列车服务

1. 信息服务

动车组列车通过广播及车内显示屏提示旅客到站信息、安全注意事项、旅行服务信息等内容。另外，动车组列车还提供《服务指南》，主要包含旅行须知、安全须知、设备设施介绍、专项服务等内容，为旅客提供必要的旅行信息。列车车厢内对铁路 12306 手机客户端和微信公众号二维码进行了公告，旅客可以通过扫码安装相关 App 或关注微信公众号，获取需要的咨询。

2. 补票服务

列车运行途中列车员通过查验车票作业，以及根据旅客的申明，为旅客办理延长、升舱、补票、挂失补等相关业务。在网络条件良好且运能允许的情况下，列车工作人员可通过联网补票机设备为旅客办理有座（铺）的补票业务。在网络及运能不允许的情况下，只能办理无座补票业务或无法办理补票业务。

3. 重点旅客服务

列车运行途中，乘务员遇有重点旅客上车，应及时提供帮助，协助搬运行李，并做好引导，对重点旅客做到"三知三有"：知座席、到站、困难，有登记、服务、交接，并为有需求的重点旅客提供送水服务；列车到站前，乘务人员应为有需求的特殊重点旅客，联系到站提供担架、轮椅等辅助器具，及时办理站车交接。

4. 餐饮服务

随着"互联网+"时代的到来,"智慧铁路"正越来越受到旅客的欢迎。以前,百姓买票得彻夜排队,现在除了"动动指尖"就可以快捷购票外,还可进一步拓展到网上订餐,旅客可以在发站、途中站收到网上预订的套餐,十分方便。高铁网络订餐是铁路部门供给侧改革的措施之一,目的在于提升服务水平,满足广大旅客的多元化需求,让旅客在运行途中不仅享受美景,更享受美食,收获美好的乘车体验。为使餐车服务水平不断提升,铁路开放了列车餐饮市场,让社会品牌参与其中,使餐车饮食结构更加丰富多样。

从旅客的角度看,高速铁路客运服务质量的有关指标如图3.9所示,

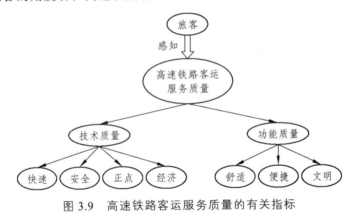

图 3.9 高速铁路客运服务质量的有关指标

### 3.6.3 旅客服务系统

旅客服务信息系统(简称旅服系统)是铁路客服系统的一部分,主要由引导揭示、广播、视频监控等子系统组成。它通过对引导揭示、广播、监控、查询、求助、应急、寄存等服务资源进行有机整合,形成统一的旅客服务平台,是为车站客运组织提供技术手段的信息系统。通过该系统的运行,可以全面实现各种静态、动态引导信息、广播信息的自动执行,自动引导旅客进站、候车、乘降及出站,较好地兼顾了智能化、自动化和人性化等特点。

旅服系统的发展大概经历了车站独立模式、单车站集成模式、一线多站集成模式、铁路局集团公司集成模式、基本图自动导入阶段、编组变化客调命令一次性自动处理阶段。经过多年的发展,旅服系统由车站层面各系统独

立运行发展为如今铁路局集团公司层面对多站集中远程控制的模式，不仅实现了信息展示的智能化和自动化，也大大减少了人员配置，提高了工作效率。高速铁路客服系统直接面对旅客，实时向旅客提供售、检票服务及信息服务。客服系统整体结构体系如图 3.10 所示。

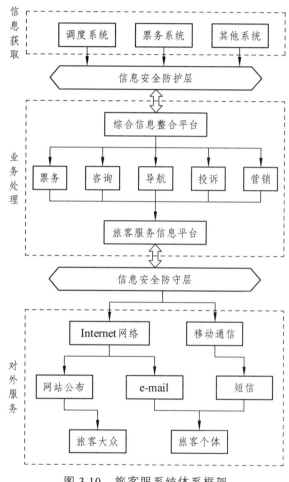

图 3.10　旅客服系统体系框架

　　旅服系统通过与列车调度指挥系统 CTC/TDCS、客票等系统网络连接，完成对车站旅服系统各功能模块的业务综合处理，实现旅客服务信息共享和功能联动，为旅客进出站、候车、乘降等提供实时、准确的信息和服务。旅服系统主要由综合显示、广播、视频监控、时钟、查询等子系统组成，通过集成管理平台对各子系统进行操作控制，完成信息查询及发布、业务维护、设备监控等业务。一般旅服系统集成管理平台分为集团公司集中控制模式、大站代管小站控制模式和本站控制模式 3 种形式。调度所设置综控调度台，属于铁路局集团公司集中控制模式，由综控调度员通过旅服系统集成管理平台对若干条线路车站进行集中管理操作。

### 3.6.4　"12306"客运服务

2011 年 6 月 12 日，12306 网站购票业务投入使用，能够为社会和铁路客户提供客货运输业务和公共信息查询服务。通过登录该网站，可办理的客运服务包括预定车票，查询列车时刻表、票价、列车正晚点、车票余票、售票代售点等；行包服务包括办理结构、办理流程、业务相关。客服中心除了在 12306 网站上为客户提供查询、预定车票的服务外，还与高铁管家、携程等票务服务软件共享信息。在下载了此类智能手机软件后，也可实时查询全国铁路列车时刻信息、车票价格，支持在线购买、退票和改签、收藏常用车次等功能。

"12306"客服中心通过铁路客户服务电话、互联网（12306 网站、微信公众平台、手机 App、电子邮件）、信函等方式，受理客户投诉、表扬、建议、咨询、求助、延伸服务等。在当今竞争日益激烈的运输市场，向客户提供优质服务已经成为铁路运输企业发展客户、确立竞争优势的重要手段，现如今客服中心正在发挥着越来越重要的作用。如果乘客在预定、购买车票或乘坐过程中有什么意见、建议或想法，都可以通过 12306 客服中心这个平台反映，客服中心有相对应的反馈机制和规章流程回应乘客的需求和想法，努力做到不断进步和完善。售票技术如图 3.10 所示。

2019 年，电子客票在全国全面推广，这意味着：乘坐高铁将无须再取票，可直接上车。何为电子客票？旅客通过互联网订购车票，到达高铁站后，无须换取纸质车票，直接可持二代身份证等有效身份证件通过进站口和验票闸机直接乘车。铁路客票电子化就是将原有的纸质铁路客票信息化、无形化，用电子信息记录客票票面信息，并在车票出票、支付、作废、退票、改签等铁路客票预定与发售系统操作，以及车票核验、进出站流程中逐步无纸化操作、信息化记录和查验。电子客票正式生成后，铁路客票预定与发售系统便会自动生成电子报销凭证。可以加入国家税务总局的电子发票系统，也可以延续铁路客票现有报销凭证制度，在铁路客票预定与发售系统中开发铁路系统电子报销凭证模块。电子报销凭证可以发送到预定用户电子邮件中，也可在铁路自助设备中打印出。

"乐民之乐者，民亦乐其乐，忧民之忧者，民亦忧其忧"。从 12306 互联网线上售票经过十年变革，人们感受最多的是中国铁路以"改革是为人民而改革，发展是为人民而发展"为出发点，通过一次次变革，不断完善服务升级，以更优质的服务提升旅客的出行体验，使"坐着高铁看中国"成为百姓出行的真实写照，努力赢得人们更多的点赞和好评。如图 3.12 所示。

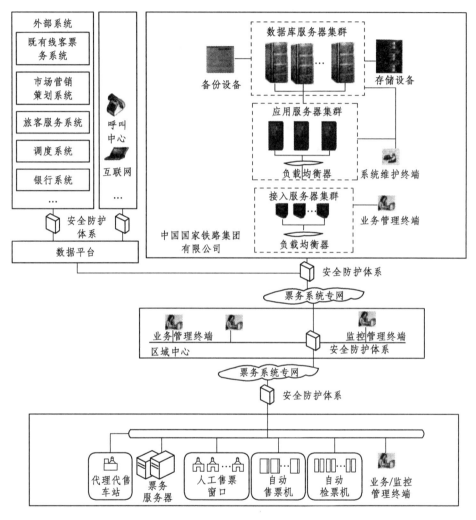

图 3.11　售票技术

为方便旅客出行，12306 网站和"铁路 12306"手机 App 为旅客提供接续换乘的推荐方案服务，旅客购买接续换乘车票时，系统会推荐接续换乘方案供旅客参考，旅客可以按照推荐方案购票，也可以根据自己的需要购票。目前，接续换乘推荐方案提供动车组列车换乘动车组列车和动车组列车换乘普速旅客列车两种换乘方式。为了确保旅客有足够的时间换乘，根据不同换乘方式，客票系统中设置了换乘推荐方案最少换乘时间，原则上同站换乘时间不少于 30min，同一城市不同车站间换乘时间不少于 120min。同时，旅客通过 12306 网站或手机客户端购票，当遇到出发地和目的地之间的列车无票或没有直接到达的列车时，旅客可选择"接续换乘"功能。另外，除了具有"自主选座"功能外，售票系统还能向旅客展示途中换乘一次的部分列车余票情况，如果旅客选择购买，可以一次完成两段行程车票的支付。

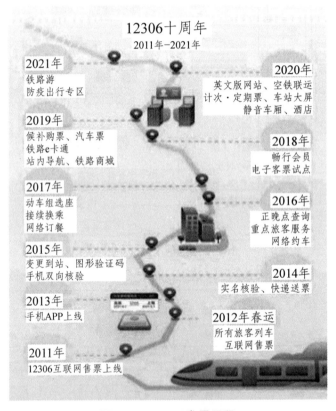

**图 3.12　12306 发展历程**

本书以全国最大铁路客服中心——上铁 12306 客服中心为例，该中心承担着长三角地区江苏、安徽、浙江、上海三省一市铁路客运咨询、求助和增值服务等重任（无订票功能），一年呼入电话量超过 1 100 万个，日均达 3 万个；除了票务咨询之外，上铁 12306 客服中心通过电话、网络、移动客户端受理等途径，向旅客提供多种特色服务，打造"一站式"解决旅客需求的客服平台。比如提供重点旅客预约、遗失物品查找、器官转运绿色通道等特色服务。上铁 12306 客服中心还充分运用"移动互联网+"模式提升旅客咨询体验，集成官方 App、公众微信号、QQ 公众号等主流平台，嵌入智能问答功能，满足旅客全媒体交流互动的需求。同时，中心还应用智能语音、智能机器人技术推出"智能客服"，并在部分重点车站充电桩加载"智能问答"程序，为旅客提供全天候、全维度的售票、乘车、进出站等业务的自助查询服务。

客服中心通过监控手段和定期收集调查数据并进行统计分析，测量服务质量指标，形成分析报告，进而分析内部管理存在的不足，了解客户需求与期望，制定并实施相应的改进方案。结果通常被用于人员、流程、技术、服务策略等方面的改进。走进客服中心，电话铃声、键盘敲击声、应答声此起彼伏、汇成一片。在 1 m² 左右的工作台上，一部电话机、一台电脑，配上纸笔、保温杯和常年随身携带的润喉糖，客服人员开始了一天的工作。"您好，请问有什么可以帮您？""您好，12306 客服中心，很高兴为您服务。"这些话语，每天一个人都要面带微笑地重复二三百次。在他们对面的大屏幕上，实时显示着当日每位客服代表办理的呼入电话业务量。业务量最多的客服代表一天要接 400 多个电话，下班后耳朵嗡嗡作响，嗓子也是哑的。

作为全路成立最早、席位最多、服务功能最全的客服平台，10 年间，上海铁路客户服务中心立足服务、信息和营销三大核心职能，在挑战中革弊求新，从成立的那天起，客服中心就着力方便旅客购票。最初开通运营的是一套自动语音电话订票系统，在上海市和江苏、安徽、浙江省境内直接拨打订票服务热线，就可预订管内各站至全国各地车票。2012 年 3 月增设团体车票预订服务，覆盖全局所有车站；2014 年 6 月推出动车组订餐服务，首次实现铁路企业"车票送上门、餐饮送上桌"品牌服务；2016 年 1 月 24 日这个春运第一天，"上铁 12306"移动客户端上线运行，指尖上的购票、查询体验让旅客出行更加便捷。

近年来，随着"互联网+手机"逐渐走进百姓生活，客服中心还先后开通"上铁 12306"微信公众号、"上海铁路 12306"QQ 客服公众号以及微博账号等新媒体项目，实现了线上线下的互联互通，满足了旅客在信息咨询、投诉建议、旅行求助、综合票务、延伸配套等方面多元化的服务需求。10 年来，客服中心借鉴上海移动、东方航空、阿里巴巴公司等企业客户服务中心的服务理念、方式和技术，先后进行三次改造，增配应用服务器、自动通信终端、远程视频监控等先进装备。同时加大软件系统研发力度，搭建专业化、集约化、数字化的信息系统集成平台，使每一项业务、每一项管理工作都能在信息化平台上操作，还相继开发启用了"客服中心服务平台系统""客车正晚点信息管理系统""服务工单管理系统"以及客运服务知识库平台等，赋予自身更完善的客户交流能力和最大化客户收益率。2018年1月，客服中心顺应互联网发展形势，开发启用全媒体管理平台，实现由传统人工咨询"一对一"服务模式向"一对多"服务模式的转型，服务效率提高近1倍。

从最初的20个坐席发展到现在的311个坐席，每日话务量从成立之初的168万个上升至如今的1073万个，人工电话接通率由2010年的46.2%，不断攀升至今年全路实现接听互联互通后的95%以上。展望未来，中心将在全面推进智能化、数据化、集成化、全媒化、定制化的征程中续写新篇章。

# 下 篇

世界高铁的发展

# 第4章 世界高速铁路

1980 年以前，尽管法、德、英等国造出了高速列车，但世界高速铁路由日本新干线引跑。1981 年法国"超高速铁路"TGV 开通，展现了全新的高速铁路，一举超越日本。英、美、苏联都曾参与竞争，但进展不顺，逐步放弃追赶步伐。意大利 1970 年开始建设高速铁路，但受政治、经济、沿线居民反对等多种因素干扰，254 km 的高铁经历 22 年才建成。德国高速铁路建设进展虽也十分缓慢，但 1987 年建成 94 km 高速铁路后，其研发的 IGE 列车首次突破 400 km/h 大关，跻身世界先进行列。

## 4.1 为什么世界各国都要发展高速铁路

高速铁路是世界铁路的一项重大技术成就，它集中反映了一个国家铁路线路结构、列车牵引动力、高速运行控制、高速运输组织和经营管理等方面的技术进步，也体现了一个国家的科技和工业水平。高速铁路促进了地区经济的发展，推进了城镇化进程，对经济发达、人口密集地区的经济效益和社会效益的贡献尤为突出。

高速铁路技术的日趋成熟，高速化成为当今世界铁路发展的共同趋势，高速铁路迎来发展的黄金期。世界上很多国家，包括日本、法国、德国、美国等在内的国家将高速铁路视为未来可持续的交通发展方向，并提出了规模庞大的高速铁路建设规划。高速铁路是现代高科技成果应用于铁路运输的产物，是现代社会的新型运输方式，是交通运输现代化的重要标志。为什么世界各国要发展高速铁路？归纳世界高速铁路发展几十年来总结的经验，各国修建高速铁路的目的主要有两个：一是为了增加客运能力，二是为了减少旅行时间。当然，通过提高速度来缩短旅行时间不应作为高速铁路发展的唯一目标，高铁与本地公共交通的接驳程度（减少门到门的旅行时间）、安全性、舒适性、可靠性也不能忽视。随着高速铁路的建成，各交通方式在沿线客运市场的份额会发生重构，并会有新客流产生。如，韩国高速铁路运营，车辆采用的是法国 TGV 技术。从 2004 年首次运行就获得了全年 1 940 万人次的乘坐量，到了 2013 年这个数字翻了 2.5 倍。

截至 2020 年年底，中国高速铁路运营里程达 3.79 万千米，约占世界高速铁路总里程的 69%，继续保持世界第一。其中，西班牙高铁运营里程 3 330 km、日本 3 041 km、法国 2 734 km、德国 1 571 km、芬兰 1 120 km、意大利 921 km、韩国 893 km、美国 735 km、土耳其 594 km。可见亚太地区（除中国外）占 8.3%，欧洲占 19.2%，北美占 1.9%，中东占 1.3%，非洲占 0.4%。从世界范围来看，各国也在持续推进高速铁路发展。目前来看，境外运营高速铁路的国家和地区主要分布在欧洲和亚洲，其中西班牙、日本、法国的高速铁路规模较大，时速 250 km 及以上高铁里程均超过 2 400 km，德国时速 200 km 及以上高铁里程超过 1 500 km。根据 UIC 于 2020 年 2 月 27 日发布的统计数据，以及 2020 年 2 月 28 日～12 月 31 日境外高速铁路新开通、在建和规划情况，截至 2020 年年底，境外运营高速铁路的国家和地区达 20 个，运营总里程约 1.72 万千米；其中运营时速 250 km 及以上高速铁路的国家和地区有 15 个，总里程约 1.29 万 km，占比达 75.1%。另据不完全统计，目前境外高铁在建总里程超过 7 000 km，其中欧洲占 31.9%，亚洲占 57.5%，北美洲地区约占 10.6%。此外，还有 21 个国家正在规划建设高速铁路，总里程约 9 500 km，其中欧洲占 49.5%、亚洲占 24.0%、其他地区占 26.5%。

一般认为，高铁的竞争优势在 1～3 h 的旅行时间范围之内，按照运行速度 200 km/h 来换算，则为 200～600 km 的路程范围内。当然，运行速度不同，高铁优势范围也有变化。若按运行速度 300 km/h 来换算，则高铁的优势路程范围为 300～900 km。欧洲和日本的经验表明，高铁建成后，在小于 300 km 的范围内，航空基本取消，如东京与名古屋之间约 310 km、布鲁塞尔和巴黎之间 314 km 的范围内；超过 1 000 km 的范围，高铁成为航空的补充，例如东京和福冈相距 1 070 km 的范围内，新干线的市场份额只有 10%。而在 300～1 000 km 范围内，高铁和航空存在着竞争关系高铁加入到客运服务的队列当中，但不能取代航空。经验表明，高速铁路在 500 km 范围内承担 80%～90% 的客流份额，在 500～800 km 范围内承担 50% 的客流份额。

在高铁和航空的竞争关系中，旅行时间、费用是决定性因素，而频次和旅行目的也会影响到二者的竞争。各国经验表明，高铁开通后会对客运市场带来不同程度的冲击。一些学者认为高铁对客运市场的冲击在高铁开通初期比较严重，长期来看，竞争压力和影响都会减轻，航空公司可通过取消航班和与其他航空公司合作来应对竞争，也有学者提出高铁和航空的关系不仅只有竞争还可进行互补。

## 4.2 世界高速铁路发展阶段

高速铁路作为现代工业文明的崭新成果，发端于日本，发展于欧洲，兴盛于中国。世界高速铁路以中国 CRH、日本新干线、法国 TGV 和德国 ICE 为世界高速铁路技术、运营管理的代表，建立自主知识产权，成为当今世界上四个最强的高速铁路技术保有国。就全球而言，高速铁路的发展先后经历了 4 次建设高潮，如表 4.1 所示。

表 4.1　世界高铁发展的四个高潮

| 时期 | 建设时间 | 参与国家或地区 | 总里程/km |
|---|---|---|---|
| 第一次<br>建设高潮 | 1964～1990 年 | 日本、法国、德国、意大利 | 3 198 |
| 第二次<br>建设高潮 | 20 世纪 90 年代 | 法国、德国、意大利、瑞典、西班牙、荷兰、比利时等 | 1 426 |
| 第三次<br>建设高潮 | 20 世纪 90 年代中后期至 21 世界初期 | 法国、德国、意大利、西班牙、澳大利亚、韩国、英国、比利时等 | 3 509 |
| 第四次<br>建设高潮 | 21 世纪初至今 | 欧盟、中国、美国等 | 10 000 以上 |

1. 第一次建设高潮

20 世纪 60 年代至 80 年代末期。

1964 年 10 月，世界上第一条真正意义上的高速铁路——日本东海道新干线东京—大阪段正式通车，标志着世界高速铁路新纪元的到来。此期间比较有代表性的高速铁路线路还有法国的东南线和大西洋线、德国汉诺威—维尔茨堡高速新线以及意大利罗马佛罗伦萨线。世界高速铁路总里程达 3 198 km。日本、法国、德国、意大利等国家共同推动了高速铁路的快速发展。

2. 第二次建设高潮

20 世纪 80 年代末期至 90 年代中期。

由于日本等国高速铁路建设巨大成就的示范效应，世界各国对高速铁路投入了极大关注并付诸实践。1991 年瑞典开通 X2000 "摆式列车"，解决了瑞典境内多数轨道曲线半径小于 600 m 的问题，并把列车速度提高到 200 km/h；1992 年西班牙引进法、德两国技术建成全长 471 km 的马德里—塞维利亚高速铁路；1994 年英吉利海峡隧道通过高速铁路国际连接线把法国与英国连接在一起；1997 年 11 月，从巴黎开出的 "欧洲之星" 列车，又将法国、比利时、荷兰和德国相连接。在这一时期，意大利、法国、德国以及日本对高速铁路发展进行了全面规划。这次高速铁路的建设高潮，不仅是铁路企业提高效益的需要，更反映出各国对于扩展运输网以及能源、环境的要求。

3. 第三次建设高潮

对于 20 世纪 90 年代中后期至 21 世纪初期，第三次建设高潮波及亚、欧、北美以及大洋洲，可谓世界交通运输业的一场革命。俄国、韩国、澳大利亚、英国、荷兰等国家先后开始建设高速铁路。为配合欧洲高速铁路网建设，东欧与中欧的捷克、匈牙利、波兰、奥地利、希腊以及罗马尼亚等国家也对其干线铁路进行全面提速改造。韩国首尔—釜山高铁是连接天安、大田、大邱、釜山等城市的一条主要干线，全长 412 km，线路最高运行速度 300 km/h，高峰时最小运行间隔是 3 min。此外，美国、加拿大、印度、土耳其等国也开始对高速铁路给予关注。

4. 第四次建设高潮（21 世纪初期至今）

从 2004 年开始，中国规划建设"四纵四横"客运专线和三个城市群城际铁路，掀起了世界高速铁路发展的第四次建设高潮。2008 年，世界金融危机席卷全球，为拉动内需、调整结构，中国将 4 万亿元用于投资计划，基础设施的投资达 1.5 万亿元，占总投资的 37.5%，其中铁路基础设施投资成为重要组成部分，中国将迈入全面建设高速铁路的历史阶段并得到持续发展。

而我国台湾地区南北高速铁路规划设计开始于 1998 年，于 2000 年 3 月动工修建，2007 年 1 月正式运营，线路自台北至高雄左营，全长 345 km，轨距为 1 435 m，最小曲线半径为 6 730 m，限制坡度为 25‰，速度目标值为 350 km/h，运营速度为 250 ~ 300 km/h。

各国高铁运营时速和最高试验速度如图 4.1 所示。

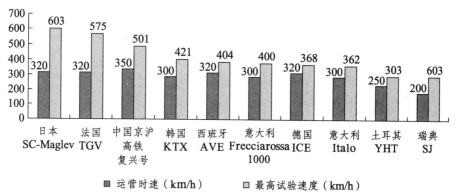

图 4.1　各国高铁运营时速和最高试验速度

世界各地掀起的建设高铁热潮如表 4.2 所示。

表 4.2　世界各地掀起建设高铁热潮

| 国家 | 地点 | 采取修建方式 |
|---|---|---|
| 美国 | 达拉斯—休斯顿 | JR 东海等公司提供协助 |
| 印度 | 孟买—艾哈迈达巴德 | 采用日本新干线方式，预计 2023 年开通 |
| 泰国 | 曼谷—清迈 | 采用日本新干线方式，项目的推迟成为课题 |
| 马来西亚—新加坡 | 马来西亚—新加坡 | 两国已就项目延期达成协议 |
| 英国 | 伦敦—伯明翰 | 日立制作所力争交付车辆 |
| 日本 | 东京—名古屋 | 采用磁悬浮方式，力争 2027 年开通 |

## 4.3　日本新干线

谈起高速铁路，新干线的名字如雷贯耳，就像一座丰碑一样牢固矗立在世界高速铁路发展的历史画卷之中，在长达 16 年的时间里，无人能够望其项背。

### 4.3.1　弹丸列车

1. 日本的窄轨铁路

日本进入明治时期后，一改从前的闭关锁国政策，实行了著名的明治维新，开始引进学习西方的先进科学技术。维新之初，日本看重"铁路作为欧美国家经济发展的原动力"，这一点把铁路建设提高到"现代文明的标志"的高度，开始全力建设铁路。1872 年 10 月 14 日，日本的第一条铁路横滨—新桥线正式开通，该线路采用了窄轨，轨距为 1 067 mm。据说，这是因为当时的英国铁路专家认为日本还是一个经济文化落后的国家，英国的部分殖民地国家的铁路采用的是窄轨方式，所以日本采用窄轨方式就足够了。另外一种说法则是：当时刚刚开放国门的日本国力弱小，而窄轨的建设费用相对低廉，英国人作此建议是为了减轻日本的财政负担。最终，日本采纳了英国人的建议，于是按照窄轨方式建设全国铁路网。

日本政府相当重视全国铁路网的建设，在 20 世纪初期，包括东海道、东北、山阳等干线铁路在内的窄轨方式的全国铁路网就已基本成形。然而，窄轨方式很快就暴露出不适于大量、高速运输的弱点。轨距越窄，车体在高速运动时就会越不稳定，客观限制了车辆的运行速度。后来，日本从明治时代末期开始"轨距之争"——即是否应该用"标准轨",曾数次计划改用轨距为 1 435 mm 的标准轨道,但每次都因变成了政治斗争的工具而不了了之。1910—1950 年,日本铁路的轨道试验最高速度均未超过 100 km/h,多数铁路只能以 40~60 km/h 的速度运行,与采用标准轨距的西方国家有很大差距。

1917 年 5 月开始,东京八王子至横滨之间的铁路上试行"换轨"工作,用了 3 个月时间将该线部分轨道更换为标准轨,并设置了车辆换轨装置,取得了很好的成绩。以这一实验为基础,铁道院在 1918 年申请预算,预计用 6 447 万日元,在 1923 年前将日本当时 6 600 km 铁路全部更换为标准轨。由于当时日本政界斗争激烈,比起铁路改轨,日本政治家更希望扩建铁路,将铁路引入到自己的选举区,以争取选票支持。在这种情况下,1919 年 2 月,日本国会否决铁路改轨的方案,只允许大城市周边的短途城际铁路修建标准轨。

### 2. 新干线的前身

"新干线"这个名字虽然在 1964 年才传遍全世界,然而它的前身可以向前追溯 30 年,也就是 20 世纪 30 年代初。新干线的前身就是"弹丸列车"(dangan ressha),俗称"子弹头列车"(bullet train)。

于 1933 年被开发的新型客车"亚细亚"号,由"太平洋 7"型蒸汽机车拉动客车构成整列火车。"太平洋 7"型机车仿照美国客运机车,采用了流线型车体设计,大量使用含有铝、硅等元素的轻型合金,降低车体阻力与车身重量,为提升速度打下基础。

1939 年 11 月,日本提出建设一条新的准轨干线铁路,简称"新干线计划",而报纸上则将新型列车渲染为"弹丸列车"。弹丸在日语中是子弹的意思,就是列车像射出的子弹那样快,"弹丸列车"计划从 1939 年开始前期勘测,1940 年,日本铁路官方开始使用"新干线"这个名字。1941 年该计划正式开工建设,预算为 5.56 亿日元,计划于 1954 年建成通车。

1941 年 12 月 7 日,日本偷袭珍珠港,太平洋战争爆发。多线作战使得日本国力难以负荷,1943 年,日本无力顾及"弹丸列车"计划的建设。但是它在技术上却对二十年后日本建设东海道新干线产生了直接的影响。

### 4.3.2　一波三折

1945 年日本战败后,国民经济满目疮痍,整个日本铁道系统也陷入困境,铁道也在战争中遭受毁灭性打击,但日本 1949 年 5 月,公布《日本国营铁道法》,成立日本国有铁道公司(简称国铁),再次将所有铁路收归国营,铁路运营里程 2.6 万千米，员工总数达 60 万人。

在 20 世纪 50 年代开始进入经济复兴时期的时候，日本首先想到的是，如何将东京首都圈和关西经济圈这两大日本的经济核心地区，建立起最为紧密的联系。于是想到了建造高速铁路。

为了解决东京到大阪铁路运力紧张的难题，围绕着是修建新干线还是改造既有铁路问题，日本国家铁路里面又分成了两派，日夜争斗不休。但最终新干线的建设被提上了日程。

1957 年 5 月 30 日，日本国铁铁道技术研究所，在东京银座的山叶会馆举行讲座，推介东京—大阪新干线，为 500 多名听众讲解高铁技术，描绘了一幅未来铁路激动人心的画面，旅行时间将从 7.5 h 缩短到 3 h。讲演会后，争论迅速扩大到日本整个社会，在各种报纸杂志上，主建派和反建派展开了激烈的争论。但越来越多的民众对新干线计划给予了积极热烈的声援。

此时恰逢日本成功获得 1964 年东京奥运会承办权。在国铁的运作下，日本内阁会议于 1958 年 12 月 19 日，批准了东海道新干线建设研究计划。

1959 年 3 月 30 日，预算在日本国会顺利通过。政府要求新干线必须在 1964 年 10 月 10 日，东京奥运会开幕前开通运行。1959 年 4 月 20 日，东海道新干线工程便迫不及待地在"新丹那隧道"（长 7 958 m）东口举行了开工仪式。世界第一条高速铁路建设拉开了序幕。

经过 5 年建设，世界上第一条真正意义上的高速铁路——东海道新干线于 1964 年 3 月全线完成铺轨，同年 7 月竣工。由于日本从未进行过时速 200 km 列车试验，而工程又涉及土木、车辆、信号、供电、通信、列车运行管理等复杂技术系统，为了确保新干线能成功，日本对于新干线建设提出的技术原则是——不采用未经实际验证的新技术，只对成熟技术进行系统集成。这一看似简单的要求，使得日本避免了英国、美国、苏联、德国在高铁项目中盲目追求最新技术而导致的失败。线路全程 515.4 km，分为 13 站，最高时速 210 km，平均时速 129 km。东京至大阪的旅行时间由 6.5 h 缩短至 4 h（第二年缩短至 3 h 10 min）。开通之日，承担运营的列车包括"光"号和"回声"号两种列车。最高运行速度为每小时 200 km，"光"号列车运行全程需要 4 h，平均运营时速 128.9 km；"回声"号列车运行全程需要 5h，平均运营时速 103 km。如图 4.2 所示。

经过一年多的时间，1965 年 11 月 1 日，东海道新干线最高时速提至 210 km，"光"号列车全程运行时间缩短至 3 h 10 min，平均运营时速提至 161 km，实现了新干线规划之初的目标，也实现了 1957 年在银座举行的那场著名演讲会上的 3h 运行的承诺；"回声"号全程运营时间缩短至 4h,平均运营时速 128.9 km。

图 4.2　1964 年 10 月 1 日日本第一条新干线开通仪式

新干线的诞生对日本社会的影响是巨大的，线路开通后日均客流迅速突破 6 万人次，两年后实现盈利。到 1967 年 7 月 13 日，乘客总数已经突破 1 亿人次，年均客流增长高达 17%。到 1971 年，东海道新干线已经收回了全部建设投资，仅用了 7 年时间。到 1974 年，即新干线开通的第 10 年，累计盈利已经达到 6 600 亿日元，相当于建设投资的近 2 倍。谁也没想到这个当初被舆论指责为劳民伤财的面子工程，吸金能力居然如此之强。当然有人得意，有人失意。新干线的开通，对日本高速公路和航空公司造成了沉重打击。在东京至大阪段，高铁客流占七成，航空客流只能占到三成，东京至名古屋的航班，则干脆被航空公司取消了。

严格而言，日本最早开通的高铁线路，拥有的自主创新的核心技术非常有限，日本是一步步通过从欧美引进技术，吸收消化完成的铁路技术自主化。从 1871 年至 1913 年，由明治初期的"买机器"，到自己学会"造机器"，并全部采购国产列车，日本用了 42 年。高铁的发展既需要原始创新，也需要持续的改进创新，二者是相互成就的关系。"拿来"并不妨碍日本新干线在铁路发展史上的地位，新干线开创的高速铁路时代为人类社会的发展做出了不可磨灭的重要贡献。

对于日本国民而言，新干线的开通不仅解决了日本东海道运输能力不足的问题，更重要的是鼓舞了日本国民对于日本能跻身先进国家行列的勇气和信心。对于世界铁路界而言，新干线的诞生使得人们重新审视铁路，重新审视这个"夕阳产业"的新价值，由此引发了欧洲国家建设高速铁路的热潮。

值得人深思的是，在一片战争废墟中重建的日本，为何在战后短短不到 20 年的时间里，能够有新干线开通这样的惊世之举呢？正是由于新干线的成功，才使日本争取到了和欧洲的铁路强国真正意义上互相交流的权利。严格而言，日本最早开通的高铁，自主创新的核心技术非常有限，采用的是"拿来主义"，就是将国外的成熟技术引进国内，消化吸收再创新，形成适合自己国家的技术体系，取得了瞩目的成功。日本通过从欧美引进技术并吸收消化从而完成了铁路技术自主化。1871 年至 1913 年，由明治初期的"买机器"，到自己学会"造机器"，并全部采购国产列车，日本用了 42 年。高铁的发展既需要原始创新，也需要持续的改进创新，二者是相互成就的关系。日本新干线在技术上并没有独创性和领先性。因此，"拿来"并不影响日本新干线在铁路发展史上的地位，新干线开创的高速铁路时代为人类社会的发展做出了不可磨灭的重要贡献。

新干线诞生前以及建设期间，日本派出了大批人员赴欧美考察，目的就是"拿来"欧洲最新的铁路技术：动力分散技术（美国）、交流供电技术（匈牙利）、无缝钢轨技术（德国）、无砟轨道技术（德国）、CTC 集中调度技术（美国）、交流电传动技术（德国）、空气弹簧技术（美国）、高速转向架技术（英国）、ATC 信号技术（英国）、摆式列车技术（意大利）、流线型车身制造（德国）……但日本的"拿来"不只是简单的模仿，而是结合本国的实际情况，对"拿来"的先进技术加以改良、修正，进而逐渐形成了"日本流"的铁路技术，即"引进、消化、吸收、再创新"，而且日本还很善于将已据为己有的技术再转化成优质的产品"送"出去。可以说，如果没有这些引进、偷学、改进的关键技术，也就没有日本今天在世界铁路界的地位。

日本堪称动力分散方式列车的王国，它拥有的动车数达 5 000 多辆。动力分散已成为日本新干线列车技术的代名词，象征着列车技术的最大特征。岛秀雄则是改变了日本铁路发展史的关键人物，是日本高铁的奠基者和开拓者。在新干线开通前曾流传着一个未经证实的说法，一旦火车的速度超过160 km/h，危险系数就会成倍增加，乘客就面临安全风险，无法突破。20 世纪的 30 年代，与欧美铁路技术强国相比，日本只能算是发展中国家。1936年 4 月，为了学习欧美等国的最新铁路技术，日本铁道省派出了约 20 人的考察团。年仅 35 岁的岛秀雄的这次考察历时 1 年 9 个月，足迹遍及亚洲、非洲、欧洲、南美洲和北美洲等多个国家，他目睹了欧美国家的蒸汽、内燃、电力机车等方面的最新技术。当时，德、法等国也研制出少量的动力分散方式的长距离运输列车，但动力集中方式列车仍占绝对主流。1937 年 4 月，岛秀雄的注意力集中在沿着莱茵河飞驰的荷兰的动力分散方式的旅客列车上。突然，他敏锐地感觉到，将来动力分散比动力集中方式列车更适合日本的长途旅客运输，今后日本应该努力发展动力分散技术。可当时，日本完全遵循着长途列车采用动力集中方式的路线，这是当时世界铁路界的常识。由于数量少但输出功率大的动力装置集中安装在机车身上，机车总是一个"重量级"的庞然大物。机车提供的牵引力是靠车轮和轨道之间的黏着力，要牵引长大编组的列车前进，机车的轴重（机车重量除以车轴数）就必须在一定值以上才能使轮轨间获得足够的摩擦力。显然，机车牵引重量越大、列车运行速度越高，机车轴重也就变得越大。可是，机车轴重不能无限制地增大，轴重越大，机车运行时对轨道的破坏也就越大。所以，以动力集中方式运行列车，首先就需要有坚固的轨道，对高速列车而言尤其如此。然而，日本国土地质松软，要建设像欧洲那样坚固的轨道结构几乎不可能。岛秀雄认为采用动力分散方式的优点还有：不但可以大大减轻轴重，还可以简单地增大列车动力从而提高列车的加速度，列车到达终点后也不用调换机车就可以实现折返。而作为动力分散方式缺点存在的振动和噪声等问题，岛秀雄认为完全可以通过技术手段来解决。正是这个瞬间的灵感，决定了岛秀雄此后的技术人生的奋斗目标，也决定了日本列车技术的发展方向，并直接导致了其后新干线技术上的成功。为了解决技术难题，岛秀雄广揽人才，从航空、军事等行业招募了很多专家，共同攻克动车噪声污染的难题。此时第二次世界大战刚刚结束，很多军用工厂纷纷转为民用，岛秀雄集中了全国最优秀的专家。1946 年至 1949 年，解决了高速列车的重大技术难题——高速列车转向架振动问题，并取得了理论上的重大突破。1957 年日本在借鉴德、法的交流供电技术的基础上，开始运行交流供电的 ED70 型电力机车，在新干线开工建设前掌握了不可或缺的重要技术。1958 年，东京至大阪的"回声"号列车投入运行，"回声"号取代了既有的动力集中方式特快列车——"飞燕"号的地位。

### 4.3.3　新干线的发展

新干线既是世界上第一条商用高铁，也是日本的一个强大的精神支柱，也是这个国家向全世界证明自己实力的纪念碑。日本的高速铁路已经走过了50 多年的历史。日本高速铁路的建设可以划分为以下 3 个阶段。

第一阶段（1964—1975 年）：在人口稠密的地区修建高速铁路，如东海道新干线和山阳新干线等。

第二阶段（1983—1985 年）：以开发沿线地区经济为目的，在人口较少的地区修建东北和上越新干线。这是一个高速铁路的功能从简单的缓解运输紧张发展到拉动国民经济的阶段，并初步形成新干线网。

第三阶段（1990 年至今）：高速铁路建设以满足舒适、快捷、安全、节能、环保和低噪声要求为目的，在均衡开发国土和可持续发展方面发挥积极作用。不仅要提高既有线和新干线的速度，还要通过建设隧道和大桥，用铁路网把四岛连接起来，形成由既有线和新干线组成的高速铁路网。

新干线开通后运行 0 系高速旅客列车，最高运营时速达 210 km，全程运行时间 4 h，第二年，又缩短至 3 h 10 min，比既有东海道铁路特快列车缩短了 3 h 20 min，旅客出行时间大大缩短。瞬间增强的铁路运输竞争力，致使东京至大阪间的民航停运。新干线开通后的第一年，平均日载客量达 6 万人次，超高的速度、稳定的运行、设计感强的列车、优质的服务、舒适的乘坐体验让高铁得到了社会广泛认可。东海道新干线通车以后，在夜间停运做线路养护的情况下，东京与新大阪之间日均客流量达 30 万人，年运量稳定在 1.2 亿人次左右。东海道新干线迅速盈利的秘诀是：这条线路缩短了日本三大都市圈的经济距离，即东京圈（东京、神奈川、千叶、埼玉）、名古屋圈（爱知、岐阜、三重）与关西圈（京都、大阪、兵库、奈良）。三大都市圈约占日本国土面积的 14%，但 GDP 产出占日本的一半以上，同时聚集了日本一半的人口。也就是说，在城市人口密集、经济发达地区修建高铁，盈利应该是迟早的事。2008 年 0 系高速列车功成身退，彻底退出了新干线的运输服务。

但是新干线运营初期有故障频发的状况，包括新干线开通不久，多次出现半路抛锚，列车在半路断电，没有照明、没有暖气，乘客在寒冷中忍耐，几小时后维修人员才抵达现场等情况。在列车试车过程中，还曾发生过电机故障，崩飞的电机碎片像炮弹一样击穿车厢地板，砸入附近民居，所幸没有发生人员伤亡，还有列车脱轨事故、车轴断裂、车厢漏水、车门被吹飞以及铁路不均匀沉降，信号系统故障等，出现如此多的问题其实并不奇怪。东海道新干线是东京奥运会的献礼工程，匆忙赶工，使得很多技术上线前未经过充分测试，这些问题在列车运行磨合期中逐渐暴露。自 1964 年东海道新干线开通后，经过 10 年的运营，到 1974 年 7 月前后，列车运行故障急剧增加，主要问题为钢轨损伤、路基翻浆冒泥，由此导致列车运行晚点、堵塞事故时有发生。同时，由于东海道的列车运行对数由开业时的 30 对/天，增长至 1976 年的 137.5 对/天，大量发生的晚点事故，产生了严重影响。日本运输大臣甚至为此对新干线的安全性提出警告，并于 1974 年 10 月成立了"新干线综合调查委员会"，负责监督铁路行车安全。

面对如此多的故障，日本国铁不得不对东海道进行"开业十周年大修"。1975 年至 1982 年，国铁投资 400 亿日元，用于将 50 kg/m 钢轨更换为 60 kg/m 重轨、消除钢轨铝热焊接头病害、整治路基翻浆冒泡现象、加强路基边坡整治、将接触网改成重链形悬挂等。由于早期东海道的建设标准很低，导致后期维护耗费了大量资源（3/4 的道砟被更换），并一直持续至今。经过"十周年大修"后，东海道列车的运行状况有了大幅好转。

在东海道新干线的带动下，干线沿线的社会经济加速发展，高铁技术也在日本不断得到推广。1966 年，日本政府决定东海道新干线继续从大阪向西延伸，开始修建从大阪经广岛至博多的山阳新干线。看到新干线带来的如此大的经济、社会方面的效益，那些自己家乡还没有计划修建新干线的日本国民坐不住了，要求政府修建全国规模的新干线网的呼声日益高涨。为了回应国民的这一呼声，1970 年，日本政府专门制定了"全国新干线铁路整备法"，以法律的形式确定了全国新干线整体规划方案。也就是在这部法律中，第一次明确给出了新干线的定义："在线路的主要区间列车以 200 km/h 以上速度运行的干线铁路。"

虽然新干线给日本带来巨大利益，然而到了 1980 年代，经营新干线的日本国铁却陷入了严重的财务困境。国铁自 1949 年成立以来，日本政府一直是全额出资的特殊法人，采取的是独立核算制，在日本交通市场占据着"铁老大"的地位。1960 年，国铁占日本交通客运量的 51%、货运量的 40%。但是随着日本经济腾飞，汽车、航空、海运不断侵蚀铁路市场份额。就在新干线开通的 1964 年，日本国铁首次出现 300 亿日元赤字。此后由于举债建设高速铁路，和铁路公共交通的公益性运营带来的经营性亏损，导致日本国铁赤字逐年递增，财务状况急速恶化。尽管新干线能带来不菲的经营收益，日本政府每年还是要向国铁支付巨额补贴，以维持高铁建设和普通铁路运营。

为消除赤字，国铁反复提高运费，到 1986 年，新干线的运价已比 1980 年上涨 38%。当年国铁占日本交通客运量的份额下降至 23%，货运量更是少得可怜，仅有 5%。国铁的年度赤字达到 1.85 万亿日元，长期债务达到惊人的 37.1 万亿日元，相当于日本财政总预算的 4.9% 和 GDP 的 0.9%，已经大大超出了日本财政承受能力。面对如此困境，日本内阁最终于 1985 年 7 月决定对国铁进行拆分和民营化。为了建立高效经营体制，将全国的客运业划分为 6 个地区，即 4 个大岛；北海道、九州、四国、本州，其中本州拆分为东日本、东海和西日本三块，成立对应了 6 家客运公司和 1 家货运公司。

1987 年 4 月 1 日，依照日本国会通过的《国有铁道改革法》，国铁被分为 6 家 JR（Japan Railway）客运公司（JR 东海、JR 东日本、JR 西日本、JR 四国、JR 九州和 JR 北海道）和 1 家 JR 货运公司。现在这 6 条新干线由其中的 4 家 JR 公司分别经营。

在这次民营化过程中，国铁共裁员 44 万人，高达 37.1 万亿日元（约合 3 041 亿美元）的巨额债务也进行了重组。首先将新干线 5.7 万亿日元负债进行剥离和重估，转移给新干线铁道保有机构承接；然后将国铁普通铁路系统的 5.9 万亿日元债务，转由 JR 东日本、JR 东海、JR 西日本和 JR 货运承担；余下 25.5 万亿日元的巨额债务均由国有铁道清算事业团承接。到 1998 年清算事业团解散前，负债余额已高达 30 万亿日元（约合 2 716 亿美元），这些一并转入日本国家财政一般账户，由日本政府通过税收和发行国债逐年偿还。

通过债务重组，1987 年各 JR 公司在当期均实现了盈利，但北海道、九州、四国三家 JR 公司主营的普通铁路业务仍然亏损，需要政府补贴实行盈亏平衡。其后经营新干线的三家 JR 公司，分别于 1993、1996 和 1997 年在东京、大阪证券市场上市，日本政府逐步出售国有股份以获取大量现金。至 2006 年 4 月，本州三家 JR 公司的国有股权全部转让，实现完全私有化。其余四家 JR 公司——北海道、四国、九州、货运公司，由于效益达不到上市条件，则一直由日本政府 100%持有，并提供财政补贴。日本国铁的这场私有化改革，实际并不成功。它只是将最赚钱的高速铁路甩给了民间资本，而长期亏损经营的普通铁路这一沉重包袱，依然让国家财政背负着。

经过发展，新干线列车车型分别归属于两大家族：东海道家族和东北家族。这两个家族的划分很简单：东京以西的东海道、山阳、九州新干线属于东海道家族，其余的则属于东北家族。对于日本国民而言，新干线开通的意义，不仅在于它的高速大量运输解决了东海道线运力不足的问题，更为重要的是，新干线的成功运营极大地鼓舞了日本国民国家能跻身先进国家行列的信心和勇气。

1992 年，命名为"希望号"的 300 系列车投入运营，最高运营时速达 270 km，从东京至大阪所需时间缩短为 2 h。1993 年 3 月 18 日，300 系开始在东海道新干线上运营，从东京到博多 1 069 km 路程所需时间为 5 h 4 min。300 系高速列车在多方面取得了技术进步：首先，在列车轻量化上取得进展，大大降低了轴重（所谓"轴重"，就是列车在静止状态下每个轮对作用于钢轨的质量）。0 系列车轴重为 16 t，而 300 系列车轴重降低到了只有 11.4 t。其次，300 系采用了当时最先进的交流传动牵引技术。相比直流传动牵引技术，不仅减轻了动车重量、简化了结构、而且其维修工作量也减少了。之前，动力分散型动车组由于电动机数量多、直流电机的维护工作量大，常为人诟病。再次，是再生制动技术的利用。所谓"再生制动"，就是牵引电动机在列车制动时可作为发电机使用，将产生的电能回送给供电网，这种技术既能节电，又能减轻机械制动装置的磨耗，一举两得。最后，头车采取了新流线型。300系高速列车全方位的技术突破，不仅提高了日本高铁在国内与民航、高速公路的竞争力，特别是摆脱了日本高铁已经被法、德两国高铁技术全面超越的处境。但随之带来了严重的噪声问题，降低路轨振动和噪声成为线路维护整治的重点工作。

1972 年至 1997 年，日本相继修建山阳、东北、上越、北陆、九州等多条新干线，形成了纵贯日本的新干线网，被誉为战后日本"经济起飞的脊梁"。日本铁路主要通道已基本实现了客货列车分线运行，修建了 4 线甚至多线；为适应大客流的需要，日本高铁采用了大编组列车，运输效率较高。在既有线改造过程中，日本把一些"瓶颈"、拥堵区段和繁忙干线作为重点改造区段；伴随新线建设，日本已形成以几大新干线为主的全国高速干线网。截至 2017 年年底，新干线运营总里程达到 2 734 km。由于不断进行技术升级，目前山阳新干线和东海道新干线的最高商业运营速度（以下简称"最高运营速度"）分别提高到 300 km/h 和 285 km/h、东北新干线的最高运营速度提高到了 320 km/h。日本新干线系统如图 4.3 所示。

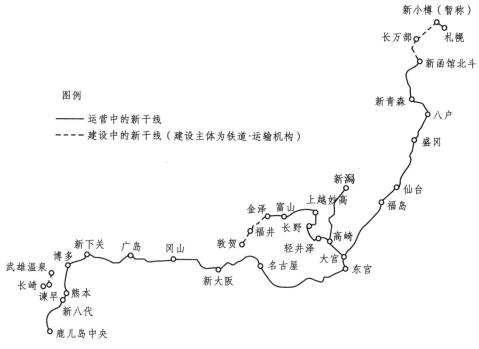

图 4.3  日本新干线

现在，日本共有 6 条"标准规格"新干线，无论日本国内还是国外，人们一谈到新干线，一般也就是指这 6 条新干线，其线路总长度为 2 388 km。这六条新干线构成了日本的交通大动脉，每天运输的乘客数约有 77 万人次，每年的乘客数约 2 亿 8 000 万人次，也就是说每个日本人平均每年就要乘坐 2 次新干线。其中，东海道新干线每天约有 340 次列车，参与运送大约 42 万人。而它一年的运输量高达 1 亿 4 100 万，每年创造的收益约为 9 995 亿日元。而法国高速铁路客流最大的巴黎和里昂之间的客流量每天不过 5 万人左右，仅相当于东海道新干线运输量的 1/7。据说，欧洲的铁路经营者每看到那么多人在利用新干线，总是既羡慕又嫉妒地说："如果在我们国家也有这么多人乘坐高速铁路，我们就不会为经营发愁了"。即使是日本最显"萧条"的上越新干线，乘客数也和欧洲最繁忙的高速铁路差不多。在欧洲人眼中，东海道新干线就是一条财源滚滚的"黄金"干线。

新干线可谓实至名归，并因此开创了一场革命，在不到 25 年的时间里迅速成长为日本城市铁路运输的脊梁，消化、吸收了伴随日本 20 世纪 70~80 年代经济大扩张所产生的运输需求的大部分增量。20 世纪 90 年代以来，新干线进一步走向成熟，其每年客运量稳定于 700~750 亿人公里，支撑着全日本 30% 的城际铁路出行。促使这种轨道运输革命的关键因素是引进了能够有效满足人们特定出行需求的新技术，即实现 200~1 000 公里人口密集沿线城市走廊的高速运行。

新干线的建设不仅带动了日本土木建筑、原材料、机械制造等相关产业的发展，更重要的是促进了人员流动，加速和扩大了信息、知识和技术的传播，从而带动了地方经济的发展，缩小了城乡差别。东海道新干线和山阳新干线，每年运输乘客约 2 亿人次，仅此产生的旅游等的消费支出约为 5 万亿日元，增加就业 50 万人。1995 年新干线从大阪进一步延伸到九州后，冈山、广岛、大分乃至福冈等沿线地带的工业布局迅速发生变化，汽车、机电、家用电器等加工产业和集成电路等高精尖产业逐步取代了传统的钢铁、石化等产业，促进了日本产业结构的调整。通向仙台、岩手的东北新线 1982 年开始运行后，沿线城市的人口和企业分别增加 30% 和 45%，地方财政收入明显增加。随着新干线交通网的形成，人们的活动范围扩大了，文化交流也更加活跃起来，生活质量也明显提高。

日本交通省的研究结果认为，高速铁路有效竞争半径为旅行时间 5 h 以内，单程旅行时间超过 5 h，高速铁路的快捷程度相对于航空将毫无优势。所以，在可预见的将来，为了缩短旅行时间，以求在更大范围内与航空业竞争客流，更新、更快速的列车必定会被投入新干线的运营。截至 2011 年，日本已经先后建成东海道新干线（东京—新大阪，515 km）、山阳新干线（新大阪—博多，554 km）、九州新干线（博多—鹿儿岛中央站，257 km）、东北新干线（东京—新青森，714 km）、上越新干线（大宫—新泻，270 km）、北陆新干线（高崎—长野，117 km）等六条高铁主干线铁路，纵贯日本全国，总里程达 2 427 km。此外还有秋田新干线（盛冈—秋田，127 km，1997 年通车，耗资 970 亿日元）、山形新干线（福岛—新庄，149 km，1999 年贯通）两条迷你新干线。截至 2018 年，新干线总营业里程已经达到 3 041 km，在建里程

402 km，覆盖北自北海道，南至九州岛的几乎整个日本列岛。日本新干线均为客运专线，最高运营速度均在 250 km/h 以上，主要承担大城市之间的长途客流以及大都市地区的通勤客流。自新干线面世以来，已陆续有 16 个系列的新干线动车组投入运营，截至 2018 年 6 月，日本拥有动车组车辆 4 774 辆。

另外，准时和安全是日本新干线的优点。东海道新干线从 1991 年至 2002 年的 12 年之间，列车的平均误点时间不超过 1 min，而且这个时间还包括了因气象原因（如台风、地震、暴雨等）等所引起的误点。另外，日本新干线的软件服务同样亮点颇多。首先，车厢能够保持整洁。东日本铁道公司旗下的一家清洁公司——TESSEI，900 多名员工每天要完成 150 趟到达东京车站的列车清扫工作。即使在这么繁忙的工作下，清扫员们依旧要在列车到达前 3 min 列队向下车乘客鞠躬。然后用 5 min 的时间，打扫干净 15 节车厢。其次，新干线上的"便当"也让乘客颇有好感。它们不仅制作精致、搭配丰富，而且充分利用了各地的特色食材，主推当地特色美食，这使得人们在乘车时就能够品尝到各地特色小吃。诸如北海道的石狩鲑鱼饭、东京的炸鸡便当、广岛的牡蛎，还有福冈博多站的东筑轩招牌乌龙面便当……同时，这些便当没有"汤汤水水"，避免了食物中的汤水会弄脏列车的座椅和地毯，不会散发出异味。另外，日本新干线的舒适度，还体现于车厢内的内装饰。新干线的灯光、座椅的色彩、地毯的颜色等，是由灯光设计师和色彩设计师们共同研究打造的，体现、宁静感和舒适感。日本的新干线在安全性能、减少噪声、提升稳定度和舒适度上下了很多功夫。很多乘客也有不乱扔东西，所有的垃圾在下车时自己带走，分类扔到站台上的垃圾箱里的习惯，也大大减轻了清扫员的劳动强度，缩减了清扫时间。

如今新干线已经成为贯通日本的交通大动脉，日客流超过百万人次，年运输量近 4 亿人次，是日本航空运量的 4 倍。新干线累计运输客流已经突破 70 亿人次。新干线线路长度仅为日本铁道总里程的 10% 左右，但它的收入竟然占到铁路总收入的 40%，而运输量占到铁路总量的 30%。到 2015 年，新干线将延伸至北海道的札幌，把日本四岛全部连接起来。伸向日本北部的高速铁路，将成为日本经济发展的新热点。

针对未来的挑战和变革，JR 东日本铁路公司决定重新确定公司定位和重塑未来商业模式，由此诞生了《远景 2027（Move UP 2027）》。新愿景提出，JR 东日本铁路公司将通过建立新的三大支柱来增加公司营收：使城市更舒适、使地区更发达、开展国际业务。为了继续保持业务的增长趋势，JR 东日本铁路公司计划建立"出行互联平台"，致力于发展舒适的城市空间。该平台旨在实现无缝出行，即为旅客提供从出发地到目的地的全旅行信息，并能实现车票购买、购物支付和旅行计划安排等多种功能。JR 东日本铁路公司认为，只要提供更便捷、更舒适的出行服务，即使全社会人口减少，使用铁路服务的人数也可实现增加。

在物联网、大数据、人工智能等高新技术快速发展的背景下，为实现铁路技术创新和引领，JR 东日本公司研究制定了《技术创新中长期规划》。规划的主要目标是采用人工智能技术对公司全部业务数据进行创新应用，进而实现确保运输安全、提升服务质量、优化运用维护、促进节能环保 4 个方面的目标。

（1）确保安全。

JR 东日本公司正处于铁路系统更新、专业细分不断深入、员工快速新老交替的时期。一方面，为解决"提高运输安全水平及正点率"的首要难题，积极推进技术改造和设备更新研发，以及安全教育培训技术的研发。另一方面，为跟踪安全技术的发展水平，需要建立一套安全辅助系统，可通过物联网、大数据、人工智能等技术，捕捉事故的预兆，挖掘难以预知的风险，以便事先采取对策。同时，还要推进智能道路交通系统（ITS）、智能机器人、人为因素管控技术之间的相互融合，实现"终极安全"目标，如利用传感器等技术降低灾害风险、利用 ITS 和机器人改善道口和站台的安全性等。

（2）强化服务和营销。

未来的旅客服务系统，除可提供客流和车辆设备信息之外，还可实时提供公交车、出租车等其他交通工具的信息。以及气象信息等多种数据。基于这种数据链，可根据不同需求，为旅客定制有助于缩短旅行时间的信息服务。研发分为两个阶段推进：提供铁路以及其他交通工具的实时信息，提升旅客出行的便利性和舒适性；提供根据运量需求变化的临时运行图信息，实现与其他交通工具高度结合的无缝运输服务。

（3）优化运维技术。

目前，JR 东日本公司正在以山手线的 E235 系车辆为平台，逐步推进"状态修"体系的实用化。同时推进自动驾驶技术研发，以及利用智能机器人和人工智能的辅助技术研发。此外，随着一线技术工人大幅减员，还将通过技术创新来改变运用和维修成本的结构，实现"人与系统"密切结合的工作模式，由"定期修"到"状态修"的转换、维修作业的智能机器人化等。

（4）注重能源和环境。

JR 东日本公司拥有从发电到输变电和配电的全过程能源管理网络平台，并确立了综合利用可再生能源和节能蓄能技术，实现 2030 年铁路能耗降低25%、二氧化碳排放量减少 40%的管理目标（以 2013 年为基准）。

### 4.3.4　新干线动车组谱系

日本已经形成四代 13 种型号。具体如图 4.4 所示。

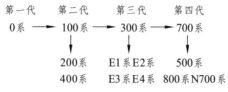

图 4.4　日本四代动车组示意图

日本新干线目前由 5 家铁道客运公司运营，分别是 JR 北海道、JR 东日本、JR 西日本、JR 东海、JR 九州，这 5 大客运公司曾经和正在运营从"0 系""100 系"到"800 系"，从"E1"到"E7"，有独立编号的"H5 系""W7 系"等种类繁多的动车组。

1. 新干线"0~800"系

（1）新干线"0 系"。

1964 年登场的"0 系"列车是新干线诸多车型的开朝元老，在服务 30 多年后，此车系于 1999 年全数退出东海道新干线的载客服务，之后以回声号（Koda ma，汉字"木灵"）的身份行驶于山阳新干线上，进行各站停车服务。"0 系"的营运时速为 220 km/h，并曾在高速测试中创下 256 km/h 的纪录。2008 年 11 月 30 日全面退出营运服务。2008 年 12 月 14 日，"0 系"列车正式退役，它就像一位饱经沧桑的老人，见证了新干线的兴起和繁荣。

（2）新干线"100 系"。

该系是 1985 年投入服务，行走于东海道、山阳新干线，设计最高时速为 275 km/h，营运时速为 230 km/h，"100 系"是首款拥有双层车厢的新干线列车。于 2003 年全数退出东海道新干线的载客服务。现在行驶于山阳新干线上，作为回声号进行各站停车服务。与"0 系"比较，"100 系"动车的空气动力学性能得到改善，比起"0 系"全部使用驱动马达的动车，"100 系"在此基础上，利用拖车替换了一部分动车，拖车没有安装驱动马达，却增加了盘形涡流制动系统，这使动车性能更佳。"100 系"的材料和"0 系"一样，属于钢制，但车头流线型更强。

（3）新干线"200 系"。

该系于 1982 年东北新干线及上越新干线通车时开始使用。200 系的标准营运时速为 240 km/h，但依照编组的不同，E 编成仅有 210 km/h 的营运速度，但 F 编成却有 270 km/h。

（4）新干线"300 系"。

该系是东海道—山阳新干线上等级最高的希望号（Nozo mi）首次登场时所使用的车种，最初以 270 km/h 的最高车速投入营运，但目前已经退出第一线，主要是作为光号（Hikari）与回声号列车使用。

（5）新干线"400 系"。

该系是行驶于山形新干线的迷你新干线列车。设计最高时速为 345 km/h，东京至福岛新干线路段营运最高时速为 240 km/h，而行走在来线福岛至新庄，运营最高时速为 130 km/h。作为羽翼号（Tsubasa）列车使用。于 2010 年 4 月 18 日最终列车运行完毕后，彻底退出营运服务。为第二款退役的新干线列车。

（6）新干线"500 系"。

在"300 系"投入运营 5 年之后，新一代的"500 系"登上高铁舞台。"500 系"的目标值定为 300 km/h，这个速度已经能追上当时世界上最快的法国 TGV-A 列车。1997 年 3 月，"500 系"列车在山阳新干线投入商业运营。两年之后，综合了"300 系"和"500 系"之长的"700 系"投入商业运营，虽然它的最高运营速度不及"500 系"，被定为 285 km/h，但其优点是性价比高。因为东海道新干线立项报批时的项目名称是"旧线改造"，最小曲线半径定为 2 500 m，这种小半径曲线全线达 50 余处，其长度占到全线的 18% 左右，因此最高时速定为 285 km。

最高营运时速达 300 km（山阳新干线路段），是当时世界上营运时速最快的高速铁路列车（1997 年），并曾在测试中达到 320 km/h 的速度。

（7）新干线"700 系"

"700 系"于 1999 年投入运营，最高时速虽只有 285 km，但平均营运时速较"500 系"高的车型，前方车头长 9 m，因造型独特被日本昵称为"鸭嘴兽"。除了作为光号与"700 系"希望号使用外，西日本旅客铁道也使用"700 系"推出不一样的新车型，命名为"铁道之星"（Hikari Railstar），在编组车辆数、车辆涂装、车内座椅数与配备上，都与原有的"700 系"不同。

"N700"系："N700 系"是由"700 系"改良而来的新型列车，是由东海旅客铁道与西日本旅客铁道共同开发、首度导入摆式列车技术的第五代新干线车辆。"N700 系"列车已于 2007 年 7 月 1 日正式投入使用，最高营运时速也达到 300 km/h。该型号列车投入运行后，东京到大阪之间的旅行时间只需要 2 h 25 min。

到 2007 年，"N700 系"列车的最高运营速度为 300 km/h，新干线"N700 系"动车组已经将东京到大阪的旅行时间缩短到了 2 h 25 min。

　　"N700"系 S1 是由 JR 西日本与 JR 九州联合购置的新型车辆，爱称瑞穗号（Mizuho）和樱号（Sakura），用于 2011 年 3 月 18 日正式开通的九州/山阳干线新大阪—鹿儿岛中央间的直通运转，与原有 N700 系外观上最大的不同为其采用青瓷色涂装面非传统的乳白色＋蓝条涂装。2011 年 3 月 18 日，九州/山阳直通正式开始运转，作为九州/山阳最快的班次，运行于鹿儿岛—熊本—新大阪之间。

　　日本正在研制的用于东海道新干线的"N700S"系高速列车是集成了日本多项技术创新的"代表作"，将成为日本宣传高铁实力的样板。东海道新干线新型列车"N700S"将替代目前正在运行的新干线主要车辆。JR 东海公司在继承现在的车头沟型设计的同时，改良形状以减轻空气阻力，从 2019 年开始一直在反复进行运行试验。该新型列车，在地震等灾害造成停电时，可以利用装载的锂离子电池继续行驶，JR 东海公司在世界上将这个系统首次用于高速铁路上。此外，车内增加监控摄像机，强化了安全防范功能，并且设置新的装置，使得在紧急情况下除了乘务员之外，乘客也能与监控中心通话。如图 4.5 所示。

图 4.5　"N700S"外形示

　　"N700S"的外涂装延续的"N700"系的蓝色双腰线设计，简洁大方，"N700S"的 LOGO，其中的字母"S"为"Supre me"的缩写。"N700S"新干线设计最高运营时速 300 km，与目前的"N700"系新干线相同。"N700S"自研发初始，提高速度就不是研发目标，最重要目标是稳定提供安全且大量的高密集运输。之所以如此，也是因为东海道新干线修建早、线路标准低、线路提速难度很大，因此 JR 东海在新车型上不追求提速。N700S 采用的"左右侧方角"头型，更多的是为了抑制行驶中空气流动造成的晃动和噪声，最大创新点在于实现了车载设备的小型化和轻量化，通过各种全新设计，标准编组的每列车可减重 13 t，同时空出大量空间。而这些空间和重量则用于搭载锂电池，以便在地震等接触网断电的情况下，可以让列车能够驶出桥梁和隧道到安全路段避难。JR 东海对于搭载锂电池的方案信心满满，但是对于锂电池的安全性问题，各方意见不一。"N700S"的另一个创新设计就是将车体设备进行了模块化处理，这样可以相对灵活地调整编组。2020 年 7 月 1 日，日本东海道新干线新型列车"N700S"亮相。这是 13 年来全面改换车型，行驶性能与车厢设备较以往有所提升。新列车实现了贯穿列岛的全新移动空间。2018 年 3 月启动的试运行中最高时速达 360 km，远高于运营最高时速 285 km。

（8）新干线"800 系"。

该系由九州旅客铁道开发，行驶于九州新干线路段，作为燕子号（Tsubame）列车的使用车辆。虽然运行速度只有 260 km/h，但因 800 系是配合九州地区多山特性所设计的摆式列车，因此反而拥有新干线里最高的过弯车速。九州新干线全线开通后，服务于每站必停的慢车班次。

2. 新干线"E1~E8"系

（1）新干线"E1 系"（原"600 系"）。

该系是第一款全列车双层配置的新干线列车，行走于上越新干线路段。最高营运速度为 240 km/h。主要是作为朱鹮号（Toki）与谷川号（Tanigawa）列车使用。

（2）新干线"E2 系"。

该系行驶于东北新干线及长野新干线。营运时速为 275 km/h。作为疾风号（Hayate）、浅间号（Asa ma）、山神号（Ya mabiko）列车的使用车辆。因北陆新干线轻井泽以西路段采用与东北新干线的 50 Hz 交流电不同的供电制式（25 kV，60 Hz），故 E2 系为新干线系列里唯一的双电源制式车辆。

（3）新干线"E3 系"。

行驶于山形、秋田新干线的迷你新干线列车，东京至盛冈/福岛区间 275 km/h，盛冈至秋田、福岛至新庄区间速度 130 km/h。作为小町号（Ko machi）、翼号列车使用。

（4）新干线"E4 系"。

该系是世界载客量最大的双层高速铁路列车，载客量达 1 634 人（两列"E4"重联情况下），行驶于东北、上越、长野新干线上。最高营运时速 240 km/h。作为朱鹮号和谷川号列车使用。

（5）新干线"E5 系"。

该系是 JR 东日本公司于 2011 年春投入东北新干线使用的最新型新干线，执行东京—青森间班次，为 FASTECH 360S 的简化量产版，爱称 Hayabusa（隼号）。运行速度为宇都宫以南 275 km/h、宇都宫—盛冈间 320 km/h、盛冈以北 260 km/h。

（6）新干线"E6 系"。

该系是 JR 东日本预计于 2011 年投入秋田新干线运营的在来线直通用新干线列车。2013 年，"E5""E6"系列车的最高运营速度由 300 km/h 提高到 320 km/h。

（7）新干线"E7 系"。

该系于 2014 年 3 月 15 日投入使用，设计速度 275 km/h，运营速度为 260 km/h，为北陆新干线提供旅客运输服务。该动车组在"E2 系"基础上研发而来，车内装潢充满了浓厚的文化气息，未来派的艺术风格与日本传统文化相融合，乘客可享受极佳的乘车体验。

（8）"新干线 E8 系"。

2020 年 3 月，JR 东日本宣布了新一代迷你新干线列车的最新消息——E8 系新干线列车正式被定名，并将于 2022 年 9 月完成首车生产，2024 年正式上线。据 JR 东日本方面的表示，E8 系未来将用于山形新干线，取代现有的"E3 系"列车。"E8 系"新干线的最高运营速度将提高至 300 km/h，但这个最高速度只有在东北新干线路段才能达到，山形新干线区间仍旧只能按照 130 km/h 的速度行驶。未来 E8 系将在东北新干线宇都宫—福岛区间和"E5 系"重联运行，考虑到山形新干线从东北新干线岔出较早，若像运行于秋田新干线的"E6 系"那样提速至 320 km/h，则耗费较大且旅行时间缩减并不明显，所以折中提速到了 300 km/h。"E8 系"列车将在服务设施方面进行加强。包括全列车采用全有源悬挂系统、增设轮椅位、增设大件行李存放处至全列车各个车厢、增设电源插座至全部座椅、防盗摄像头全车覆盖等。相应的，列车的定员相比 E3 系也是有所降低，为 355 名。通过对比可以发现，削减的座位都是普通席（相当于中国高铁的二等座），可以发现提高普通旅客的乘坐舒适度是新干线发展的趋势之一。

除了各项提升之外，列车的外观设计也是颇为引人注目的。首先是列车车鼻虽延长至 9 m，处在"E3 系"（6 m）和"E6 系"（13 m）之间，是为兼顾最高运行速度、载客量、生产工艺难度、采购价格等各项相互制约因素的解决方案。列车的涂装设计则延续了现有"E3 系"的风格，仍以山形新干线沿线风土人文为创意灵感，表达一种"与偏远地区人们心灵之间相互联系"的感情。

按照计划，将总计生产 17 列"E8 系"，均为 7 辆编组。其中，首列车计划于 2022 年 9 月出厂，新车于 2024 年春上线运营。至于 17 列全数生产完毕，则要等到 2026 年春。目前，E3 系新干线共有 15 列在役（"1000 番台" 3 列+ "2000 番" 台 12 列），参照这个数字，未来山形新干线或许还会加密班次。而生产周期之所以较长，参照日本新干线 "废车一列，新造一列" 的惯例，应该是为了能最大限度利用 E3 系现有的寿命等因素而考虑的。

3. "W7 系" "H5 系" 动车组

（1）"W7" 系动车组于 2015 年 3 月投入使用，是日本新干线目前为止最新型的动车组，设计速度 275 km/h，运营速度为 260 km/h，为北陆新干线提供旅客运输服务。经过对照，"E7" 系和 "W7" 系几乎是孪生兄弟，都是奥山清行联合川崎重工设计研发的，车内设计风格也一模一样，服务的老东家也相同。其实，这两款名称不同的动车组，本来就是一款车，在 JR 东日本管辖范围内，称之为 "E7 系"；在 JR 西日本管辖范围内，称之为 "W7 系"。

（2）"H5 系" 是在 "E5 系" 基础上进行研发而来，最高速度为 320 km/h，于 2016 年 3 月份投入运营，主要为东北新干线和北海道新干线提供服务。这款动车安装了主动制导悬架系统和车身倾斜系统，在动车高速运行时，可使车身倾斜 1.5° 平衡离心力，动车通过半径为 4 000 m 的弯道时，以 320 km/h 的速度不减速通过。为了适应北海道寒冷地区的气候，该车前面安装了除雪装置，并采用耐久的橡胶产品以保护车底架上的电气设施。

### 4.3.5　新干线的技术

1. 防灾技术的突破

日本是一个多灾多难的国家，地震和台风频繁袭击日本列岛。日本的新干线大部分线路是在靠近太平洋一侧的沿海地区，这一地区是太平洋板块和菲律宾板块与欧亚大陆板块的交叠处，地震十分频繁。2011 年的东日本 9 级大地震，也是发生在这一沿海地带。当年地震发生时，单是在灾区奔跑的新干线列车就有 20 多列，最终只有一列新干线列车在高架桥上出轨，但是没有颠覆、没有人员伤亡。为什么日本的新干线能在如此巨大地震来袭时，依然安然无恙？地震紧急停车系统发挥了很大的作用。当地震发生的瞬间，铁路公司就能在地震波尚未抵达铁路线的十几秒的时间里，通过地震预警系统实施紧急自动减速，当地震波来袭时，新干线已经处于减速运营状态，最大限度地避免出轨的危险。

日本综合防灾系统（ARISS）包含地震、台风、雨量、落石、水位、积雪深度监测报警等防灾预警系统，还有针对海底隧道铁路的涌水、火灾报警系统。ARISS 与调度指挥中心的系统相连接，第一时间向调度反馈监测数据或报警信息以便及时采取措施处置。

风速仪的设置：由于台风在日本比较频繁，因此在铁路线路易受风害的主要地段设置风速仪，测量沿线风速变化情况。

积雪深度仪的设置：日本铁路沿线装设有积雪深度仪，通过超声波探测设置地点的积雪深度，其一般采用除雪洒水器和除雪车用于清除线路积雪。JR 北海道公司在雪量预报为 10℃ 时，安排除雪车出动扫雪。另外，还在列车头部装备铲雪器，在车门安置加热装置以防止车门积雪冻结，在车底部安置车罩结构防止车下机器设备积雪，在车底部涂有特殊涂料以防止有卷起的积雪附着，司机驾驶台挡风玻璃采用耐寒、防结霜材料，这些措施都有效降低了积雪对列车运营造成的影响。

地震仪的设置：日本各地经常发生地震，如果列车速度过快，在地震波来袭之前不能有效减速停驶，那么很可能会飞出铁轨，酿成重大灾难。日本铁路沿线有 1 000 多处设置了地震仪，新干线大约每隔 20 km 设置一个地震仪，既有线大约相隔 50 km 设置一个地震仪。一旦地震波形成，探测器即启动发出指令到供电设施，进行自动停电，行驶车辆也将自动停车。防止地震导致交通事故发生。

近年来，日本铁道综研所围绕特大地震预测开展了一系列研究工作：

（1）特大地震摇动预测技术：研发"混合合成法"，采用理论分析和统计分析方法相结合分别对地震波的长周期成分和短周期成分进行综合研究，精确推定大范围、宽地震周期内可能发生的特大地震。在对过去大量主震、余震数据进行统计分析的基础上，建立了余震预测模型，实现从主震到余震的地震群仿真计算。

（2）状态预测技术：地基液化状态的预测。考虑地震过程中间隙水的移动，采用改进的地基液化解析法，分析间隙水压上升至液化和震后水压消散地基稳定的过程，掌握水压反复上升、消散的状况。

（3）结构物状态的预测：研究破坏前结构物状态的精细评价方法，采用"抗震性能残存率"作为余震的安全性评价指标，掌握结构物在主震时的损伤度和余震时的抗震性能。

（4）接触网支柱状态的预测：考虑大地震时支柱部件和基础塑性化影响，研究构建支柱非线性特性计算模型，预测接触网支柱状态。

（5）车辆状态的预测：通过开展地震作用下高架桥桥面旋转反应对新干线车辆运行安全性影响的研究，得出如下结论：受桥面旋转振动影响，列车安全振幅限值应比只考虑水平振动的限值减小 10%以上。

围绕特大地震的应对技术，日本铁道综研所也开展了相关研究：

（1）桥梁应对技术：在既有桥梁方面，开发了中层梁插入工法和负刚度摩擦阻尼装置；对于新建桥梁，研究提出了作为下一代新型高架桥的"超连续高架桥"和"超连续基础结构"建造方案。

（2）接触网支柱应对技术：

研究了橡胶件插入工法和 H 型钢插入工法并进行了试验验证。试验结果表明，采用橡胶件插入工法的共振时响应倍率仅为不采用该工法的 1/10；采用 H 型钢插入工法安装的接触网支柱即使发生破坏，也不会发生倾倒而妨碍车辆运行。

另外，还要启用海底地震数据观测系统。长期以来，JR 东日本公司已在沿线和沿岸陆地设置了地震仪，建立起了发现摇晃后紧急停车的机制。对于像东日本大地震和南海海槽大地震这类发生在离岸近海的地震，仅靠陆地上的观测来掌握摇晃情况的话需要较长时间。引入对海底地震数据的观测后，一旦海底地震仪发现灾害将波及内陆的巨大摇晃时，铁路地震预警系统将自动发出停止向变电站供电的命令，新干线列车将紧急停车。其中，东海道新干线紧急停车的时间最多可缩短 30 s，东北新干线、上越新干线为 20 s，山阳新干线为 10 s。

### 2. 新干线提速

由于日本新干线建设年代较早，建设标准也较低，如曲线半径、线间距等，在这些方面日本新干线与中国的高速铁路的高标准建设有较大差别。此外还有一个重要的技术指标方面的不同，那就是隧道截面积。举个例子，京沪高铁的隧道截面是 100 m²，而日本东北新干线的隧道截面积只有 64 m²。隧道较小的截面积限制了高速列车的运行速度。因为在较小截面积的隧道中速度过高时候，一是阻力过大，二是会产生非常大的噪声。所以，在新干线线路目前这种技术条件下，为了提高列车运行的速度与舒适性，日本也就不得不舍弃一些旅客座椅的空间，而在气动阻力的设计中趋向一种极致追求。

日本新干线从车辆技术到运营管理系统都是本国研发、逐年提高和完善的。长年的技术积累和顽强的安全经营意识，使得日本新干线始终以"安全"为第一考量，"速度"是排在第三位，第二位是"经济利益的平衡"。日本新干线在半个多世纪中，时速从最初的 200 km 到目前的 320 km，期间只提升了 120 km。这是因为考虑到对运营安全的影响，因为日本是一个岛国，大部分地区是丘陵地带，许多新干线线路是不断穿越隧道的，当列车高速穿越隧道时，车头会产生压缩波，车尾会产生膨胀波，乘客坐在新干线列车上，耳膜会有一种压迫感，影响坐车的舒适度。因此，日本的新干线速度不宜开到

350 km/h 以上。另外，考虑到经济利益，日本铁路公司经过测算，新干线时速控制在 300 km 以下，其轮轨的磨损率处于最经济最合理的区域，如果超过 300 km，磨损率会出现大幅增加，运营成本也会因此大大提升。

当然日本也在追求更高速度的高铁。2019 年 5 月 9 日，东日本铁道公司（JR 东日本）对媒体公开了新一代新干线 "ALFA-X" 更多内部细节，该型新干线列车正进行时速 360 km 试运行，其最大特征是车头前端较长，被称为"长鼻子"，旨在抑制噪声。因噪声会随着行驶速度加快而变大，"ALFA-X" 采用流线型、减少空气阻力的柔和的"长鼻子"车头。这是在 2011 年开始商业运行的 "E5 系" 以后确立下来的。列车的"长鼻子"部分加长到 22 m（新型试验车辆共有 10 节，而其中头车 10 号车总共全长 26.5 m），达到史上最长。长鼻设计可让新干线行驶隧道时更加安静，在提升速度的同时必须兼顾安全性。该车型还配备了在地震多发的日本特有的功能，包括能尽快停车的部件等。JR 东日本公司表示，ALFA-X 造价约为 100 亿日元，试验中的最高速度为 400 km/h 左右，而正常运营速度或将为 360 km/h，如图 4.6 所示。

2020 年间，日本新造 400 km/h 高速试验车 "ALFA-X" 陆续在东北新干线上开展了试运行和媒体试乘活动，运行速度达到了 382 km/h。从 2030 年起，该车将以最高商业运营速度 360 km/h 代替速度 320 km/h 的 "E5" 和 "H5" 型动车组，成为东京—新青森—札幌线上运行的主力车型。

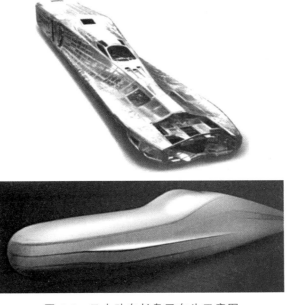

图 4.6　日本动车长鼻子车头示意图

### 4.3.6　日本高速铁路调度指挥系统

日本速铁路列车的运行密度、运量、安全性、正点率和方便性居世界领先位置。采用综合调度系统，保证了世界客运铁路最高运营密度和行车的安全正点。

1964 年，东海道新干线开通，采用调度集中（CTC）的行车指挥方式；1972 年，将计算机辅助运行控制系统 COMTRAC（Computer aided Trati Control System）投入使用，此后又不断地改进设备扩充功能。形成现在的系统，负责管理总长为 100 km 的东海道和山阳新干线。1996 年阪神大地震以后，JR 东海与 JR 西日本铁路公司在大阪建设了 COMTRAC 备用中心。1999 年，JR 九州铁路公司将原有的七个既有线调度所合并，采用 COMTRAC 系统建设了九州综合调度中心，管理 2 000 余千米的既有铁路。

在 COMTRAC 基础上，JR 东日本铁路公司开发了新型综合调度集中系统 COSMOS（Computerized Safety Maintenance and Operation System），1995 年投入运营的 COSMOS 系统是集行车控制、电力控制、车辆运用管理、运行图生成及变更、信息系统（灾害信息、旅客信息等）、维修作业管理、车站作业管理等功能于一体的综合性运营管理信息系统。它的信息共享结构，将运行本部的 8 个计划、管理部门与作业现场（车站、乘务员、车辆基地）有效地连接在一起。COSMOS 调度中心设在东京，集中管理东北、上越、北陆等新干线、总长达到 900 余米。COSMOS 系统由运输计划、行车控制、维修作业管理、设备管理、电力控制、车辆管理、维修基地管理 8 个子系统构成，如图 4.7 所示。COSMOS 系统与 COMTRAC 相比扩大了管理和控制范围、增强了功能、约 500 台计算构成广域自律分散系统，确保系统故障或中断时仍能维持铁路正常的运输秩序。COSMOS 系统像采用了 20 世纪 90 年代最新的计算机和通信技术，实现了运输业务管理的综合系统化。

日本高速综合调度系统特点如下：

（1）日本新干线按线（东海道山阳）和区域（东日本公司）分别设置单独的调度指挥系统，无国家级统一调度指挥中心；东海道山阳新干线与既有线完全独立，调度系统完全独立并设立了备用中心；东日本公司的部分高速列车下既有线运行（既有线改造，在既有线上列车运行速度较低）与既有线调度指挥系统间相互协调。

（2）充分考虑了高速行车所伴随的高风险性及行车安全对调度系统的依赖性，突出了安全的重要地位。

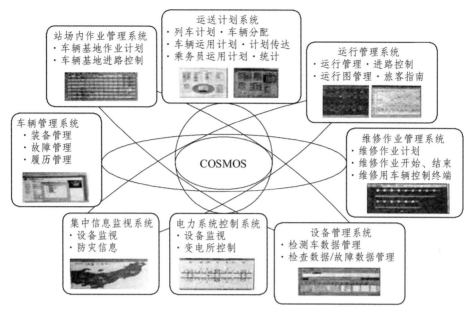

图 4.7 COSMOS 系统

（3）基于对可靠性、实时性、安全性等不同要求，各子系统采用不同网络通道相连接，从广义的运输系统概念出发，即将运输系统视为包含多部门的庞大复杂的人-机-环境动态系统，以保证运输安全和稳定有序为首要目标，构建信息化、集成化和智能化的综合调度指挥系统。

（4）基于管辖范围设计系统，容量有一定限制，不利于扩充，基于日本技术条件、技术标准开发，通用性较差。

（5）以运行计划为基础、以列车运行管理（调度）为核心、以良好的设备状态为保障，系统具有高度的练合性，功能强大。

综合型系统是以现代化新技术为支撑条件的信息化、集成化和智能化的先进系统，日本的综合调度中心，在采用调度集中 CTC 的基础上，开发配置了计算机管理系统，形成了以行车指挥自动化系统、COMTRAC 和新干线信息系统 S MIS 为中枢的，集成了一系列自动化程度很高的移动数据通信、设备监控、列车运行自动控制、事故预警、防灾、售票服务、事务管理等功能的综合的、统一的运营管理总体系统。如图 4.8 所示。

日本新干线的综合调度中心所设置的职能结构、业务范围，除传统的各种调度业务以外还设立有关线路设备管理、维修、保养，供电系统的监视、遥控，通信信号设备的监控、检修以及发生灾害、事故抢修处理等业务调度。日本的综合调度中心如图 4.9 所示。

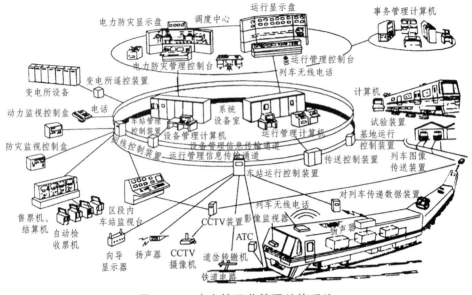

图 4.8　日本高铁运营管理总体系统

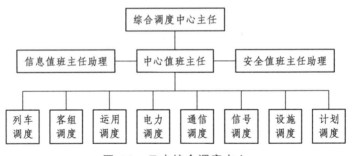

图 4.9　日本综合调度中心

## 4.4　欧洲的奋起

　　放眼当今世界高速铁路格局，泛欧高速铁路网在欧洲已见雏形，跨欧洲互操作技术与系统取得重大进展，适应欧洲各类线网的轨道交通技术、装备、系统已成完整体系，建设、运营、服务与安全保障一体化技术架构已大体成型并逐步实施，围绕"欧盟—国家—行业—企业—研究机构"这一主线，已形成完备的技术体系。欧洲高速列车技术在谱系化、标准化、一体化、成熟性等方面总体上居世界前列，技术标准体系占据世界制高点，且其高速铁路技术作为"走廊技术""替代技术"和"世纪技术"的地位得到加强。例如，在北美的加拿大，以著名的庞巴迪公司旗下的高速列车为领头羊，在技术和装备"清洁化""智能化"方面都走在了世界前列，大规模高速铁路建设在北美拔地而起，建立完善的创新体系、产业支撑体系、市场机制和法律机制。

　　对于世界铁路界而言，在铁路运输已是夕阳产业的悲观论调中，新干线以它在技术和经营上的成功对此给予了最明确的否定回答。这壮举极大地振奋了世界铁路界人士对铁路运输的信心，人们开始重新认识铁路尤其是高速铁路的价值，从而引发了继新干线之后的英、德、法等欧洲国家修建本国高速铁路的热潮，也从此拉开了欧洲和日本高速铁路竞争的序幕。

　　欧洲是无可争议的世界铁路技术中心。其中英国是世界铁路发源地，更是日本铁路技术的"老师"。德国是第二次世界大战前世界铁路技术的领头羊。法国是第二次世界大战后世界铁路高速化的领导者。自铁路诞生以来，轮轨式列车的速度世界纪录，几乎被英、法、德三国包揽。紧随其后的是法国，其高速列车简称为 TGV，是欧美国家开发最早的高速列车之一。

　　在日本新干线的带动下，世界铁路工业进入新的发展阶段。日本新干线的成功，实在有些出人意料，特别是出乎欧洲人的预料。日本通过对欧美原创技术的吸收和改良，再加以系统集成，开创了世界高速铁路先河。作为传统的铁路技术强国，欧洲人没有自甘落后，他们很快开始奋起直追。以欧洲各国为中心，日本新干线的成功刺激了全球各地高速铁路的开发，法国的 TGV（1981 年投入运营）和德国的 ICE（1991 年投入运营）相继面世。TGV 运行时速高达 270 km/h，超过了当时新干线 210 km/h 的最高时速，新干线诞生以前引领全球高铁发展的法国，又重新夺回了领头羊的地位。之后，日本也致力于提升新干线的速度，目前，东北新干线实现了可与 TGV 匹敌的 320 km/h 的最高时速。

　　欧洲高铁有两个显著特征，一是与传统铁路系统的一体化连接，另一个是跨国运行，如著名的"欧洲之星"就穿越了英吉利海峡。欧洲的西班牙、意大利、比利时、荷兰、瑞典等发达国家纷纷登场，制定具有本国特色的高速铁路发展规划，同时引进高铁技术，建设高速铁路。其中，法国的 TGV 与西班牙的 AVE 还属于"同宗同源"。

　　当欧洲在高速铁路领域狂飙突进时，日本却被甩到了身后。自从 1964 年10 月，第一代"0 系"列车在东海道新干线投入运行后，直至 1982 年，第二代"200 系"列车才投入使用，期间间隔长达 18 年。除了"0 系"列车技术逐渐改进外，最重要的一个原因是自 1964 年之后，日本国铁陷入长期巨额亏损，无力承担耗资巨大的新型列车研发任务。1985 年推出的"100 系"，是日本国铁最后研制的一款车型。直至 1987 年 4 月 1 日，已经负债累累的日本国铁才实行私有化。为了提升新干线与航空、高速公路的竞争力，也为了挽回早已被法国、德国高速铁路全面超越的境地，经营新干线的各日本 JR 公司，对开发新型列车倾注了巨大热情。1993 年 3 月推出了全新的"300 系"列车。直至 1997 推出的"500 系"列车投入运行后，才以平均时速 261.8 km 打败了法、德高速列车，时隔 16 年后重新夺回最快旅行列车的桂冠。而法国很快又以平均时速 300 km 的成绩击败了日本。

2020 年 3 月，欧委会提议将 2021 年定为欧洲铁路年，重点任务是推进欧洲单一铁路区域建设，打造真正无国界的欧洲铁路网络。欧洲铁路年将有助于加快欧洲铁路系统现代化进程，符合欧洲推广可持续交通模式的迫切需要。

### 4.4.1 法国的锋芒毕露

#### 1. 法国高速铁路发展

法国是世界上从事提高列车速度研究较早的国家，1955 年即利用电力机车牵引创造了 331 km/h 的世界纪录。1967 年 5 月，法国国铁的 CC-6500 型电力机车，在一段长约 80 km 的铁路线上，实现了最高时速 200 km 的载客运输。20 世纪 70 年代，TGV-01 试验型电动车组达到了 380 km/h 的速度。

德、法两国虽然先行开通了时速 200 km 的列车，但毕竟只是既有线提速。为了挽救日益没落的铁路运输业，1965 年年底，也就是日本新干线开通的第二年，法国国营铁路公司（SNCF，简称法国国铁）开始拟定法国高速铁路计划，并定名为"TGV"（高速铁路的法文缩写）。TGV 是由阿尔斯通公司和法国国家铁路公司设计建造并由后者负责运营的高速铁路系统。建造 TGV 的设想始于 20 世纪 60 年代，之前日本新干线已于 1959 年动工。当时法国政府热衷于采用气垫列车或磁悬浮列车，而法国国铁则开始研究基于传统轨道的高速列车。在最初的计划中，TGV 将由燃气涡轮发动机或电力机车牵引，但最终燃气涡轮发动机因体积小、单位功率高且能长时间提供高功率牵引力而被采用。1966 年，法国国铁设立了主要研究高速铁路技术的研究局。1967 年 7 月 10 日，TGV 计划正式启动。1968 年 6 月，法国国铁在维也纳召开的铁路高速化国际会议上，宣布要建设巴黎—里昂的 TGV 高速铁路。巴黎和里昂是法国最重要的两大城市，铁路运量早已饱和。1971 年，法国政府批准了修建 TGV 东南线的计划（巴黎至里昂，417 km，其中 389 km 为新建高速铁路）。

　　法国在技术上非常慎重，他们对日本新干线进行了彻底研究，并针对其造价高、动力分散式列车维护复杂、编组缺乏灵活性、换乘麻烦、列车受电弓接触不良、列车舒适度（振动噪声）欠佳等弱点提出应对策略。针对日本新干线的弱点，TGV 采用与其迥然不同的动力集中式列车。1969 年 7 月，阿尔斯通制造出第一款试验车 TGS001 和 TGS002，由雅克·库珀设计，采用燃气轮机、铰接式转向架，最高测试时速达到 318 km，是非电力牵引列车中的最高时速保持者。1973 年，法国国铁研制的 TGV-001 试验列车，停在巴黎德奥斯特里茨火车站。TGV 是世界第一种平均时速超过 200 km 的高速列车。

　　随着 1973 年能源危机爆发，石油价格高涨，燃气涡轮发动机因此被弃用。TGV 转而使用电力机车，电能通过架空线从法国新建的核电站输送而来。TGV 列车改用电力牵引后，原先的设计也随之进行了巨大的调整。法国开始从更高起点研究开发高速铁路并确定了适合本国国情的速度目标值，就是要研制一种高性能、高速度并面向大众的新型列车，建造一条高质量的铁路新线，向旅客提供一种安全、舒适、快速的出行方式，目的是解决铁路干线运输能力饱和并要获得显著的经济效益。基于上述考虑，1974 年，第一款采用电力牵引的 TGV 原型车下线，被命名为"泽比灵斯（Zébulon）"。泽比灵斯共运行了约 100 万千米，进行了受电弓、悬挂和制动等系统的测试。

　　法国从日本"新干线"的一系列缺点出发，比如造价高、动力分散式列车维护复杂、编组缺乏灵活性、换乘麻烦、列车受电弓接触不良、列车舒适度（振动噪声）欠佳等，提出各种对应策略。在 TGV 电力动车组问世之前，技术人员面临一大堆技术难题，其中最大的"拦路虎"就是高速列车的高速行驶过程中会造成车体震动，旅客体验舒适度会因此变得很差。为了解决这个问题，负责 TGV 工程的技术人员加班加点，在一次又一次推迟 TGV 的开通日期后，他们终于找到了办法，在动车底盘第一悬挂系里添加胶块，完美解决了这个问题。

　　在高速运行方面，朝气蓬勃的 TGV 一开始就远远地把新干线甩在了后面。而当东南线全线开通时，TGV - PSE 列车的最高速度更上一层楼，提高到了 270 km/h，而此时日本新干线的最高依旧在 220 km/h 这一数据徘徊不前。TGV 和新干线，这是两条形神迥异的高速铁路。虽然 TGV 比新干线晚出现 17 年，但从 TGV 身上几严看不到新干线的影子。TGV 开通时与新干线的不同点分析如表 4.3 所示。

表 4.3　TGV 开通时与新干线的不同点分析

| | 比较项目 | 新干线 | TGV |
|---|---|---|---|
| 车辆 | 动力方式 | 动力分散 | 动力集中 |
| | 受电弓数量 | 多 | 少 |
| | 转向架 | 独立式 | 铰链式 |
| | 车体尺寸 | 大 | 小 |
| 线路 | 最大坡道值 | 小（15‰） | 大（35‰） |
| | 隧道 | 多 | 无 |
| | 列车利用既有线进入城市中心 | 不可（需建设新线） | 可 |
| 运输组织 | 既有线的直通 | 不可 | 可 |
| | 列车编组 | 固定 | 不固定（可两编组相挂运行） |
| | 票价 | 固定 | 可变 |
| | 列车运行班次 | 固定 | 根据需要，可临时增发时刻表上没有的列车 |

　　法国在 TGV 建设之前，认识到了新干线的缺点，以及针对这些缺点而实施的解决办法，如表 4.4 所示。

　　1976 年 10 月，法国第一条高速铁路——TGV 东南线正式开工。法国国铁向阿尔斯通公司订购了 87 辆 TGV 列车，从此以后，TGV 高速铁路系统走上了迅速发展的道路，在技术、经济、商业等方面都取得了巨大的成功，40 多年来，一直居于世界铁路运输的前沿。1980 年 4 月 25 日，第一列 TGV 量产车型正式交货。1981 年 2 月 26 日，TGV 列车在试验中达到时速 380 km，创下世界纪录。1981 年 9 月 27 日，欧洲第一条高速铁路—巴黎至里昂的东南线投入运营，全程 417 km，直达旅行时间 2h，当时列车最高速度为 260 km/h，超过了日本新干线，经过技术改造，目前速度已达 300 km/h。1983 年 9 月全线建成通车。TGV 列车最高运行时速 270 km，比日本新干线要快 50 km。据统计，法国总人口约为 6 540 多万。其中，大巴黎地区人口最多，有 1 200 万人；罗纳—阿尔卑斯大区也有 630 万。而巴黎与里昂分别是这两个地区的中心，意味着巴黎—里昂 TGV 东南线连接了法国人口最多、经济最繁荣的地区。因此，TGV 东南线的投资回报率可以达到 15% 也就不足为奇了。

表 4.4　法国分析的新干线缺点及相应的改善方法（1981—1991 年）

| 新干线缺点 | 缺点产生原因 | TGV 改善方法 | 对日本新干线后来的影响 |
|---|---|---|---|
| 受电弓受流不良，接触线事故多发，电磁干扰多发 | 受电弓数量过多 | 在高速运行区间只使用 1 台受电弓 | 受电弓数量逐渐减少，最后形成日本独自的 2 台受电弓受流方式 |
| 运输力调整欠弹性 | 固定编组，固定列车运行图，固定票价制度 | 2 个编组相挂运行，临时增开列车，变动票价制 | 东北、上越、山阳新干线采用多种编组区分使用的方法，东北新干线引入临时列车增开方式，运输繁忙期和缓解期票价略有不同 |
| 和既有线必须换乘 | 无法和既有线直通运行 | 和既有线直通 | 为使新干线与既有线规矩统一、车辆尺寸统一，现在的方针是研发可实现不同规矩直通的技术应对 |
| 维护管理费用过高，车内乘坐舒适度欠佳 | 动力分散式列车 | 动力集中式列车采用铰接式转向架 | 这一点上，日、欧见解不一致的地方很多 |
| 造价昂贵 | 小坡道、隧道多、桥梁多、无砟轨道、都市中心部建设新线 | 大坡道、不要隧道、筑堤、有砟轨道、利用都市中心部既有线直通 | 北陆新干线采用 30‰大坡道、后来开通的 TGV 线路有些区间也有隧道、根据地质的不同采用不同的方法 |

　　法国动作很快，又相继建成大西洋线及北方线，运营时速提高到 300 km。最后建成的巴黎东线和地中海线，运营时速提高到 320 km。法国高铁如图 4.10 所示。

图 4.10　法国高速铁路

　　TGV 东南线通车后，客运量迅速增长，取得良好的经济效益。法国政府随即又在 1985 年开工建设 TGV 大西洋线（282 km，西线巴黎—勒芒，西南线巴黎—图尔），最高时速 300 km，采用第二代 TGV 列车。1989 年 9 月 24

日巴黎—勒芒段通车，1990 年 5 月 18 日，TGV 大西洋线 325 号列车，创造了时速 515.3 km 的世界纪录。5 个月后，大西洋线的巴黎—图尔段也建成通车。可惜的是，因为过分强调降低成本，仍采用传统碎石道床、传统的动力集中等，且每车一个转向架也使轴重难以降低。严格说，难以达到颠覆性技术创新的高度。

1991 年，大西洋线客运量已经达到 1 600 万人次，盈余 7.94 亿法郎。此后，法国相继建设

开通了 TGV 大西洋线、北方线、地中海线、巴黎东部联络线、东欧线等高速铁路，形成以巴黎为中心、辐射全国的高速铁路干线并能与周边国家连接。

1993 年 12 月 26 日，法国第三条高铁——TGV 北方线贯通。这是欧洲最重要的国际性高速铁路，连接法国巴黎—英国伦敦—比利时布鲁塞尔—荷兰阿姆斯特丹—德国科隆—德国法兰克福，全长 333 km。与此同时建造的还有规模浩大的英吉利海峡隧道（长达 50.5 km）。1994 年 11 月，"欧洲之星"高速铁路，由巴黎经海底隧道抵达伦敦。

1994 年 9 月，环绕巴黎大区的 TGV 巴黎联络线（全长 128 km），连接起了东南线、北方线和大西洋线，同时穿过了迪斯尼乐园和戴高乐机场。1996 年 10 月，Duplex 双层 TGV 列车上线运行。2001 年 6 月 10 日，连接法国中部工业城市里昂和南部港口马赛、总长 295 km 的"地中海线"正式通车，采用 TGV-2N 型第三代双层列车，最高时速 350 km。

截至 2018 年，法国已投入运营的 TGV 高速铁路里程为 2 814 km，除属于法国国家邮政局的 4 组货运 TGV La Poste 动车组外，其余所有 TGV 动车组全部归属法国国家铁路公司（SNCF）所有。截至 2018 年 6 月，法国共拥有高速动车组车辆 4 700 辆。法国高铁线路如图 4.11 所示。

1981 年 2 月 26 日，法国 TGV 在东南线创造了时速 380 km 的速度纪录；1988 年 5 月 1 日，德国用 ICE 时速首破 400 km，达到了 406.9 km；1988 年 12 月 12 日，法国 TGV 在东南线达到 408.4 km/h；1989 年 12 月 5 日，法国 TGV 在大西洋线达到 482.4 km/h；1990 年 5 月 18 日，又一个历史性时刻，法国 TGV 在大西洋线达到了 515.3 km/h，人类铁路历史上首次突破 500 km 时速；2007 年 4 月 3 日 13 时，法国国铁联合阿尔斯通公司冲击铁路速度世界纪录。试验在新竣工的巴黎—斯特拉斯堡东线铁路 264 km 处启动，运行 10 min 后，编号 4402 的 TGV（V150）列车达到 515.4 km/h，在行驶 73 km 后，列车达到 574.8 km/h，一举打破原 TGV 大西洋线 325 号列车保持了 17 年的世界轮轨列车速度最高纪录。V150 是阿尔斯通公司专门为此次试验研制的列车，意思是每秒前进 150 m。该车采用 2 动 3 拖编组，全长 106 m，重 268 t。

全车 8 个转向架，其中 6 个带动力。为庆祝试验成功，阿尔斯通公司将 V150 列车装上驳船，在塞纳河上向巴黎市民展示。这场速度竞赛代表着人类轨道车辆最高水平的较量，也关系着数以百亿计的高铁市场。法国是全球唯一实现过轮轨高速列车 500 km 以上时速实验的国家。这让法国倍感自豪。而且试验动力车的各部分都喷绘着和速度纪录相关的信息，时刻提醒人们他们的辉煌纪录，这也是法国 TGV 最好的广告。如图 4.12 所示。

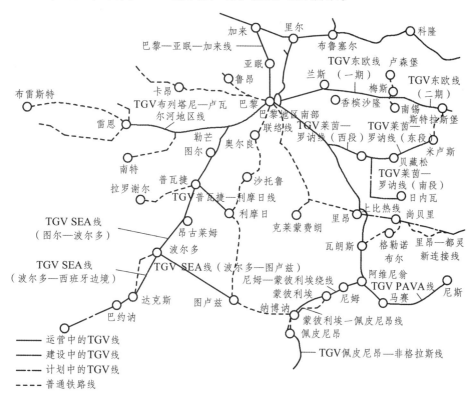

图 4.11  法国高铁线路示意图

图 4.12  法国 TGV 列车创造 574.8 km/h 速度记录

2017 年，法铁完成研制更加智能、更低能耗的新一代高速列车运营速度 350 km/h。

法国一直将发展高速铁路作为一项基本国策，因此高速铁路运营里程持续增加，高速列车开行频次不断增加。在新线建设中，由于统筹规划合理，带动了区域经济发展。1997 年，法国国铁引入了中央客票预定发售系统（PDSD），服务于铁路干线和区域客运；法国的 Socrate、REPIPAC 等系统中所有信息只需一次采集，全系统共享，为集运营管理、咨询服务子系统于一体的综合信息系统。

目前，法国国铁的经营情况也不容乐观。法国高铁在 1995 年整体依然陷于巨亏，甚至因拖欠工资造成长达 3 周的铁路工人罢工。2008 年到 2013 年，法国高铁的整体盈利幅度从占营业额的 29% 降到 12%，而法国政府每年仍要斥巨资补贴其高铁系统。

高铁对法国的居住和出行习惯产生的影响已不言而喻。同自己驾车相比，坐法国高速列车不仅不会堵车，还避免了开车的疲劳。同普通列车相比，省时、舒适是法国高速列车最大的优势。巴黎—里尔线（200 多千米，1h 车程）的开通，使不少里尔人到巴黎就职成为可能。甚至，乘客可以早上在布鲁塞尔喝早茶，1 个多小时后到巴黎上班，下午再坐两个小时的"欧洲之星"到伦敦看音乐剧。同乘坐飞机相比，法国高速列车的乘客在市区就可上车，省去了从市区到机场的麻烦，也不用提前很长时间上车。

法国国营铁路公司的材料显示，每天往返于巴黎和里昂之间的旅客 10 年来增加了 54%，巴黎到里昂的交通几乎被法国高速列车包揽。从巴黎到外地，需 2 h 车程的交通有 90% 被法国高速列车占领，到马赛、波尔多等需 3 h 左右车程的交通则有 50%~60% 被法国高速列车占领。

值得一提的是，法国高速列车的订票非常方便。旅客可以通过因特网、电话、信函和法国"米尼泰尔"信息网办理预订，车站的自动售票机和窗口也可售票。票价还有一系列的优惠政策。对于旅客购买的全价票，如果出票后由于种种原因没有使用，旅客可在乘车日期后的两个月内全额退换。

高铁系统有力地促进了法国地方经济的发展。据法国统计部门的数据显示，凡是高铁线路通达的地方，商业中心和居住中心都得到显著发展，房价也迅速上涨。两个城市或地区间高速列车旅客人数每增加了 7%，其经济和社会交往就会增加 14%。

2. 法国高铁 TGV 的特点

法国高铁的特点主要是：高速铁路与既有线连接，高速列车下到既有线运营，而且在既有线上的运营里程大于在高速线上的运营里程；法国人口分布较广，人口集聚地距离较远，因此需要更高速的列车，根据其客流特点，采取小编组、高密度的运输策略；TGV 采用与众不同的铰接式转向架，其钢结构车体也很具特色。铰接式转向架就是在动车组列车中，相邻两节车辆的车体端部共用一个转向架，两节车辆间由铰接装置和纵向减振器相连，以增强车辆间的整体性（列车一旦发生脱轨事故不易解体）和约束各种振动，从而改善列车运行的平稳性和安全性，同时使转向架的数量大大减少、列车自重显著减轻、材料消耗和成本降低、转向架运行所造成的空气阻力和环境噪声也减小。与铰接式转向架对应的是独立式转向架，即在每节车辆下部独立安装两台转向架。法国第一代到第三代高速列车都采用铰接式转向架，而日本和德国都采用独立式转向架。

法国高铁前期采用了动力集中方式，列车的 10 节编组形式为 2 节动车和 8 节拖车（2L8T），即在列车的前后各配置 1 台直流电机驱动的电力机车，牵引电机的功率为 625 kW，额定总牵引功率为 6 420 kW。由于采用了动力集中方式，列车最大轴重达 17 t。法国高铁为了扩大高铁的辐射范围，方便更多旅客出行，TGV-PSE 既可以与既有线直通运行，还可以作为国际高速列车开行。因此，TGV-PSE 的牵引动力装置可对应 3 种供电制式；交流 25 kV/50 Hz，交流 15 kV 16.7 Hz，直流 1.5 kV。法国第一代高速列车 TGV-PSE 的问世，打破了世界高速铁路日本独领风骚的格局，使法国成为继日本之后又一个高铁技术强国。

法国 TGV 列车与其他国家的高速列车在结构上有显著的区别，列车转向架采用铰接式动力集中配置方式，列车编组始终保持两端为动力车，拖车之间铰接式连接，整个动车组不可分解独立运行。法国铁路认为这种结构方式具有一系列优点。

（1）动力集中方式。

法国铁路运营中的高速列车都是采用动力集中方式的，与动力分散形式相比，这种方式的列车的轴重较大，客车的结构相对比较简单，技术上也相对比较容易制造。

（2）铰接式转向架。

法国高速列车的一个特点是全部采用铰接式转向架，即相邻的两节车辆共用一个转向架，两节车厢在转向架上连接，这种连接方式的优点是列车的整体性较好。这种列车具有优良的整体性，对列车蛇形运动加强了约束，有利于列车安全运行。最明显的一个例子是：1993 年 12 月 21 日，一列 TGV－R 动车组以 300 km/h 的速度高速运行时，由于暴雨造成 7 km 长的路基塌陷引起尾部车辆脱轨，列车向前冲了 2 km 才停下来，令人惊奇的是，列车竟没有一辆倾覆，仅有 3 名旅客轻伤。这与铰接式车体连接方式有很大关系。另外，铰接连接方式的列车转向架数量较少，因而列车总重较轻。但是因为轴数也少，所以平均轴重较重。另外，采取铰接方式，列车解编比较麻烦。

（3）交流无换向器同步电动机。

法国高速列车的另外一个特点是，采用交流无换向器同步电动机作为牵引电动机。与直流电动机相比，这种电动机功率大，重量轻。与交流异步电动机相比，它的控制电路相对比较简单。

另外，TGV 列车内部设有宽敞座席，座椅靠垫更加宽敞舒适，并设有头枕和足枕，个人阅读灯的灯光柔和自然，宽敞的行李架也在乘客的视线之内。TGV 列车一等座豪华舒适，在设置单独座位的同时，还设有相邻座位或俱乐部空间，可允许两位或四位旅客集体工作。一等座设有手提计算机或手机电源插座，座席更加宽敞，且为可电控斜椅。另外，旅客可预订轮椅旅客的专用座位。TGV 列车二等座舒适便利，可提供酒吧服务，方形区可供 4 名旅客一起工作，小型会议区（16 个座位）可供小型团体旅客一起工作。在 1 号车厢，设有可接待 6 人的面对面空间，与车厢其他空间完全隔离开来。车上配备婴儿护理设施：婴儿尿布换用桌和奶瓶加热器（一等车厢和二等车厢均有）。车上设置了酒吧和食物售卖柜台，提供各种食品与饮料。TGV 列车一等车厢和二等车厢均设有残障旅客轮椅电梯和轮椅专区，高速铁路车站内也设有相关便利设施。

20 世纪 70 年代，法国的高铁计划在欧洲普遍受到质疑。30 年后的今天，高速列车则成为法国的骄傲，并逐渐受到欧洲其他国家的认同与青睐。20 世纪 90 年代，阿尔斯通公司为西班牙设计制造了 AVE 型高速列车，为比利时设计了 THALYS 型高速列车。最引人注目的是穿越英吉利海峡海底隧道的"欧洲之星"高速列车。法国的高铁技术不仅在欧洲占据了主动地位，也受到世界其他地区和国家的认可。在国际市场上，法国 TGV 系列列车也是最成功的，西班牙、韩国等都引进了 TGV 技术。法国运营中的高速列车主要有 5 种，其中 TGV-P 为第 1 代高速列车，TGV-A，TGV-R，等是第 2 代列车，TGV-D 双层列车是第 3 代列车。

目前，法国 TGV 技术是全世界运用最广泛的高铁技术。美国和欧洲国家主要采用法国的 TGV 技术。

3. 技术大转向 AGV 的转变

法国四代动车组如图 4.13 所示。

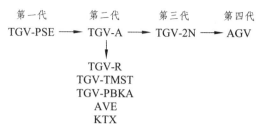

图 4.13　法国四代动车组

在 1989 年，第二代动车 TGV Atlantique 初次登台，从巴黎往西运行，改进了前一代的缺陷，标识出 TGV 继续向前发展的可能性。最值得注意的是，1990 年 5 月 18 日，它创造出了 515.3 km/h 的世界纪录。1995 年，第三代产品 TGV Duplex 开始运营，其运行速度达到 320 km/h，这也是法国第一台高速双层列车。

阿尔斯通公司在 2008 年推出的新一代超高速列车 AGV，其运营时速达到 350 km，与同类高速列车相比，AGV 的能耗节省达 15%。法国将利用 AGV 进军巴西、印度等新兴经济体。

引起铁路专家普遍关注的是法国第 4 代高速列车 AGV 研发。这是一次技术大转向，放弃了 TGV 第 1 代至第 3 代的动力集中方式，改用动力分散方式。这一方面是因为，日本和德国在动力分散技术上的突出成就越来越多地引起其他国家的关注；另一方面，在提高运能上，对于法国独创的高速列车 TGV-D，国外多数用户表示冷淡。因此，法国决心投资 1 亿欧元研发基于铰接式转向架的动力分散技术。新一代列车 AGV 在技术上的最大突破是采用了永磁牵引电机驱动，并采用动力分散方式。

AGV 由阿尔斯通独立研发，是法国新一代的高速铁路车辆。AGV 原计划代替 TGV 作为法国高速铁路的下一代车型。采用动力分散驱动是 AGV 与动力集中式的 TGV 最大的不同之处，此设计上的优势让 AGV 得以在相同的路线上达到较 TGV 更高的营运车速，其目标运营车速为 360 km/h。AGV 是阿尔斯通针对单层高速铁路最新推出的车辆，采用动力分布式列车设计，设备分散于列车底部且每节车厢自带动力，与日本的新干线及德国的 ICE-3（Velaro）类似，以期获得更多的室内空间，但仍采用铰接式转向架，然而 SNCF（法国国家铁路公司）并未采购任何 AGV 车辆。双层动力集中式的最新车辆则为 RGV2N2，SNCF 大量采购来用于行驶跨国路线。

相比较动力集中式的 TGV，AGV 的优势更加明显。在环保和能源利用方面，其 98%的机体使用了可回收材料，其功率重量比达到了 22.6 kW/t，温室气体排放量也较其他交通工具大大降低。在安全性和技术方面，AGV 主要应用了三项技术：铰链结构、发动机分置技术和能量反馈，尤其是铰链结构，能够防止列车倾覆时发生解体，发动机则安放于车厢地台之下，避免了空间的占用，使 AGV 的空间利用提高了 20%，运营时车厢内也更加安静。对运营商而言，AGV 最大的优势是配置灵活，运营商可按需配置 7、8、11 或 14 节车厢来搭载 250 到 650 名的乘客。AGV 列车的另一鲜明特点是采用了永磁同步电机牵引。

　　AGV 主要是法国面向国际市场开发的高速列车。在东南线上运行的 IGV-PSE（21L8T）和在大西洋线上运行的 VA（2L10T），都可谓是根据客流量而"量身定做"的，AGV-PSI 和 10 辆拖车、定员 485 人的 TGV－A 都能很好地胜任两条线路的旅客运输任务。后来的 TGV-R 和 TGV-D 就不再是为某一条线路而"量身定做"的了，而是从法国整个铁路网的客流需求的角度出发而设计制造的。对于法国国铁来说，即使进入 21 世纪，从满足国内旅客运输需求的角度看，拥有既有的高速列车车型就足够了。在运能方面，TGV 的定员可达 545 人，因此，即使像东南线这样在高峰时段客流量大的线路，法国国铁也只需增加双层的 TGV 的数量就可以了。

　　然而，如果放眼国际市场，海外市场的竞争正日趋激烈。尽管法国对发展动力集中技术似乎情有独钟，但作为国际商业舞台上竞争对手的日本和中国在动力分散技术的上佳表现却越来越多地引起其他国家的兴趣和关注。在增大运力方面，法国应对的杀手锏是采用双层列车 TGV 运输，但国外多数客户对双层列车的兴趣却似乎始终有些冷淡。

　　总之，为了增强海外市场的竞争力，从 1998 年起，法国阿尔斯通公司决定着手第 4 代高速列车 AGV 高速列车的开发。2001 年完成 Elisa 试验列车中的头车和中间车各 1 辆的研制，对动力分散方式列车的噪声、主电路、车辆动力学性能进行了测试。2003 年阿尔斯通内部成立 AGV 开发团队，通过广泛的市场和技术调研，制定了 AGV 列车的性能要求和总体技术参数。2004年命名为 "Pegase" 的 AGV7（数字 "7" 表示 7 辆编组）的样车试制开始。2005 年选定车体和头型设计方案。2006 年完成样车主变流器等主要装置的研制。2007 年 2 月完成车体研制。2007 年 12 月编组完成研制，并在全长 1.5 km 的 Belluvue 试验基地上进行 40～60 km/h 的试验运行。2008 年 2 月 Pegase 样车向世界公开展示。从着手新一代高速列车研究开始到样车公开亮相，法国花了十余年时间。其间，2001 年 7 月，德国西门子公司与西班牙铁路局集团公司签订了 16 列基于 ICE3 平台研制的最高速度 350 km/h 的动力分散方式高速列车 VELARO－E 的商业合同。这件事或许对法国开发 AGV 起到了相当大的推动作用。法国认为新一代高速列车 AGV 要在今后的国际市场中拥有强的竞争力，至少需要满足如下条件：确保列车最高运营速度在 300 km/h 以上；确保乘客拥有最大的乘坐空间；应能在不同信号方式的高速线、既有线上运行。2008 年 1 月 17 日，意大利的 NTV 公司与阿尔斯通公司签署了采购 25 列（最大 14 辆）编组、最高运营速度 360 km/h、定员 460 人的 AGV 的采购合同，这批 AGV 被命名为"Talo"，意为"意大利的""Talo"的车体颜色为鲜艳的红色。2012 年 4 月 18 日，"Talo"正式投入运营，目前最高运营速度为 300 km/h。法国历时 10 年左右倾力推出的 AGV 有以下这些不同。

（1）编组的多样性。

不同的国家、不同的线路，其客流需求的差异是很大的，为满足各种客流需求，在市场需求调研的基础之上，法国准备了 5 种不同形式编组的 AGV 列车。这几种编组的速度等级不完全相同，定员也不一样，使铁路运营公司可按照运营需求选取对应的编组。根据用户需求，AGV 甚至可以做到 26 辆编组或者 50 辆编组，是目前世界上单列最长的高速列车。

（2）动力分散。

尽管日本和德国早就拥有了动力分散方式高速列车，但法国似乎对动力集中方式情有独钟，长期不为所动，直到 2008 年 AGV 样车的亮相，法国才结束了没有动力分散高速列车的历史。由于动力集中方式的 TGV 两端车头不能载客，在同样编组长度的前提下，AGV 的定员比 TGV 要多。

（3）永磁同步电机的采用。

在 AGV 问世之前，采用同步电机牵引，一直是法国 TGV 区别于日、德高速列车的一个鲜明的技术特点。AGV 则更进一步，改用永磁同步电机牵引。以 1 辆编组的 AGV 为例，它有 6 台动力转向架，列车单位质量的牵引功率达到 226 kW/t，这个数字要比竞争对手的列车高出 23%。永磁同步电机的优点在于：单位重量的输出功率高，超过 1 kW/t，而异步电机约为 0.8kW/kg。也就是说，在同样输出功率的情况下，永磁同步电机比异步电机要轻得多；它的效率却比异步电机高，运行能耗更低；永磁同步电机采用外冷却风扇的简易通风方式，电机内部与外界隔绝，能避免灰尘的污染，维护容易，可靠性高。

（4）铰接式转向架。

AGV 依然坚持了 TGV 采用铰接式转向架的传统，即在车辆之间配置转向架。与各车辆下配置两台独立式转向架相比，铰接式转向架可以减少编组的转向架总数量。例如，AGVN9 需 8 台铰接式转向架，若采用独立式转向架，则需要 14 台。

4. 发展 Ouigo 高铁

法国高速铁路运营品牌由定位于高端市场的传统高铁"inOui"（之前品牌名为 TGV）和定位于低端市场的"Ouigo"构成。为提高铁路在法国长途出行市场中的份额，近年来法国国营铁路集团（SNCF）一直大力发展 Ouigo 高铁业务。如图 4.14 所示。

图 4.14　Ouigo

（1）扩展开行线路。

2013 年，SNCF 开始推出 Ouigo 高铁业务，当时只限于提供戴高乐机场站、马恩拉瓦莱—谢西站等巴黎郊区站至各地的客运服务。2017 年 12 月起，SNCF 将 Ouigo 列车服务拓展至巴黎中心车站，每日开行两对巴黎蒙帕纳斯—勒芒—南特以及蒙帕纳斯—波尔多的 Ouigo 列车、每日开行一对蒙帕纳斯—雷恩的列车；2018 年 12 月起，蒙帕纳斯—雷恩的 Ouigo 列车对数增至每日 2 对；2018 年 7 月巴黎东站开通 **Ouigo** 高铁业务，12 月又将巴黎里昂站纳入 Ouigo 网络。

（2）增加列车数量。

最初 Ouigo 只是对于传统高铁 TGV 的模仿和补充，目前已取代部分重要通道上的 TGV 服务，其中两条线路受到较大影响：里尔—马赛原本每日开行 5 对 TGV，其中 3 对车已改为 Ouigo，早班和末班车保留为 TGV 高铁；巴黎里昂站—尼斯每日的早班和末班车由 Ouigo 担当，其余的 4 对车为 TGV。2018 年 SNCF 每日开行 48 列 Ouigo，覆盖法国 32 个目的地，2019 年 12 月每日开行的 Ouigo 列车数量将增至 65 列。2018 年 Ouigo 客运量达到 1 270 万，比 2017 年的 750 万和 2016 年的 620 万相比分别增长了 69.3% 和 105%，到 2021 年，Ouigo 客运量将增至 2 600 万。

（3）开通订票网站。

2017 年，SNCF 官网及手机 App 同时出售 Ouigo 以及传统高铁 TGV 车票，而 ouigo.com 网站仅出售廉价高铁车票。根据线路的冷热程度，票价从 10 欧元到 115 欧元不等，儿童票价为 5 ~ 8 欧元，低廉的价格吸引了更多家庭选择

Ouigo 出行。除基本票价外，额外的服务需另行支付费用：如额外行李（5 欧元）、车载电源插座（2 欧元）、安静专区座位（5 欧元）、出行信息短信提醒服务（2 欧元）、购票前 72 h 冻结车票价格（每次 2 欧元）。

（4）降低运营成本。

自引入 Ouigo 以来，SNCF 一直努力降低运营成本：将 Ouigo 列车每日运行时间从传统 TGV 的 7h 延长至 12 h；并通过取消酒吧和头等座的方式来增加定员，使 Ouigo 座位数量增加了 25%，同时探索在列车上出售食品的可能性。

（5）外界对 Ouigo 的看法。

SNCF 推出 Ouigo 列车服务是为了应对越来越激烈的市场竞争，铁路在长途出行市场的份额仅为 10%，推出廉价高铁服务就是为了吸引更多的乘客，提高铁路的市场份额。目前，Ouigo 列车客座率高达 80%～90%，其中 80%～90%的乘客对出行服务表示满意，60%的乘客属于铁路的新增客流。尽管 Ouigo 吸引了众多的乘客选择铁路出行，但部分媒体认为法铁用 Ouigo 来替代 TGV，破坏了原本安排合理的时间和线路，削弱了高铁业务的吸引力。Ouigo 的缺点是继承了廉价航空的所有劣势：严格的行李限制、不设餐饮服务和头等座、需提前 30 min 检票，导致中转时间过长。这些限制使乘客很难改变出行计划，也无法在 TGV 和 Ouigo 之间切换；若由于晚点错过接续列车，必须重新购买车票。

5. 法国高速铁路调度指挥系统

（1）设有相对独立的高速铁路调度指挥系统。

（2）采用二级或三级结构进行调度指挥即国家调度中心、分局度中心（二级结构无）和 CTC 指挥中心。

（3）按区域设置分局作为管理机构。

（4）客运专线的调度系统与既有线调度系统合二为一，集中统一指挥，其在上下线站有密切的联系相数据交换，包括列车运行、设备运用信息等。

（5）高速线列车运行由国家调度中心和按高速线设置的调度机构集中指挥。

## 4.4.2  德国的厚积薄发

### 1. 德国高铁的发展

高速铁路技术有磁悬浮技术和传统的轮轨技术。以前德国政府一直比较重视相对先进的磁悬浮技术，但由于磁悬浮铁路造价昂贵，并与现有铁路无法接轨，因此德国政府一直没把依靠磁悬浮技术的高铁投入商业运营中。而使用传统轮轨技术的 ICE-V 列车也一直处于试验阶段，直到 1981 年法国的

TGV 列车用事实证明了高速列车在商业上的成功，德国才开始准备把这种列车投入本国高速列车的研究和运营中。

　　与法国相比，德国修建高铁之路要坎坷得多。不管原联邦德国铁路人士如何向政府诉说高速铁路的重要性，直至 20 世纪 80 年代前，政府似乎始终对此没有表现出浓厚的兴趣，在决策上踌躇难断。政策上得不到政府的大力支持，客观条件对原联邦德国也十分不利。想要修建一条高速新线，首先要有足够的客流量作保证。欧洲国家和亚洲国家的一个显著不同点是，欧洲国家人口少，100 万人口以上的大城市也少；而亚洲国家人口众多，人口 100 万以上的大城市多。正像亚洲人羡慕欧洲人拥有安静、优雅的生活环境一样，欧洲铁路界人士恰恰羡慕亚洲国家有那么庞大的乘车群体。当时德国最大的城市柏林还属于民主德国，原联邦德国没有像东京、大阪或者巴黎这样的人口集中的大城市。在保证客流量方面，德国不要说和日本比，连邻邦法国都不如。有苦难言的原联邦德国铁路在不利的环境下还是作了顽强的努力，于1973 年和 1976 年开始动工修建汉诺威—维尔茨堡、曼海姆—斯图加特 2 条高速客运专线，与此同时还改造多条既有干线。原联邦德国铁路从 20 世纪 70 年代开始研发 400 km/h 的高速列车。但是，没有政府的大力支持，这一切工作都进展得无比缓慢。原联邦德国真正开始高速铁路的建设，已经是在 1981 年，第一条法国 TGV 线路巴黎—里昂通车后了。在法国的 TGV 列车用事实证明了高铁在商业上的成功后，德国才开始正式投入到高速列车的研究和运营中。

　　从 TGV 开通后的第二年起，联邦德国的高速列车研制和高速新线建设的步伐明显加快。1982 年，高速试验列车的研制工作展开，1985 年 7 月动力集中方式的 ICE（Inter City Experimental，即城际快车）试验列车研制成功，这一年也正值德国铁路创始 150 周年。虽然有了高速试验列车可是高速运行试验却没法进行。因为此时，早在 20 世纪 70 年代就开始修建，但进展缓慢的汉诺威—维尔茨堡线和曼海姆—斯图加特线正在紧张施工。ICE 列车暂时处于"英雄无用武之地"的境地，只好先在既有线上作运行试验。1987 年，汉诺威—维尔茨堡线已建好 94 km 部分投入使用。

　　行驶 ICE 高速列车的线路都可以被称作 ICE 线路，总长达 3 200 km。德国高速铁路是按客货混跑的原则而设计的。ICE 试验型列车诞生于 1985 年，曾经于 1988 年 5 月达到 406.9 km/h 的试验速度，是世界铁路上首列突破400 km/h 速度的高速列车。ICE1 高速列车于 1991 年正式投入运营。第一代ICE1 和第二代 ICE2 都采用了动力集中方式，它们的最高设计速度都是280 km/h，但是实际运营中考虑到环境保护（主要是噪声）的需要，速度都限制在 250 km/h。只有当列车晚点需要赶点时，才把速度提高到 280 km/h。

第三代ICE3高速列车则改为动力分散型式,最高运营速度也提高到330 km/h。

ICE 高铁列车是以西门子公司为首进行设计制造的,由德国联邦铁路公司负责营运。德国 ICE 高铁是连接城市,解决人员、货物运输的交通工具,它将德国国内 130 多个大小城市连为一体,对人员和信息的往来与交流,以及经济建设发挥了极其重要的作用。虽然德国在全面掌握高速铁路技术方面比日、法两国要晚,但是其独特的技术已经与日、法两国相媲美。作为一向注重节能环保的国家,德国的高铁 ICE 也继承了这一理念。在德国,虽然高速公路和民用航空高度发达,政府还是斥巨资兴建高铁。这样做主要是从整个国家的能源战略高度考虑,德国第三代高速列车比汽车和飞机更节能。据德国联邦铁路公司计算,ICE3 系列列车在载客率为50%的情况下,每人每百公里消耗的能源折算为不到 2 L 汽油。以汉堡到柏林为例,乘火车需要 1.5 h,比汽车快 1 倍。火车在半满员的情况下,每位乘客整个旅程消耗的能源折算为不到 8L 汽油,而汽车需消耗 27 L 以上的汽油。在最初的计划阶段,德国 ICE1 型系列高速城际特快列车被设计成由 12 辆具有动力车辆组成的全动车组编组列车,其编组长度达到 358 m。在德国高速铁路系统运营的第一阶段,共有 60 列以 0.5 h 为发车间隔单位的 ICE1 列车运行在汉堡—巴塞尔、汉堡—慕尼黑的铁路线上。

德国高速铁路新线上的运营组织模式最初制定为客货共线的方式,运行速度最快的货物列车实际上为货物行包车,这样的列车最初被命名为 PC(Parcel Inter City),后来改名为城际特快货物列车 ICGE(Inter Cargo Express)。运营之初,有部分的 ICGE 列车被安排在白天运行,但后来考虑到效率和安全的问题,特别是考虑到双向长隧道的列车交会安全问题,现在已经将所有的货物列车安排在夜间运行。

1988 年 4 月 28 日,ICE 首次突破了人类铁道史上 400 km/h 速度大关,2天后的 5 月 1 日,406.9 km/h 的新世界纪录让人们从此无法忽视德国高速铁路技术的存在。不过,ICE 享受世界第一速度的光荣并不长久,只半年后,实力强劲的法国 TGWV 很快就以 482.4 km/h 的速度重新跃居速度榜首。

1991 年 6 月 2 日,全长 327 km 的汉诺威—维尔茨堡线和 107 km(其中新线 99 km)的曼海姆—斯图加特线终于全线开通,最高速度 280 km/h 的 ICE1型列车也开始闪亮登场。

与日本和法国的高速铁路之路相比,德国走得显然没有那么顺当,一路磕磕碰碰地走来。作为高速铁路的前辈,日本可以以高速铁路的鼻祖自居,法国的 TGV 又已经成为世界新霸主高速铁路领域已被日、法占先。然而,无论是面对于法国还是面对日本,同样有雄厚实力的德国,又岂甘俯首称臣?通过对日、法高速列车的研究，德国决定给乘客提供比新干线和 TGV 列车更加宽敞、舒适的乘车环境。

此后，德国高速铁路迅速发展，分别在 1998 年、2000 年、2006 年和 2007 年开通了 4 条高速铁路线路。德国新建和改建的高速铁路线路总长至少已达 1 560 km。截至 2018 年，德国新建和改建的高速铁路总里程达到 1 620 km，在建里程 147 km，连接德国多数大城市及周边国家主要城市。目前，德国高速铁路运营速度为 300 km/h。德国联邦铁路公司（DB）负责建设运营德国高速铁路，同时也负责德国动车组列车的采购、运营和维护。截至 2018 年 6 月，德国拥有高速动车组车辆 2 307 辆。德国高铁线路如图 4.15 所示。

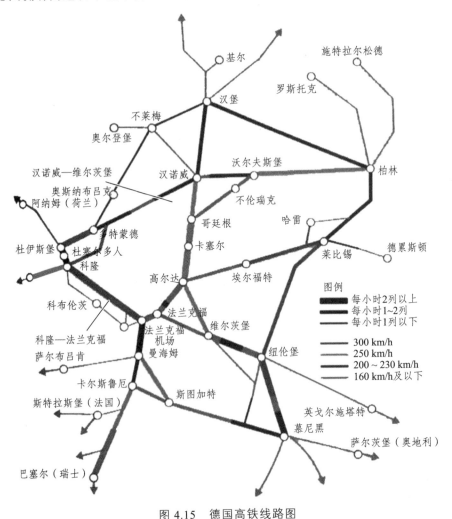

图 4.15　德国高铁线路图

2. ICE 动车组谱系

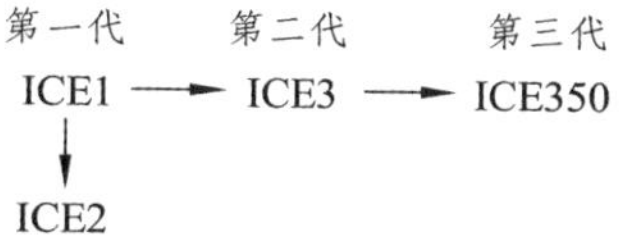

德国三代动车组如图 4.16 所示。

ICE 是德国国铁为迈向国际化所注册的英文名字（全称为 Inter City Express，简称 ICE），另外 ICE 亦被德国国铁注册为

第一代　　第二代　　第三代

ICE1 ——→ ICE3 ——→ ICE350

ICE2

图 4.16　德国四代动车组

商标，原本是以德国为中心的高速铁路系统及高速铁路专用列车系列。由联邦教育及研究部门与位于波恩的联邦铁路局组成领导团队，并让以西门子为主的厂商参与研发及制造，德国国铁负责营运。早在 1980 年，德国已经研究并开发 ICE 高速铁路系统及列车，其服务范围除涵盖德国境内各主要大城市外，还跨越邻近国家行经多个城市。

ICE1 采用动力集中方式，由前后两台机车（locomotive）牵引，可简记为 2L12T 或 2L14T。列车的总牵引功率为 9 600 kW，轴重为 19.5 t。它在高速新线上的最高运营速度为 280 km/h。ICE1 也可以在既有线上行驶，但其允许最高速度只有 200 km/h。在最高运营速度方面，ICE1 是当时全球高速列车的亚军，冠军是法国在大西洋线上运行的 TGV-A 列车（最高运营速度为 300 km/h），日本的新干线列车屈居第三。ICE1 采用当时最先进的异步电机牵引的交流传动技术，在制动技术方面也有创新，附加制动采用了磁轨制动，能适当缩短紧急制动距离。

德国最初的 ICE1 和 ICE2 也是采用动力集中的方式，但他们很快发现动力集中对提高速度不利，从 ICE3 开始，改为动力分散方式，运营时速也因此提高到 300 km。针对碎石道床精度不高、在高速下有碎石飞扬的问题，开始改用整体道床。可惜的是，他们对于必须形成独立的高铁网认识不足，高铁区段分散建设，只能与传统铁路线联运，而且客货混跑，不能建成独立的高铁网，难于进一步提高速度、发挥更大作用。

ICE 系统是一个连接各大城市的高速铁路系统，班次为每半小时、1 小时或 2 小时不等一班，也有速度更快的特别直达车存在。因为德国人口城市分布较为平均，所以德国境内的 ICE 线路旨在连接各大城市形成完整路网，而非求取点对点间的最短行车时间。在整个 ICE 路网中，列车只可以在两段高速路线上达到 300 km/h 的最高营运速率。这与法国的 TGV 及日本新干线系统集中提高首都与其他城市的交通，与点对点高速铁路的构思有所不同。

1997 年起，ICE2 闪亮登场，ICE2 在基本结构上与 ICE1 几乎雷同，但在实际营运时最大的不同点是每一列 ICE2 的长度只有原本 ICE1 的一半，再以两列列车串联行驶的方式营运，其好处是在一样的运量之下 ICE 2 可以拥有比较大的车辆与路线调度弹性。ICE1 和 ICE2 在车辆规格上，比国际铁路联盟（UIC）建议的国际火车规格更宽和更重。ICE 系列不但被计划在德国境内使用，对瑞士和奥地利等使用相同铁路宽度与供电电压的邻近国家来说，也具有非常重要的运用性。

ICE2 与 ICE1 一样，也采用动力集中方式。动力集中方式是法、德两国擅长的技术。然而，2000 年 6 月推出的德国第三代高铁列车 ICE3 却改为动力分散方式。一是因为 ICE1 与 ICE2 列车的最大轴重高达 19.5 t，超过了国际铁路联盟（UIC）的高速列车标准值（最大轴重必须控制在 17 t 以下），如果不改变，德国的高铁列车只能被限制在国内运营，当然这是德国不希望看到的；二是因为科隆到法兰克福高速线上有最大坡度为 40‰的大坡道，加上 300 km/h 的运营速度条件下也要求采用动力分散方式，于是开发了 ICE3 动力分散列车系列。

为了能在未来将 ICE 推广至整个欧洲，ICE 列车的型号已经过简化。相对于 ICE1、ICE2 都采用推拉式的传统列车系统，为了符合 UIC 的新标准，新型的 ICE3 型皆采用动力分布式设计。所有的 ICE 3 衍生车型都是属于西门子旗下的 Velaro 高速列车平台系列，此车系最大的特色是动力输出被分散在列车各车轮上，因此各车厢推进力量相同。在相同的耗能下大大提升列车的稳定性、动力效率与爬坡能力。与 ICE2 一样，ICE3 亦采用"半列"的车辆编组，即是可与另一列 ICE3 串连合体作远途行驶，或在行驶至中途站后拆解成两列列车行走两条不同路线，路线弹性更佳。ICE3 及 ICE3 M 是德国国铁最高速的铁道列车，在科隆—法兰克福及因戈尔施塔特—纽伦堡两段高速线路上，ICE3 都可以高于 300 km/h 的速度行走。

ICE3 列车的最大轴重降低到了 16 t，不但可以作为国际列车运营，而且最高运营速度提高到了 320 km/h。此外，高速列车的制动系统也得到了改进。列车速度在 50 km/h 以上时，可以利用再生制动和涡流轨道制动装置，不仅能减少机械制动装置的数量，而且只需在列车速度 50 km/h 以下时才使用机械制动，使机械制动装置的磨耗大为减少，降低了维护工作量和维护费用。

德国铁路网结构比较完善，铁路基础设施建设相对稳定，其主要任务是加大既有线投资改造力度，提升既有线路能力。新建高铁线与改造后的既有线连接成网，高铁线白天运行客车，晚上运行货车。

德国铁路公司的目标是：科隆至柏林和慕尼黑的高铁最高时速达到 300 km，科隆至巴黎的高铁在法国境内提速到 320 km/h。在维尔茨堡和汉诺威之间的主要路段，时速最高达 280 km。德国铁路十分注重节能，最新开发的 ICE4 列车降低了最高运营速度，目的就是为了节能。德国高铁致力于提高列车的平稳性、舒适性和安全性，注重车体轻型化、低噪声、舒适、安全、节能等方面的技术进步。

短途旅客列车在德国占据很重要的位置，德国针对不同的需求开行了城市快速列车、地区快车、地区普通旅客列车。由于对旅客所需求的产品有了准确的定位，短途客运产品一经推出，便得到了旅客的认可。而同时针对以航空占主流的远距离长途客运则按列车速度、编组推出两种不同的客运产品，一种是最高时速 280 km 的动力集中方式高速列车，另一种是最高时速 330 km/h 的动力分散方式高速列车，以满足喜欢乘坐陆上交通工具出远门旅客的需求。德国高铁与民航的合作互补做得很好，例如，可以共享航班号、"无缝"换乘，使高铁与航空互为延伸，从而减少短途飞行。

除了上述 3 种标准的车系外，以 ICE3 的技术为基础，德国国铁也发展了 ICE-T（电力驱动版本，有 5 节一组与 7 节一组两种编组型号）及 ICE-TD（柴油引擎驱动版本）两种摆式列车。 ICE T/TD 不以直线上的最高速度作为主要发展目的，而是欲保持车辆在弯道上的平均车速。其主要服务线路不是平坦的平原地带，而是多弯的山路，独有的车体倾斜技术可使列车能够应付更多、更急的弯道并以更高的车速过弯。因为运作费用太昂贵，ICE-TD 在 2004 年时曾一度被停用，直至 2006 年供电网络尚未全面普及的德国东部对列车需求大增，才重新被重用。2004 年时发展出第二代的倾斜列车，称为 ICE-T2。德国高铁动车组如图 4.17 所示。

图 4.17　德国高铁动车组

西门子"Velaro"系列已经开发了 4 代，在全球范围内非常畅销。2000 年至今，该系列的足迹遍布德国、荷兰、比利时、瑞士、西班牙、法国、中国、俄罗斯、英国和土耳其等国，每天的运营里程之和超过 100 万千米。

自 2019 年 4 月以来，西门子一直在测试"Velaro Novo"的各个部件，目前一辆全新的测试车正在德国进行试运行。西门子预计，"Velaro Novo"车将于

2023 年正式投产运行，加入 ICE（Inter City Express，即德国城际特快）大家庭。

目前，西门子主要瞄准的是英国、北美、南美和亚洲市场。"Velaro Novo"就是为海外业务而生，因为它可以适应很多不同的路轨系统。西门子希望凭借这款产品抗衡中国中车，以夺下包括美国、巴西、马来西亚、新加坡等国在内的高铁列车订单。另一方面，已经与西门子签署交通业务合并协议的法国公司阿尔斯通也铆足了劲。他们正在大力研发新型高速列车。

3. 德国调度指挥系统

高速铁路调度指挥纳入既有线调度系统，路网调度与客货调度协调工作量较大，运行图协调难度大。铁路调度中心分别设在柏林、汉诺威、杜伊斯堡、卡尔斯鲁厄、莱比锡、法兰克福、慕尼黑 7 个大枢组地区，其中法兰克福调度指挥中心属于国家监控中心（NLZ），负责监控整个路网的调度指挥，主要监控客运和货运列车同邻国铁路的国际列车，协调 7 个调度指挥分中心之间的关系，为理事会做中央日程报告、流程分析及优化路网交通。法克度中心实行总部—地区调度所—基层车站值班员三级管理；调度人员实行 2 例每 12 h。

在硬件方面，沿用了既有线的显示模式、运行环境等，高铁普铁间得到了较好的联系。采用集中控制列车运营，基本配置如下：

① 在柏林、美因茨各设有一个调度中心协调各区域控制中心的调度工作。

② 全国路网设七个区域控制中心。

③ 由遥控中心和车站信号设备组成基层控制系统。

高速铁路不专设调度中心，而是将高速铁路纳入所在区域的调度系统，仅增加供高速线调度使用的工作台。德国铁路采用 BZ2000 调度系统，包括计系统、信息系统故障处理系统、调监显示和进路列车调度控制系统等。B2000 系统功能主要包运行图运行冲突预测和检查、运行图自动调整、列车运行状态、车次追踪和列车定位进路自动设置设备故障视频、安全防灾信息监控、各种信息的接收装置等功能。

### 4.4.3　意大利、西班牙、瑞典的默默耕耘

意大利、西班牙、瑞典三个国家高铁，虽远离喧嚣的发展的劲头很猛。虽然由于历史原因，三个国家的高铁技术没有可能与法国和德国抗衡，但三国大力推行修建客运专线，将高铁技术为己所用，改善本国交通、提高客运服务质量，形成了风格独特的发展模式。

1. 意大利高速铁路

（1）意大利的高铁建设。

意大利位于亚平宁半岛，是一个山地和丘陵占全国面积 80% 的山区国家，这种地形使得意大利的铁路弯道多，在早期修建的铁路中，意大利选择了大量的小半径弯道，现在看来，这严重限制了火车速度的提高。最后摆式列车的出现让意大利人眼前一亮。首先，原先最多只能达到 160 km/h 的列车，在研发摆式列车后，瞬间可提速到 250 km/h；其次，摆式列车能够充分利用现有线路，不必铺设全新的铁路网络；最后，摆式列车内安装了一种车辆倾斜系统，能够让乘客感觉不到离心力的存在，不会影响到乘车体验。

1969 年，意大利手研发 "Pendolino" 摆式列车，很快，第一款动车组 ETRY1060 出世，这是首款命名为 "Pendolino" 的车型。"Pendolino" 意大利语的意思是 "小钟摆"，因为摆式列车在通过弯道时会左右摇摆，就像座钟的钟摆一样左右摇晃，因此得名。

1976 年，ETRY1060 动车组投入罗马至安托纳铁路线，由意大利国家铁路运营。ETRY1060 研制成功之后，还带动了 1975 年完整电力动车组的建造——ETR401（意大利语 "Elettrotreno FS ETR.400"）。但这两款 Pendolino" 动车家族的成员还不属于高铁列车。

1982 年，意大利菲亚特铁路公司从英国手上买断 "ATP-E" 摆式列车的相关技术，在此基础上，研制出意大利第一台式高速动车——T0 endotin 式列。高速动车于 1988 年 6 月在罗马使用，从罗到、速度 20 m/h，列车倾斜角 13°。

此后，意大利 "Pendolino" 动车组家族不断扩大。ETRA60 研发后于 1994 年投入使用、速度 260 km/h。ETRA7048 系列车是一代 Pendolino 摆式列车，于 1997 年先后投入运营、最高运营速度达到 200 km/h。

不难看出，有过多小弯道的原有铁路在一定程度上限制了列车的速度，为了速度的提升，意大利也进行了高速铁路的修建。意大利第一条高速铁路是 1992 年修建的罗马至佛罗里达线长达 254 km，车速达到 250 km/h，这是意大利多经营，克服诸如经济波动、地形恶劣、资金短缺等问建而成的。之后，意大利没有立即继续高速铁路的修建，而是密切观察该路段高速铁路的性能发挥情况，总结经验，待高速的优越性变得十分明显时，于 1994 年正式开始高速铁路网工程。

1998 年，意大利对米兰—博洛尼亚段 180 km 铁路动造，车速提高至 300 km/h。2000 年，都灵—博洛尼亚高速铁路建成。一年后，米兰威尼斯高速铁路完工。2009 年，都灵 1 米兰高速铁路开通运营。至此，意大利高速铁路网全部完工。

在高速铁路网修建的同时，意大利国家铁路还着手进行了三款速度为300 km/h 动车组的研制。其实很早之前，对比其他国家的高铁速度，意大利国家铁路就觉得摆式列车存在一定的速度限制，达不到更快捷的服务要求。于是他们决心研发一款全新的电力高铁动车组，设定目标速度为 300 km/h。1988 年，在铁路公司的努力之下，意大利自主研发的全新的高铁动车组面世，它就是 ETR500 系列中的第一款动车组 ETR500-X，其试车最高速度为315 km/h。不过，ETR 系列动车组真正投入商用的时间大概是在 1993 年。此外，意大利还看好法国的最新款动车 AGV，从法国专门定制新产品，也就是意大利的 ETR575 动车组。还有一款名为 "Frecclarossa1000" 的高速动车，外号 "红箭"，编号为 ETR1000 系列。这三款动车组速度都能超过 300 km/h。

其中，ETR1000 动车组是由加拿大铁路公司和合作单位一起研发出来的。由于面世晚，各方面的工业科技都有所提升，其设计速度为 400 km/h，运营速度可达 360 km/h，可用于长途客运服务。这款动车组于 2013 年问世，2015年正式运营后发现，可以让不同国家的动车组集成统一到一个标准。增加各国之间交通运输的互通性，安全性和舒适性也大大提高，至今仍在提供优质的服务。

由于意大利放弃继续为摆式列车提速，导致摆式列车最终没有进入高铁行列，不得不说，这真是一种遗憾。不过，以意大利现在拥有的高铁交通网络，配上高铁列车，直接提高客运服务的质量，也算是有失有得。

另外，意大利准备修建北部城市都灵通往法国里昂的高铁。里昂—都灵高速铁路是一条建设中的欧洲高速铁路，其连接了法国南部城市里昂与意大利北部城市都灵，是巴黎至罗马高速铁路的其中一段，预计于 2028 年投入使用。意大利内部，特别是环保人士对这条 270 km 的高铁持反对意见。当地环保人士认为，修建这条高铁势必会对沿线的生态环境造成一定破坏，而且还会让这里经常发生洪水和山体滑坡。此外，修建高铁需要一大笔资金，当地人认为这是 "公共资金的浪费"，而意大利更需要在学校和医疗卫生体系投入资金。但里昂—都灵高速铁路通车后将大大提升法意两国之间的货运速度，从意大利米兰到法国巴黎的时间将从现在的 7 h 减至 4.5 h。整个项目的费用大约为 86 亿欧元，由意大利、法国和欧盟分摊。如图 4.18所示。

图 4.18　意大利里昂—都灵高速铁路

（2）意大利的高铁技术标准。

意大利在修建新线的同时，还制定了全国高速铁路网技术标准。意大利对罗马—佛罗伦萨的既有路段进行了适应高速标准的技术改造：加大曲线半径，将最小曲线半径由 300 m 调整为 5 450 m；加大线间距，由 4 m 调整为 5 m；隧道净空由 54 m 增至 82 m；信号设备采用 ERTMS 二级系统；无线通信采用 CSM-R 系统等。

按照先进的技术标准，在保证安全性、高速度的前提下，高速铁路在几何参数、轴重、限界等方面与既有线的客货列车及欧洲高速铁路网的列车兼容。罗马—那不勒斯高速铁路轨道采用有砟轨道、混凝土轨枕，主要基于经济上合理、技术上可行、维修上方便的原则。由于机车车辆车底的有关设备在安装时进行封闭，保证车底面比较平顺。路基表面平坦、密实，电缆槽除了一般与路基面持平外，也有直接放在路基上的。路基边坡防护多采用钢丝网碎石防护、植被防护等方式。

高速铁路线路隧道一般采用双线隧道，轨面以上净空不小于 82 m²。意大利高速铁路建设公司计划对较长的隧道采用双单线断面，以降低发生事故的可能性和便于采取紧急救援措施；同时在整个道内铺设 1.5 m 宽的人行道，两隧道每隔 250 m 修建连接通道，并安装双门和超压系统，防止火灾扩散到另一隧道内，保证旅客能在紧急情况下撤离隧道。明洞内每隔 250 m 修建侧面步行通道，并采取了洞内消防用水系统、烟雾控制通风系统、横通道空气交换系统等应急系统。

意大利是欧洲第一个在新建高速线路上采用 ERTMS 系统的国家。ERTMS 是新的欧洲铁路网控制和列车间隔系统，用于保证欧洲各国的国家铁路系统的相容性，实现统一制式、统一标准和欧洲铁路网的互通。

所建高速铁路装备 ERTMS 二级系统利用 GSM－R 系统把信号从地面的车站传输到列车上，车载设备接收到信号并转换成操纵的指令。ERTMS 二级系统通过无线闭塞中心向线路上的所有列车连续发送有关速度控制的信息，每列列车也利用同样的系统把位置信息发送给无线闭塞中心，实现动态的列车间隔距离，这是世界高速铁路的发展趋势。意大利高速铁路列车运营中，一等座赠送甜品小食或冷热饮，并直接由列车员送到座位上，早晨出发的列车还为旅客提供报纸，车厢内设有残障旅客专用座席和卫生间。博洛尼亚、佛罗伦萨、米兰、那不勒斯、帕多瓦、雷焦卡拉布里亚、罗马、都灵和威尼斯设有"欧洲之星"俱乐部小型休息室。高速铁路在某些路线上还提供全套餐饮到座服务。菜单根据季节时常变化，在送餐之前，列车员会到车厢进行询问。意大利境内铁路列车可提前 60 d 预订车票，乘坐意大利境内列车无须办理登车手续，在车上检查车票和护照。

第二代高速铁路为客货混运型，高速旅客列车的最高速度可以达到300 km/h，货物列车速度可以达到 160 km/h，线路允许轴重为 18t。在意大利的干线铁路，包括罗马—佛罗伦萨线在内的高速铁路线上开行时，摆式列车行车速度可以达到 250 km/h。意大利摆式列车在速度 200 km/h 以上的国际摆式列车市场上，占据了 70%的份额，德国、芬兰、瑞士、法国、西班牙、美国、英国都引进了这种列车。此外，意大利还生产了用于国际运输的 ETR470 和 ETR480 摆式列车。2015 年前后，当所有的高速铁路线都建成以后，意大利高速铁路网总的规模可以达到近 1 400 km。

（3）意大利的高铁动车。

意大利高铁动车组种类型号很多，但实际上只分成两大类：一类是展现意大利高铁技术看家本领的摆式列车系列，另一类是非摆式列车系列。摆式列车系列种类繁多，先后研发了 6 款不同的动车组，其中：ETR460 动车组，1994 年投入运营，时速 250 km；ETR470 和 ETR480 在 1997 年投入运营，时速分别是 200 km 和 250 km。上述 4 款动车组均为意大利亚特铁路公司研制。ETR600 和 ETR610 两款动车组均在 2008 年投入使用，时速均为 250 km，由法国阿尔斯通公司研制。

上述 6 款动车组是意大利"Pendolino"摆式列车家族的代表性产品，是专门为在既有铁路上开行高速动车组而研发的。既有铁路线路条件一般，如果不采用摆式列车，大都限速在 160 km/h 左右，虽然摆式列车让运行速度提高了一个等级，但是还远不算真正意义上的高铁列车。除这 6 款速度不同的动车组之外，意大利还运营了 3 款时速 300 km 的动车组，分别是 ERT500、ERT575（AVG）和 Frecciarossa1000（ETR1000）。

早在 1985 年，意大利国家铁路鉴于"Pendolino"摆式列车存在的速度限制，无法提供更加快捷、舒适的服务，于是决心研发一款全新的电力高铁动车组，目标速度为 300 km/h，意大利 TREVI 公司负责技术研发。

1985 年，ETR500 系列中的一款动车组 ETR500-X 面世，试车最高速度达315 km/h。后续 2 款同类型的动车组 ETR500-Y 在 1989 年问世，也取得了很大的成功。ETR500 系列动车组真正进行商业应用是在 1993 年，这也是意大利自主研发的一款全新的高铁动车组。意大利的高速动车组 ETR575 实际上就是法国的最新的动车组 AGV，这是意大利从法国专门定制的新产品。

Frecciarossa1000 是俗称"红箭"的高速动车，也是 ETR 家族系列中的一员，编号 ETR1000，这款动车组由加拿大庞巴迪公司与其合作伙伴安萨尔多百瑞达公司联合研发，也是庞巴迪公司研制的 ZEFIRO 系列动车组中的一员，这款动车在技术上有了质的飞跃，采用非铰接单层车厢和动力分散式引方式，设计速度为 400 km/h，运营速度为 360 km/h，可用于长途高速客运服务。这款动车配备了不同的牵引供电方式，可以在欧洲不同的国家畅通无阻，同时安装了欧洲铁路运输管理系统，这套系统可以让不同国家的动车组集成统一到一个标准之下，增加各国之间交通运输的互通性。这款动车的安全性和舒适性都比其他类型动车上了一个台阶。在 2013 年初，第一台 Frecciarossa1000 动车组问世，当年 8 月份在热那亚至萨沃纳铁路线上进行了试车试验，2015 年 7 月份，这款最新式的高速动车组加入了高铁商业运营大军之中。

意大利高铁线路如图 4.19 所示。

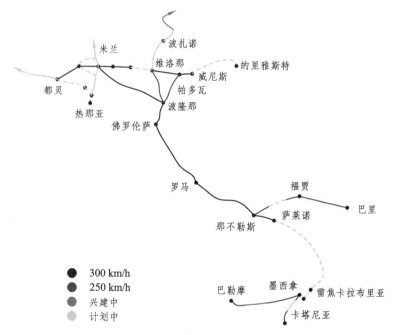

图 4.19　意大利高铁线路图

（4）准备实现铁路和航空一体化经营。

意大利铁路公司（FS）已正式参与竞购意大利航空公司（Alitalia）。意大利铁路和航空倘若能够实现一体化经营，将会彻底改观运输市场格局，为建立意大利集团化运输企业铺平道路。

2017 年 5 月，意大利航空公司正式向罗马法院提出破产申请。意大利政府和司法机构在审核处理航空公司破产案的同时，始终在谋求对航空公司进行有效改组，恢复航空公司的市场运营能力和提高企业竞争力。意大利铁路公司董事局此前经研究决定，同意参与竞购意大利航空公司，并正式向意大利罗马法院和意大利航空公司提出了竞购报价。意大利铁路公司凭借强大的经济实力和对运输业的管理经验，参与竞购意大利航空公司，将有望实现意大利运输市场的集团化经营和管理，有效提高意大利运输业的市场整体竞争能力，使意大利诞生一家集公路、铁路和航空运输的联合体。虽然意大利铁路运输公司只是参与竞购意航的企业之一，但政府对铁路公司的竞争实力寄予厚望。未来一段时间，意大利政府将对参与竞购意航的企业进行审查。与此同时，政府还将制定一系列振兴意大利工业、运输、旅游等产业的相关政策和计划，减少和消除市场恶性竞争，为企业创造更加有利于发展的市场环境。据悉，德国汉莎航空公司（Deutsche Lufthansa AG）、英国易捷航空公司（EasyJet）此前曾有意参与竞购意航，但两家公司均表示须等待意航提出具体改组方案，方能最后决定是否参加竞购。

### 2. 西班牙的 AVE

（1）西班牙铁路发展历史。

西班牙位于欧洲的伊比利亚半岛，属于多山国家，地势起伏很大，对于修建铁路非常不利。早在 1848 年，西班牙便修建了第一条铁路，从巴塞罗那至马塔罗。此后百余年间，西班牙铁路作为国家交通动脉不断延伸发展。但是，该国的铁路与其邻国相比有很大不同，最大的区别就是西班牙铁路采用的轨距不一，有的采用标准轨距（1 435 mm），有的采用宽轨距（1 668 mm），还有大量的窄轨距（1 000 m）这种混乱的轨距系统，这为以后西班牙高铁发展带来了很大困扰，甚至可以说在一定程度上阻碍了高铁线路延伸和扩展，甚至影响到了国际贸易和经济往来。

西班牙铁路多轨距的原因，坊间相传有两种说法：其一，采用宽轨距完全是出于防御法国入侵的军事需要，因为法国铁路采用的是国际标准轨距，所以一旦发生战争，法国的军队无法通过铁路进入西班牙。在百余年前欧洲战火纷飞的年代，西班牙铁路采取这种措施也是无奈的选择。其二，西班牙铁路采用宽轨距是为了增加运量，增大列车的牵引力，以便能够爬上更加陡的坡度，这也是为了适应多山地势而采取的措施。实际上，宽轨铁路确实能提高国内铁路的运输能力，但是却极大限制了国际客货交流，长期来看，这对一个国家而言并非有利之举。西班牙铁路在历史上留下了后遗症，这需要采取技术措施加以解决。对于发展高速铁路而言，宽轨距更是一个必须面对的问题。大规模改造铁路的投资太大，修建客运专线并不能解决高铁列车在既有铁路上跨线运行的问题。既然无法从铁路轨道本身想出解决办法，那么只好在车辆上面寻找突破口。经过努力，西班牙终于找到了在宽轨铁路上运

行标准轨距高铁列车的办法，那就是采用可以自动变换车轮轮距的 Talgo 摆
式列车。西班牙高铁线路如图 4.20 所示。

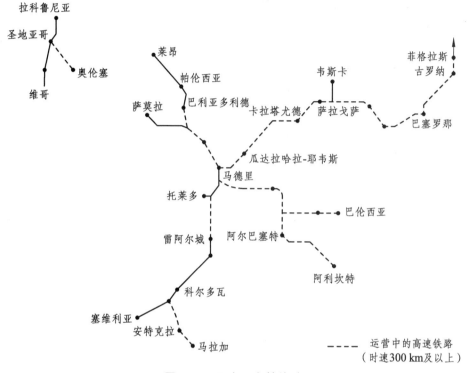

图 4.20 西班牙高铁线路

（2）西班牙 Talgo 摆式列车。

说起 Talgo 摆式列车，需要提及一位对该列车的研发做出重要贡献的人
物，他就是西班牙工程师亚历杭德罗·戈尔科切亚·奥马尔，我们可以称之
为"Talgo 之父"。早期的 Talgo 列车并没有安装摆式系统，只是普通的列车，
奥马尔在 1945 年研发成功的 Talgo 列车是非摆式，其比同时代的其他列车速
度更高，其安装了一种独特的三角形转向架，这种技术为西班牙独有。从那
以后的数十年间，Talgo 列车与时俱进，技术不断升级换代。1955 年，西班牙
首先研发成功车辆轮对内侧距可调的 Talgo 转向架，由此诞生了可以变换轮距
的列车，使之可以在不大于 15 km/h 的匀速运行中，在宽轨距与标准轨距之
间互相转换车轮的轮距，解决了不同轨距的铁路之间列车互通的难题。这样
一来，西班牙政府就不用投入巨额资金将宽轨改成标准轨距，从而节省了大
量工程投资。

1973 年，西班牙正式开始研发 Talgo 摆式列车，其是在普通的 Talgo 列车

的基础上进行的。经过三年多的努力，于 1976 年 12 月份，Talgo 摆式试验列车问世，并进行了 48 次试车，速度达到了 200 km/h。这台试验车可以高速通过半径为 450-500 m 的弯道，舒适度一点也不比低速运行的普通列车差。

1980 年 7 月，性能良好的 Talgo 摆式列车在马德里至萨拉戈萨的铁路上投入商业运营，1981 年用于马德里至巴黎的国际长途运输。此后数年间，Talgo 摆式列车不断超越自己，连续创造速度纪录：1988 年，Talgo 摆式列车在德国高速铁路的试验速度为 291 km/h；1994 年 11 月依旧在德国高速铁路上试车，创造了 360 km/h 的高速度；1997 年，该列车在西班牙高速铁路上创下了 333 km/h 的速度纪录。Talgo 摆式列车是西班牙铁路技术的骄傲，自从问世以来，长期担任西班牙的主打列车，得到了广泛应用。

（3）Talgo350 高速列车。

西班牙自主研发的 Talgo 摆式列车，适用于既有铁路提速运营，虽然试验时创造了 360 km/h 的成绩，但是实际载客运营速度也不过 200 km/h，距离真正的高铁列车还有差距。随着高速铁路在交通运输以及国民经济中的重要性越来越凸显，西班牙政府不再满足仅仅在既有铁路上开行高速列车，而将修建新的客运专线纳入了计划。1987 年，西班牙首条真正意义上的高速铁路破土动工，赶在巴萨罗那奥运会开幕前，于 1992 年 4 月 21 日建成并开通了马德里至塞尔维亚的高速铁路，连接首都马德里和一线城市塞维利亚，线路全长 471 km，主要开行 AVE 高速列车（速度 300 km/h）、TALGO200 摆式列车（速度 160/200 km/h）以及少量 140 km/h 的货物列车，并让两个城市之间的运行时间从 6 h 锐减到 2 h 20 min。马德里—塞尔维亚高速铁路的造价是 730 万美元/km，是 20 世纪 80 年代欧洲造价最低的高速铁路（法国 TGV 大西洋铁路是 850 万美元/km，德国两条高速铁路则高达 2 770 万美元/km）。

在修建该铁路之前，从马德里到塞尔维亚的乘客中有 11%的人选择乘坐飞机，56%的人选择乘坐汽车。该铁路开通之后，乘坐飞机的人锐减到 4%，而乘坐汽车的客比例则下降到了 34%，可见高铁吸引客流的本领非常显著。然而奇怪的是，这条可以让火车跑出 300 km/h 速度的高速铁路，竟然是一条客货混跑线路，上面同时运行着三种不同的列车，分别是引进法国 TGV 技术研制的 AVE-S100 高速列车、引进德国技术研制的 S250 电力机车牵引的 Talgo200 型摆式列车，还有大量的货运列车。但这条线路上并没有出现西班牙自主研发的时速 300 km/h 及以上的高铁列车的身影。这种不利局面不能长期持续下去，必须要做出改变，西班牙政府为此开始了行动计划。

由于高速铁路给西班牙政府带来了可观的回报，为了逐渐摆脱高铁技术受制于人的局面，西班牙政府下定决心培育自己的高铁列车生产企业。经过苦心经营，有两家企业逐渐崛起，研发的高铁技术不但满足了国内需要，还能出口他国。这两家企业分别是成立于 1942 年 Talgo 公司和成立于 1917 年的 CAF 公司，这两家公司都是老牌企业，有很深的技术积淀，能够变换轮距的列车和摆式列车就是这两家公司的拳头产品。

1995 年，西班牙开始建设第二条高铁线路，衔接马德里至巴塞罗那，全长 650 km，并且将来还要延伸至法国边境，为国际运输做准备。为了实现"这条高铁必须让西班牙自己研发的高铁列车在上面跑起来"这个目标，Talgo 公司联合庞巴迪运输公司联合研发新一代高铁列车 Talgo350，设计速度达到 350 km/h，这款列车编号为"AVE Class 102""AVE"是西班牙语"高速铁路"的简称。1997 年，研发计划开始启动，到 2002 年，第一台试验车下线，开始了行车试验，一举创下了 365 km/h 的速度纪录。此后该车的一系列试验都非常成功，并在 2005 年开始为马德里至巴塞罗那高铁提供客运服务。另外，由于采用了特殊的流线型车头，这台列车的外形看起来似一只鸭子，所以便有了"鸭子"这个诨名。

西班牙政府对高铁的兴趣远超欧洲其他国家，并且将高铁作为一项利国利民的技术大力推广，为此不惜投入重金。自从于 1986 年加入欧盟之后，西班牙的高铁建设便如虎添翼，很多高铁投资都来自欧盟。到了 2004 年，西班牙政府制定了颇具野心的"国家运输和基础建设战略规划（2005—2020）"，预计每年为铁路投入 93 亿欧元（当然后来因为经济原因投入并没有那么多，但是其心可嘉）。同时，西班牙政府还有一个宏伟的亲民计划，那就是通过努力，让全国 90%人口居住的地方离大车站不大于 50 km，这就意味着需要不断增加高铁路网的密度，同时要让全国所有的省会城市用高铁连通，在 2020 年高铁通车里程达 9 000 km，西班牙政府的高铁建设成果有目共睹，截止到 2013 年，已经建设并开通了 3 100 km 的高铁线路，贯穿整个国家的高铁网已经基本形成。目前，西班牙铁路网规模约 1.6 万千米，包括宽轨、窄轨、标准轨以及混合轨距（准轨和宽轨）。西班牙高速铁路里程近 3 000 km，主要采用标准轨和宽轨两种轨距，是欧洲高速铁路运营里程最长的国家。为将来与整个欧洲路网连接的方便，在建和计划修建的高速线，都采用统一的标准轨距（1 435 mm），形成全国"Y"型高速铁路网。

另外，为了最大程度地提高服务质量并吸引客流。自 1994 年 9 月 11 日起，西班牙国家铁路公司（RENFE）决定实行延误补偿的承诺——只要是因公司原因造成 AVE 高速列车延误超过 5 min 的，将票价的全部金额返还给乘客。这一措施是为保证 AVE 列车的正点率而制定的。AVE 列车自 1992 年 4 月投入运营以来，其准时率已达 99%。1994~1997 年间，高速铁路的运输量增长了 22.6%，而同期其他运输方式的增长仅为 10.7%。1997 年起（正式运营仅 5 年），马德里 – 塞维利亚高速铁路开始盈利，比计划整整提前 1 年，可见其获得了很好的社会和经济效益。

Talgo Avril 高速列车是西班牙机车车辆制造商 Talgo 公司继 Talgo 350 后推出的新一代摆式列车，商业运营速度将达到 330 km/h。2016 年 11 月，Talgo 公司获西班牙国营铁路公司（Renfe）高速列车制造和维护合同，将提供 15 列 Avril 高速列车，2017 年 5 月 Renfe 又向 Talgo 增购了 15 列。订单中首列 Avril 高速列车于 2021 年 2 月开始在马德里—加利西亚（Madrid—Galicia）高速铁路上进行动态测试，测试完成后将由 Renfe 投入客运服务。本次测试旨在检查列车所有部件的动态性能，特别是列车传动系统，将在逐渐复杂的运行条件下，达到技术认证所需的时速 360 km 以上。该项测试计划在马德里—加利西亚铁路上进行数周，之后可能会扩展到西班牙铁路网的其他部分。

Avril 高速列车采用 14 辆编组，两端为带有司机室的动力车，中间 12 节车厢最多可容纳 581 名乘客。该列车具有显著的节能和环保优势，平均每公里耗能 11.79 kW·h，比 Talgo 350 降低 31%；$CO_2$ 排放量仅为 3.0 ~ 3.2 kg/km。列车采用新型复合材料，全列车重 320.3 t。新开发的轻型车轮能够有效降低噪声和振动影响，改善乘车舒适度。车底设备、转向架外侧以及受电弓设备处将设置导流罩，并通过优化车辆间的连接改善空气动力学性能。采用最新的安全、降噪、温度控制技术，以及旅客服务信息系统。列车的车门与站台高度齐平，便于乘客上下车，使列车的车站停留时间缩短约 20%。列车采用了 Talgo 系列列车的独立车轮技术和可变轨距技术，轨距可在 1 435 mm 和 1 668 mm 间变换，被批准在西班牙和法国运行。此外，列车基于 Talgo 高度灵活的技术平台进行研制，能够适应不断变化的欧洲铁路市场的需求。

（4）西班牙铁路基础设施运营商。

ADIF 是西班牙铁路基础设施运营商，设有四个交通控制和调节中心（CRC）。CRC 中巨大的壁挂式 LED 屏幕实时提供铁路路线的完整视频图形表示，操作者坐在屏幕前的工作位置上，负责管理铁路交通、电力供应和通信系统。CRC 采用欧洲轨道交通管理系统（ERTMS），通过应答器或者 GSMR 波实现列车与基础设施之间的数据交换，采用欧洲列车控制系统（ETCS）不断计算列车的最高安全速度，并据此对列车的速度进行控制。过程中还采用 DaVinci 系统收集信息使控制器在发生事故时能迅速做出反应，包括探测天气、沿轨道下落的物体、侧风等因素。当风速超过一定水平时，系统会控制列车自动减速。此外，CRC 的实时监控和数据采集功能也十分强大，可通过一系列最先进的系统保证列车平稳运行。

　　另外，值得一提的是西班牙员工培训时使用的技术——虚拟现实技术。ADIF 在员工培训方面带来了多项创新。ADIF 的技术培训中心位于巴伦西亚，其培训项目包括工程建设、维修管理以及通信系统等内容。培训中心的教室中包含 AVE 网络上使用的变电站、交换机和保护系统的复制品，户外练习区则允许学员在人工轨道和架空接触网系统上练习维护技能。此外，为节约空间和成本，该中心还采用模拟软件、视频教程和虚拟现实等数字工具进行教学和训练。模拟培训需要在一个特殊的房间中进行，学员佩戴上相应的耳机和眼镜，完全沉浸在 3D 培训环境中，完成一系列预防性维护任务、接触网安装练习和电源切换程序。通过这些虚拟练习，学员可以快速熟悉用于高铁供电的电气系统，比传统的练习方法更加有效，可以用更短的时间培养出更多的员工。

　　向全球出口专业知识也是 ADIF 运营的关键部分之一。该公司的虚拟培训中心拥有约 300 个课程可供全球承包商使用。ADIF 的目标不仅是提供高铁维护培训，还要为全球培训创建新标准。ADIF 已与来自不同国家的铁路基础设施所有者签署了合作协议，包括美国、土耳其、波兰、俄罗斯和摩洛哥。专家们在高速轨道的维修、管理、施工和控制等领域分享知识和交流经验。ADIF 培训和控制中心所展示的技术值得其他国家学习和借鉴。

### 3. 瑞典的摆式列车

　　所谓的摆式列车是指列车行经弯道时，用车身向内侧的倾斜来提高列车的速度，以求得整体营运速度的提升。使用这种列车最大的好处在于不需要立即兴建高速新线，可以就现有路线提高营运速度，等时机成熟，经费足够，再逐步改善旧线或兴建高速新线，以达到渐进完成传统铁路高速化的目的。

　　摆式列车可分成被动式与主动式两大类。被动式是指利用离心力让列车过弯时自然倾斜，倾斜角大约在 3.5～5°左右，约可提高行车速度 15%～20%。例如日本的 381 系电车，利用车体下方装有的滚轮等滑动结构，与西班牙的 Talgo Pendular 利用车体间框架上的两颗空气弹簧，以类似不倒翁原理般把车体往外甩，都是著名实例。

　　针对被动式摆式列车的倾斜效果有限，而且有过弯之后的反应延迟、在 S 型连续弯道上易产生误动作等问题，发展出主动式倾斜列车。主动式倾斜列车利用飞机陀螺仪的原理，行经弯道时侦测出列车弯道超高倾斜的矢量，连同行车速度一并经由微处理机运算，计算出最佳的增加倾斜角度、角速度与行车速度，以高速通过弯道，倾斜角大约在 8～10°，约可提高行车速度 35%。除了日本的窄轨系统使用的列车之外，德国 ICE－T、意大利的 ETR 与瑞典 X2000，都是全球标准轨主动式倾斜列车的佼佼者。被动和主动摆式列车结构差别如图 4.21 所示。

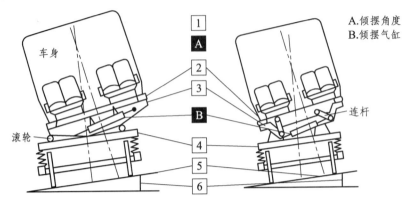

A. 倾摆角度
B. 倾摆气缸

图 4.21　被动式和主动式摆式列车结构比较

　　主动摆式列车有：意大利潘多利诺系列的 ETR450、460、470、480、485、600、610 型，瑞典的 X2000 型，德国的 ICE-T、ICE-TD 型等。被动摆式列车有：日本新干线的 N700 系、E5 系和 E6 系列车等，西班牙的 TALGO 列车等。

　　摆式列车也有一些缺点，就是在高速过弯时，会令车上旅客产生晕眩等不适。因此尽管实验上摆式列车的倾斜效率可以更高，但主动式的倾斜角限制在 8°左右，并加入全车气密结构，让旅客的可能不适降低。摆式列车是现在许多欧洲国家发展高铁时的另一种技术选择。例如，日本东海道新干线，由于年代久远，许多弯道限制了车辆的性能，不能以全速行驶。因此下一代的日本 N700 新干线，会加入倾斜装置，让最高时速的行驶区间，从现有的 1/3 增加至 2/3，缩短旅行时间 15% 以上，让东海道新干线的营运效率进一步提升。

　　（1）瑞典国家概况与摆式列车适应性。

　　瑞典位于斯堪的纳维亚半岛，国土面积大约 45 万平方千米，1990 年的人口总数为 860 万左右，平均每平方千米 19 人，到了 2015 年年底，瑞典总人口也不过 985 万人，每平方千米也不过 22 人左右，属于典型的地广人稀型国度。从自然地理环境看，瑞典的国土呈狭长型，西北高，东南低，2/3 的国土位于诺尔兰高原上面。瑞典早期修建的铁路和英国差不多，标准都不高，为了适应高低起伏的地形，采用了很多小半径曲线，在这种条件下，列车速度的提高受到了限制。

　　随着国民经济的发展和出于民众出行和商业的需要，提高列车速度可谓是众望所归。而在 20 世纪 90 年代之前，地广人稀的瑞典根本没有充足的客源来支撑高速铁路的修建，而大规模地改造既有线，工程量也很巨大，得不偿失。为了在少花钱的同时也能满足民众对提高列车速度的期望，最终瑞典国家铁路局采取了开行摆式列车的方案，X2000 型摆式列车由此诞生。瑞典作为北欧一个高福利的小国家，X2000 型摆式列车一举将这个国家推上了高铁新时代，这款动车组不但在国内大规模使用，还出口到世界上很多个国家，其中就包括美国和中国，为瑞典取了丰厚的利润。

X2000 型摆式列车的运行速度为 200 km/h，最高试验速度为 276 km/h，适合开行在既有铁路之上，这也是瑞典铁路公司专门为本国铁路量身制造的一款动车组。X2000 型摆式列车由瑞典卡尔马公司研制（Kalmar Verkstad），该公司成立于 1905 年，是瑞典专门制造火车和汽车的企业，该公司在 2005 年被加拿大庞巴迪公司收购。X2000 型摆式列车最早亮相于 1990 年，当时是作为一等车为高端乘客提供服务的，列车上面为乘客提供免费餐饮和免费的文件复印，甚至在列车上还开设了一个小酒吧，为乘客们提供风味小吃。这种豪华的乘车条件，即使作为当时高收入的发达国家瑞典，也属于比较奢华的服务。

X2000 型摆式列车采用异步牵引电机，由一台 4 400 马力的动车和一定数量的拖车组成，一般有 6 辆编组（含动车 1 台）和 17 辆编组（含动车 1 台）两种方式，最大载客量 1 600 人。每台 X2000 摆式列车都安装柔性转向架，可以在不对铁路轨道施加额外压力的情况下，自动调整车身，通过小半径曲线，能比普通列车提高速度 40%以上。

X2000 摆式列车为何能高速通过小半径曲线呢？这是因为摆式列车都安装了一台功能独特的倾摆系统，系统里面安设加速计，随时计算列车在通过曲线时候的横向加速度，再通过系统的主机系统计算倾摆数据，并向各台拖车的控制系统自动传输指令，让整台列车按照计算的角度进行倾摆，用以平衡列车通过曲线时候产生的离心力。

X2000 摆式列车安装功能强大的列车自动控制系统（ATC），这套系统可机前 4 km 给司机发送前面的行车状况等数据，如果司机没有反应，那么列车就会自动减速甚至停车，以保证乘客安全。对于瑞典糟糕的既有铁路条件而言，这款摆式列车发挥了非常重要的作用，与普通列车相比，它提高的 25%的速度值足可以使铁路运输与航空在市场上一决高下。

X2000 摆式列车采用复合制动系统，包含再生制动、空气制动、电磁制动、紧急制动、手动制动和电子防滑装置。当列车速度为 200 km/h 时，制动安全停车距离是 1 750 m；当列车速度为 150 km/h 时，制动安全停止距离为 1 100 m；当列车速度为 130 km/h 的时候，制动安全停车距离为 700 m。

1986 年，瑞典国家铁路公司开始对斯德哥尔摩到哥德堡的西部干线实行改造，开始了瑞典铁路在既有干线上通过适量改造，采用摆式列车新技术来实现 200 km/h 以上高速运行的序幕。瑞典国营铁路划分为干线网及地方铁路 2 种。地方铁路通常承担地区性运输，公共运输管理部门有权经营地方铁路的客运服务，并得到该地方政府的财政补贴。瑞典高速铁路是利用既有线加以适当的改造（包括信号系统、平交道口、站场），并采用 X2000 型高速摆式列车在曲线区段将列车通过速度提高 30% ~ 40%，最高速度达到 200 km/h，而又不超过最大的允许轨道作用力；同时由于车体倾摆了旅客所感受到的全部离心力的 70%，使旅客感到较舒适，而整个旅行时间又可以缩短。这是用机车车辆的高性能来适应线路的要求，从而达到高速运行的一种模式，在既有线上运营 X2000 型高速摆式列车，必然与普通客车及货物列车共线运行，实现这种模式的首要条件是线路上运量不大，运输能力比较充裕，不至于因为高速列车的出现而增加了扣除系数，影响其他旅客列车及货物列车的开行。

瑞典首条开行 X2000 型摆式列车的线路是从首都斯德哥尔摩至重要工业城市哥德堡，这也是瑞典的一条重要运输大通道。在 1990 年之前，乘客从斯德哥尔摩至哥德堡的旅行时间为 3 h 45 min，开通 X2000 型摆式列车之后，旅行时间缩短到 1 h，效果显著。X2000 型摆式列车减少行间不但直接让乘客受益，到了 1996 年，在斯德哥尔摩至哥德堡这个运输道通上的客运量，在 7 年时间内增长了 10 倍之多，客运量达到了 900 万人次，占据了该通道各种运输方式输送客流量的 80%。

（2）X2000 摆式列车走出国门。

由于 X2000 列车受到世界上很多国家欢迎，出口量长时间居高不下，为瑞典政府获取了巨额外汇，这些钱刚好满足了瑞典国家铁路局在 1980 年代初就开始的构建全国高速铁路网的宏伟计划的要求。

X2000 动车组走出瑞典国门之后的第一站就是美国，时间是在 1992 年，这也是该型动车组为了参与美国高铁投标的一次巡回展览，主办方是美国铁路客运公词，展览期限从 1992 年的 10 月份至 1993 年的 7 月份。等巡回展览完毕之后，X2000 动车组就在美国东北铁路大通道的两大城市华盛顿和纽约之间试运行，时间持续了 5 个月。试运行结束之后，这款动车组又开始了在全国 48 个州的巡回演出，并在美国多个大型车站登台亮相，赚足了人气。与此同时，X2000 动车组也在加拿大进行了巡回展览。

1995 年，X2000 动车组被澳大利亚 Countrylink 公司租用，开始了运行评估测试，这辆动车组包括 3 台 X2000 型车，其中包括 1 辆拖车、1 辆酒吧车和 1 辆一等座车，这 3 辆车由澳大利亚生产的 XP2000 和 XP2009 型动车牵引。1959 年 3 月，这台 3 辆编组的动车组在南威尔士州进行了巡回展览，一个月之后，这台动车便投入使用，为澳大利亚首都堪培拉提供旅客服务。

　　X2000 动车组与我国也颇有渊源，在 1998 年广深准高速铁路提速改造中，广深公司就从瑞典租用了一列该型号动车组提供时速 200 km 的客运服务，这也是我国最早开行的高速动车组，一直服役到 2007 年。在这一年，是持续十年的铁路大提速的关键一年，中国从日本、法国和德国引进的第一代动车组开始投入运营，X2000 动车组被强制退役，交由成都铁路局运营管理。2008 年汶川大地震之后，成都铁路局需要大面积修复被破坏的铁路干线，建设资金非常紧张，无法给 X2000 动车组提供更多的维修保障。在这种情况下，X2000 动车组的老东家广深铁路公司在 2008 年 12 月份重新接纳了它，一直保留到 2012 年，最终该动车组又被瑞典国家铁路公司购回，用轮船运回了故土。在国外服役漂泊 15 年后，X2000 动车组又重回祖国怀抱。

　　（3）瑞典的高速铁路计划。

　　瑞典的高速客运服务都是通过在既有线上开行摆式列车实现的，速度维持在 200 m/h 左右。为瑞典提供客运服务的动车除了 X2000 摆式列车（X2）之外，还有车体加宽的"女王号"、双层的 X40 动车组、斯德哥尔摩阿兰达机场快速列车 X3。其中 X2 和 X3 的速度均为 200 km/h，是瑞典不折不扣的高速列车。X2 开行于瑞典多个大城市之间，包括斯德哥尔摩、哥德堡和马尔默，而 X3 机场快速列车为斯德哥尔摩和阿兰达机场提供客运服务。双层的 X40 动车组提供区域性的旅客运输。

　　如果将瑞典和英国的高铁做一个比较，就发现二者相似之处非常多，最显著的特点就是由于既有铁路信号设备的落后，使得既有线提速到 200 km/h，接触到了速度天花板，如果不彻底更新使用先进的信号设备和列车控制系统，想要将既有铁路的列车速度提速到 250 km/h，甚至是 300 km/h 及以上是基本没可能的。瑞典虽然号称是一个迈进高铁新时代的国家，但与英国一样，火车速度被困在了 200 km/h 这一数值，距离实现真正的高铁梦，还有很长的路要走。

　　X40 动车组要想突破 200 km/h 的速度限制，有两种途径可供选择：一是彻底更新改造既有线路，让线路的技术条件满足开行高速列车的要求，同时将陈旧的信号、列车控制系统和牵引供电系统全部更新换代；二是修建一条全新的客运专线，按照高速铁路的建设要求修建基础土建工程，配备满足高速铁路要求的铁路运输设备。瑞典国家铁路局采取了分阶段逐渐实现目标的办法，首先将 200 km/h 的动车速度提高到 250 km/h，再提高到 300 km/h 及以上。为此瑞典国家铁路局还研制了满足 250 km/h 的高速动车组，于 2010 年交付使用，但是限于线路条件，无法跑到预想的设计速度。对高铁速度的要求，让瑞典政府制订了中长期的高铁修建计划，时间一直持续到了 2030

年。目前有 5 条新建高铁线路计划已经被提上建设日程。这 5 条高铁线路分别于是：

① 伯斯尼亚高速铁路（Bothnia Line）：单线铁路，线路全长 190 km，设计速度 250 km/h，这也是世界上第一条单线高速铁路，连接瑞典伯斯尼亚湾周边的各城城市工业区，包括 140 座桥梁和总长达 25 km 的隧道，总投资 150 亿瑞典克朗，该线路于 2010 年开通运营。伯斯尼亚高速铁路也是瑞典第一条安装欧洲铁路运输系统的线路，为将来实现瑞典与其他欧洲国家铁路的互联互通奠定了基础。

② Norrbotniabanan 高速铁路，也叫北伯斯尼亚高速铁路，于 2010 年开通运营，线路全长 270 km，设计速度 250 km/h，衔接于默奥中央火车站和昌勒奥中央车站，属于伯斯尼亚高速铁路的北部延伸线，这条高铁沟通瑞典沿海各大城市，年输送旅客 160 万人。

③ 伯斯尼亚高速铁路 shanken 高速铁路也叫瑞典东链高速铁路，这条高速铁路尚在规划之中，还未修建，高铁衔接斯德哥尔摩南部城市南泰利耶市和林雪平市，线路全长 270 km，设计速度 320 km/h，总投资 300 亿瑞典克朗。这条新建高铁路才是真正意义的高速铁路，瑞典政府对此非常重视，在 2012 年便启动了该项目，工程建设在 2017 年全面展开，总工期约 7 年时间。

④ Gotalandsbanan 高速铁路：也叫哥提亚高速铁路，属于规划铁路，尚未开工。线路全长 440 km，设计速度 320 km/h，衔接南泰利耶市和哥德堡，经过瑞典重要城市林雪平市和延雪平市。这条高速铁路一旦开通，就能显著降低斯德哥尔摩到哥德堡的旅行时间，可从目前的 3.05 h 缩短到 2 h。

⑤ Europabanan 高速铁路：也叫欧洲高速铁路，属于规划铁路，尚未开工、设速度 320 km/h，投资 400 亿瑞典克朗，线路衔接林雪平市和斯堪尼亚市。在将来，该线路还有修建成跨国高速铁路的打算，开通之后，乘客们就可以从斯德哥尔摩过境到达丹麦的哥本哈根，实现高铁跨境运输，对于瑞典本国而言，该铁路可以将斯德哥尔摩至马尔默的旅行时间从 5 h 缩减至 3 h，将从赫尔辛堡至林雪平市的乘车时间缩减 2 h。

对于高铁巨额的投资问题，在瑞典高铁修建计划中，根据 2015 年 12 月份瑞典运输管理局提供的数据，要完成上述高铁计划，需要 1 900 亿～3 200 亿瑞典克朗的投资，折合为 230 400 亿美元。经过仔细调研之后，投资额度优化减少到了 2 500 亿瑞典克朗 300 亿美元。而瑞典交通运输管理部门则指出，要想完成这些高铁线路，至少需要 200 亿瑞典克朗（约 250 亿美元）。数百亿美元的巨额投资，对于瑞典政府而言是不小的压力，因为这是瑞典近 150 年来最大的一笔公共投资，当然需要慎重，需要进行科学的决策和审慎思考。

### 4.4.4　俄罗斯高速铁路

从 20 世纪 60 年代初期到 20 世纪 70 年代中期，苏联铁道部集中了其下属所有的研究机构开展了规模浩大的高铁综合性技术研究，主要内容包括：修建客运专线，研制时速不低于 250 km/h 的高铁列车，预期在南部铁路大通道、莫斯科至高加索以及克里米亚开行高铁列车。苏联曾展开过喷气式列车计划，主要由雅科夫列夫航空设计局、加里宁机车厂、全苏火车设计科学研究院和莫斯科大学负责，专门对高速列车进行研究。1970 年，加里宁机车厂在 ER22 型电力机车的基础上，改装出名为 SVL（俄文高速试验车的缩写）的喷气式机车。SVL 机车全长 28 m，车头改装有流线型面罩，车顶前部安装有一个特制塔座，里面并排安装两台 Yak-40 型支线客机上的 AN-25 涡扇发动机，单台推力 1 500 kg。1971 年，SVL 机车在戈卢特温—奥廖拉铁路上测试时，最高时速达到 187 km/h。1972 年初，SVL 机车又在新莫斯科夫斯克—第聂伯捷尔任斯克铁路上进行测试，最高时速达到 249 km/h。SVL 机车虽然在苏联引起轰动，但 SVL 由于诸多技术问题，最后还是被遗弃在加里宁机车厂的库房里。

到了 1975 年，苏联铁道部的研究与发展委员会又重新审视了高铁研发计划，决定对其谨慎而行，继续做可行性研究。20 世纪 60 年代初到 20 世纪 80 年代末的这 20 多年间，苏联宏伟的高铁蓝图依旧是"画饼一枚"，除了在既有线尝试开行动车组列车之外，修建高速客运专线遥遥无期。之后，已经久被遗忘的高铁计划重新被翻捡了出来。苏联部长会议通过了在苏联铁道部的领导下进行的国家研究与发展项目"高速环保交通"课题研究，苏联所有的铁路运输科研机构都集中开始高铁技术攻关，这里面就包含新建客运专线的相关内容。

1988 年至 1900 年间，苏联的高铁研发计划在政府的支持下开启了航程，然而围绕"是否需要建高铁项目"的争论却居高不下。实际上，这种情况在很多国家都出现过，日本、法国、德国、英国、中国，无一例外，都为高铁的修建开展过长时间的辩论。苏联的高铁争论主要集中在工业技术小范围内，有很多需要解决的技术问题，相关准备工作也基本就绪，高铁应用研究委员会已经成立，高铁的技术经济创新工程也在紧锣密鼓的实施中，预计实现的目标也激动人心，如加快开展莫斯科至列宁格勒间开行 300～350 km/h 高铁列车的可行性研究。然而，可行性研究做了很多，但长时间未能付诸实施。

俄罗斯承接了苏联的高铁研发计划，但是仅凭自己的力量难以为继，最终还是采取与西门子公司联合的手段，利用其技术实力，在既有铁路上开行高速动车组。1991 年 12 月 13 日，俄罗斯第一任总统叶利饮签署了总统令，将"修建圣彼得堡至莫斯科高速铁路"写进法律，以保证项目的顺利实施。1991 年 12 月 25 日，在社会环境剧烈动荡的情况下，高铁研发计划并未受阻，并写进了法律，这足以说明俄罗斯对高铁的重视程度。随后成立了专门的高速铁路研发机构。在整个 20 世纪 90 年代，即使经济不景气，俄罗斯的高铁研发始终没有中断，到了 2001 年，俄罗斯自主研发的"猎眷号"电力动车组在圣彼得堡至莫斯科铁路上进行行车试验，跑出了时速 238 km 的成绩。然而，仅仅一年之后，"猎眷号"就被彻底抛弃，其中的原因是与动车组的可靠性有关。

后来，猎眷号的设计理念与西门子公司 Velaro 高铁列车相融合，诞生了新一代动车组"萨普桑号"，由德国门子公司负责生产供货。从 2009 年开始，"萨普桑号"动车组在圣彼得堡至莫斯科铁路上运营，一直延续到今天，该动车组技术和外观都与中国的 CRH-3 和 CRH380B 很像，最快速度超过250 km/h，平均用时 4h。除了圣彼得堡至莫斯科铁路之外，俄罗斯还开通了圣彼得堡至芬兰赫尔辛基以及圣彼得堡至下诺夫哥罗德的高铁线路，均为既有线，而非客运专线。俄罗斯一直在努力修建速度 300~350 km/h 的客运专线，但至今还没有落地实施。

### 4.4.5　英国的无心插柳

世界上公认的第一条公共运营铁路是斯托克顿—达林顿铁路，于 1825 年9 月 27 日在英国通车，由乔治·斯蒂芬森主持修建。当时他采用的是 4 英尺8.5 英寸（即 1 435 mm）的轨距，这个轨距被称为"斯蒂芬森轨距"，后来被用作国际标准轨距，因此他也被称为"世界铁路之父"。现代铁路起源于英国，其作为两次工业革命的崛起之地和最佳受益国，英国在整个铁路发展史上占据了不可取代的位置。

1. 英国高速铁路的发展

英国的铁路技术在百余年里称霸全球，并作为一种殖民文化利器向世界各地延伸，早期的英国铁路不但技术一流，还张扬着极力扩张的野心，19 世纪 30 前后进入欧洲其他各国，19 世纪 50 年代进入印度半岛，19 世纪 60 年代进入非洲大陆，19 世 70 年代进入日本列岛和中国长江三角洲，19 世纪 80年代进入越南和中国台湾。

然而，第二次世界大战之后，英国逐渐丧失了其铁路大国的地位，影响力不断下降。特别是在高速铁路研发群雄逐鹿的激烈竞争中一直处于下风。在走了很多弯路之后，终于柳暗花明，成功研发了一款能够商业运营的高速列车，不幸的是，这款颇有前途的动车组却被困在 201 km/h 而不能提速。就在日本、法国、德国、中国等国家大力开展高铁技术的研发之时，本来并不落后的英国高铁技术，却被别人越甩越远。

1967 年，英国启动了 APT-E 高速列车计划。这是一种迥然不同的高速列车，采用燃气轮机作为动力装置，最高时速 250 km；采用主动摆式架构，列车过弯时通过油压控制使车体倾斜，以提高过弯速度。APT-E 车体采用铝合金材料，以实现轻量化，而当时日本新干线的"0 系"列车，使用的还是笨重的碳钢材料。

急于实现运行时速 200 km 目标的英国人，决定在内燃机车的基础上，另行研发一种高速内燃机车——HST。1972 年，英国研制出 4 节编组的 APT-E 试验车，采用燃气轮机作为动力，并在 1975 年 8 月 10 日达到试验时速 245 km。与此同时，1974 年爆发第一次世界石油危机，APT-E 计划遭到沉重打击，英国决定放弃用燃气轮机牵引，改为电力牵引，新的高速列车被命名为 APT-P，如图 4.22 所示。

图 4.22　APT-P 示意图

1979 年，虽然 8 节编组（2 动 6 拖）的 APT-P 试验列车达到时速 257 km。但不幸的是，由于采用了众多不成熟的新技术，导致列车故障频发，原计划于 1980 年 5 月开通的商业运行，也因当年 4 月的脱轨事故而被迫延期。改为 1981 年 12 月开始运营，但即使经历了延期，各种故障还是不断。1982 年后，伤痕累累的 APT-P 几乎处于休息状态。到 1986 年，被 APT-P 折腾得身心俱疲的英国人，最终放弃了 APT 计划。

虽然 APT 的厄运不断，但原本没有重点培养的 HST 却取得巨大成功。1973 年 6 月 11 日，HST 样车以时速 230 km，创下了当时内燃机车的世界纪录。从 1976 年 10 月 4 日起，HST 的 IC125 型列车在英国东部开始了时速 200 km

的商业运行，每天开行车次从 40 对猛增至 80 对。IC125 为 9 节编组（2 动 7 拖）动力集中式列车，前后各配置一台牵引功率 1 680 kW 的内燃机车，中间为 7 节钢制车厢。后来法、德等国的动力集中式高速列车，也都采用了这一配置形式。

然而到了今天，英国的 Intercity 系列动车组依然没有突破 201 km/h，40 多年的时间，英国高铁技术就在原地踏步，而法国、日本和德国的高铁新技术花样繁新，层出不穷，高速动车组早已经突破了 500 km/h 的速度，并发展成了家族系列。难道英国本土之上就没有速度超过 200 km/h 的高铁列车吗？实际上有两个：一个是跨越欧洲多国的"欧洲之星"高铁列车，这是唯一一个为英国提供速度超过 255 km/h 客运服务的高铁列车；还有一个就是运营于英国东南高速铁路线上的动车组，这是英国唯一一家提供时速超过 200 km/h 客运服务的高铁动车组。也就是说，整个英国的高铁列车，大部分都在时速 200 km/h 及以下，只有两台动车组时速超过了 200 km，而时速超过 300 km 的客运服务只是奢望和纸上规划。

总结起来主要有两个原因：第一个原因是英国国家铁路部门长时间只重视机车和动车组的研发，而忽视了高铁线路的建设。而英国很多铁路历史非常悠久，路况条件很差，即使是速度 300 km/h 的高铁列车，在很多路段必须限速在 160 km/h 以下运行，高铁服务被大打折扣，造成资源的巨大浪费。迄今为止，英国政府还继续陷于无休止的争论之中，争论的核心就是到底是改造既有线路划算，还是新建客运专线经济。第二个原因就是信号设备技术落后，与动车组的高速度无法匹配，高铁行车运行存在巨大的安全隐患。比如在 19 世纪 80 年代中期，英国自主研发的 Intercity225 高铁列车就能在既有铁路上跑出 225 km/h 的高速度，但是采用的仍然是设置在地面的传统色灯信号机来显示信号，Intercity 225 列车即使跑出这么高的速度也被坚决叫停，被限速到了 200 km/h 以下。原因就是，一旦火车的速度超过了 160 km/h，普通的地面信号就失去了现实意义，因为司机根本来不及眺望，这给行车安全造成了隐患。此时，必须在司机室里安装手载信号设备，将原来显示在地面信号机的信号显示在司机室里。这样，安全性才能大大提高。

英国铁路因为线路陈旧，配套设备技术落后，使得先进的动车组无法跑出更高的速度，也无法提供更加优质的服务。英国政府尝试解决过这个问题，并在 2004 年制订了西海岸铁路主干线改造计划，提升线路等级和信号设施，使之能够满足高铁列车运营，但是因为预算不足，改造工程并没有多大进展。

但资金短缺并不影响英国宏伟的高铁规划蓝图的制订。英国高铁技术研发虽然力不从心，但是依旧雄心万丈，高铁规划蓝图已经铺画到了 2030 年，可高铁动车速度依然原地踏步。海峡隧道铁路连接线（CTRL）是英国近一个世纪以来修建的一条重要的新线，也是英国第一条高速铁路。它从伦敦中部通向英吉利海峡隧道，将英国铁路直接与欧洲高速铁路网相连，全长 109 km，最高运营时速 300 km，23% 的线路在隧道内，沿线设 11 个高速铁路新站。

实际上，英国的铁路网早在 100 多年前就已经修建得较为完善。2009 年英国铁路对重要既有线进行了升级改造，包括东海岸、西海岸干线的升级改造工程。东海岸干线连接伦敦和爱丁堡，长 632 km，其改造工程还涉及邻近的米德兰干线和国王十字车站。西海岸干线是英国重要的铁路线路，全长 880 km，连接伦敦与伯明翰、曼彻斯特、利物浦、格拉斯哥等人口密集城市，承担了 40% 以上的全国铁路货运量。西海岸干线改造工程对整个线路进行了彻底改造，包括线路、桥梁、牵引供电系统、信号设备等。工程完工后可运行最高速度 200 ~ 250 km/h 的摆式列车。工程分为两个阶段，第一阶段于 2004 年 9 月完成并通车，第二阶段于 2008 年年底完成，于 2009 年 1 月投入使用。

2. 高铁建设

2009 年，英国开始规划建设高速铁路 2 号线（HS2），并于 2009 年 1 月成立有限公司，公司由运输部直接领导，负责对 2 号线进行可行性研究。规划的 2 号线从伦敦到伯明翰，然后分别通往曼彻斯特和利兹，形成 "Y 形" 高速铁路网，全长约 540 km，计划总投资 327 亿英镑，分两阶段开展建设。第一阶段的线路从伦敦到伯明翰，全长约 190 km；第二阶段的线路从伯明翰向北继续延伸到曼彻斯特和利兹。

在 "吵了 7 年架" 之后，英国议会在 2017 年批准了一条 550 km 的高铁（HS2 工程），总预算近 560 亿英镑（约 4 900 亿人民币），计划花 20 年修好，每年修建里程不到 10 km，但预算赶不上变化，专家评估，整个工程下来，平均每千米将耗资近 3 亿英镑，相当于 1 每平米 25 亿人民币，这么高的造价，这么宽松的工期，开工 17 个月以来，就拆了一个废弃多年的站台。

目前，英国国内铁路客运市场由 24 家客运公司分享。各公司通过招标获取线路特许经营权，部分线路由 2 家以上的客运公司运营，即只要经过铁路监管办公室和铁路公司同意，客运公司可以在其他运输公司特许经营的线路上运营。近 10 年来，受原价格上涨、国家对生态环境保护要求更加严格及其他许多因素影响，公路运输快速增长的势头有所缓解。多家英国铁路公司正在实施新的战略规划，力图在激烈的市场竞争中继续保持和扩大自己的竞争优势。

2020 年 2 月，连接伦敦和英国中北部地区的高铁 2 号线（HS2）项目将重新启动。值得注意的是，这条线路虽然叫英国高铁 2 号线，但却是英国境内第一条连接主要大城市的高铁线路。目前英国境内唯一一条高铁线是连接伦敦和巴黎的"欧洲之星",即所谓的英国高铁1号线,由英法两国共同建设,当前英国各大城市之间并无高铁连接。英国高铁2号线(HS2)总长531 km,共包括三部分,分别是伦敦—伯明翰段、伯明翰—曼彻斯特段、伯明翰—利兹段。如图4.23所示。

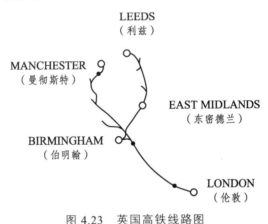

图 4.23 英国高铁线路图

最新的预算建造成本为1 060亿英镑,约9 540亿人民币,每千米建造成本高达2亿英镑。从时间上看,连接伦敦和伯明翰的第一阶段将于2033年通车,整条线路预计于2040年通车。英国高铁设计时速为250英里/小时(约为402.3 km/h),预计建成后平均每天载客量为30万人。HS2建成后,从伦敦到伯明翰的乘车时间将从目前的82 min减至45 min,而伦敦至曼城的乘车时间也将缩短至1 h。

2019年7月经过重新复查后,高铁2号线的建造成本竟从最初的560亿英镑,大幅度增加至最新的1 060亿英镑。首期工程将于2020年4月正式动工,主要开建伦敦至伯明翰总长约160 km的第一阶段,并争取将其在2033年之前建成。而连接伯明翰、曼彻斯特和利兹的高铁第二阶段将被纳入北部复兴计划成为其一部分。兴建高铁将为英国所有地区带来繁荣。另外,英国政府鼓励中国公司参与英国高铁2号线的建设。

### 4.4.6 欧洲之星

"欧洲之星"(Eurostar)是一条连接英国伦敦圣潘克拉斯车站(于2007年11月14日改为此名)与法国巴黎(北站)、里尔以及比利时布鲁塞尔(南站)的高速铁线路。这种列车离开伦敦之后便跨越英吉利海峡进入法国,在比、法境内的"欧洲之星"列车与法国TGV和Thalys使用相同的轨道。"欧洲之星"高速列车是欧洲首列国际列车，它穿越英吉利海底隧道（英吉利海底隧道从 1987 年 7 月动工，历经 7 年的时间在 1994 年 5 月正式通车），并把伦敦、巴黎和布鲁塞尔 3 个首都连接起来，是世界上最先进的国际高速铁路客运专用列车，其运营速度为 300 km/h，每天有 9 ~ 15 班往返于伦敦和巴黎及伦敦和布鲁塞尔，平时为每小时一班，高峰时间为半小时一班，采取全年运营（圣诞节除外）的方式。2007 年，伦敦新火车站启用后，从伦敦到巴黎以及到布鲁塞尔的耗时分别减至 2 h 15 min 和 1 h 51 min，同年"欧洲之星"载客量首次突破 800 万人次大关。"欧洲之星"这项 20 世纪人类在欧洲所进行的伟大工程，是由法国铁路、比利时铁路和英国国家铁路三家公司共同进行的。它于 1994 年 11 月通车运营，2004 年"欧洲之星"高速列车在伦敦至巴黎的线路上占有 68% 的市场份额，在伦敦至布鲁塞尔的线路上则有 63% 的市场占有率，时至今日其市场份额已高达 9 成。

"欧洲之星"紧密衔接着英国和欧洲大陆法国、德国、比利时等国，拥有总长超过 24 万千米的密集高速铁路网线，能够快速便捷地将乘客输送至欧洲各主要城市。"欧洲之星"横贯欧陆，珠连城市，以强大的运力满足着欧洲运输的需求。它每一列车的载客量可以达到 2 架大型波音客机的载客量。它由 20 节车厢组成，全长 400 m，是目前最长的高速列车编组。其中载人部分为 18 节，共设有 766 席座位，并能根据乘客不同的需求提供给其不同等级的车厢，包括豪华舱 1 节、一等舱 5 节、二等舱 10 节以及 2 节餐车，各舱提供不同的特殊服务，其组成颇像法国的 TGV 高速列车。如图 4.24 所示。

图 4.24 英法隧道连接铁路

TGV 家族的"欧洲之星"来源于 TGV3 型列车，于 1994 年投入运营，穿梭于欧洲的英国、法国和比利时的高铁网中，除了出众的大运能之外，"欧洲之星"还拥有诸多独树一帜的特征。它的鼻状车头是根据海底隧道的空气动力特性设计的，它能在 7 种不同的铁道系统下正常行驶，以便适应不同国家的铁路标准；为满足不同国家的不同路况，且又要适应各种电力状况，"欧洲之星"采用了独一无二的从地面接收电力能量的设计，而且每一列车顶部有两个受电弓，一个是为法国 25 kV 的交流电准备的，另一个是为比利时的 3 kV

直流电准备的。其路轨采用了一种名为松尼维尔的系统，通过在连续焊接的铁轨下面设弹性减振装置，保证列车行驶的安全可靠和平稳舒适。乘坐"欧洲之星"可预定车票，车票依时间、舱位、团购人数等不同有不同折扣的优惠，可以提前 9 个月预订。乘坐"欧洲之星"列车需要检查旅行证件，其站台与车站其他站台用玻璃墙隔开。

如今，尽管受到越来越多乘客的青睐，"欧洲之星"仍在不断改善和提高服务品质。2001 年之后"欧洲之星"列车和沿线所有车站都禁止吸烟。为了进一步吸引旅客，将商务旅客的检票时间减少至 15 min；正点率也逐渐提高，2007 年达到了 91.5%，而同期同样路线的航班正点率仅为 68.8%；改进了膳食和建设了网上订票系统，全线建设了无线局域网；聘请设计师重新设计列车内部和商务车厢，在宣扬多元文化的同时，侧重表达其舒适性、现代感及高品质服务治理和简化管理结构，组建单一公司进行运营管理，缩减综合成本。"欧洲之星"在给各国乘客提供更多出行选择的同时，也营造了一种特别的旅行体验和感受，代表了欧洲可持续发展的舒适旅行的未来趋势。"欧洲之星"列车从首都伦敦圣潘克拉斯国际车站发车，驶向英国东南小镇多佛，再从那里进入海底隧道，穿越英吉利海峡，驶往法国、欧洲大陆……

"欧洲之星"为乘客带来了更加快速、便捷、舒适的出行服务，越来越多的游客能够享受到欧洲最具代表性的首都城市之间的高速铁路旅行。2018 年11 月，"欧洲之星"列车成立 25 周年，该公司估计自 1994 年开始服务以来，已经载客超过 1.9 亿人。过去的 25 年，"欧洲之星"在高铁运输方面处于领先地位，巩固了英国与欧洲大陆之间的联系。"欧洲之星"列车在伦敦和阿姆斯特丹之间推出的新服务受到普遍欢迎，客户对国际高速铁路旅行的兴趣日益增长，将有可能成为航空旅行的可持续替代品。

### 4.4.7　欧洲铁路

#### 1. 欧洲铁路联盟

交通运输是欧盟的血脉，如果血脉不畅通，欧盟的经济活力将减弱。为了适应欧洲社会发展和满足人们生活水平提高的需要，欧洲在旅客运输方面重点关注安全、快速、经济、舒适等方面。1981 年 12 月，欧洲议会运输委员会首次提出建设一个欧洲一体化的高速铁路运输网的想法。1986 年 4 月欧洲运输部长会议举行了欧洲铁路网高速运输研讨会，重点讨论了高速铁路的技术特征、各欧洲国家部分高速线路联合建设形成高速铁路网的可能性、各国铁路大件联合运行方式等问题，于 1989 年初提出了建设一个统一欧洲的高速铁路网，目标是新建或修建 1.9 万千米，时速超过 250 km/h 的高速铁路网，以及 1.1 万千米的交通线和支线，旨在将欧洲所有主要城市连接起来。众所周知，欧盟目前共有 28 个成员国，其中法国、德国、意大利、西班牙、比利时、荷兰、瑞典、奥地利、瑞士等大部分国家都已拥有高铁，欧盟高铁运营里程位居世界第二，仅次于亚洲。

　　到了 20 世纪 90 年代，法国、德国、意大利、西班牙、比利时、荷兰、瑞典等欧盟中大部分发达国家，为提高国家内部企业的效益，满足国家能源、环境、交通政策的需要，大规模修建该国或跨国界高速铁路，高速铁路规模日渐扩大，逐步形成了欧盟高速铁路网络。欧盟高铁开始发展壮大。1996 年，欧盟各国的国有铁路公司经联合协商后确定采用法国技术作为全欧高速列车的技术标准。因此 TGV 技术被出口至韩国、西班牙和澳大利亚等国，是被运用最广泛的高速轮轨技术。法国 TGV 高速铁路运营取得的成功大力推动了沿线地区经济的均衡发展，促进了房地产、工业机械、钢铁等相关产业的发展，欧洲铁路市场份额大幅度回升，企业经济效益明显好转。

　　欧盟将在 2030 年前完成欧洲核心交通运输网，包括 86 个连接铁路与公路的主要港、37 个有铁路通向城市中心的机场、1.5 万千米高速铁路（主要是对既有铁路线的升级改造）、35 个降低运输瓶颈的跨境项目等。欧盟建设高速铁路网的目标，为到 2030 年高铁线路总长达 3 万千米，按照欧盟现有经验，高铁线路从规划、建设到运营大约需要 16 年时间，而截至 2017 年年底，欧盟只有 9 000 km 的高铁线路在运营，1 700 km 的线路尚在建设中，目前看来 3 万千米的目标已经很难实现。

　　欧盟高铁虽然拥有悠久的历史和成熟的经验，但却因为多方面因素，导致其发展受阻。高铁被认为是实现欧洲共同运输政策的核心内容，自 2000 年以来，欧盟提供了约 237 亿欧元的融资额度，用以支持跨国高速铁路网建设。但是真正的一体化运输网络的发展较为缓慢，并且取决于各成员国各自的决定。虽然跨欧洲交通网络（TENs）的概念已经形成，但问题是欧盟虽然可以在整个欧洲交通整体战略的背景下定义统一的标准和政策，但执行的责任却仍取决于各会员国。欧盟委员会既没有法律工具，亦无实际行政权力敦促各国完成相关建设项目。欧盟对欧洲交通网络建设的资助在很大程度上局限于研究而并非是建设。然而，国家的优先发展策略以及对新投资资助的限制才真正决定了欧洲交通网络的实际发展。导致其高铁建设面临诸多问题。如，欧洲高铁网络是由各国线路拼凑而成的，欧洲高铁网络面临兼容性问题，各欧盟成员国之间亦缺乏有效协调以及良好的跨境协作，导致全欧境内的铁路网络如同"大杂烩"，无法保证连接的顺畅。

2. 欧洲铁路评估

2018 年 6 月，欧洲审计院（ECA）发布了一份关于欧盟高速铁路的报告，该报告将 10 000 km 的欧洲高速铁路网络描述为"没有适当跨境协调的国家线路的无效拼凑"。通过分析约占 50% 的欧洲高速铁路线路的预算支出，并考察了法国、西班牙、意大利、德国、葡萄牙和奥地利六个国家的高速铁路网，得出了对欧洲高速铁路网的负面评价。

通常情况下，高速铁路可以与航空在速度上竞争，而实际上从市中心到市中心的距离来说，高速铁路还要快得多。此外，整个欧盟能够通过它来拉近人与人之间的距离，促进欧洲一体化。但是目前欧盟高速铁路并非兼具成本效益和有效性，欧洲审计院审查了 6 个成员国的实际情况，这些成员国自 2000 年以来投入高速线路上的资金占欧盟所有投入资金的 80% 以上。总体而言，评估了 10 条国内高速铁路线路和 4 条跨境连接线路，覆盖了约 5 000 km 的高速线路，占欧盟现有高铁网络的一半，其中 7 条线在审计时已经投入使用，并且还分析了价值超过 60 亿欧元的欧盟共同融资的 30 个项目，包括规划中的慕尼黑—维罗纳高速铁路上的布伦纳基地隧道，该隧道通过奥地利将德国与意大利连接起来。

欧洲审计院发现欧洲高速铁路只有单一的电子票务解决方案，几乎没有用于组合空中/高速铁路旅行的搜索引擎，其高铁运行速度远低于设计速度，在所检查的 10 条线路中，只有 2 条在平均速度超过 200 km/h 的情况下运行，欧洲审计院得出结论，欧洲还没有形成有效的高速铁路网络。在目前的状态下，欧洲高铁是无效的、错综复杂的、由国家线路拼凑而成的。并且，审计院发现欧盟目前还没有长期的计划来连接欧盟现有的铁路网络，建设跨越国境线的高速铁路并不是国家政府的优先事项，而欧盟委员会无权强迫国家来修建跨国连接线，因此这意味着欧盟共同融资所产生的实际效果很低。根据调查结果，欧洲审计院向欧盟委员会提出了一些建议，包括：进行切合实际的长期规划；根据对高速线路需求的评估以及密切监控和可执行的权力，同意会员国首先实施哪些关键战略部分；简化跨境招标程序，为各种手续使用"一站式服务"，解除所有剩余的行政和监管障碍，实现互操作性；通过电子票务和降低费用，改善乘客的高铁出行环境。

3. 欧洲高铁规划

高铁之所以备受青睐，并得以大力发展，主要是高铁在安全、高速、节能、环保等诸多方面具有无与伦比的优越性。高铁时代的来临，不仅彻底改变了人们的时空观念，而且在面临能源紧缺和环境恶化的今天，高速铁路还承载着绿色交通新使命。高铁的建设对于欧盟国家联合交通的发展，起着至关重要的作用，相信欧盟会及时调整发展思路，针对高速铁路建设项目作出"符合实际的长期规划"，考察欧盟各成员国铁路发展的实际情况及实际需求，结合实际情况，制定有效的可实施的铁路规划，并按照规划目标，逐步推动建设，按部就班地督促成员国完成规划铁路的建设，协调各成员国之间的铁路衔接，克服高铁发展中所遇到的瓶颈，助力推动世界高速铁路的快速发展。

2020 年 7 月 16 日，法国媒体公布了一项令人震惊的规划：为提振新冠疫情后受到严重冲击的地区经济，欧盟委员会将制定一项 2 万亿欧元的复苏计划。除全面整合欧洲卫生系统外，还有一项颇为引人注目的计划方案，就是将在未来 10 年间投资 1.1 万亿欧元，新建近 2 万千米的高铁网，通联欧盟各国首都，提振经济的同时加强欧盟内各国的联系和凝聚力，以实现欧洲的统一和复兴。这一超级规划堪比中国于 2008 年时提出的"四万亿"基础设施投资计划，也将成为继中国"四纵四横""八纵八横"高速铁路网规划后，世界范围内最大规模的高速铁路规划。

这项宏伟计划的核心是新建一个总里程 18 250 km 的高速铁路网，将欧盟内现有的高速铁路里程提升将近两倍。利用这个新建路网开行 250~350 km/h 的高速列车通达各国首都。如此项计划能顺利实施，届时柏林到巴黎的旅行时间将由现在的 8 h 缩短到 4 h。该计划中构想的铁路网，其主体框架为 4 个通道，如图 4.25 所示。

（1）巴黎到都柏林。

通道起自法国巴黎，到布列斯特（Brest），乘坐布列斯特—科克（Brest-Cork）轮渡，然后从科克（Cork）到德国首都柏林。

（2）里斯本到赫尔辛基。

通道起自葡萄牙里斯本，穿过西班牙和法国，经巴黎再到比利时和荷兰，在德国分叉，北线途经德国汉堡、丹麦、瑞典，终到芬兰首都赫尔辛基。南线经德国柏林、波兰华沙和波罗的海三国，于北线与赫尔辛基汇合，沿南北两岸环绕波罗的海。

（3）布鲁塞尔到瓦莱塔。

通道起自比利时布鲁塞尔，一路南下贯通比利时、德国、奥地利和意大利，乘渡轮后到达马耳他首都瓦莱塔。

（4）柏林到尼科西亚。

通道起自德国柏林，经捷克和奥地利之后，南下巴尔干半岛，最终在希腊利用渡轮抵达塞浦路斯。其中在维也纳和索非亚之间建设铁路环线，串联巴尔干诸国首都。按照计划，这个高速铁路网除了连接欧盟所有国家的首都，更重要的一项功能就是把欧洲许多经济增长强劲的地区和欠发达地区连接起来。

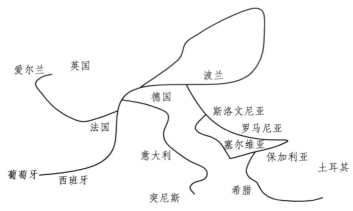

图 4.25　欧洲高铁规划图

如此庞大的项目自然是耗资不菲，根据测算，完成这个路网规划大约需要花费 1.1 万亿欧元（约合 8 万亿人民币）。但让人惊讶的是，这项计划预期的时间仅需要短短 10~20 年。而根据整个欧盟现有的经济体量来计算，该项计划约占到 2019 年 GDP 总量的 7.5%。不得不说，这项通过基础设施投资拉动经济增长的方案，对于崇尚自由经济的西方国家来说确实极为出人意料。但深入分析，无论从政治、经济、环保和产业等多方面来看其都极具合理性，整个计划的目的性在经济提振、政治统一、绿色环保等方面表现得十分清晰和明显。

4. 保障措施

作为铁路的诞生之地，欧洲早在第二次世界大战前就建设了联通各国、规模庞大的铁路网。然而，由于历史和发展原因，特别是欧洲国家各自为政的政治基础，各个欧洲国家在轨距、供电和信号系统方面都存在标准不统一、互联互通不便利的问题。进入高铁时代后，欧洲地区（除俄罗斯外）决定统一采用 1 435 mm 轨距建设高速铁路，通过多电压制列车实现不同供电线路间的互联互通。近年来欧洲继续全面推进欧洲铁路运输管理系统（ERTMS），实现通道干线信号系统的统一，为高铁时代的互联互通打下基础。法国、德国两大欧洲核心（铁路）强国，在实现装备和技术全面输出的同时，也早早通过跨国高速列车甚至跨国高速铁路建设，将周边国家纳入各自 TGV 和 ICE 高铁服务范围。泛欧高铁网事实上已初具雏形。

2020 年 12 月 9 日，欧盟委员会公布《可持续与智能交通战略》，旨在切实推进绿色与智能交通建设，助推欧洲经济绿色增长，并为欧盟交通业走出新冠疫情的危机规划路线。欧盟提出增加长途和跨境铁路客运服务供给的行动计划，力争到 2030 年将高铁运量增加一倍，到 2050 年将高铁运量增加两倍。欧盟还将继续优先推动欧洲铁路运输管理系统（ERTMS）的应用，致力于促进列车自动化系统的升级，在整个欧洲大陆实现列车的无缝运行。

## 4.5　美国高速铁路的态势

### 4.5.1　早期的高铁研究

日本新干线开通形成的冲击波，影响到的远不止英、法、德三国，美国、苏联、意大利等国选择了截然不同的技术路径，也想在高速铁路领域一展身手。

美国早在 1934 年，美国先锋者和风号达到极速 181 km/h，从丹佛到芝加哥（1 633 km）仅耗时 13.5 h。20 世纪 60 年代的美国，铁路运输正在受到高速公路和民用航空的冲击，为了应对汽车、飞机的竞争，美国铁路展开了"高速铁路"计划。1966 年，美国纽约中央铁路公司与通用电气公司合作，在 Budd 公司制造的 RDC-3 柴油机车基础上，研制出世界第一台喷气式列车，并命名为 M-497，绰号"黑甲虫"，最高时速达到 296 km/h。该项目由 Don Wetzel 科研小组负责，他们将 RDC-3 柴油机车的车头改造为倾斜式流线型面罩，在前部车顶并排安装两台 GE 研制的 J-47-19 涡轮喷气发动机。1966 年夏天，M-497 在印第安纳州 Butler 至俄亥俄州 Stryker 的笔直铁轨上试跑，创造了时速 295.54 km 的纪录，并一直保持至今，仍是美国铁路最高时速纪录。虽然 M-497 在当时引起轰动，但是要在复杂的普速铁路上运行喷气式列车，毕竟不太现实，而且涡喷发动机的燃油消耗过高，不具有经济性，最后该计划被完全取消。

美国第一条铁路诞生于 1830 年，美国铁路总里程最高峰时为 41 万千米。1916 年后进入拆铁路阶段，目前仅保留 23 万千米，但仍遥居世界各国铁路网规模第一。美国铁路里程中，有 22 万多千米属于货运公司，货运依然主要依靠铁路来完成，大宗的货运运输水平依然非常强悍，这也符合经济原理下降本增效的价值导向。客运公司只拥有 1 000 多千米运输里程，主要集中在美国东北部波士顿、纽约、华盛顿一带和密歇根州部分地区，但营业里程达 30 000 多千米，主要靠租用货运铁路公司和通勤铁路公司的线路。美国铁路客运由国家铁路客运公司（Amtrak）负责运营，服务范围覆盖美国 46 个州、哥伦比亚特区和加拿大的 3 个省，500 多个车站，年客运量接近 3 000 万人次。铁路客运占运输市场份额 0.1%，远远落后于其他运输方式，其中公路约为 87%、航空约 12%、轨道交通约为 1%，可见，美国的铁路时代已被汽车和飞机取代。

与铁路系统停滞的发展状况不同，美国拥有世界上最为发达的航空运输业和高速公路运输业，城间的飞机互通十分便利，乘飞机出行是美国人的首选，而且美国的机票比较便宜。美国的交通方式中，私家车出行几乎是和飞机出行"平分天下"的，约有四成美国人喜欢坐飞机出行，约 56% 的美国人偏爱私家车出行，仅有不足 1% 的人选择铁路列车出行。

美国铁路协会（AAR）从 20 世纪 50 年代开始就酿造建设试验场，为高速铁路试验研究用。当时就发现运的出路只能是重回铁路。但是，现有的铁路不行列车和线路都要重建。当时提出的高速铁路理念如下：速度要提高，应在 280 km/h 以上；动力要分散，不能只集中在机车上；轨道要精准，宜采用整体道床；高铁要成网，不能高速重载混合跑。

### 4.5.2　美国为什么不发展高铁

虽然美国有高速列车"阿西乐特快"，但其最高时速仅 240 km，平均时速 110 km。此外，美国铁路的准点率最高仅到 75%，导致多数美国人不考虑乘当地火车出行。2018 年 1 月，美国佛罗里达州正式开通从迈阿密到兰德戴尔堡的光明号高铁；2019 年 5 月，兰德堡到西棕榈滩的延伸线开通。而到达奥兰多的延伸线目前正在建设中，预计将于 2021 年通车，线路总长 390 km，列车最高运行速度为 201 km/h。阿尔斯通（Avelia Liberty）为美国研制动力集中型高速列车，由两辆紧凑型动力车和 9 辆铰接式客车（非动力车）组成，还可根据需求再增加 3 辆。该列车集成了 Tiltronix 预期倾斜技术及碰撞能量管理系统，理论设计速度为 300 km/h，初期运营速度为 255 km/h，预计最快于 2021 年投入运用，如图 4.26 所示。

图 4.26　阿尔斯通为美铁打造的动力集中型摆式高速列车开始初步成形

　　至今美国还没有发展起高铁，以美国的科学技术，美国是完全可以研发高铁的。自 20 世纪 60 年代日本开建新干线开始，美国就不时传出要铺设高铁线路的消息，但最终都不了了之。尽管在 2011 年，当时的美国总统奥巴马明确提出美国的"高铁梦"："在未来 25 年里，我们要让 80% 的美国人坐上高铁。"尽管很多到欧洲、中国和日本旅游回来的美国人都要称赞这些国家高铁的快速和便捷，但几乎很少有人对美国建设高铁持乐观态度。很多人觉得美国国情与高铁网络不兼容。

　　人口密度难以同其他发达国家相比，是美国建设高铁网络的重要障碍。与欧洲、中国、日本密集人口带来的大城市群不同，美国只在西海岸的加州、北部五大湖区的芝加哥、东北部的华盛顿—纽约—波士顿、东南部的佛罗里达和南部的得克萨斯有一些人口相对密集的大城市群，其余 2 亿多人分散着住在美国广袤的国土上。因此，即使美国建成高铁网，利用率也难以像欧洲国家、中国、日本那样高。

　　制约美国推广高铁建设的另一个障碍为：征地价格高昂、法律程序繁琐。现行的高铁技术要求高铁线路比较直，这意味着要征收高铁沿线大量土地，这在美国是政府难以承受的谈判过程。相关区域土地的主人会提出千奇百怪的要求和价格预期，持续的诉讼和谈判、无尽的游说和附带交易，会使征收土地成为一个漫长的煎熬。加利福尼亚州那条缩水严重的高铁线路就是典型案例。

　　与其他国家不同的是，美国的党派之争对高铁建设也造成了困扰。民主党的奥巴马政府提出建设世界级高铁网，这主要有利于居住在城市的居民，一般认为这些城市居民主要把选票投给民主党，共和党政府往往不大情愿增加开支为对手的选民造福。因此，无论是联邦政府层面还是州一级政府，当民主党执政批准建设高铁计划后，共和党上台往往将上任政府的高铁计划搁置一边，或者把资金挪为他用。比如，2010 年 11 月份，新当选的威斯康星州州长斯科特·沃克就呼吁将用于麦迪逊至密尔沃基线路的 8.1 亿美元专款用于改善该州的公路。当他得知目标无法实现时，便拒绝了这笔专款，于是该州高铁计划被搁置了。

　　令人难以置信的是，文化因素可能也是制约美国高铁发展的因素。美国被称作"汽车轮子上的国家"，高速公路遍布全国。一些美国人将这一基础设施催生出来的汽车文化与美国推崇的个人主义相捆绑，他们认为汽车文化意味着自由，是个人主义的标志，铁路文化意味着恪守统一规定，是集体主义的象征，为了"捍卫"美国文化，要推崇汽车文化，抵制高速铁路。

　　有研究指出，如果建设高速公路，美国政府花在每位驾驶人身上的开支大约在 1 美分和 4 美分之间；如果建设常规铁路，美国政府则要在每位火车乘客身上投入 13 美分。美国现有铁路确实不赚钱，即使是利用率最高的华盛顿—纽约—波士顿线路，车票票款收入占运营开支的比例也仅仅在 60%左右。在佛罗里达中部，这一比例仅为 6%。相比之下，高铁的投入产出比更是不可想象。一些专家认为，修建高铁太过昂贵，不如拿这些拨款去修复常规铁路，一些共和党执政的州政府实践了这一主张，效果不错。如此一来，当地民众距离实现"高铁梦"自然越来越远。

因此，美国并非是不能修建高铁，而是各种原因导致他们很难修建高铁，对他们来说，为高铁费太多的功夫实在是不值的。综合上述因素，美国的国情不适合建设高铁，美国人对于建设高铁也提不起浓厚的兴趣，这也就是为什么美国的"高铁计划"被提出了 30 多年仍未有定论的原因。

## 4.6 亚洲其他国家和地区高铁

### 4.6.1 韩国高铁

#### 1. 韩国修建高速铁路的原因

世界各国修建首条高速铁路的初衷都是如出一辙的：日本是因为东海道交通大通道拥挤严重，既有线运能饱和；法国是因为巴黎到里昂之间交通运输遭遇了瓶颈；德国是为了改善交通拥挤，促进经济发展而启动高铁研发修建计划；中国修建高铁完全是为了提升整个国家的铁路运输能力；而韩国将高铁建设提到日程的主要原因是首尔至釜山这条黄金运输大通道遭遇了巨大的运能障碍。韩国高铁发展的过程是从模仿走向自力更生的过程。

高速铁路是一项系统工程，汇集了各种高新技术，世界上除了日、法、德、意等少数国家是自主研制开发自己的高速列车外，多数国家是从它们那里引进技术，通过联合设计、合作生产、消化吸收所引进的技术，达到国产化的目标，从而能在较短的时间内迅速掌握高速列车领域的世界先进技术。韩国的技术引进工作是比较成功的，在短短几年间已从一个铁路工业及技术平平的国家，变成即将掌握世界最先进高速列车技术的国家。

韩国的经济发展是在 1960—1990 年，经济的高速增长带来了商业的繁荣和人口的大规模流动，同时私家车保有量也迅猛增长，年增长率达 17%，给交通带来巨大压力。根据 1995 的统计资料，在首尔至釜山的条形地带，分布着韩国 73%的人口，这个通道承担着韩国 70%的货物运输和 66%的旅客运输，既有的京釜高速公路和韩国铁道公社下辖的既有京釜铁路已经遭遇了运输瓶颈，勉强支持到 1990 年，终于逼着韩国政府寻求更好的交通运输方式来解决这个难题。其实，首尔至釜山大通道的交通拥挤在 1970 年就开始显露苗头，修建第二条京釜铁路以缓解交通压力成了政府必须考虑的问题。1972—1974年，韩国政府委托法国铁路局和日本铁路技术服务中心的专家对新建京釜铁路做了可行性研究。1978—1981 年，韩国科学技术研究院经过深入研究之后认为，将京釜运输通道的客货运分开，单独修建一条高速铁路更合适。

2. 韩国建设高铁的过程

京釜高速铁路预计全长在 408.5 km 左右，按照 1988 年的市场价格进行测算，这条高铁线路投资为 5.846 2 万亿韩元，其中 4.8 万亿韩元用于高速铁路土建工程本身的建设，其余款项用来购买动车组。

1989 年，为开始实施高速铁路修建计划，韩国政府成立了"京釜高速电气化铁路与新国际机场委员会"和"高速电气化铁路计划部"，之后后者改名为"高速铁路项目计划董事会"。1990 年，经过研究，首尔至釜山的预计高铁旅行时间从 1.5 h 调整为 1 h 51 min，比第一次测算趋于保守。

1991 年 8 月 26 日，韩国政府就京釜高铁引进哪个国家的核心技术进行了国际公开招标，这些技术包括动车组、接触网和通信信号技术等。参加投标的有国外三家企业，分别是法国阿尔斯通公司（Alsthom）、德国西门子公司（Siemens）、日本三菱公司（Mitsubishi），这三家公司都是当时世界高铁领域的巨头。经过五轮评审之后，法国和德国两家企业最后提交了标书。

1992 年 3 月份，高铁计划取得进展，韩国成立了"高铁建设管理局"（KHSRCA），作为一个独立的法人单位负责项目的实施。

1993 年 8 月 20 日，韩国高铁建设管理局宣布由法国阿尔斯通牵头的联合体中标，并于 1994 年 6 月 14 日签订了合同。这个联合体除了法国阿尔斯通公司之外，还包括其在韩国的附属子公司 Eukorail。也是在 1993 年，京釜高速铁路项目重新得以评估，建成通车日期确定为 2002 年 3 月份，而投资预算也从 1988 年的 5.85 万亿韩元暴增到 10.74 万亿韩元，是最初投资预算的 1.84 倍。在这些资金中，政府直接拨款占 35%，政府贷款占 10%，外国贷款占 18%，国内债券销售占 31%，私人资本占 6%。那么为何投资增加了这么多呢？有以下两方面的原因：第一是人工成本和原材料成本相比 5 年前增加显著；第二个原因是线路走向方案发生变化，线路延长，车站增多，造成投资增加。实际上，10.74 万亿韩元的投资还是过于乐观，当该项目到了建设后期，总投资已经飙升到 18.425 8 万亿韩元。到了 2010 年 10 月份，经过测算之后，京釜高铁总投资又达到了惊人的 20.728 2 万亿韩元，已经是最初投资的 3.5 倍。

作为一个投资巨大的公共交通项目，韩国政府对该铁路的建设模式和融资渠道的选择慎之又慎，首先明确社绝采用私人企业承包的"BOT"模式，也就是国际上通用的"建设、运营、交付"模式（Build-Operate-Transfer），确定完全由政府主导，牢牢把控建设权和运营权。为合理利用资金，将机车车辆、架空输电网、列车控制系统等的核心工程交由海外承包商负责，而电力供应、轨道和信息系统等非核心工程由国内承包商负责。

京釜高速铁路最初的设计标准如下：时速 350 km，采用标准轨距、新建双线、有砟轨道，铺设无缝线路和混凝土宽枕，采用可动心道岔，提高火车侧向通过速度，采用 25kV/60Hz 标准的牵引供电系统，采用法国标准的自动车载信号和列车集中控制系统。当然，随着 1997 年亚洲金融危机的爆发，建设资金紧张，上述铁路标准最终都打了折扣。

韩国第一条高铁在 1994 年才正式招标完毕，确定引进法国 TGV 技术，实际上这条铁路的开工日期比招标完毕的日期还要早 2 年时间。1992 年 6 月 30 日，韩国高铁建设管理局首先在天安市和大田市之间修建了 57 km 的试验线，标志着京釜高速铁路正式进入了施工建设阶段。

从 1992 年到 1996 年，京釜高铁的设计施工进展并不是很顺利，不但线路的技术标准经常变化，高铁线位也因为外部环境的影响而不断调整。1996 年，为了严格监管和控制质量，韩国高铁建设方委托第三方独立调查机构对已经施工完毕的高铁段落展开质量大检查，发现需要整改的地方一共 190 处，质量存在重大安全隐患的 39 处，质量问题段被要求返工重建。

受 1997 年亚洲金融危机的影响，京釜高铁的建设在资金方面受到了冲击，韩国政府铁路分成两期建设，第一期工程从首尔至大邱，长 281.6 km，新建客运专线双线，投资 12.737 7 万亿韩元，其中国外贷款占比 24%，国内发行债券占比 9%，私人资本占比 2%。本段线路在 2004 年 4 月 1 日开通运营，建设时间长达 12 年，一路坎坷，非常不容易。2004 年，韩国首条高铁线路京釜高速线正式通车，使韩国成为继日本、法国、德国、瑞典和西班牙之后世界上第 6 个拥有高速铁路的国家。高铁运营几年之后，在首尔和釜山运输走廊，铁路运输市场份额就从 2003 年占比 38% 增长到 2005 年的 61%。以前占据绝对优势的航空随之节节败退，市场占有量从 42.2% 暴跌到 25%。与航空相比，公路运输遭受冲击不大，市场份额只是从之前的 20% 下降到 14%。2006 年，首尔至大邱的航空日均客流量从京釜高铁开通之前的 4 000 人下降到 220 人；首尔至釜山的航空线路则从 14 300 人锐减到 7 360 人。从各国的高铁发展史来看，不同的交通方式之间不可避免地存在利益之争，如果不加控制，则很快就会从最初的利益之争发展到后面的恶性竞争，对整个运输市场都是不利的。因此，高铁与航空发展到最后，都应该变成相辅相成的共营模式，取长补短，共谋市场。

高铁给乘客们带来的最直接的好处就是缩短了旅行时间。对于首尔至釜山高速铁路而言，最初预期的旅行时间是 1 h 30 min，后来调整为 1 h 51 min，而首尔至釜山高铁在 2010 年全部投入运营之后，旅行时间最终为 1 h 56 min。韩国高铁列车正点率由 2003 年的 97.8%上升到 2006 年的 99%。韩国的高铁运营管理部门则再次给出了承诺，如果高铁列车晚点一个小时以上，公司会退还 100%的票款。

而从大邱至釜山，高铁列车暂时利用既有线运行。京釜高铁第二期工程从大邱至釜山，线路长 130.4 km，新建客专双线，于 2002 年开工建设，投资 5.698 1 万亿韩元，资金组成比例与第一期工程相同。到了 2006 年，由于本段线路方案有了很大调整，投资从 5.698 1 万亿韩元增加到 7.190 0 万亿韩元，经过一段颇不平静的建设过程，该段高铁在 2010 年 11 月 1 日开通运营。

京釜高铁是韩国最重要的一条铁路大干线，除此之外，韩国还在修建了高乘湖南线（Honam HSR）和高铁水西线（Suseo HSR），这两条线路均为规格很高的时速 350 km 的高铁线路。其中，高铁湖南线从京釜高铁的新建五松站接轨，引出一条支线，延伸到木浦。线路全长约 320 km，时速 350 km，修成之后可将首尔至木浦的距离缩短 90 km，旅行时间从 2 h 58 min 缩短到 1 h 46 min。这条高铁也是分成两段建设的：第一段从五松至光州，全长 182.3 km，于 2009 年 12 月份开工，于 2015 年的 4 月份开通运营；第二段从光州至木浦，于 2017 年开通使用。工程总造价约 10.5 万亿韩元。

高铁水西线号称是一条独立的高铁线路，从京釜高铁的平泽站接轨引出，延伸到水西站，线路全长 61.1 km，时速 350 km，在 2009 年 12 月 30 日开工建设，这条高铁在 2016 年 8 月份才交付使用。

除了上面两条时速 350 km 的高铁之外，韩国还有另外两条时速 250 km 的高铁：一条是从原州至江陵的高铁，全长 122.2 km，于 2012 年开工建设，于 2018 年投入使用；另一条是从多达至水川的高铁，全长 148.1 km，于 2013 年开工，于 2018 年投入运营。

韩国政府一边将高铁设想逐渐变成现实，一边制订更加长远的高铁战略计划。2010 年 12 月，韩国政府宣布，预计截止到 2020 年，韩国 95%的人口的旅行时间都不超过 2 h，也就是说将来整个韩国都会变成 2 h 经济圈，这个承诺可谓雄心万丈，与西班牙政府当初提供给民众的规划的愿景不相上下。

3. 韩国高铁动车组家族

韩国高速列车分为 KTX-I 和 KTX-Ⅱ 两种类型。KTX-I 采用的是以 TGV-A 列车为原型的法国阿尔斯通公司的 TGV 技术，最高设计速度和运营速度为 300 km/h。KTX-Ⅱ 型是在 Hanvit 350 试验列车基础上研制而成的，最高设计速度和商业运营速度分别为 330 km/h 和 300 km/h。

（1）高铁动年组 KTX-I。

韩国高铁的研发历程与我国和日本采取的"引进消化吸收创新"的模式一模一样。韩国高铁动车组家族的首批产品是引进法国 TGV Reseau 技术的 KTX-I，也称之为 TGVK。KTX 是 Korea Train Express 的缩写，意思是"韩国高速铁路"。这款动车组的核心技术完全是舶来品，在此基础上，生产商根据韩方的要求将动车做了一些改动和优化，以适应本土运输需求。

KTX-I 动车组一共生产了 46 台，其中 12 台由阿尔斯通公司生产，其余 34 台交由韩国当地的地铁企业罗特姆公司（Rote m）负责制造。1997 年 12 月，阿尔斯通公司生产的第一台 KTX-1 动车组下线；1998 年 3 月份通过海路运送到韩国，1999 年 12 月，动车组开始进行试车试验；在 2000 年 6 月创造了 300 km 的运行新纪录。韩国企业负责生产的 34 台动车于 1999 年开始制造，在 2003 年 12 月全部按期交付使用。

2004 年 4 月 1 日，KTX-I 动车组首先在京釜高速铁路上服役，KTX-1 动车组作为韩国高铁的元老，开启了一个新时代，也为韩国自主研发系列动车组提供了技术支持和有益经验。

（2）韩国试验性动车组 Hanvit350。

在引进的首批动车组 KTX-I 投入使用 8 年前，韩国就已经开始了具有自主知识产权的高铁动车组的研发工作。1996 年，韩国建设运输部（MOCT）投入 2 569 亿韩元研发时速 350 km 的试验性动车组 Hanvit350，意为"韩国强光 350"，而高铁研发计划被称为"G7 计划"。

参与研发动车的部门包括 10 家科研机构、16 所大学和 35 家私人企业，雇佣员工多达 1 000 人。项目核心成员有三个，分别是韩国铁路研究所（KRD）、韩国工业技术研究所（KITECH）和韩国机车车辆生产企业罗特姆公司（Roten）。韩国铁路研究所作为总体单位牵头组织项目研发，并负责动车的系统工程。

Hanvit350 动车组研发了 6 年时间，在 2002 年下线，开始行车试验。从 2002 年 6 月到 2008 年 11 月，这款动车组进行了长达 6 年的行车试验，累计运行里程达 20 700 km。这就意味着 Hanvit350 动车组从项目开始启动到最终投入商业运营，花去了 12 年时间。而这台寄托韩国高铁希望的动车组也不负众望,在试车中不断刷新韩国高铁速度新纪录,从 2004 年 5 月 6 日的 310 km/h,提高到 2004 年 6 月 29 日的 324 km/h,到了当年 10 月份,速度继续提高到 333 km/h,11 月份,又创造了 343.5 km/h 的速度纪录,2004 年 12 月,再创造 352.4 km/h 的速度新高。新型 KTX 高速列车使韩国成为世界上第四个有能力制造超高速列车的国家。

Hanvit350 动车组的样车由 2 辆动车和 3 辆拖车组成,优化了车头形状,与 KTX-I 相比,空气阻力降低了 15%。Hanvit350 动车组采用三相异步电机驱动,比 KTX-I 采用的同步电机功率更加强大。车体采用铝合金制造,整车重量比第一代动车组降低 30%。车体宽度从 2 094 mm 加宽到 2 970 mm,使得旅客乘坐环境更加舒适。

(3)韩国第二代动车组 KTX-Ⅱ。

韩国自主研发的第二代动车组实际上是 Hanvit350 动车组的简化版。这款动车组的研发,最初是为了满足运输并不繁忙的高铁湖南线的需要。2001 年,Hanvit350 动车组还未下线之前,韩国铁路部门便准备着手研究一款改良型动车组,采用标准化配置,与 Hanvit350 动车组相比,减少车内设备数量,最主要的是中间车厢的牵引电机全部取消,只保留动车组的一前一后两个车头内的牵引电机,设计速度也从 350 km/h 降低到 300 km/h。这款动车组采用动力集中牵引模式,根据编组数量的不同,采用 1 台或者 2 台动力车头进行牵引。这款动车最终完成品的设计速度为 330 km/h,运营速度为 305 km/h,可以在 316 s 内将速度从零提升到 300 km/h,比 KTX-I 动车节省 49 s,当以 300 km/h 的速度运行时,制动安全停车距离为 3 300 m。

KTX-Ⅱ动车组由韩国现代集团负责生产制造,在 2008 年 12 月 25 日成功下线。2010 年 3 月,该动车组投入商业运营,分别服役于高铁湖南线和京釜高速铁路,同时改名为 KTX-sancheon。

(4)韩国第三代动车组 Hanvit400。

Hanvit400 动车组的最初名字叫 HEMU-400X,后改为 HEMU-430X,在确定统一命名规则之后,才改成 Hanvit400,意思是“韩国强光 400”,研发日期可追溯至 2007 年。这是韩国自主研发的第三代动车组,也是目前该国唯一一款设计速度超过 400 km/h 的高铁列车。凭借着这款高速列车,韩国高铁的国际地位扶摇直上,成为继日本、法国和中国之后,世界上第四个能够在传统的轮轨高铁系统领域自主研发制造时速超过 400 km/h 动车组的国家。

2007 年,韩国政府授意由韩国铁路技术研究所和韩国现代集团牵头,开始国家级研发项目 Hanvit400 动车组的研制工作,该动车组的目标速度为 430 km/h,在世界上仅次于法国(574.8 km/h)、中国(486.1 km/h)、日本

（443 km/h），位列第四名。参加该项目的单位还有 13 所高校，20 家企业和相关组织。

2012 年 5 月 16 日，Hanvit400 动车组在韩国庆南昌原中央火车站首次亮相使世人惊艳。新一代高速列车采用动力分散式牵引方式，在 233 s 内可以提速至 300 km/h，列车头部采用特殊的流线型设计，大幅降低空气阻力。2012 年 12 月 27 日，Hanvit400 高铁列车首次突破 400 km/h，达到了 401.4 km/h，2013 年 3 月 31 日，该款试验列车在汉城至釜山高速铁路线上进行了一次试运行，创下 421.4 km/h 的国家纪录。

Hanvit400 动车组与韩国其他类型的动车组相比，有以下技术优势：其一，首次列车采用动力分散牵引模式，动力分散牵引技术不但能降低动车的轴重，还能使动车组编组更加灵活。其二，车身采用铝合金复合材料，降低了整车重量，电器部件进行了轻量化处理，显著降低轴重。其三，为降低动车组在高速运行时产生的噪声，在车体的侧面安装了吸音板，并采用先进的车体与转向架之间的悬挂系统，提高旅客舒适度。其四，动车组客车舱内安装监控系统和信息系统，若遇见紧急情况，旅客可通过视频与外界取得联系。其五，动车上面安装综合故障监测及诊断系统，配备灵敏的传感器和高性能的测量设备，可检验列车的安全性和可靠性。需要说明的是，Hanvit400 动车组还有一款衍生产品 KTX-Ⅲ动车组，为 8 辆编组，运营速度为 350～370 km/h，在 2010 年开始研发，于 2015 年在京釜高速铁路上投入运营，可将首尔至釜山的运营时间减少到 1 h 50 min。

目前，韩国已经研制出试验时速最高达 430 km 的新一代高铁"海雾（HEMU-430X）"，即"KTX-Ⅲ"，韩国的高铁自主研发跨进了世界前列。2016 年年底，韩国开通了 SRT（Super Rapid Train）首尔水西至釜山、水西至木浦高铁线。目前，韩政府正在推进"第 3 个国家铁路建设规划"，计划到 2025 年投资 70 万亿韩元（约合人民币 4 164 亿元），除了基础设施建设外，还将促进未来铁路核心技术的发展。2017 年 6 月，韩国相关学术机构与美国超级高铁技术公司 HTT 签署合作协议，拟开展联合研发，如图 4.27 所示。

图 4.27　韩国新一代自主列车 HEMU-430X

（5）韩国高铁动车组 Hanvit200。

Hanvit200 动车组属于摆式列车，设计速度 200 km/h，实际运营速度 180 km/h，由韩国现代集团与韩国铁路技术研究所共同研制，专门用于既有铁路提速地段。韩国政府在致力于高速铁路的修建与高速列车的研发的同时，并没有忘记将既有铁路运输网络与时俱进，通过提速改善运输条件，提高乘客旅行质量，缩短出行时间。

韩国国土的 70%面积都是丘陵山区，造成该国既有普速铁路线路标准定得比较低，小半径弯道非常多，限制了列车速度的提高。在韩国的既有线路上，火车一般由"新村号"（saemaul）内燃机车牵引，速度不超过 140 km/h，并且运营了 40 年之久。

修建客运专线只能解决交通主干道的客运问题，在高速铁路还没有形成四通八达网络的前提下，既有铁路无疑是一个重要的补充，因此，对既有铁路进行提速改造，具有非常重要的意义。

既有线要提速，首选方案就是开行摆式列车，既能满足提升到 200 km/h 的速度要求，也能避免大范围地对既有铁路进行大的改造，能够降低工程造价。于是韩国开始着手研发一款介于"新村号"内燃机车和 KTX 动车组之间的高速列车，这就是 TTX 摆式列车（Tilting Train Express），后来按照统一命名的规则改为 Hanvit200，意为"韩国强光 200"。

Hanvit200 动车组的车体采用铝蜂窝材料，可以将整车重量降低 40%。既然是摆式列车，那么动车组的车体是由一个倾摆式摇枕支撑，摇枕通过中间连接装置与转向架衔接，而安装在转向架上的传动电机可以使车身倾摆 8°，通过 GPS 以及安装在车体上的陀螺式传感器与加速仪对弯道进行监测，并确定列车的位置。当传感器监测到列车已经进入弯道地段，那么倾摆系统就开始工作，根据列车的速度、弯道半径、横向加速度和外轨超高等综合因素进行计算，确定列车车体的倾摆角度，使列车顺利通过弯道，同时平衡离心力。

除了倾摆系统这个特殊的设备之外，Hanvit200 动车组采用的电机种类、制动方式、列车自动控制以及列车监控系统都与其他动车组没有本质区别。Hanvit200 动车组在 2007 年 2 月 16 日正式公开亮相，同年，4 月 2 日开始在忠北铁路上进行试车试验。到了 2009 年年底，该款动车组试车里程累计完成 10 万千米。2010 年 9 月，Hanvit200 动车组在还没开通的大邱至釜山段高铁线路上进行试车，跑出了 220 km/h 的新速度。

2013 年，Hanvit200 动车组首先在韩国中央铁路上投入载客运营，将首尔市清凉里站至荣州市的运行时间从之前的 3 h 25 min 减少到 2 h 55 min，随着中央铁路提速改造完成，该款动车组继续将旅行时间缩短到 1 h 55 min。

（6）新的突破

与中国类似，韩国高速铁路同样走了引进、消化、吸收的发展路径。但是如前文所述，由于 TGV 的技术局限性，韩国高铁在很长一段时间内没有真正找到适合自己的高速铁路技术路线。在目睹了近邻的中国、日本的成功之后，韩国通过近 30 年的积累，终于完成了在高速列车领域的突破创新。而韩国高速铁路的建设亦与中国有着相似之处，在主要客运走廊建设高速新线的同时，在类似中央线这样既有通道上实施现代化改造。目前，中央线安东至（新）庆州段和东海线釜山（釜田）—庆州—浦项—东海段都在建设中。这也是韩国继京釜高速线、湖南高速线两条 300 km/h 主干客运专线高速铁路建成后，韩国高标准快速铁路网建设的新思路。

2021 年 1 月 5 日，韩国首个自主研发的新型高速列车"KTX-EMU"（EMU-260）清凉里至安东段正式通车。该列车是动力分散型动车组，二氧化碳排放量仅为普通列车的七成。KTX-EMU 的投运意味着集中了大幅减少碳排放量的环保列车和通过第 4 代铁路无线网（LTE-R）的社会间接资本（SOC）数字化、通过中央线的开通实现地区均衡发展。

这是韩国朝着跻身世界先进国家行列目标迈出的第一步。公路是 20 世纪经济发展的动脉，而 21 世纪经济和社会发展是铁路的大动脉。铁路是推进绿色新政、数字新政、地方均衡发展新政的基石，是畅通国民经济循环的中流砥柱。韩国定将成为国际领先的现代化铁路强国。

KTX-EMU 是韩国首列动力分散式列车，即使部分装置出现障碍，也能稳定运行。继当天开通的原州至堤川路线之后，原州至新庆州、新庆州至釜田路线事业结束后，将构建从首尔清凉里站一次连接釜山釜田站的干线铁路网。到 2025 年为止，将投资 70 万亿韩元以上，进一步加快高速铁路、干线铁路网、大城市和广域城市的铁路事业速度，通过这些项目把全国主要城市连接到 2 h 以内，并把首都地区通勤时间缩短到 30 min 以内。另一方面，韩国正在积极推进铁路出口事业。

### 4.6.2　沙特阿拉伯高铁

沙特麦加至麦地那高铁途经吉达、拉比格、阿卜杜拉国王经济城，线路全长 450.25 km，是中国企业与沙特等国企业以联合体形式参与建设的世界首条穿越沙漠地带的时速最高的双线电气化高速铁路，全线共设车站 5 座。其中，由中国企业独立承建的麦加车站特大桥是全线的重点控制性工程，大桥全长 1 556 m，横跨 5 条公路，桥梁最大宽度 72.6 m，相当于 20 辆中型轿车并排行驶的宽度，属世界高速铁路桥梁宽度之最。沙特地处地震带且年极端温度能够达到 55°C，为保证桥梁质量，施工人员通过技术创新，在梁体中埋设温度传感器和应变计，实时观察梁体的温度变化，及时调整施工工艺，有效地保证了桥梁的地震安全性和震后快速通车的性能要求。如图 4.28 所示。

2018 年 9 月 25 日，沙特政府举行了哈拉曼高速铁路通车仪式，麦麦高铁正式通车运营后，麦加到麦地那之间的行车时间将由 4 h 缩短到 2 h，年客运量将突破 1 500 万人次，极大缓解了当地的交通压力。哈拉曼高铁在 2009 年就开工建设，直到 2018 年 1 月，沙特铁路组织（SRO）宣布列车试运行，经过几个月的试运行后终于迎来正式通车，并在 9 月 18 日公布了高铁票价，正式的商业运行于 10 月 1 日开始，运行初期列车时速限制在 200 km/h，开行数量为每天几列，之后运行速度和列车数量将会逐步增加。

图 4.28　麦加和麦地那在沙特阿拉伯的地理位置示意图

（1）多国企业参与建设。

哈拉曼高铁连接麦加、吉达和麦地那，耗资 78.7 亿美元，是中东地区最大的交通项目之一，新线开通将两地通勤时间减半。哈拉曼高铁为双线电气化准轨线路，由中国、法国和沙特等国企业组成的 Al-Rajhi 联盟承包的项目土木工程建设；由西班牙与沙特的多家企业组成的 Al-Shoula 联合体负责项目轨道铺设、电气化设施、通信信号系统、机车车辆采购等工作，其中包括 36 列 Talgo350 列车以及轨道和电气化设施的采购工作。根据合同约定，在高速铁路运营的第一个 12 年里，线路的运营和维护由西班牙国营铁路公司 RENFE 和国有铁路基础设施公司 ADIF 负责。停靠在高铁车站的 Talgo 列车如图 4.29 所示。

图 4.29　停靠在高铁车站的 Talgo 列车

（2）哈拉曼高铁工程在技术上面临一系列巨大挑战，尤其是风沙问题。

大风沙可能会把线路覆盖；沙尘暴会造成电气设备、通信信号设施的磨损和侵蚀；砂粒渗入道砟之间或道砟层底部后，会降低道床的机械性能，损坏钢轨、轨枕和扣件，从而缩短整个轨道系统的使用寿命。

（3）吸引更多游客。

高速铁路的开通能大幅提升前往沙特的外国游客数量。目前，除了工人和商旅人士外，沙特阿拉伯每年到访的外国游客约有 2 000 万人，其中大部分是朝圣人士，仅 2019 年就有 200 多万人参加了麦加朝圣。到 2020 年，参加小朝圣和麦加朝圣的人数分别提升至 1 500 万和 500 万；2030 年，预计参加小朝圣的人数还将增加一倍，达到 3 000 万人。为吸引更多游客到访，沙特政府不仅在公共交通领域加大投资，还在麦加投资了数百亿美元建设大型酒店和一座宏伟的清真寺，期望为游客提供更好的服务。

（4）刺激沙特经济转型。

为使国家对于石油出口的依赖，沙特王储推动经济多元化改革计划，将朝圣列车作为扩大旅游业的一个支柱项目。麦加朝圣是每一个身体健全的信仰者都能够参与，且一生都必须经历一次的深刻体验。对于沙特阿拉伯来说，朝圣期间，礼拜者在住宿、交通、食物、礼物等方面的花费就能为沙特带来了数十亿美元的收入。沙特政府希望哈拉曼高铁能够刺激阿卜杜拉国王经济城的发展转型。未来，高铁还将与吉达机场的一个新航站楼相连，该航站楼已经开始服务于国内航线，并有可能进行进一步扩张，将沙特首都、利雅得和吉达相连。

连接麦加和麦地那的麦麦高铁是沙推进铁路路网扩张的成功代表，被称为沙铁建设王冠上的明珠。作为国家重要的基础设施和国民经济的动脉，交通设施在沙特经济社会发展中具有重要作用。为落实"2030 愿景"规划，需大力加强交通运输基础设施建设。为推动经济多元化，沙特政府鼓励私营部门参与交通运输基础设施建设和铁路运营，通过公私合营为其相关大项目提供资金，并推动部分国有企业全面私有化。沙特政府高度重视铁路对经济发展的拉动作用，2015—2024 年，投资总局计划投资 1 410 亿美元用于铁路建设。

# 第 5 章 "走出去" 的高铁技术

目前，世界上投入商业运营的高速铁路大都是轮轨式的，中国、法国、日本和德国是世界上高速铁路技术发展水平最高的四个国家，中国高铁拥有集成优势，能够实现与欧洲等国家的高铁技术兼容。

## 5.1 高铁技术总体设计理念及发展

### 5.1.1 总体设计理念

1. 总体理念：在降低能耗、增强环保、安全、舒适的前提下，向更高速度发展

业界普遍认为高速列车速度达到一定水平后再提速会引起能耗和车体总质量不成比例的增加，因此现在更加重速度和能耗间的协调，并在提高牵引动力的资源效率、对降低能耗开展大量基础性研究的同时，注重人机工程学等基础理论研究，以便提高旅客的舒适性。

2. 设计平台化和模块化

近年来高速列车研发人员十分注重打造整车的设计平台，同时注重对子系统的模块化设计，其优势是开发商可以基于某个平台，按照客户的个性化需求实现模块化组装设计、生产，且便于列车的升级改造。同时，一旦整车平台设计通过有关部门认证或评估，平台下的一系列列车即可简化准入手续并缩短审批时间。例如，阿尔斯通设计了一种根据旅程长短、适用所有高速列车内部装修的模块化方案，并在法国第四代高速列车 AGV（2012 年 4 月首次在意大利投入运营）上得以应用；西门子公司的 Velaro 平台，能够按照各国用户的专门需求安排不同配置；德国正在研发新一代高速列车（NGT），也可通过模块化和系统集成实现经济有效的车辆结构；西班牙 Talgo 公司推

出的 Avril 系列高速列车采用灵活的、可升级的理念，可满足市场的多样性需求。

　　当前使用的"交—直—交"的牵引技术是比直流牵引技术先进的牵引手段，就是将外部单相交流电转换成直流电，通过一种叫作"逆变器"的电气设备，再转化成三相交流电。动车组要想速度提高，电动机提供的牵引力就要增加。但是以前动车组是采用的"交—直"牵引技术，外部单相交流电整流后变成直流电，就直接驱动直流电机，为动车提供动力，但是直流电动机有一个死穴是无法克服的，那就是即使世界上最先进的直流电动机，它的最大输出电压才 1 000 kV，会在提高牵引力方面受到限制。另外，直流电机体积大，安装不便，会增加整车重量。为了解决这个问题，就必须采取"交—直—交"的牵引技术，而三相交流异步电动机电功率大、体积小、重量轻，结构简单，容易制造，维护工作量小。动车组采用"交—直—交"的牵引技术是大势所趋。牵引技术发展至今又有新的电动机问世，已经替代三相交流异步电动机，也就是永磁电动机，加拿大庞巴迪公司生产的高铁动车组便采用了永磁电动机，消耗的能量比三相异步电少 4%。交流电机工作原理如图5.1 所示。

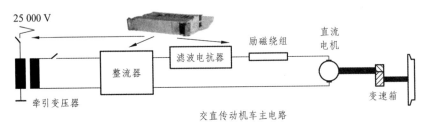

交直传动机车主电路

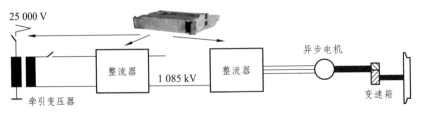

图 5.1　交流电机工作原理

3. 日益重视智能列车的研发

　　智能列车是集现代科技与传统列车于一体的新型高科技产品，可以利用具备事物识别功能、分析判断功能、自动控制功能、警戒功能的计算机系统实现列车自动运行，驾驶人员仅需监视列车自动运行的效果，并对应急处置进行辅助。智能列车的研制需要以计算机技术、自动控制技术、传感网和物联网技术等为基础，实现自动驾驶技术、非接触牵引供电技术、列车系统数据传输与处理技术、全息化运行环境感知技术、列车系统数据传输与处理技术等的重大突破。智能列车的出现将大幅度降低了司机的劳动强度，降低了轨道、供电设备等固定装备的维护和管理成本，降低了设备的故障概率，并提高列车运行的安全性、稳定性、舒适性。

4. 加强人性化设计，营造良好的乘车环境

高速列车研发人员从人体工程学、舒适度等多方面入手开展高速列车设计研究，主要措施包括如下内容：

（1）提高便捷性：例如，日本 E5 系采用全自动悬浮结构，具有振动缓冲作用，可通过车体倾斜改善乘客乘车的便捷性；法国 AGV 采用低地板式设计，且地板为贯通式，加大乘客上下车的方便程度；西班牙 Avril 高速列车车门与站台高度齐平，便于乘客上下车，使列车在车站的停留时间缩短约 20%。

（2）扩大车内空间：例如，德国新一代高速列车（NGT）的中间车不仅采用双层客车增大有效空间，车厢内还不安排楼梯，节省了大部分空间；西班牙 Avril 将牵引设备置于车底架下，腾出更多空间。

（3）优化列车内部结构设计，配置齐备的卫生间、饮水设施、残疾人设施，优化旅客服务信息系统，采取接入无线网络、增强车内空调性能等措施，用以提高列车的人性化程度和舒适度。

## 5.1.2　发展趋势

1. 普遍采用动力分散配置

世界高速列车总体趋势是世界各地越来越多地采用动力分散式高速列车。例如，日本高速列车所有车型都采用动力分散方式；法国前三代 TGV 高速列车采用动力集中式设计，但最新开发的 AGV 列车则采用动力分散式设计，就是在采用铰接式转向架的同时也采用动力分散式；德国 ICE1、ICE2 高速列车为动力集中式，ICE3、ICE4 等车型采用动力分散的配置方式，德国新一代高速列车（NGT）采取动力分散式并采用独立轮对走行装置；意大利除 ETR500 高速列车为动力集中方式外，其余均为动力分散布置。

2. 追求车体的轻量化

高速铁路列车重要技术之一是要运用车辆轻量化技术，其主要途径是采

用高性能的新材料和改进车辆结构、缩小尺寸等优化结构设计。同时，采用车辆轻型化技术，还可以有效地抑制地基振动的增加，降低噪声，减少因速度的提高而带来的空气动力噪声的显著增加。在近代，高速车辆的车体材料主要有不锈钢、高强度耐候钢和铝合金。

为了进一步减轻重量，改善隔声性能，以及便于设计、制造，国外已开始试用纤维增强塑料夹层结构代替金属制造车体。纤维增强塑料具有质轻、强度高、疲劳强度高、裂纹扩展速率低以及拥有较好的结构阻尼性、隔热和耐蚀性能等优点。但其缺点是弹性模量低，抗弯扭刚度比金属差，价格贵。因此，当前大量采用高分子非金属材料作为车厢内部设备材料也有较好的减重效果。如水箱、集便器、整体厕所、座椅等。

若用碳素纤维（carbon fiber 简称 CF）制造动车组车体，可将比铝合金车体减轻 30%，这是下一代高速列车的理想材料。碳素纤维在国际上被誉为"黑色黄金"，它继石器和钢铁等金属后，在国际上被称为"第三代材料"，因为用碳纤维制成的复合材料具有极高的强度，且超轻、耐高温高压。其另一大好处在于它的加工的自由性，加工时可以像裁缝一样将碳素纤维剪切成一块一块的，然后加上树脂层进行强化。我国对碳素纤维的研究始于 20 世纪 60 年代，20 世纪 80 年代开始研究高强型碳纤维。虽然多年来进展缓慢，但也取得了一定成绩。进入 21 世纪以后发展较快，我国碳纤维工业进入了产业化。

3. 永磁电机技术日益应用

世界高速列车牵引传动系统趋于采用三相交流电力传动技术，并向功率大、体积小、质量轻、可靠性高、成本低的方向发展。在变流器元件方面，已从普通晶闸管（SCR）、门极可关断晶闸管（GTO）发展到绝缘栅双极晶体管（IGBT），现已出现集成晶闸管（IGCT）。在牵引电动机方面，主流仍是交流异步电动机，但已经出现新型永磁电机，具有体积小、质量轻、损耗小、效率高等优点。

4. 研究新型受流技术

德国新一代高速列车（NGT）正在研究一种新型受流技术，将直线电机一分为二，其原边绕组安装在轨道上（2 根钢轨之间），次边绕组安装在列车上，和磁悬浮列车 Transrapidi 一样，利用感应原理把电能从轨道以非接触方式传递到列车上。这种受流技术虽然目前还只是一种设计理念，且具有不能与既有高速铁路技术兼容的局限性，但由于其安全性高、低噪声、低磨耗等特点，将来有可能在高速铁路上得到应用。

5. 提高列车的空气动力学性能

高速铁路努力加强列车空气动力学的设计及研发工作。日本高速动车组在头部形状设计时，对空气阻力和气动噪声、隧道微气压波等内容进行深化研究，从"0 系"到"500 系"，高速动车组头部逐渐长型化。为降低微气压波，"700 系"和"E4 系"还开发了独特的头车。德国 ICE 高速列车头部为流线型，车厢之间没有大的间隙，降低了与空气的摩擦阻力。考虑到空气动力学和车体结构，对车窗、车门、通过台、空调系统、卫生间系统等零部件实施了密封，以减少空气阻力，提高空气动力学性能。

6. 普遍采用混合制动方式

高速列车大多利用再生制动与空气盘形制动相结合的方式进行制动，但速度提高到 350 km/h 及以上时，制动盘的制动功率已超出极限，难以满足安全制动距离要求。日本研究了 4 种强化安全制动的方法：
（1）开发新材料、新结构的制动盘和刚片，提高耐热裂性能和耐热衰退性。
（2）增加安全电阻制动新方式，可在受流失效时采用蓄电池的电能通过逆变器为牵引电机励磁，使其可继续按发电模式工作，实施列车制动，而制动产生的能量因受流失效导致不能回馈电网，则在电阻带上消耗，因而是一种可靠的安全制动方式。
（3）增加空气阻力制动新方式，紧急制动时，利用从车顶上弹出的阻力板使高速列车有效减速。
（4）采用喷射陶瓷粒子增加紧急制动时的轮轨间黏着力。

7. 增加车体气密性、降低列车噪声

世界高速列车针对增加车体气密性，主要在车体大断面挤压铝合金型材连续焊接工艺、车窗高性能密封材料、塞拉车门气压密封、排水水封装置气密性能、高压鼓风机连续供排气性能等方面实现突破，提高气密性指标。综合集成新技术降低列车噪声，具体措施包括低噪声新结构受电弓及隔声板的研制、车体侧墙板采用新型吸声材料、车厢间采用叠层式金属挡罩、车头形状采用高长细的优化流线型以抑制隧道微压力波、减少车厢横截面尺寸、采用浮动地板结构和低噪声牵引电机等。

8. 采用先进的列车故障监测、诊断及自动控制系统

为了更好地提高列车的安全性、可维修性，高铁积极发展列车故障监测、诊断及自动控制系统，利用各种传感器、监测装置及列车信息传输与控制技术，对高速列车各种实时运行状态进行监控，随时向地面维修中心发送信息，并对列车上各种设备（如空调、通风系统、车门等）实行自动控制。

## 5.2 世界高速铁路技术比较分析

### 5.2.1 世界高速铁路技术之间的联系

目前，全世界已通车运营的 250 km/h 及以上的高速铁路主要分布在日本、法国、德国、西班牙、意大利、韩国、英国、俄罗斯、比利时、荷兰、瑞典、土耳其、中国等国家。日本新干线用了半个世纪的时间建设了 2 300 多千米里程运行的高速铁路，平均运营时速 243 km；法国历时 40 余年建设了 1 900 km 的 TGV 高速路，平均运营时速 277 km；德国历时 20 余年建设了近 1 600 km 的 ICE 高速铁路，平均运营时速 232 km。中国高速铁路的旅行速度也走到了世界前列，如京沪高速铁路运行速度 350 km 的线路上运行的列车平均运营速度已突破 280 km/h。各国在发展高铁过程中，日本、法国和德国是原创国，其他国家则是在引进上述三国高铁技术的基础下，进行的创新和创造，如图 5.2 和表 5.1、5.2、5.3 所示。

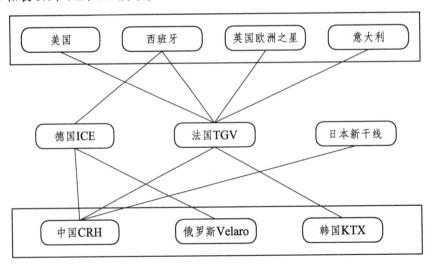

图 5.2 高铁原创国与其他国技术之间的联系图

表 5.1 各国高铁引进技术表

| 国家 | 技术 | 引进技术 |
|---|---|---|
| 中国 | CRH | 日本、德国、法国 |
| 俄罗斯 | 在 ICE3 的基础上研究适应俄罗斯宽轨的 Velaro RUS EVS | 德国 |
| 韩国 | KTX，采用法国的 TGV-A 型动车组 | 法国 |
| 日本 | 新干线 | 日本 |
| 法国 | TGV | 法国 |
| 英国 | 采用法国 TGV 技术，列车为"欧洲之星" | 法国 |
| 德国 | ICE | 德国 |
| 西班牙 | 早期采用 TGV，后采用西班牙 TALGO 和德国 ICE 技术 | 法国和德国 |
| 美国 | Acela 线采用 TGC 技术 | 法国 |
| 意大利 | ETR 技术、摆式列车 | 意大利 |

表 5.2 高铁国家或地区采用技术表

| 名称 | 国家或地区 | | 最快试验速度/（km/h） | 采用技术 |
|---|---|---|---|---|
| 欧洲 | 德国 | | 406.9 | 德国 ICE |
| | 法国 | | 574.8 | 法国 TGV |
| | 意大利 | | 319 | 意大利 ETR |
| | 西班牙 | | 300 | 法国 TGV、西班牙 TALGO、德国 ICE |
| | 英国 | | 300 | 法国 TGV |
| 美洲 | 美国 | | 300 | 法国 TGV |
| 亚洲 | 日本 | | 581 | 日本新干线 |
| | 韩国 | | 352.4 | 法国 TGV-A |
| | 中国 | 大陆 | 575 | TGV、ICE、CRH |
| | | 台湾 | 315 | 日本新干线 |
| | 土耳其 | | 250 | 法国 TGV |

高铁三个原创国的技术指标比较如表 5.3 所示。

表 5.3　日本、法国和德国高铁技术指标比较

| 指标 | 日本 | | | 法国 | | 德国 |
|---|---|---|---|---|---|---|
| | 东海道新干线 | 山阳新干线 | 上越新干线 | 东南线 | 大西洋线 | ICE |
| 线路长度/km | 515 | 554 | 766 | 410 | 284 | 426 |
| 建设期间 | 1959～1964 | 1967～1975 | 1971～1991 | 1976～1983 | 1985～1990 | 1976～1991 |
| 设计最高速度/（km/h） | 210 | 260 | 260 | 360 | 350 | 300 |
| 运营最高速度/（km/h） | 270 | 270～300 | 285 | 270 | 300 | 280 |
| 最小曲线半径/m | 2 500 | 4 000 | 4 000 | 4 000 | 6 250 | 4 670 |
| 最小纵曲率/‰ | 10 000 | 15 000 | 15 000 | 25 000 | 25 000 | 22 000 |
| 最陡坡度/‰ | 20 | 15 | 15 | 35 | 25 | 12.5 |
| 轨道中心距离/m | 4.2 | 4.3 | 4.3 | 4.2 | 4.2 | 4.7 |
| 车体宽度/m | 3.4 | 3.4 | 3.4 | 2.9 | 2.9 | 3.1 |
| 施工路基宽度/m | 10.7 | 11.6 | 11.4 | 13.6 | 13.6 | 13.7 |
| 复线隧道横断面面积/m² | 64 | 64 | 64 | 无 | 71 | 82 |

　　从技术上讲，法国高铁的行驶速度高低要看铁路状况：在普通铁路上只能按照该铁路的设计能力来行驶，平均为 100～150 km/h；如果是适用高铁的专有铁路，则时速可以达到 350 km/h 以上。在国际市场上，法国高铁出口并不理想。法国积极参与韩国、摩洛哥、南美国家的高铁项目招标，但成功率不高，目前只是向西班牙、韩国出售列车，但包含重要技术转让。而随后西班牙、韩国均开始自己生产高速列车，与法国展开竞争，在参与沙特阿拉伯的竞标时法国就败在了西班牙手里。法国媒体总结称："法国'高铁出口'困难来自好几个方面，主要是法国高铁项目有很大的公营背景，导致价格较高，

另外技术转让过多，导致合作伙伴掌握了技术就成为法国的竞争对手。"

德国是高铁出口大国。中国 CRH-3 型动车组列车，引进了德国西门子公司的技术。ICE 也有系列或改型列车出口世界多国，除此之外，德国"整体高铁"已经走出国门。瑞士、奥地利、荷兰、西班牙、俄罗斯等国在购买德国 ICE 高铁列车的同时，也和德国合作建设高铁线路。目前，德国等欧洲国家每千米高铁的建造成本在 1 200 万到 3 000 万欧元。每年每千米维修费用估计约为 7 万欧元。不过，德国高铁在中国台湾和美国投标都失败。有分析认为，德国高铁列车技术一流，但有点"怕热"，夏天常常"抛锚"，空调在温度超过 35 度就不能运转。

中国虽然不是高铁技术的原创国家，但通过引进消化吸收再创新，目前对高铁技术具有完全的自主知识产权，并已获得 900 多项国际专利，可以承担从通信信号、工务工程、牵引供电、动车组制造乃至运营管理等领域的一揽子出口工程。由于中国地域辽阔，高铁修建和运营经历了不同气候和地质地貌的考验，中国高铁从高寒地区到亚热带气候，从这些复杂的运营环境中获得的运营数据和经验，使其在国际市场上具有独一无二的竞争力。

### 5.2.2　中国与日、法、德技术比较

#### 1. 中国高铁技术优势

（1）设施设备硬件水平处于领先。

设施设备规模和路网整体质量比较高，近 50%的铁路网服役时间不到 20 年，高速铁路大都是近 10 年建成和投入运营的，设施年龄比较短。提质增效潜力伴随着以复兴号中国标准动车组为代表的自主化新技术新装备的大量投入使用，整体装备水平和运营服务品质处于世界先进水平。实际上，从 CRH380 系列高速列车下线投入运营之时起，中国就已经踏入了世界高速铁路先进水平国家的门槛。除成本优势之外，中国高铁还拥有最完备的技术体系和制造体系，拥有大规模建设和运营经验。英国 BBC 在一篇题为《中国新工业革命》的文章中将中国高铁建设看作是中国开展新工业革命的标志，称之为"高铁革命"。中国已进入了建立健全中国铁路先进技术体系的新阶段。要坚持把技术创新应用作为夯实安全基础、提高设备可靠性、降低制造和维护成本、提高运营效率效益的根本举措，紧跟国际铁路技术发展方向，不断提高自主创新和技术装备研发水平。衡量高速列车技术水平的第一指标是最高商业与经营速度，日本、法国、德国、中国高铁列车速度比较如图 5.3 所示。

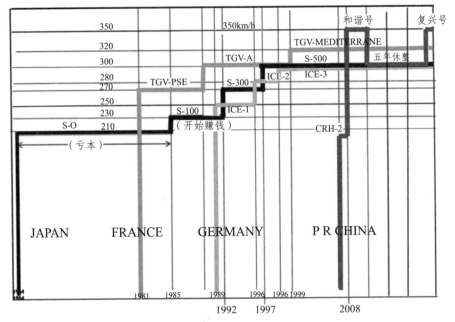

图 5.3　日本、法国、德国、中国高铁运营速度比较

（2）主要运输经济指标世界领先。

中国铁路技术经济水平得到大幅度提升，铁路旅客周转量、货运量、货物周转量换算周转量、运输密度等主要运输经济指标稳居世界第一，铁路资产规模、营收位于世界前列，铁路服务供给和保障能力明显提升，对经济社会发展的支撑作用日益突出。

（3）科技自主创新后发优势明显。

深入贯彻落实创新驱动发展战略，加大科技自主创新力度，铁路科技自主创新能力大幅提升，复兴号动车组、智能动车组成功研制，对智能高铁成套技术的突破掌握，标志着铁路科技创新迈出从追赶到领跑的关键一步，中国高速铁路技术达到世界领先水平。例如，高速铁路技术的原创国是日本，德国、法国。日本的代表作是新干线，运营最高时速是 300 km。法国的代表作是地中海线，运营时速最高也是 300 km。同样，德国高铁的运营最高时速仍然是 300 km。就这三个国家而言，日本除了道岔区以外，都是无砟轨道，法国是用的有砟轨道，德国新线部分使用的无砟轨道。而中国高铁大部分线路是无砟轨道，设计时速是 350 km，接近最大安全速度。中国高铁通过学习、巩固、吸收、深化，在世界上率先攻克了时速 350 km 条件下空气动力学、轮轨关系、车体气密强度、减震降噪、大断面车体等一系列重大技术难题，从而使列车速度保持在稳定的范围内，并保证了一定的安全余量，使其控制在30%~35%。

（4）铁路安全发展水平总体平稳。

与法国、德国、俄罗斯、日本、美国等铁路发达国家相比，在铁路网规模快速扩充、内外部环境日益复杂严峻的情况下，近10年来中国铁路10亿吨km的事故率和死亡率等铁路安全指标都比较低，中国铁路运输安全持续稳定，安全发展总体可控并处于世界先进水平。中国高铁技术在工务工程、通信信号、牵引供电、动车组制造等方面，能够提供一揽子出口，而这是其他国家难以实现的，因为他们的技术往往分别掌握在很多家公司手中。中国还建立了从勘察设计、工程建设、设备制造、项目验收到运营维护、人员培训等系统配套的高铁安全保障体系。

2. 中国高铁技术主要短板

（1）实现关键核心技术装备完全自主可控有待提升，基础性、前瞻性和关键共性技术研究仍待实现原创性突破。尽管我国铁路关键技术与国际领先水平间的距离不断缩小，但自主可控、先进适用、安全高效的关键技术装备体系需要进一步突破和掌握，部分"卡脖子"技术难题亟待加速攻关，基础理论研究、基础应用研究和前瞻性研究需要强化，现代信息技术等新型基础设施与铁路融合应用、赋能发展相对滞后。自主可控、先进适用、安全高效的关键技术装备体系需要进一步突破，部分"'卡脖子'技术难题待加快攻关"，基础理论研究、基础应用研究和前瞻性研究需要强化，现代信息技术等新型基础设施与铁路的融合应用、赋能发展有待加强。

（2）在装备方面，凭借深厚的工业和科技基础，德国、法国和日本等国高度重视科技创新，铁路科技原创能力突出，通过大力发展自主原创的基础理论、应用技术和前瞻技术，铁路关键技术自主化率很高，德国拥有建设、运营、运维等方面的先进完备技术及专利，在不同专业领域引领世界铁路技术发展。日本是世界高铁创始国，1964年开通运营了世界上第一条高速铁路——东海道新干线；德国建造了世界上第一条电气化铁路和第一台电力机车，1998年自主研发的ICE原型试验车ICE-V创造了406.9 km/h的试验速度世界纪录；2007年法国TGV高速列车创造了世界铁路轮轨系统的最高试验速度世界纪录——574.8 km/h，除了保持在传统技术领域的领先地位外，这些国家始终瞄准世界科技发展的前沿，以前瞻性的眼光规划未来铁路科技发展战略。2015年德国提出了以信息化和互联网技术为主要特征的数字化发展战略，法国国营铁路公司也宣布了"SNCF数字化"计划，日本全长286 km的东京——

名古屋磁悬浮铁路也开通建设，设计运营时速 505 km，预计 2027 年建成。

德国铁路技术装备世界领先，创新基础能力较强，在电气化铁路、机车电方驱动和高速铁路技术等方面处于世界领先地位。早在 1879 年德国就建造了世界上第一条可运营的电气化铁路和第一台电力机车。20 世纪七八十年代，德国自主研发了世界领先的 1CE 高速铁路系统及高速铁路列车，并于 1988 年创造了 406.9 km/h 的高速列车试验速度世界纪录。德国高度重视科技创新顶层规划，形成了连续性的创新战略和系统性的创新政策制度，成为引领和保障德国创新驱动发展方向的重要手段。德国铁路科研试验能力体系较为完善，德铁系统技术公司是欧洲最大的铁路技术中心，能承担新造机车车辆、新线投入运用所需的全套准入试验工作；西门子公司具有世界先进、功能完善的轨道交通系统测试中心。近年来，德国持续加大科技创新投入力度，全国的研发投入占国内生产总值的比例为 39%，高于欧盟 2% 的平均水平。西门子交通技术集团将研发视为企业发展的核心动力，全球研发经费占公司总营收的比重高达 6.7%。

日本十分注重基础性、前瞻性、理论性技术的研发，高速铁路技术引领作用明显。日本动车组的动力分配方式的影响逐渐扩大到世界范围内，列车节能技术、新能源和双动力技术也属于世界领先水平。元器件方面，日本的全碳化硅功率模块已应用于"N0"高速列车，成为世界首例采用全碳化硅功率模块的高速列车。新材料方面，镁合金、陶铝合金等材料的研发和应用也在世界铁路上名列前茅。日本一直致力于更高速度铁路系统的研究，正在修建时速 505 km、全长 438 km 的超导磁悬浮高速铁路——中央新干一阶段工程（东京—名古屋）已于 2014 年 10 月 17 日获得开工许可，成为世界上在建的速度等级最高的高速铁路。

法国在动力集中型动车组研制方面的创新成就突出。针对日本动力分散型动车组维护复杂、新干线造价高等问题，法国重点研制了动力集中型高速列车。2007 年 4 月，法国以 574.8 km 刷新了高铁列车时速纪录，至今这一轮轨技术的最高速度还没有被突破，说明法国动车组设计的技术之高超，而且一直在努力创新，寻求技术突破。法国还在钢轨标准、生产制造、使用维护等方面积累了很多成熟的经验，我国高速铁路钢轨标准已和欧洲国家接轨，钢轨制造装备和工艺、实物质量水平等已达世界先进水平，但在基础研究、运营维护等方面仍与法国等高速铁路技术发达国家存在差距，可借鉴法国高速铁路钢轨技术成熟的经验，结合我国实际情况，继续开展轮轨关系深化研究，继续提高检测和监测技术水平，应用大数据指导养护维修和经济运营策略的决定，实现状态修和经济修。

## 5.3 "走出去"的日本、欧洲高铁技术

德国铁路通过实施国际化战略，在欧洲范围内积极推动跨国铁路运输业务升运输便利化水平，不断提升国际市场争力和影响力。客运方面，20 世纪90 年代，随着高速铁路和 ICE 列车的发展，德铁开始计划开行跨境高速列车。1999 年，德铁和荷兰国家铁路（NS）成立了合资企业 "ICE International"了，开行往返于德国、比利时和荷兰的 ICE 列车。2007 年，德铁和法铁成立合资公司 "Alo"，开行往返于法兰克福—巴黎、斯图加特—巴黎以及慕尼黑—奥格斯堡—尔姆—巴黎的高速列车。目前，德铁每天开行约 260 条国际线路，几乎覆盖所有邻国。

日本铁路通过高层营销推进海外铁路项目合作，官民合作助力日本铁路走向国际。在贸易立国型经济发展战略框架下，日本政府整合国家、行业、民生资源，采用外交、财政、金融等多种手段，对铁路拓展海外项目给予大力支持。如东日本铁路公司从 2016 年开始委托其在海外的子公司——日本国际运轴咨询公司提供相关业务，重点在该线路上推广新干线技术标准，包括地质探测技术和独具特色的动力技术。

### 5.3.1 印度高铁项目

印度铁路线长度居世界前列，每天运行大约 9 000 个班次，乘客人次超过2 200 万。在印度，坐火车是长途旅行的主要方式。印度首条高速铁路也正在建设中，目前已完成全部工程的 15%~20%，预计于 2022 年投入使用。新线路能在 2022 年 8 月 15 日即印度独立 75 周年纪念日之际投入运营。这条高速铁路连接印度最大城市孟买和古吉拉特邦首府艾哈迈达巴德，全长 508 km。印度这条高速铁路全长 508 km，将设 12 个车站，大约 92% 的路轨采取高架方式，其中约 350 km 的长度位于古吉拉特邦，150 km 的长度位于马哈拉施特拉邦。每列高铁有 10 节车厢，将分别配备 1 节商务车厢和 9 节标准车厢。最低票价预计为 250 卢比，最高票价为 3 000 卢比。新线路被期望在 2022 年 8 月 15 日、即印度独立 75 周年纪念日投入运营。虽然征地遇到困难，但印度国家高速铁路公司对高铁能按期开通表示乐观，按照公司预计，2022 年，将首批开通 10 列高铁，2033 年前预计可增至 16 列。

2015 年 12 月，印度确定这条线路选用日本新干线模式。高铁线路预计建设 12 站，耗资 1.8 万亿日元（约合 1 052 亿元人民币），其中 1 万亿日元（584 亿元人民币）由日方提供低息贷款。古吉拉特邦日印经济合作项目相对集中，

聚集不少日本企业。印度高铁运营将仿照日本新干线。因此为学习日本新干线运营经验，印度准备逐步派大约 350 人前往日本，这些人学成后返回印度后，将在位于古吉拉特邦瓦多达拉的高速铁路培训学院充任讲师，培训高铁工作人员。其中，高铁司机最低学历被设定为大学本科，但不要求是工程学专业。2018 年 11 月，印度已向日本提议在印度本土生产和出口子弹头列车车厢，以此降低在印度运营新干线列车的成本。最初，印度决定以 7 亿卢比（约合人民币 6 720 万元）的价格从日本购买 18 列新干线列车。之后印度向日方提议，希望他们在技术上帮助其在印度当地制造子弹头列车车厢，这样可以以更低的成本建造车厢。如果此举成功，这也将为印度铁路公司这家正承受着高昂运营成本的国有企业带来新的商机。

印度高铁建成后，平均每 20 min 将有一趟列车。高铁届时将分为"经济舱"和"商务舱"两种座位。如果选择"经济舱"从孟买前往艾哈迈达巴德，票价为大约 3 000 卢比（约合 288 元人民币）。短途旅客票价会相应降低，最低大约 250 卢比（24 元人民币），比搭乘出租车便宜。印度高铁是印度现有同线路铁路普通票价的大约 1.5 倍，有望成为全世界票价最低的高铁之一。

### 5.3.2　摩纳哥非洲首条高铁项目

2018 年 11 月 16 日，连接摩洛哥丹吉尔和盖尼特拉两个北部城市的高铁线路正式开通，这是非洲大陆首条高铁线路，最高运行速度达 320 km/h。高速动车组运营服务覆盖摩洛哥两大经济中心——丹吉尔（Tangier）与卡萨布兰卡（Casablanca），其中第一部分为新建的从丹吉尔到盖尼特拉（Kenitra）的高铁路线，第二部分盖尼特拉—卡萨布兰卡则是以既有的铁路线进行升级成为的高速铁路。以既有线路升级的线路目前运营时速为 160 km/h（原设计速度为 220 km/h）。值得一提的是，新建段为 25 kV/50 Hz 电气化线路，既有线仍保持 3 kV 直流供电。这使得丹吉尔与卡萨布兰卡之间的路程从原来的 4 h 45 min 缩减到 2 h 10 min。丹吉尔和盖尼特拉两地之间单程仅需 47 min，和原先的 3 h 15 min 大大缩短。如图 5.4 所示。

法国阿尔斯通公司向该线路新建高铁段交付了 12 列铰接式动力集中型超高速双层动车组及 ERTMS/ETCS 1&2 等级标准的车载列控设备。该型动车组为 8 辆编组，包括两节 1 等座车厢、一节餐车和五节二等座车厢，可容纳 533 名乘客。这条铁路的建设将花费 22 亿美元。法国是主要投资方（投资占 51%），余下资金由摩洛哥政府（28%）和与其他阿拉伯半岛国家有联系的基金会（21%）划拨。法国总统府称该项目是促进摩洛哥与法国关系中最重要的项目。

另据摩通社报道，摩洛哥计划在全国范围内建设约 1 500 km 的高铁线路。而丹卡高铁盖尼特拉—卡萨布兰卡段预计于 2020 年开始修建。

图 5.4　摩纳哥首条非洲高铁

### 5.3.3　捷克高铁项目

捷克共和国位于欧洲中心，其铁路发展历史超过 170 年。1842 年布拉格兴建了第一条铁路，1903 年建成了第一条标准轨距电气化铁路。捷克共和国是世界上铁路网最密集的国家之一，随着经济增长，铁路客运量不断增长。该国最大的铁路旅客运输运营商捷克铁路股份公司（ČD）2018 年客运量达历史最高值 1.792 亿人，私营铁路运营商 Regiojet 和 Leo Express 的运营规模也不断扩大，客运量显著增长。

捷克共和国第一条高速铁路计划在 2025 年后开工，于 2028 年投入运营。高速铁路建成后将极大缓解目前运力紧张的局面。法国国营铁路集团（SNCF）于 2019 年 4 月与 SŽDC 签署了一份协议，将为捷克高速铁路的规划和建设提供咨询服务。

2025 年捷克开始建设的第一条高速铁路，建设路段为布拉格至别霍维采，设计速度超过 250 km/h。捷克将采用法国 TGV 标准，此前政府已为此支付 1 100 万克朗（约合 50 万美元）采购费。克雷姆利克部长将高铁建设作为施政优先方向，目标是将捷克的高铁提高到西欧水平。他表示，此后 30 年内将累计投资 6 000 亿克朗（约合 273 亿美元）用于高铁建设。捷克政府拟加大交通基础设施投资，计划到 2029 年每年投入资金 1 660 亿克朗（约合 75 亿美元）用于项目建设，投资规模是目前的两倍。

目前正在规划中的高速铁路包括：布拉格—布鲁诺—布鲁克拉夫、普热罗夫—斯特拉瓦、普拉哈—波兰边界等线路。SŽDC 已与德国铁路股份公司（DB AG）协商一致，将共同建设连接德国萨克森州的德累斯顿和捷克首都布拉格的高速铁路。该项目的首段布拉格—洛沃西采（Lovosice）预计于 2030 ~

2035 年完工，整条线路将在 2050 年之前投入运营。项目建成后，从德累斯顿至布拉格的旅行时间将为 60 min，比目前节省 75 min。从柏林到布拉格的旅行时间将为 2 h 15 min，大约是目前两城市间公路出行所需时间的一半。

2021 年 1 月 19 日捷通社报道，捷克副总理兼工贸部和交通部部长哈弗利切克与捷克企业代表会晤后表示，捷克公司应在未来几年中参与国内高速铁路的建设，高铁项目对捷克工业发展是巨大的机会，捷交通部将负责筹备事宜。他指出，由于项目涉及范围广，供应商中将有来自国外的企业参与，但会优先考虑在捷克设有机构或驻有人员的外国企业。至 2050 年捷克将投资 8 000 亿克朗（约合 348 亿美元）建设高速铁路，其中 2030 年前的投资为 1 500 亿克朗（约合 65 亿克朗），计划用于 2025 年开始第一条线路——布拉格至德累斯顿的建设。

## 5.4 中国高铁"走出去"状况

### 5.4.1 土耳其高铁

2014 年 7 月 25 日，由中国企业参与建设的连接土耳其首都安卡拉和土耳其最大城市伊斯坦布尔的高速铁路二期工程通车并投入运营。土耳其自 2003 年起开始建设高速铁路。第一条从土耳其最大的城市伊斯坦布尔经过埃斯基谢希尔到首都安卡拉全长 553 km 的线路正在建设中，并将于 2007 年开始运营，全程旅行时间将从 6～7 h 缩短至 3 h 10 min。另一条线，安卡拉至科尼亚（Konya）的线路于 2006 年开工。全程旅行时间预计为 70 min。另有其他几条线连接各大都市，已经规划并将于若干年内建设完成。2014 年 1 月 17 日土耳其安卡拉至伊斯坦布尔高速铁路二期主体工程完工。安卡拉至伊斯坦布尔高速铁路二期工程项目全长 158 km，合同金额 12.7 亿美元，设计时速 250 km/h。每日往返客流量由之前的 4 000 人次增加至 25 000 次。单程耗时由 10 h 缩短至 3.5 h。这是中资企业在境外组织承揽实施的第一个电气化高速铁路项目，对推动中国高铁"走出去"具有重要战略意义。

完全采用欧洲标准和规范建设，对中国高铁进一步"走出去"具有重要示范作用，同时该项目也是中土两国深化经贸合作的标志性成果。中国中车在土耳其首都安卡拉成立轨道交通技术联合研发中心，与土方共同推动"一带一路"沿线国家的轨道交通技术创新。该研发中心将与土耳其中东技术大学、卡拉比克大学开展合作，依托中车株洲电力机车有限公司（中车株机公司）在土耳其承建的数个轨道交通项目，加强"产、学、研"融合，深化中土轨道交通领域合作。研发中心将重点开展轨道交通装备研发、共性技术研究、技术转移扩散等工作，同时进行国际化人才的引进和培养，组织国际技术交流与合作。近几年来，中国中车先后获得伊兹密尔轻轨列车、安卡拉地铁列车等多个项目订单。2018 年 10 月 26 日，中车株机公司与伊斯坦布尔市政府签订了价值约为 5 亿美元的铰接式轻轨车辆订单，这是中土在"一带一路"倡议下合作的最新成果。

### 5.4.2  印度尼西亚高铁项目

雅万高铁项目是中国高铁全系统、全要素、全生产链走出国门的"第一单"，是新时代中印尼发展战略对接和务实合作的旗舰项目，也是"一带一路"倡议的标志性工程，中国高速铁路正从技术标准、勘察设计、工程施工、装备制造、物资供应到运营管理、人才培训、沿线综合开发等全方位整体走出国门。这条全长 142 km、最高设计时速 350 km 的高铁建成后，两地车程将由现在的 3 h 缩短至 40 min。该高铁项目将于 2020 年年底前完成建设，于 2021年开始试运营，届时印尼将拥有东南亚第一条高铁。

雅万高铁是印度尼西亚的第一条高速铁路。这一项目的实施将直接拉动印尼冶炼、制造、基建、电力、电子、服务、物流等配套产业的发展，增加就业机会，推动产业结构升级。项目建成后，将极大地方便民众出行，有效缓解雅加达至万隆的交通压力，优化投资环境，带动沿线商业开发和旅游产业的发展，加快形成高铁经济走廊，促进印尼经济社会发展，造福印尼人民。同时，印尼作为东南亚最大经济体，是中国实施"21 世纪海上丝绸之路"战略的重要合作伙伴，中印尼合作建设雅万高速铁路，对于发挥铁路在推进"一带一路"倡议中的服务保障作用，深化中国铁路与东南亚相关国家铁路合作，实现中国与"一带一路"沿线国家交通基础设施互联互通，具有十分重要的意义。

2019 年 5 月，瓦利尼隧道贯通，标志着雅万高铁建设进入全面提速阶段。瓦利尼隧道是单洞双线隧道，虽然全长只有 608 m，但地质复杂。洞身经过火山堆积层，岩体破碎，自稳能力差，泥岩强度低，风化严重，遇水泥化；隧道出口与瓦利尼车站相接，道岔位于隧道内；进口与桥隧相接，施工组织难度大。尽管施工条件艰苦，但经过 40 名中方专家和 200 名印尼员工的艰苦奋战，隧道比计划工期提前 3 个月顺利贯通。瓦利尼隧道是雅万高铁全线首条贯通的隧道，为全线的加速建设奠定了坚实基础。

总之，雅万高铁之所以能取得了里程碑式的进展，正是中印尼双方加强务实合作的重要成果。该项目一直坚持"政府引导、企业主体、市场运作，确保可持续性"这一合作原则，坚持深入对接双方各自及国际组织经济发展的倡议和规划，为下一步加强双边和第三方市场合作、建设国际物流和贸易大通道、帮助更多国家提升互联互通水平打下了坚实基础。

### 5.4.3 马来西亚高铁项目

2019 年 4 月 12 日，马来西亚政府表示在经过多次沟通后，决定恢复东海岸铁路建设项目。马来西亚东海岸铁路项目是由中国交建承建的，这次马来西亚政府和中国交建在进行了多次协商后，双方达成一致协议。当日，马来西亚铁路公司 Malaysia Rail Link Sdn Bhd（MRLSB）与中国交通建设股份有限公司（CCCC）签署补充协议（SA），为恢复该项目铺平了道路。此外，双方同意成立一家合资公司来管理、运营和维护高速铁路网。

### 5.4.4 泰国高铁项目

中泰铁路是泰国第一条标准轨高速铁路，连接中国、老挝和泰国三个国家。整条中泰高铁分为两段同时在建：中国到老挝铁路段以及泰国境内高铁。中泰高铁一期项目是在 2017 年 12 月 21 日动工的。其中，中国到老挝的高铁工程，由中老边境口岸"磨丁"起始，经由"琅勃拉邦"至老泰边境"万象"，将与云南省新建的"玉溪—磨憨铁路"相连接，实现与昆明的连通，工程计划 2021 年 12 月底竣工通车。而泰国境内高铁工程又分为两期修建。一期工程为曼谷至呵叻，全长约 253 km；二期工程从呵叻至廊开，全长约 355 km，总长 607 km。

正大集团、中国铁建、中信集团等企业联合优先谈判的、总投资 471 亿元的泰国高铁项目，在历经日本参与方问题、融资问题等诸多波折、延期 5 个月后，终于扫清重大障碍有望于近期签署协议。

### 5.4.5 巴西高铁项目

圣保罗—里约线全长 511 km，计划投资 355 亿巴西雷亚尔，启动于 2008 年，当时巴西政府将之定位为 2014 年世界杯和 2016 年里约热内卢奥运会配套项目。中国高铁正在力促重启连接巴西两个主要城市的耗资 110 亿美元的高铁项目，此前，由于这个南美国家陷入经济衰退和政治混乱，该项目被搁置。巴西虽然幅员辽阔、人口众多，但人口分布和经济发展并不平衡，广袤国土的大部分，目前不需要、也无力支撑高成本的高铁运行，最适宜修建的高铁线路，是靠近大西洋海岸、将巴西两大都会——圣保罗和里约热内卢连接起来的路线，和巴西迄今所谈的"高铁项目"（TAV），也正是这条路线。连接商业中心圣保罗和里约热内卢的这一项目被视为巴西试图加入发达国家俱乐部所迈出的一大步，它最初于 2010 年被提出，当时的巴西经济还很繁荣，起初的计划是让该高铁线路在 2016 年里约奥运会之前就绪。但是，由于巴西国家陷入经济衰退和政治混乱，该项目被搁置已久。中国铁路建设企业和运营企业希望参与巴西有史以来规模最大的基础设施项目，由于人们对其可行性以及特许经营模式的怀疑而屡次被推迟。

### 5.4.6　墨西哥高铁项目

"墨西哥城—克雷塔罗"高速铁路曾被认为是中国高铁"走出去"真正意义上的第一单，但命运却一波三折。墨西哥高速铁路是迄今为止墨西哥最大的基础设施建设项目。高铁连接墨西哥城和克雷塔罗。其中，墨西哥城是全国的政治、经济和文化中心，而克雷塔罗则是离墨西哥城西北部最近的一个大城市，总人口将近百万。2014 年 8 月 15 日，墨西哥政府宣布进行高速铁路项目招标，截止日期为同年 10 月 15 日。2014 年 11 月 3 日，墨西哥通信与交通部（SCT）公布由中国铁建牵头的国际联合体中标了墨西哥城至克雷塔罗州的高速铁路项目。2014 年 11 月 6 日，由于外界的质疑和墨西哥国内压力，中标结果即被撤销。2015 年 1 月 14 日，墨西哥官方宣布重启高铁项目招标，并有 5 家企业有意参与新一轮招标，其中包括：中国中车、德国西门子、加拿大庞巴迪、法国阿尔斯通等。2015 年 1 月 30 日，墨西哥官方又改变主意，表明因国际经济与石油价格下降，政府决定无限期搁置高铁项目。2016 年，墨西哥交通部表示，由于取消高铁项目，政府的相关法律部门正在评估中国铁建提交的索赔申请，法律团队预估赔偿金额近 2 000 万比索（约 810 万元人民币）。相比较而言，高性价比和丰富的实际运营经验仍将是中国高铁的突出优势。参与墨西哥高铁项目遭遇挫折之后，中国高铁努力"走出去"的步伐并没有停下，参与墨西哥高铁项目投标的中国高铁建设原班人马正准备参与竞标连接马来西亚首都吉隆坡与新加坡的东南亚首个高铁建设项目。

### 5.4.7　智利高铁项目

2019 年 6 月 2 日，在智利公共工程部认为圣瓦高铁项目（TVS）符合公众利益而纳入特许经营招标后，智利公开宣布该项目和另一连接圣地亚哥和第五大区的铁路项目（Agunsa）拟筹备进行国际招标，即 TVS 和 Agunsa 两个项目均将进入可行性研究阶段。但这不意味着二者均将投入建设，政府将根据研究结果选择一个胜出者然后编制标底。开标时间预计在 2020 年初。考虑到可研和建设周期，项目实施将在 5 年后。根据早前报道，项目考虑采纳由智利 Sigdo Koppers 集团公司和中国中铁股份有限公司组成的联营体提交了项目研究建议。该铁路将使瓦市和圣地亚哥之间的交通时间缩短至 45 min，而维尼亚德尔马至圣地亚哥则缩短至 35 min。项目投资预计达 24 亿美元，将惠及 800 万人并搭建起联结起瓦尔帕莱索、维尼亚德尔马、卡萨布兰卡和圣地亚哥四个重要车站（新建）的网络。除了客运，项目建议书还包括建设新的铁路基础设施。

### 5.4.8　俄罗斯高铁项目

莫斯科至喀山高铁是中俄力推的合作项目。俄罗斯计划中的莫斯科—喀山—叶卡捷琳堡高铁线路长约 770 km，将成为俄罗斯唯一一条列车速度超过 400 km/h 的铁路。这条新的高速铁路将成为欧洲和亚洲之间高速铁路网的第一阶段，有助于改善北京和莫斯科之间的交通及货物运输，促进两国经济增长。莫喀高铁西起莫斯科，东至喀山，承担客运及轻型货物运输。莫喀高铁地处高纬度严寒地区，沿线地质和气候复杂，在全世界尚无商业运营经验可参考。根据项目特点、地理环境和技术需要，开展了多项研究工作，为高铁的勘察、设计和建设提供了理论依据，有力推进了项目实施，确保了莫喀高铁的技术水平和质量。莫喀高铁应用中国高铁经验，采取多种建设措施，提出主要参数及建设方案，并通过优化设计、创新俄罗斯铁路的工程模式，提升莫喀高铁的技术水平，也为中国技术、装备"走出去"创造了条件。中国积极参与俄罗斯高铁《特殊技术条款》的修编和完善，为建立健全俄罗斯高铁技术标准体系提供中国经验，确保勘察设计质量，实现了中国标准"走出去"。

近年来，中俄高铁合作不断深化。2014 年，中俄双方签署"中俄高铁合作谅解备忘录"，推进构建北京至莫斯科的欧亚高速运输走廊，并优先实施莫斯科—喀山段高速铁路项目。2015 年 6 月 18 日，中铁二院与俄罗斯企业组成的联合体与俄罗斯铁路公司正式签约，中标莫斯科 – 喀山高铁项目的勘察设计部分，金额约 24 亿人民币。莫斯科—喀山高铁项目是欧亚高速运输走廊的试点项目。莫斯科—喀山高铁全长 770 km，穿越俄罗斯的 7 个地区，总预算超过 1.2 万亿卢布（约合 1 100 亿人民币），其中，中国拟提供 4 000 亿卢布（约合 434 亿人民币）的贷款。莫斯科 – 喀山高铁设计时速最高 400 km，超过京沪高铁的 380 km 设计时速，成为目前全世界已建成和设计中时速最高的高速铁路。目前，中俄双方正在按计划推进项目。中国为俄罗斯打造的高速动车如图 5.5 所示。

图 5.5 中国为俄罗斯设计高铁动车

中俄高铁合作项目:俄罗斯高速动车组(研制单位:中车长客)。中车长客从贵宾区、头等车厢、二等车厢、经济车厢、餐饮区一直到托儿区,对整个内部进行了全新设计。设计风格的灵感来自于俄罗斯的建构主义,中国为俄罗斯设计高铁动车内部图如图 5.6 所示。

图 5.6 中国为俄罗斯设计高铁动车内部图

中铁检验认证中心(CRCC)对依据俄罗斯标准(GOST)体系设计制造的时速 400 km 及以上动车组项目进行车体静强度试验,进行试验的车体为国内为俄罗斯打造的高铁列车的中间车,该车体采用铝合金型材料焊接而成,试验按照 GOSTR 33796—2016 *Railway Multiple Units -Durability And Dynamics Requirements* 的有关要求进行。试验标准应与设计标准一致,故此次静强度试验需采用俄罗斯标准进行。这对之前从未有在生产企业现场进行过俄罗斯标准静强度试验的 CRCC 来说是个挑战。CRCC 的工程师首先遇到的挑战是俄文版俄罗斯标准的汉译问题,汉译后诸多专业名词不准确,甚至存在歧义,以致试验大纲无法制定。此外,俄罗斯标准与国标、欧标相比,对于车体的关注点不尽相同,在载荷确定和试验工况执行步骤上需要花费大量时间进行全新的探索和尝试;且俄罗斯标准中侧向力工况在具体试验过程中也存在极大难度。为此,CRCC 试验团队在试验准备阶段开展了大量准备工作,在试验过程中与主机厂技术人员和外方专家反复磋商,从而共同确认了标准的汉译版本及试验大纲,确定了本次车体静强度的试验项点和具体的执行思路，确保了试验的顺利进行。经过试验，时速 400 km 及以上动车组项目车体满足相关标准要求，达到了委托单位的预期目标，并对以后车体结构确定和批量设计生产起到了至关重要的作用。这是 CRCC 第一次在异地试验现场依据俄罗斯标准进行车体静强度试验，从试验项点的确定到最终试验大纲的形成均是全新的探索和尝试，同时也积累了大量的试验数据与试验经验，为以后相关试验的进行打下了坚实基础。

什么是车体静强度？车体静强度是车体在交付使用前的一项重要试验，主要考核车体在标准载荷作用下，车体结构所用材料是否达到标准对材料性能的要求。为什么要统一？由于欧洲标准和俄罗斯标准思路不同，因此像座位数、站立区、面积等参数的不同将直接影响到车辆的最终载重不同。本次试验车体在设计的时候是依据 GOST 33796 标准来进行设计的，设计师会根据自己设计的布局，依据标准来得到载重等参数，然后再从结构强度的角度考虑车体不同区域，根据受载情况的分析，确定铝合金型材的型号和厚度等。车体设计出来之后，仍然要用该标准执行静强度试验。这就是设计和试验标准的统一。

### 5.4.9　匈塞铁路

匈牙利—塞尔维亚铁路（以下简称"匈塞铁路"）连接布达佩斯与贝尔格莱德，该项目由中、塞、匈三国总理于 2013 年 11 月 26 日在布加勒斯特举办的第二届中国-中东欧领导人会晤上宣布。该项目全长 350 km，其中塞境内全长 184 km，匈境内全长 166 km，是欧洲跨国铁路网的重要组成部分。匈塞铁路改造项目是中国-中东欧国家合作的标志性项目。该项目建成后，两地之间的运行时间将从目前的 8 h 缩短至 3 h 内，不仅能完善塞、匈两国交通网络建设，更能进一步向北联通西欧发达国家，向南延伸至希腊港口入海，成为贯通中东欧地区的骨干铁路线。匈塞铁路示意图如图 5.7 所示。

匈塞铁路是中国"一带一路"倡议

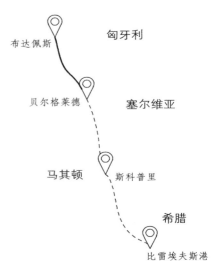

图 5.7　匈塞铁路示意图

下的重点跨境基础设施工程，是中国高铁进入欧洲的第一单，也是中国高铁成套技术和装备"走出去"的重要组成部分。其中，列控系统是高速铁路的"大脑"和"中枢神经"，是保障高铁安全高效运行的核心技术。由中国通号为欧洲匈塞铁路量身打造的匈塞铁路 ETCS-2（欧洲列车运行控制系统）系统实验室在塞尔维亚首都贝尔格莱德落成，这是中国企业在海外建成的首个高铁列车运行控制系统实验室，将共享中国高铁建设的丰富案例库经验，为采用欧洲 ETCS-2 及列控系统标准建设的匈塞铁路提供核心技术支撑。中国通号是匈塞铁路塞尔维亚境内贝尔格莱德中心站至旧帕佐瓦的通信信号信息系统集成商。

为满足匈塞铁路 ETCS-2 信号控制系统整体技术方案的落地实施，中国通号充分发挥设计研发、装备制造、工程服务"三位一体"的全产业链优势，由匈塞项目部牵头全系统各企业联合、通力协作，实验室面积约为 140 m²，分为核心装备区、操作区、中心展示区三部分，包括全套信号系统和符合欧洲技术标准的先进技术装备，可以展示完整的调度指挥和列车运行控制功能，并具备开展系统功能测试、接口测试、互联互通测试和列控数据交付测试等功能，可大大减少现场测试工作量，为匈塞高速铁路建设提供坚实保障，同时未来还可作为匈塞铁路信号设备运行维护的基地，为塞尔维亚铁路的运营维护技术人员提供培训环境。该实验室自 2019 年 3 月开始筹备建设，旨在欧洲建立一个铁路列车控制系统的全功能实验室，一期工程涵盖 ETCS-2 级列控系统信号部分的基本功能，二期规划增加 GSM-R 无线通信系统和 ATP 车载列车控制系统等。实验室采用的设备全部为中国通号自主化产品，均按照欧洲通用的 EN50126/50128/50129 系列标准要求开发，已取得互联互通 TSI 认证和塞尔维亚 DeBo 认证，匈塞铁路试验中心如图 5.8 所示。

图 5.8    匈塞铁路试验中心

核心装备区由无线闭塞中心（RBC）、计算机联锁（CBI）、调度集中控制（CTC）、信号集中监测（CSM）、模拟实验环境（ATE）和电源屏（PSE）等系统设备组成。其中，无线闭塞中心 RBC（Radio Blocking Centers）：RBC 是列控系统的核心设备，其主要功能是向列车发送行车许可，告诉列车能向前开多远，按照什么速度运行。

计算机联锁系统 CBI（Computer Based Interlocking system）：计算机联锁设备，是列控系统的车站级设备，其主要功能是控制车站道岔和信号机，通过扳动道岔，为列车提供"通路"，安装在室外的转辙机和信号机由这套设备控制。同时联锁设备提供了人机界面，车站的值班员通过人机界面上的功能按钮进行道岔操控、进路选择等功能操作，同时站场图形上实时显示道岔、信号机和轨道区段的状态。

调度集中系统 CTC（Centralized Traffic Control System）：依托这个系统，中心的调度人员可对匈塞铁路全线的任一车站、任一列车进行实时状态掌握和调度指挥。这套系统，支撑了塞尔维亚铁路部门的生产调度指挥，为匈塞铁路的运营秩序提供坚实保障。

信号集中监测系统 CSM（Centralized Signal Monitoring system）：集中监测系统的主要功能是保证行车安全、加强信号设备结合部管理，可以监测设备状态、发现设备隐患、分析设备故障原因、辅助故障处理、指导现场维修、反映设备运用质量，极大提高了塞尔维亚铁路工作人员的维护效率。模拟实验环境（ATE）、电源屏（PSE）等系统设备模拟实验环境（ATE）、电源屏（PSE）等系统设备提供运转所需的电源和模拟测试环境，仿真现场室外设备的输出量，为核心控制系统提供运行数据。

中国通号匈塞项目部基于匈塞铁路在塞尔维亚建设 ETSC-2 系统实验室，充分展示了中国高铁先进列车控制技术以及中国通号自主化成套装备，为匈塞铁路提供定制化的系统解决方案，实现成套装备向海外输出。中国通号作为全专业、全产业链的全球最大轨道控制系统解决方案提供商，积极推进境外重点高铁和铁路项目，以完善技术保障支撑中国高铁"走出去"。

## 5.5　中国高铁"走出去"策略分析

近年来，中国高铁已成为中国最新科技大幅进军海外的标杆，中国高铁在海外高歌猛进，凭借高性价比和成功的运营经验，在全球市场接连斩获订单。中国高速列车保有量 1 300 多列，为世界最多。中国高速铁路的快速崛起，打破了 2008 年以前日欧称雄世界的局面，中国高铁不再是一匹"黑马"。以法、德为代表的欧洲，目前在最高试验速度、高速运行、运营组织和乘客服务方面具有一定的优势，特别是法国别出心裁的技术创意今后也会是其保持竞争力的有力武器；日本在车辆轻量化技术、大量运输、安全运行技术、正点运行方面优于欧洲；从世界范围内来看，虽然目前一些发达国家的高速列车已经进入更新改造时期，但随着欧洲高速铁客运市场对私营运营商的开放，一些私营运输公司加快高速列车的采购速度（如意大利高速铁路运公司 NTV 等）以及一些国家高速铁路规划的出台，高速列车有一定的市场需求（如英国城际快车计划 IEP）。在进入 21 世纪后的相当长的一段时间里，将形成以中国、日本为代表的亚洲和以法国、德国为代表的欧洲竞争的局面，中国的潜力能否完全释放以及中国能否最终胜出，则取决于中国今后的运营业绩以及中国高速铁路各方的努力。随着中国标准化动车组的研制及高速铁路走出战略的加快实施，中国高速列车研究更需要具备国际视野。

1. 中国高铁建设与运营理念的独特性

（1）优秀经验值得借鉴。

世界银行发布的研究报告中提到，中国高铁的发展经验值得别国借鉴。《中国的高速铁路发展》报告指出长期全面的规划和设计标准化是中国高铁成功的关键要素。报告认为，中国的《中长期铁路网规划》为高铁体系发展提供了清晰框架。凭借惊人的发展速度以及过硬的实力，中国高铁已赢得国际社会的高度认可。"中国速度"已经在世界市场占有一席之地。那么，中国铁路主要有哪些方面值得别国借鉴呢？

在基建方面，中国高速铁路网的建设成本为平均每千米 1 700 万~2 100 万美元，约为其他国家建设成本的 2/3。世界银行在 2013 年年末对 27 条运行中的高铁建设成本作了分析，中国设计时速 350 km 的线路单位成本为每千米 9 400 万~1.83 亿元，设计时速 250 km 的客运专线（个别除外）的单位成本为每千米 7 000 万~1.69 亿元，时速 200 km 高速铁路的平均造价为 1.04 亿元。这一造价水平至少比欧洲的同类基建造价低 40%。

在准点率方面，中国高铁出发和到站的准点率分别为 98% 和 95%。"复兴号"两项数据更是到达 99% 和 98%。中国高铁之所以取得如此成就，在于其"细心规划""大量投资""发展铁路通过能力""和当地政府的合作""分析市场""提升服务竞争力（准点率等）"以及"注重安全"。

在票价方面，相比全球各国高速铁路车票售价，中国高铁售价是最低的：高铁二等座票价每人每千米 0.46 元，一等座每人每千米 0.74 元。这样的售价令中国高铁在 1 200 km 距离内，相比汽车和飞机具有竞争优势。反观国外，法国高铁每人每千米售价为 1.65~2.13 元；德国为 2.34 元；日本为 2~2.13 元。这也意味着中国高铁票价是外国票价的 1/4~1/5。

在投资回报率方面，据估计，中国高铁网的投资回报率为 8%，远高于中国和其他多数国家长期大型基础设施投资项目。高铁带来的效益包括缩短出行时间、改善出行安全、促进劳动力流动和旅游业。

在动车组维修方面，中国的动车组维修目前专注于预防性维修，其他维修仅在需要时进行。这些车辆有 3 000 多个自动传感器，用于监控运动部件的状态。这些传感器将信息传输到动车组车间，以帮助指导所需进行的具体维护。维护周期主要基于使用情况以及使用时间，动车组每 4 000 km 或 48 h 会进行检查和维护，主要包括目视检查和功能测试。此外，每当动车组进入或离开车间时，线路设备都会测试每个车轮的情况，有效地延长了车辆的使用寿命、减少了维修成本。

（2）中国铁路的特殊性难以效仿。

虽然中国铁路值得借鉴的优秀经验很多，但因为其特殊性，别国难以实现效仿。中国铁路的特殊性在于中国具有其他国家无可比拟的客观条件以及拥有政治、经济等方面的优势。这些条件成为了助力高铁发展的坚实基础。

① 国土面积辽阔

高速铁路有别于传统铁路的重要一点是速度。因为速度高，所以线路运营距离长。中国在 350 km 运营时速上大范围创新发展高速铁路，长达几百千米、上千千米的长大干线，其中运营时速 300 km 以上的里程有 1 万多千米。这些高铁的建设首要条件就是庞大的国土面积。以日本为例，虽然日本高铁网密度为 37.8 千米/万平方千米，有 3 041 km 的运营高铁。但是，日本目前轮轨最高时速是 300 km，如果再发展高铁，国土面积必然成为制约条件。2017年，中国开通的高铁长度就已经超过了日本新干线的总和，平均每天新增 8 km。可见，国土面积是一个根本性的前提，国家面积太小，高铁发展规模和运营速度就会受到限制。中国疆域辽阔，有足够让高速铁路更高更快尽情驰骋的先决条件。

② 经济实力强大

建设发展高铁，涉及桥隧、站场、线路等基础工程，需要巨大的资金投入，作为重大基建项目，高铁投入巨大且周期很长，如果没有足够的经济实力支撑，将无法实现快速发展。经过 40 多年的改革开放，中国已经成为全球第二大经济体，既为高铁建设打下了良好的经济基础，也为高铁的运营提供了充足的市场空间，成为高铁短时间内爆发式发展的强劲推力。经济发达是修建高铁的基本前提，由于成本高、建设周期长，高铁建设在各国都是高风险投资。以日本为例,除了最早的东海道新干线盈利外,随后建立的数条新干线都出现大面积亏损,致使日本政府欠下巨债,不得不在 20 世纪 80 年代进行铁路民营化改革,通过提高运营效率改善财务状况。按照中国高铁的运营估算结果,在高铁建设中的投入已超过 3 万亿元。可见中国高铁发展背后是足够的国家财力和物力支撑。

③ 工业体系完整

高铁作为庞大的系统性战略工程,涉及机械、冶金、建筑、机电、材料、仪器、电力、通信、化工等诸多工业产业。建设发展高速铁路的国家,如果具有完整的大工业体系、可以减少"被控制"的局面,有利于加强战略主导性,更为重要的是为基础建设提供了重要的保障,减少工业配套生产成本,有利于生产质优价廉的产品。经过多年发展,中国已成为全世界唯一一个拥有联合国产业分类中全部工业门类的国家,200 多种工业品产量居世界第一,制造业增加值自 2010 年起稳居世界首位。中国拥有 39 个工业大类,191 个中类,525 个小类,具有行业齐全的工业体系。中国的工业体系、工业量级、工业潜力及研发力量的综合能力,是支撑中国综合国力的重要基础。

④ "大一统"的管理模式

一方面是"大一统"的国家管理模式,另一方面是"大一统"的铁路管理模式,中国高铁建设具有"集中力量办大事"的特殊性,这是别国不一定具备的先决条件。因为集中力量办大事是中国社会主义制度优势,在正确的决策保证下,可以最大限度、最大能力集中、人、财物优势资源,巨量化、高效化发展国家基础建设。基于这样的制度优势,中国铁路的建设速度很快,仅用十几年时间就建成了世界上规模最大的高铁网络。如,世界第一条运营时速 350 km 的高铁——京津城际高铁,全程 120 km,建设用时 3 年;世界第一条设计时速 350 km 的长大干线高铁——武广高铁,全长 1 069 km,建设用时 4 年半;世界上首条修建在大面积湿陷性黄土地区、运营时速 350 km 高铁——郑西高铁,全长 505 km,建设用时 4 年;世界第一条最高设计时速 380 km 的长大干线高铁——京沪高铁,全长 1 318 km,建设用时 3 年 2 个月;世界上一次性建成通车里程最长的高速铁路——兰新高铁,全长 1 776 km,建设用时 5 年半。反观国外,英国全长 109 km 的 HS1 铁路,修建过程涉及一系列征地、公共协商、环境保护等问题,耗时 16 年;全长 525 km 的 HS2 线,至今还在民众的质疑声和抗议声中艰难推进,预计 2033 年建成。美国从 2008 年通过高铁项目经费计划至今,历经了 10 年,加利福尼亚州的高铁建设仍停留在研究预算阶段。中国高铁硬实力和软实力如图 5.9 所示。

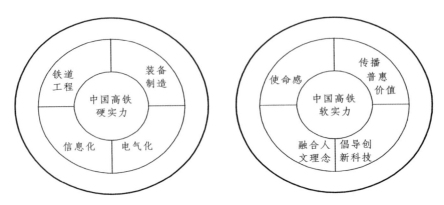

图 5.9 中国高铁硬实力和软实力

2. 中国高铁"走出去"的经济意义

推动铁路建设项目"走出去",有利于推动中国高铁产业向国际市场转移,促进产品、技术、劳务、装备、标准等输出;有利于促进中国产业技术进步,提高中国企业国际竞争力和国际化水平,在更大范围、更广领域、更高层次上参与国际经济合作和竞争;有利于统筹国内国际两个大局,提升开放型经济发展水平,推进"一带一路"倡议的实施。在当前经济运行稳中有变、经济下行压力有所增大的形势下,铁路"走出去"迎来了千载难逢、大有可为的战略机遇期。随着中国高铁走出国门,其实力、技术等备受全世界的关注。中国高铁海外发展意义体现在:"高铁外交"作为国家新名片、有助于"中国制造"向"中国创造"的历史性转变、中国经济突围发展的战略等需要。如谋划中的中国高铁"走出去",便包括三个战略方向:通过俄罗斯进入欧洲的欧亚高铁;从乌鲁木齐出发,经过中亚最终到达德国的中亚线;从昆明出发,连接东南亚国家,一直抵达新加坡的泛亚铁路。其中,泛亚铁路一体化的含义是:亚洲拥有世界约60%的人口,世界44个内陆国家有12个在亚洲地区。2006年11月10日,中国、俄罗斯、韩国等18个成员国代表签署了《泛亚铁路网政府间协议》,确定了泛亚铁路建设框架。新的泛亚铁路网建设规划,包括北部走廊、南部走廊、印度—中国和东盟国家走廊以及南北走廊,路网连接28个国家,全长8.1万千米,目的是打造新的钢铁丝绸之路,为促进亚洲地区经济发展和共同繁荣开辟新的途径。泛亚铁路规划如图5.10所示。

高速铁路"走出去",为中国在未来的发展提供了全新广阔的地缘空间,高铁就是升级版的现代丝绸之路。高铁将把中国的商品、产业、装备、文化和思想传播出去,助推中华民族的伟大复兴。

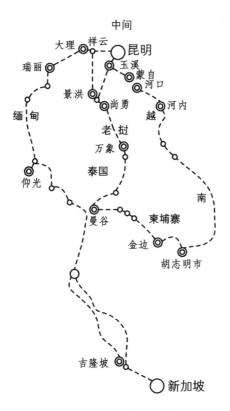

图 5.10  泛亚铁路规划图

3. 中国高铁"走出去"对策分析

（1）市场定位。

中国铁路建设项目"走出去"的市场布局以中国周边国家和地区为主，以西亚、中东欧、非洲、拉丁美洲国家为辅、积极主动开拓欧美等高端市场。中国高铁国际化如图 5.11 所示。

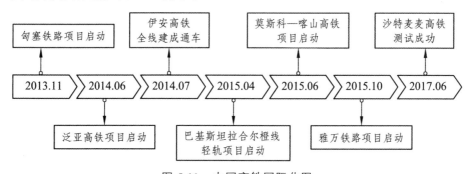

图 5.11  中国高铁国际化图

（2）完善中国铁路标准体系，推进铁路标准国际化工作。

标准是进入国际市场的第一道门槛。中国高铁要梳理好现行铁路标准体系，加强基础性、通用性及兼容性标准的制修订工作，并开展中外标准的研究和对比分析工作，及时跟踪国际铁路标准发展动态；鼓励其承担国际标准的制定工作，工作促进中国铁路标准的国际化工作。同时还要完善营运管理服务标准。

我国高铁提高了我国铁路走出去的信誉，为实现高水平对外开放、推动共建"一带一路"高质量发展发挥了积极作用。我国高铁的成功实践，丰富完善了高铁技术体系和国际标准，把高铁发展推到了一个新的水平，在世界范围内产生积极影响，促进了我国与有关国家在高铁建设和装备制造领域的合作。作为"一带一路"标志性项目，雅万高铁正在顺利推进。

境外项目的实施，有力推动了我国铁路标准走出去。目前，国际标准化组织铁路应用技术委员会开展的 40 项标准制定工作，我国主持 9 项、参与 31 项；国际电工委员会开展的 99 项标准制定工作，我国主持 13 项、参与 48 项；国际铁路联盟（UIC）开展的 606 项标准制定工作，我国主持 26 项、参与 21 项，包括 UIC 高速铁路实施系列标准、UIC 高速铁路设计系列标准等，其中实施系列标准已向全球发布。同时，我国还与俄罗斯等 21 个"一带一路"沿线国家签署标准化互认合作协议，显著提升了我国铁路标准的影响力。

随着我国高速铁路快速发展以及铁路走出去取得重大突破，我国在世界铁路的地位不断提升，担任了国际铁路联盟亚太区主席、国际电工委员会副主席、国际标准化组织铁路应用技术委员会主席等领导职务，我国铁路在国际组织中的话语权大大增加。

2020 年 10 月 28 日（当地时间），中泰两国在曼谷签下了订购复兴号列车的订单。此次泰国引进的复兴号高铁列车，是以 CR300 型复兴号为基础，设计最高速度 250 km/h 的高速列车，未来将用于中泰高铁的运营。未来的"泰国版复兴号"将以 CR300AF 型复兴号为原型，8 辆编组，定员 594 人，设计时速 250 km，本期订购的列车数量共计 6 组。除订购列车外，合作协议涉及中泰高铁信号系统、四电、人员培训以及基建的相关合作事宜。中泰两国高铁的合作不仅仅是车辆装备的输出，更是中国高速铁路技术系统以及中国标准的输出。

2021 年 5 月 31 日，中国首列出口欧洲双层动车组在中车株机公司下线。这是我国自主研制的满足 TSI 标准（欧盟铁路互联互通技术规范）的双层动车组，最高运营时速 200 km，将出口奥地利，运用于奥地利、德国、匈牙利等 5 个国家铁路线上。面临 TSI 标准,双层动车组等多重挑战。此次下线的欧洲双层动车组采用 2 动 4 拖 6 节的基本编组形式，座席载客 571 人，最大载客可达 1 280 人，较单层车运量提高 30%~35%，可有效缓解欧洲繁忙线路运力紧张的问题。同时，动车组采用双流制交流传动系统集成设计，具备自动切换和手动切换两种模式，可以实现不同供电制式、不同功能需求的快速切换，并配置多套信号系统，满足欧洲铁路互联互通的运输需求。

（3）跟踪世界铁路技术创新发展趋势，持续深化铁路新技术研发。

主要包括推进动车组系列化，开展列车智能能量管理、牵引变流器轻量化等新技术研究，为提高列车乘坐舒适性，开展减振降噪技术研究等；加大基础理论攻关力度，提升设计源头质量；学习借鉴国外可靠性评价的先进经验，加快可靠性评价体系的研究；持续开展无砟轨道线路变化规律研究；开展道岔部件伤损监测技术研究，优化道岔钢轨的合理打磨廓形，发展道岔设备故障预测与健康管理 PHM 技术；开展立交辙叉等新型结构道岔及部件研究工作；开展桥梁、隧道设计方法、材料研究和应用；开展特殊地质路基变形控制技术和防排水及支挡、防护结构系统技术研究；开展自主化列控系统技术、高铁自动驾驶技术、安全电子安全设备技术、列控联锁一体化技术研究，适度加快应用步伐，通过提高设备集成度，减少系统接口，降低制造和维护成本；开展下一代列控系统技术和 LTE 技术的研究和试验步伐，并同步开展 5G 技术的研究，重点解决基于 IP 的无线通信系统实现铁路调度业务、列控业务的技术问题；加大开展轨旁设备的无线连接技术、光纤接入技术的研究和应用；开展实现统一调度、集中指挥、管控一体的铁路运输调度指挥管理技术研究和应用等。

（4）完善设施设备养护维修体系。

借鉴国外先进维修理念，跟踪先进维修方式、修程修制、维修技术，从中国实际出发，健全完善中国铁路养护维修体系。运用 6A、CMD、故障预测与健康管理（PHM）工程等手段，构建动车组全寿命周期的健康管理体系；提升动车组监控技术水平，开发研制列车健康管理系统，实现对车辆状态的准确把握，压缩检修停时，降低全寿命周期成本；推动供电专业检测技术由传统的接触式检测方式向非接触式检测方式转变，进而向智能化、无人化的方向发展；研究建立牵引供电系统故障预测与健康管理（PHM）系统；推进工务 8 M 体系建设，开展关键检测设备的研制；发展数据检修及智能检修技术；加强检测、监测数据的管理和分析。积极推行高铁综合维修一体化管理，加强专业协调配合和资源综合利用；积极推进工区分散维修向车间集中维修转变，充分发挥各专业调度指挥中心的作用，优化现场人力资源配置。

（5）为东道国量身定制高铁建设方案。

根据东道国的地理环境、气候环境等量身定制合适的轨道，设计出与东道国经济环境、自然环境相适应的产品，在安全性能、人文设计方面为中国高铁产业加分，助力中国高铁"走出去"。

（6）构造人才培养培训体系。

加强与国际接轨，积极培养高层次人才和复合型人才，特别是针对技术型人才，制定完善的培养机制，不断地更新知识，扩大知识视野，保持不断创新的活力；针对管理人员，培养其管理、服务型人才，增强服务意识。

（7）借助亚洲基础设施投资银行等助力中国高铁产业海外投资，为解决部分国家巨额资金难以筹集的难题提供重要保障。

从"走出去的机遇与挑战"的角度出发，全球铁路合作处于难得的机遇期。经济全球化、区域经济一体化需要铁路支撑，铁路也能有效拉动城镇化与就业率。不仅如此，第三次技术革命给铁路行业注入新活力、高铁成为了振兴铁路市场的新动力，高铁的环保低碳得到了许多国家重视。但在拓展海外市场的过程中，中国高铁"走出去"虽然已在多层面展开，并取得长足进展但同时也面临被搁置、被拖延、被压价、被限制等方面的艰巨考验。中国高铁"走出去"至少要翻越地缘政治、产业竞争、经济困境、文化障碍等几座"火焰山"。中国高铁面临着各种各样难以想象的困难和挑战，需要进一步做各种调整，这无疑是摆在中国面前的一道大考题。

# 第 6 章 "后高铁时代"

---

随着 2015 年日本的速度 603 km/h 的磁悬浮列车试验成功，以及美国超级高速铁路理念的推广，世界各国正面临一场新的高速铁路革命。最高运营速度不超过 400 km/h 的轮轨技术，运营速度 600 km/h 以上的磁悬浮列车成为时代新宠，特别是运营速度超过 1000 km/h 的超级高速铁路，成为各国研发的热点。

## 6.1 高铁技术分类

高铁技术可分为三类，即轮轨、磁悬浮、超级高铁，如表 6.1 所示。

表 6.1 高铁技术分类

| 序号 | 类型 | 名称 | | 运营速度/（km/h） | 备注 |
|---|---|---|---|---|---|
| 1 | 第一类高铁 | 轮轨高铁 | 低速轮轨高铁 | 200～300（不包括 300） | 轮轨式高铁 |
| | | | 中速轮轨高铁 | 300～350（包括 300） | |
| | | | 高速轮轨高铁 | 350～400（包括 350） | |
| 2 | 第二类高铁 | 磁悬浮高铁 | 低温磁悬浮轨高铁 | 400～500（包括 400） | 磁悬浮式高铁 |
| | | | 中温磁悬浮轨高铁 | 500～800（包括 500） | |
| | | | 高温磁悬浮轨高铁 | 800～1 000（包括 800） | |
| 3 | 第三类高铁 | 超级高铁 | 低音超级高铁 | 1 000～1 200（包括 1000） | 真空管道磁悬浮高铁 |
| | | | 中音超级高铁 | 1 200～10 000（包括 1200） | |
| | | | 高音超级高铁 | 大于 10 000 | |

高速铁路网时速标准如图 6.1 所示。

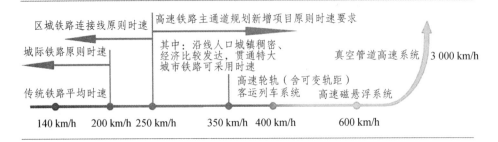

图 6.1 高速铁路网时速标准

中国科学院和中国工程院双院士沈志云总结世界高铁颠覆性技术革命进程如图 6.2 所示,"轮轨天下"和"超导未来"如图 6.3 所示。

**世界高铁技术革命进程**

| 革命进展 | | 年代 | 颠覆性技术革命 |
|---|---|---|---|
| 时代 | 分期 | | |
| 高铁时代 | 酝酿期 | 1950年代 | 美国筹建Pueblo高速列车试验基地 |
| | 探索期 | 1960年代 | 日本建新干线,实践新理念,但起点低 |
| | | 1980年代初 | 法国起点高,后来达到320km/h,但方向不对 |
| | | 1980年代末 | 德国方向纠正了,但高铁不成网 |
| | 成熟期 中国的崛起 四十年 改革开放的成果 | 1980年代 | 酝酿准备:建立高速列车大系统理论 批准筹建450km/h高速列车试验台 |
| | | 1990年代 | 自主探索:既有线提速,自主研发25种高速列车 |
| | | 2000年代 | 十年实战:引进(全球探索的经验) 消化吸收再创新(在已有基础上自主创新) |
| | | 2013-2020 | 创造辉煌:成功开发350 kph的复兴号高速列车 建成3.8万公里高标准高铁网 |
| 后高铁时代 | 前半叶 前期 | 2021-2035 | 1.开发智能复兴号,达到400 kph运营速度 2.选择高速磁浮技术——高温超导 |
| | 前半叶 中期 | 2035-2049 | 1.研发智慧复兴号CR500,CR600. 2.发展800 kph管道磁浮列车 |
| | 后半叶 后期 | 2050-2100 | 修建1 000到1 500 km/h超高速管道磁浮列车线路。 试探太空通道 |

图 6.2 世界高铁颠覆性技术革命进程

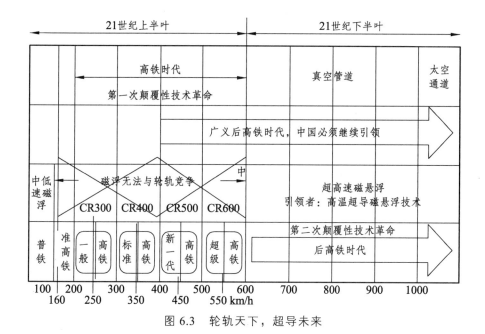

图 6.3　轮轨天下，超导未来

## 6.2　轮轨技术的极限

### 6.2.1　极限速度

动车组列车运营速度可达 350 km/h 以上已成为当下共识，那么列车极限速度到底是多少？

1955 年，法国创造了 331 km/h 的列车速度纪录，但试验后的电力机车的受电弓完全被受电弓离线时产生的电弧损坏，钢轨也有变形。这次试验的结果为：轮轨铁路的实用化商业运行速度极限大约在 200 km/h。20 世纪 60 年代，日本在建设 210 km/h 的东海道新干线时，认为轮轨铁路运行速度极限应该在 300 km/h。后来高速铁路技术不断发展，试验速度不断被刷新。德国研发的 ICE350E 型高速列车 2006 年实现了 350 km/h 运行速度目标。2005 年，日本研发成功了运行速度为 360 km/h 的 fastech360ga 型高速列车。2007 年 4 月 3 日，法国 V150 高速列车创下了 574.8 km/h 的试验型世界纪录。技术人员认为，这次试验还未达到技术极限，还可以突破 600 km/h。但其难点在于：这样的速度已经接近接触网波动的传播速度，列车追赶接触网的波动就像超音速飞机突破声障一样困难。

2016 年 7 月，中国标准动车组在郑徐高铁实际运行环境和条件下，成功进行了时速 420 km 交会试验，这是全球首次时速 400 km 级列车交会试验，也是一次商业速度的探索试验，验证了列车在高速交会时的技术指标、安全性能。也就是说，在现有时速 350 km 标准情况下提高到时速 420 km 是没问题的，但在舒适度、绿色环保方面，尤其是节能、环保、降噪等指标上存在些许问题，比如耗能太多、振动大、噪声大、舒适度低等，这些问题需要技术上的进一步攻关克服。当然，试验速度与运营速度是有差别的，而且速度越高差距越大。很多专家认为：轮轨铁路商业运行时速达到 400 km 是没问题的。从更长远的角度看，商业运行时速 500 km 可能就是极限了。

2020 年间，日本新造时速 400 km 高速试验车"ALFA-X"陆续在东北新干线上开展了试运行和媒体试乘活动，运行速度达到了 382 km/h。从 2030 年起，该车将以最高商业运营速度 360 km/h 代替目前速度 320 km/h 的 E5 和 H5 型动车组，成为东京—新青森—札幌线上运行的主力车型。

### 6.2.2　影响因素

轮轨技术是铁路的基本问题，也是高速铁路的核心技术之一。轮轨技术研究既与应用技术相关，也涉及基础理论问题，是保障高速铁路安全、高效运营和技术创新的重要支撑。高速铁路轮轨技术在法、德、日、意、英等国家都有成熟应用。相比之下，虽然采用轮轨技术，在安全、舒适、技术经济、成本等几个关键上的性价比要比磁悬浮高，但采用轮轨技术的高速铁路列车的速度不能无限提高，其局限主要体现在以下几个方面：

（1）受轮轨之间的黏着力限制。

传统的轮轨黏附式铁路是利用车轮与钢轨之间的附着力推动列车运行的，黏着系数随着速度的增加而减少，与此同时，列车的空气阻力却随着速度的增加而增加，当列车速度达到一定值时，黏着牵引与运行阻力相等，列车便不可能再加速了。而且，当列车运行速度超过附着曲线和运行阻力的交点时，其速度就很难再得到提高。

（2）受电弓受流的限制。

电力机车从接触网受电时，当接触导线的波动传播速度小于或接近列车的运行速度时，受电弓的离线率就会迅速增加，产生电弧而损害受电弓。提高列车速度就要提高接触导线的波动传播速度，其主要方法是增大导线的张力和使用质量轻的接触导线，但这都是有限的，目前的技术和材料只能保证受流速度在 500 km/h 左右。

（3）受转向架、牵引和制动系统、运行噪声以及振动等技术和环保限制。

现代高速列车都是采用电力作为驱动，需要通过受电弓将电传输到列车上，列车与供电系统的联系是通过受电弓上的电刷在接触网上滑动来实现的，高速滑动摩擦很容易产生电火花，从而限制了列车速度的进一步提高。再如，当列车运行速度比较低（100 km/h）时，空气阻力可忽略不计，但当列车的平均速度提高到 300 km/h 以上时，空气阻力就占据了列车阻力的 90% 以上，列车所需的功率是运行速度 100 km/h 时输出功率的 15 倍以上，并且空气阻力与速度的平方成正比关系，而列车的功率与速度 3 次方成正比关系，因此必须发展功率大、自重轻、体积小、可靠性高和成本低的牵引电机。所以，要继续突破高速铁路速度，就要考虑摆脱车轮、钢轨和接触网，而让列车"飞"起来。

（4）动车组技术难题。

要考虑动车组高速运行的稳定性问题，必须解决动车组因运行振动引发的失稳危险；解决动车组高速运行时的平稳性和动车组脱轨的安全性问题；解决动车组运行噪声的控制与消除问题。另外，就是要研究高速列车的空气动力学，以期研发出速度更快、性能更加优异可靠的动车组。下一代高速动车组的发展方向包括新材料、智能化、高安全、高效能、绿色节能、环境友好、低成本等特点，并采用碳纤维复合材料、高速轴承、碳化硅、表面减阻涂层等材料，以及引入列车自动驾驶技术、智能化旅客服务、智能运维技术等智能化技术，在安全方面还采用车-车互联、故障检测与健康管理、主动安全、被动安全等技术。同时，需采用高效能牵引传动技术、永磁同步传动系统、车载动力电池及超级电容混合储能、能量储存及回收利用系统、可回收材料和设施、线路自适应、车体一体化转向系统等技术。

## 6.2.3  开行 400 km/h 动车组的可行性

### 1. 技术可行性

2016 年 11 月，我国国家重点研发计划"先进轨道交通"重点专项"时速 400 km 及以上高速客运装备关键技术"项目正式启动，这也是科技部"十三五"重点专项课题。该项目包括研制时速 400 km 速度等级动车组以及研究复杂耦合条件下轮轨、弓网、流固耦合关系及列车动态行为等，研究超高速动车组降低运行阻力、智能驾驶、轻量化技术等，研究跨国互联互通的适应性、可变轨距转向架、多制式牵引系统等。项目的具体目标是研制 3 列时速 400 km 的高速列车，配备 600～1 676 mm 可变结构的转向架以及主动安全与主动运维技术和跨国互联互通技术规范。该车型同时也满足俄罗斯标准，为未来进军俄罗斯市场做准备。

　　时速 400 km 高速动车组具备六大技术特点：试验速度 440 km/h；具备跨国互联互通能力；拥有变轨距 1 435/1 520 mm，多制式供电和多制式信号；低能耗、轻量化的绿色环保动车组，节能 10% 以上；智能化水平更高，可以智能行车、智能运维、智能服务；安全性更高，具备主动安全和被动安全能力；舒适度更高，具备更高的噪声控制和动力学性能。

　　轮轨高铁要想实现时速 400 km 运营，需要考虑四项技术：线路、动车组、列控系统、牵引供电，即线路要稳、动车要快、列控要准（控制速度准确）、供电要足；同时，还需要考虑四项指标——安全性、舒适性、智能化、绿色化。技术标准是高铁建设的依据和前提，目前，影响 400 km/h 高铁实际落地的各因素中，技术部分已经可以实现，但在舒适度和绿色指标方面仍有部分未达到要求，最重要的是现在还没有相应的技术标准，尚未正式立项研究编制设计规范等标准。400 km/h 轮轨高铁技术标准如图 6.4 所示，下面有几个关键问题需要澄清。

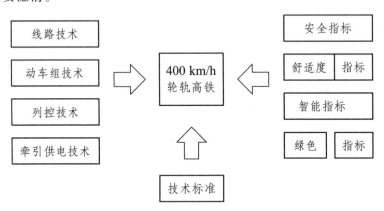

图 6.4　400 km/h 轮轨高铁技术标准

　　（1）不是速度越高越容易脱轨。

　　影响列车安全的因素非常多，最重要的是防止列车脱轨。2016 年复兴号的试验数据显示，当轨道曲率半径为 9 000 m、列车速度为 420 km/h 时，脱轨系数为 0.34；而当轨道为直线、列车速度为 290 km/h 时，脱轨系数反而增大至 0.51（脱轨系数越大越容易脱轨，中国高铁标准为≤0.8）。试验数据表明，不是列车速度越高就越容易脱轨；这些安全性指标跟线路状况和车辆状况密切相关，和运行速度及曲线半径不成正比。

　　（2）电磁辐射达标，车内噪声超标。

　　多项指标都会影响乘车人的舒适性，其中车辆平稳性、车内压力、车内电磁环境、车内噪声、制动加速度等方面的指标不容易快速改变，需长期监测。在车辆的平稳性方面，试验数据显示，列车在以 420 km/h 速度行驶时，横向和纵向的振动均达到要求。动车内的气压要求在 1 s 内变化不超过 500 Pa，3s 内不超过 800 Pa。电磁环境指标主要由电场强度和磁感应强度决定，考虑到乘客及工作人员的电磁辐射问题，中国对于动车组内 0 ~ 20 kHz 低频磁场限值给出了比国际标准更严格的规定。数据表明，列车在以时速 350 km 和 420 km 行驶时，两个指标均满足标准要求。另外，关于噪声的标准，要求车厢中部不能超过 68 dB。目前时速 350 km 的高铁可以满足，但是当列车时速增加到 400 km 时，噪声小幅超标，超过标准 0.3 ~ 1.2 dB，时速达到 420 km 时超标更多。之前有人说高铁辐射超标，则完全是谣言。高铁在行驶时，制动太快容易导致乘客因为惯性前倾或摔跤。高铁标准要求，400 km/h 的列车制动时，列车的制动加速度不得大于 1.4 m/s²，其实汽车在制动时，加速度的峰值可达到 1G（9.8 m/s²），高铁则远小于这一数值，这也是为什么高铁上没有配备安全带的原因。总体来说，舒适度随着速度的提升而劣化，气压变化值、电磁辐射值是达标的，车辆平稳性接近限值但仍在标准内，车内噪声超标。

（3）环境噪声增大，耗能增加 44%。

动车行驶时，除了要考虑车内的噪声，对于铁路轨道周围的噪声影响也需要考虑。在铁路轨道 25 m 处收集的数据显示，列车时速为 350 km 时，噪声基本在 96 dB 以内；列车时速为 420 km 时，噪声达到 100 dB 以上，超过了对环境影响方面的标准。在能耗方面，以时速 420 km 运行的列车，其人均百千米能耗比时速 350 km 列车高出 44%，与速度的平方成正比。虽然从 350 km 到 420 km 只提高了几十千米的时速，但能源消耗却上升了 44%，这个数字是非常惊人的。同时，高铁的碳排放体现在电厂方面，能耗的增加也会导致电厂的碳排放大大增加，不符合绿色环保的要求。环境噪声超标和能耗大幅增加"难以接受"。

（4）时速 400 km 动车组在研究中。

2019 年 9 月，国务院发布的《交通强国建设纲要》中提到，要"合理统筹安排时速 400 km 级高速轮轨（含可变轨距）客运列车系统技术储备研发"。时速 400 km 高速轮轨客车的研制定位是：作为未来发展方向、科技创新展开研究，但不作为近期大规模应用的目标。目前，中车长春轨道客车股份有限公司时速 400 km 高速动车组真车正在试验中，试验速度达到 440 km/h。对于现有复兴号在 400 km/h 测试中车内噪声超标的情况，时速 400 km 的动车组仍按照 68 dB 的噪声标准制造，并且已通过计算机模拟仿真实验。另外，在能耗方面，时速 400 km 动车组也减少了 10%，主要得益于更轻的材料和更有效率的电机。

总之，轮轨高铁速度提升是可以实现的，但为了解决噪声和能耗问题，需要研究新型轨下基础，通过增加弹性来降低震动噪声；研究新型声屏障结构和设置方式，阻隔列车噪声向外部传播；研究可以降低空气阻力的新型动车组，减少能耗。同时，时速 400 km 及以上高铁的技术标准也应着手制定。

2. 复兴号 400 km/h 新成员

研制运营时速 400 km/h 动车组项目，即"下一代更高速列车"项目，是中国未来更高速列车发展目标，以更环保、更经济、更安全和更具技术竞争力为目标，研制"友好型"高速列车。为追求更高时速，中国早在 10 年前就开始了研究。2010 年，原中国南车和铁道部曾一度立项研制 500 km 试验列车（CIT500），该车牵引功率高达 22 800 kW，原目标是突破轮轨时速 600 km 世界纪录。后因波折，该项目于 2011 年 12 月在青岛下线，并改名为"更高速度试验列车"。2014 年中国铁道科学研究院有限公司将"更高速度试验列车"改为"综合检测车"，命名为"CRH380A M"，仅在沪昆高速铁路杭长段试验线按 380 km 以下的时速试验运营。2015 年 12 月，科技部高新司对"更高速度等级动车组转向架关键技术研究及装备研制"项目进行了验收。中国中车青岛四方股份公司 400 km/h 以上速度等级动车组转向架样机通过验证；2016 年 6 月，"400 km 及以上动车组技术项目"通过科技部立项申报。2021 年国铁集团将开始组织实施复兴号"CR450 科技创新工程"，研发更安全、更环保、更节能、更智能的复兴号新产品，为适应未来 5G 环境运营做准备。CR450 持续时速为 400 km，将推进关键技术指标论证和顶层指标体系编制，开展系统集成、轮轴驱动、制动控制、减震降噪等核心技术攻关。

在线路设计选择上，成渝中线高铁全长约 292 km，是成都、重庆两大中心城市间客运核心通道，也是成渝地区双城经济圈东出方向的高速客运通道。项目线路自成都站向东引出，经资阳引入重庆北站，全长约 292 km，主要技术标准为时速 350 km 的客运专线，并预留提速 400 km/h 条件，新建车站 7 座。项目估算总投资 722 亿元，建设总工期约 4.5 年。项目主要建设内容为新建沪渝蓉高铁重庆至成都段线路。起自重庆市江北区，终至四川省成都市金牛区，如图 6.5 所示。

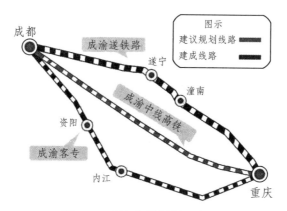

图 6.5　成渝中线规划示意图

## 6.3　高速磁悬浮技术

高速铁路按照列车的支撑和推进原理可分为轮轨式和磁悬浮式两种。轮轨式高速铁路与常速铁路一样，通常利用列车轮对与轨道之间的黏着力驱动列车行驶，是目前世界高速铁路采用的主流技术。磁悬浮列车技术依靠电磁吸力或电磁斥力将列车悬浮于空中并进行导向，实现列车与地面轨道间的无机械接触，再利用线性电机驱动列车运行。该技术能够克服传统列车轮轨黏着限制问题，也不存在轮轨系统的车轮空转和打滑现象，是一种新型的高速铁路技术。磁悬浮列车是一种靠磁悬浮力（即磁的吸力和排斥力）来推动的列车。由于其轨道的磁力使之悬浮在空中，行走时不需接触地面，因此其阻力只有空气阻力。

### 6.3.1　技术原理

高速磁悬浮在长距离、大客流量、大城市间的地面运输中具有不可比拟的优势。磁悬浮列车是一种现代高科技轨道交通工具，它通过电磁力实现列车与轨道之间的无接触的悬浮和导向，再利用直线电机产生的电磁力牵引列车运行。磁悬浮铁路是一种新型的交通运输系统，其利用电磁系统产生的排斥力将车辆托起，使整个列车悬浮在导轨上，利用电磁力进行导向，再利用直线电机将电能直接转换成动能推动列车前进。而技术范式的抉择一直是影响高铁发展的重大战略性问题。"轮轨"高铁技术是比较成熟技术，且其技术经济性价比也较"磁悬浮"优越，因此，当今世界高铁均采用轮轨技术。但是，在需要将地面交通速度提高到 400 km/h 以上的时候，磁悬浮高速列车具有明显优势，它与普通轮轨列车相比，具有低噪声、无污染、安全舒适和高速高效的特点，有着"零高度飞行器"的美誉，是一种具有广阔前景的新型交通工具。

磁悬浮列车及轨道与电动机的工作原理完全相同，只是把电动机的"转子"布置在列车上，将电动机的"定子"铺设在轨道上。通过"转子""定子"间的相互作用，将电能转化为前进的动能。电动机的"定子"通电时，通过电磁感应就可以推动"转子"转动。当向轨道这个"定子"输电时，通过电磁感应作用，列车就像电动机的"转子"一样被推动着做直线运动。磁悬浮列车利用布置在导轨上的直线电机产生的磁力牵引运行。

直线电机可分为三种，分别为长定子直线电机、短定子直线电机和分段式长定子直线电机。长定子直线电机安装在导轨上，导轨有多长，电机就可以铺设多长。短定子直线电机安装在车辆上，也被称为直线感应电机。分段式长定子直线电机则是分段铺设在导轨之上的。一般而言，长定子直线电机应用于高速磁悬浮交通，而短定子直线电机适合中低速磁悬浮列车。磁悬浮列车结构如图 6.6 所示。

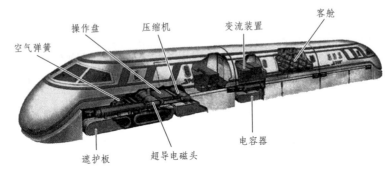

图 6.6　磁悬浮列车结构图

### 6.3.2　技术分类

1. 按悬浮方式分类

磁悬浮列车是利用电磁力使车体悬浮在轨道之上，并通过电磁力推动车辆运行的交通工具。磁悬浮列车在运行过程中不与地面接触，消除了轮轨系统才有的摩擦阻力，可以达到很高的速度，可与轮轨式高铁和飞机一争高下。按照悬浮方式的不同，磁悬浮技术可分为电磁悬浮技术（简称 EMS）和电动悬浮技术（简称 EDS）。

电磁吸引悬浮是利用车载电磁铁与导轨之间产生的吸引力而悬浮列车，属于"吸引悬浮"，以日本的 HSST 中低速磁悬浮列车和德国的 TR 超高速磁悬浮列车为代表。悬浮系统由电磁铁、导向轨、斩波器及控制单元、气隙检测传感器组成，电磁铁用于产生电磁力，提供悬浮和导向功能，斩波器及控制单元通过控制电磁铁中的电流确保系统稳定运行，其悬浮间隔约 6 ~ 10 mm。韩国的 UTM 系统、日本的 HSST 系统、德国常导超高速磁悬浮列车以及中国的中低速磁悬浮列车均采用了相同的技术方案。

电动排斥悬浮是指列车行进过程中，采用超导磁铁和永磁铁，利用车辆磁体在感应轨上产生相互排斥的磁场，使车辆悬浮，属于"排斥悬浮"。采用该技术，车辆的悬浮刚度大，自稳性强，不消耗电能，悬浮高度可达到 25 mm。由于这种悬浮结构不产生导向力，所以导向力由直线电机产生。日本的 MLU 系列高速磁悬浮列车采用的是电动悬浮技术。两种磁悬浮原理如图 6.7 所示。

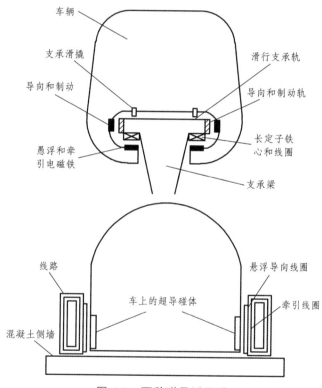

图 6.7　两种磁悬浮原理

2. 按采用导体材料分类

按照磁悬浮技术采用的导体材料不同，磁悬浮还可分为常导型和超导型磁悬浮。常导型也称常导磁吸型，以德国高速常导磁悬浮列车 Transrapid 为代表，它是利用普通直流电磁铁电磁吸力的原理将列车悬起，悬浮的气隙较小，一般为 10 mm 左右。常导型高速磁悬浮列车的速度为 400~500 km/h，适合于城市间的长距离快速运输。超导型又称超导磁斥型，以日本 MAGLEV 为代表，它是利用超导磁体产生的强磁场，列车运行时与布置在地面上的线圈相互作用，产生电动斥力将列车悬起，悬浮气隙较大，一般为 100 mm 左右，速度可达 500 km/h 以上。超导磁悬浮的线圈绕组使用超导材料，在一定的温度下就会处于超导状态，超导绕组内的电阻为零，能产生强大的磁场，可以使列车获得较大的悬浮高度和更快的运行速度。

对常导型和超导型磁悬浮进一步细分，常导又分为"中低速"和"高速"两种；超导又分为"低温"超导和"高温"超导。从原理上讲，"超导型"悬浮气隙较"常导型"大，运行速度较常导型高，但造价也高于常导型，两者各有优缺点。但与轮轨技术相比，磁悬浮列车采用无接触的悬浮技术，克服了车辆和轨道之间的接触磨损，无须用高承载旋转件，且推进动力系统置于地面，具有能耗低、速度快、噪声小、安全性高、安全舒适、环保节能、适应性广和维修量小等优点。

超导磁悬浮列车的最主要特征就是其超导元件在相当低的温度下所具有的完全导电性和完全抗磁性。超导磁铁是由超导材料制成的超导线圈构成，它不仅电流阻力为零，而且可以传导普通导线根本无法传导的强大电流，这种特性使其能够制成体积小、功率强大的电磁铁。

超导磁悬浮列车也是由沿线分布的变电所向地面导轨两侧的驱动绕组提供二相交流电，并与列车下面的动力集成绕组产生电感应而产生驱动力的，从而实现非接触性牵引和制动。但地面导轨两侧的悬浮导向绕组与外部动力电源无关，当列车接近该绕组时，列车超导磁铁的强电磁感应作用将自动在地面绕组中感生电流，因此在其感应电流和超导磁铁之间产生了电磁力，从而将列车悬起，并经精密传感器对轨道与列车之间的间隙进行检测，使其始终保持 100 mm 的悬浮间隙。同时，与悬浮绕组呈电气连接的导向绕组也将产生电磁导向力，保证了列车在任何速度下都能稳定地处于轨道中心行驶。

超导磁悬浮列车的车辆上装有车载超导磁体并构成感应动力集成设备，而列车的驱动绕组和悬浮导向绕组均安装在地面导轨两侧，车辆上的感应动力集成设备由动力集成绕组、感应动力集成超导磁铁和悬浮导向超导磁铁三部分组成。当向轨道两侧的驱动绕组提供与车辆速度频率相一致的三相交流电时，就会产生一个移动的电磁场，因而在列车导轨上产生电磁波，这时列车上的车载超导磁体就会受到一个与移动磁场同步的推力，正是这种推力推动着列车的前进。同时，在地面导轨上安装有探测车辆位置的高精度仪器，可根据探测仪传来的信息调整三相交流电的供流方式，精确地控制电磁波形以使列车能良好地运行。其原理示意图和列车运行原理示意图如图 6.8 所示。

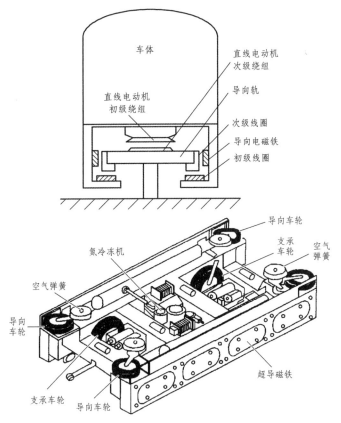

图 6.8 "常导"和"超导"磁悬浮列车原理示意图

综上，目前世界上有三种类型的磁悬浮：一是以德国为代表的常导电式磁悬浮；二是以日本为代表的超导电动磁悬浮，这两种磁悬浮都需要用电力来产生磁悬浮动力；第三种就是中国的永磁悬浮，它利用特殊的永磁材料，不需要任何其他动力支持。中国磁悬浮与国外磁悬浮相比有五大方面的优势：悬浮力强、经济性好、节能性强、安全性好、平衡性稳定。随着科技的不断发展，模拟微重力环境下的空间悬浮技术已成为进行相关高科技研究的重要手段。

### 6.3.3 技术特点

作为目前最快速的地面交通工具之一，磁悬浮列车技术具有以下特点。

（1）磁悬浮列车发展前景广。

第一条轮轨铁路出现在 1825 年，经过近 140 年的努力，其运营速度才突破 200 km/h，而由 200 km/h 到 300 km/h 又花了近 30 年的时间，虽然技术还在完善与发展，速度继续提高的余地已不大。与之相比，世界上第一个磁悬浮列车的小型模型是 1969 年由德国研制而成的，可仅仅十年后的 1979 年，磁悬浮列车技术就创造了 517 km/h 的速度纪录，目前技术已经成熟。

（2）磁悬浮列车速度高。

常导磁悬浮列车速度可达 400~500 km/h，超导磁悬浮列车速度可达 500~600 km/h。

（3）磁悬浮列车能耗低。

日本研究成果表明，在同为速度 500 km/h 的运行条件下，磁悬浮列车每座位每千米的能耗仅为飞机的 1/3，德国的试验表明，当磁悬浮列车时速达到 400 km 时，其每座位每千米能耗与时速 300 km 的高速轮轨列车持平；而当磁悬浮列车时速也降到 300 km 时，它的每座位每千米能耗可比轮轨铁路低 33.7%。

磁悬浮铁路在一些国家取得了较大的发展，有的甚至已基本解决了技术方面的问题而开始进入实用研究乃至商业运营阶段，但是随着时间的推移，磁悬浮铁路并没有出现人们所期望的那种成为主要交通工具的趋势，反而越来越多地面临着来自其他交通运输方式，特别是高速轮轨铁路强有力的挑战。与高速轮轨系统相比，磁悬浮也有如下不足：

（1）磁悬浮铁路的造价十分昂贵。

与高速铁路相比，根据日本的相关测算，磁悬浮铁路的造价为每千米约需 60 亿日元，比新干线高 207%。德国在 20 世纪 80 年代初的估算认为，修建一条复线磁悬浮铁路的造价约为每千米 659 万美元，而法国的巴黎至里昂和意大利的罗马至佛罗伦萨的高速铁路每千米的造价分别为 26 万和 236 万美元。磁悬浮铁路所需的投入较大，利润回收期较长，投资的风险系数也较高，从而也在一定程度上影响了投资者的信心，制约了磁悬浮铁路的发展。

（2）磁悬浮铁路无法利用既有线路，必须全部重新建设。

由于磁悬浮铁路与常规铁路在原理、技术等方面完全不同，因而难以在原有设备的基础上进行利用和改造。高速铁路则不同，通过加强路基、改善线路结构、减少弯度和坡度等方面的改造，可使某些既有线路或某些区段达到高速铁路的行车标准。在对既有线路进行高速铁路改造的过程中，还可以实现高、中速混跑，列车根据不同区段的最高限速以不同的速度行驶。

（3）磁悬浮铁路在速度上的优势并没有凸显出来。

半世纪前，许多人认为轮轨式铁路的极限速度为 250 km/h，后来又认为是 300~380 km/h。法国的"高速列车"、德国的"城际快车"、穿越英吉利海峡的"欧洲之星"列车、日本的新干线和中国的高速铁路，其运行速度都达到或接近 300 km/h。

（4）由于磁悬浮系统是以电磁力完成悬浮、导向和驱动功能的，断电后磁悬浮的安全保障措施，尤其是列车停电后的制动问题仍然是要解决的问题，其高速稳定性和可靠性还需经历很长时间的运行考验；常导磁悬浮技术的悬浮高度较低，因此对线路的平整度、路基下沉量及道岔结构方面的要求较超导技术更高；超导磁悬浮技术由于涡流效应，悬浮能耗较常导技术更大，冷却系统任务负担重，强磁场对人体和环境都有影响。同时，停电后的救援或维修都十分困难（轨道两侧 100 m 内不允许有其他建筑物，列车发出的噪声巨大等），最重要的是由于维护成本比轮轨列车大，因此解决盈亏问题比轮轨列车处理的难度大得多。

### 6.3.4　供电控制

#### 1. 区段供电

磁浮系统为长定子同步直线电机驱动方式，采用地面一侧同步电机由地面设置的大功率变流器来控制地面推进绕组的三相交电直线电机所需牵引功率变换站按照牵引控制系统所要求的速度，供其电网的电能变换成变变压的交流电，该交流电与车速同，向直线电机供电。推进绕组沿全线分布，但别分为各个区段，所向车辆运行所在区段供电。

#### 2. 列车供电

（1）采用一对一的供电方式，即一台功率变换器对应一个列车。
　　只有列车在区段内运行时，才由功率变换器向列车进行供电。
（2）由地面自动控制列车的运行。
　　磁浮列车的走行控制在变电所而不像普通铁道列车那样是在车上由司机控制。在变电所内装有算机实现系统的自动运行。
（3）高精度位置检测。
　　为与同步直线电机 LSM 同步运行，要连续准确地检测地面推进绕组与车上超导磁铁的位置，以实现同步控制。
（4）只在列车的走行区段进行供电控制。
　　在同步直线电机驱动列车的推进只与路旁的长定子推进绕组有关。所以只对有列车的区段的地面绕组进行供电控制。

### 6.3.5　列车控制

磁浮铁路的列车控制系统由三级构成：第一级为中央控制中心，第二级

为分区控制中心，第三级为列车控制系统（在列车上）。

**1. 中央控制中心**

中央控制中心的主要功能是布置及修改列车运行计划、数据通信传输及信息处理、联锁系统控制、在线诊断、信息储存等。

**2. 分区控制中心（每个牵引变电所各设一个）**

（1）分区控制中心的主要功能是接收并执行中央控制中心下达的行车命令，控制若干安全牵引切断装置、道岔防护装置以及车站防护装置，向各通信基站下达控制信息，同时向总控制中心传递采集的联锁、诊断信息。道岔区控制运用成熟的道岔联锁设备，对道岔进行控制，预先排列进路。

（2）维修中心。

维修全线的固定和移动设备（车辆运行控制系统），对机车和轨旁信号设备进行维修和在线检测等。

**3. 列车控制系统**

磁浮列车车辆的每一末节车厢均配备了自己的速度运行控制装置，通过车厢总线实施通信。控制装置能实时接收其定位信息以便监视速度、运行状态，这些数据将由无线微波传输系统发送至分区控制中心，然后经分区控制中心发送至中央控制中心。

## 6.4 磁悬浮列车的现状及发展

### 6.4.1 高速磁悬浮列车的现状

**1. 日本**

日本研制了 MLX01、L0 等多款磁悬浮列车。其中，L0 系列车是日本于 2010 年推出的为中央新干线配置的第一代新型磁悬浮列车，试验时最大编组为 12 辆，运营时计划编组为 16 辆。L0 系列车始发时采用橡胶轮走行，当速度超过 150 km/h 时，电磁力能够将车体抬起，从而转换为磁悬浮走行。2015 年 4 月 21 日，L0 系列车在山梨试验线的试乘活动中创造了载人走行速度 603 km/h 的世界纪录。此外，JR 东海公司基于 L0 系技术平台研发的改进型试验车已于 2020 年 3 月下线。

日本首条磁悬浮商业运营线路——中央新干线第一阶段（东京—名古屋）

于 2014 年 12 月 17 日开工建设。中央新干线全长 438 km，86% 为山岭隧道区间，最高设计速度 505 km/h，第一阶段计划于 2027 年开通；第二阶段原计划 2045 年完工开通，但日本政府计划提前 8 年开通，即 2037 年开通。目前，第一阶段工程中南阿尔卑斯隧道—山梨标段和计划的 6 个站点均已开工建设。

总体上看，电动制式磁悬浮技术-具有悬浮间隙大、车辆悬浮控制简单等优点，悬浮高度能达到 100 mm。缺点是采用昂贵的液氢作为冷却剂，工程应用成本较高，并且在低速运行时必须要有车辆支撑系统。

2. 德国

德国研发了 TR01-TR09 系列磁悬浮列车，试验中最高速度达到 550 km/h。TR08 是德国最具代表性的磁悬浮列车，该列车利用安装在车体上的悬浮电磁铁与安装在导轨上的定子之间的吸引产生悬浮力，设计速度 450 km/h，在上海浦东磁悬浮示范线的运营速度达到 431 km/h，最高试验速度为 501 km/h。

目前德国尚无商业化运营的磁悬浮线路。20 世纪 90 年代以来，德国曾提出柏林—汉堡、多特蒙德—杜塞尔道夫、慕尼黑机场—慕尼黑中央车站等 3 项磁悬浮铁路建设计划，但由于预算成本较高、未来盈利前景暗淡、项目融资失败等原因遭遇搁浅。德国迟迟未能进行磁悬浮铁路商业运营与其自身国情也有很大关系：一方面，德国高速铁路发展迅速，并且能够实现跨线运行，已经逐步形成高速与普速兼容的路网格局，磁悬浮铁路不能与既有路网兼容；另一方面，德国人口分布均匀，不存在大运量的运输通道，加上磁悬浮铁路的建设成本高于轮轨高速铁路，预计的运输收入不能弥补成本。

2006 年，德国发生磁悬浮列车与工程车相撞的事故，对磁悬浮铁路在德国的推广应用造成了重大打击，导致近年来发展几乎停滞。

3. 其他国家

法国在不断努力试图研制出新一代的"超级高铁"。例如，法国初创公司 SPACETRAIN 正在开发气垫悬浮高速列车，其运行原理与磁悬浮列车有些类似，只是磁悬浮列车是使用电磁体使车辆悬浮起来，而气垫悬浮列车采用最新的气垫悬浮技术，通过地面管道效应，列车下面会形成一层大小均匀的空气垫，列车在气垫的作用下就会悬浮在轨道上。该气垫悬浮高速列车将以 540 km/h 的平均速度运行，最高时速为 720 km/h，远高于当前运营的 TGV 高速列车。

瑞士早在 1992 年就成立了 Swiss metro AG 公司，筹备和实施超高速地铁工程项目（Swissmetro），采用地下隧道方式构建低真空管道系统，计划以高速度和高频率客运服务将瑞士主要城市和地区联系起来，并考虑未来向其他欧洲城市延伸。2009 年，该项目由于缺少资金支持而终止，Swissmetro AG 公司也被解散。于 2017 年，Swiss metro NG（下一代 Swissmetro）成立，这是一个非营利性组织，采用全新理念和技术开展低真空高速磁悬浮系统研究。

韩国政府及相关学术机构在 2017 年初宣布打造代号为"HTX"的超级高铁计划。2017 年 6 月 20 日，韩国与美国 HTT 公司签署了超级高铁相关技术授权合同，HTT 公司将被授权研发管道基础架构与安全平台，并向韩国提供全面的测试轨道，同时韩国也将能够使用 HTT 的悬浮、推进、电池及乘客体验设计等技术。

加拿大 TransPod 公司 2016 年从意大利安杰洛投资集团（Angelo Investments）获得了 1 500 万美元的种子基金，于 2017 年提出了类似于 Hyperloop Alpha 系统的超级高铁模型设计。同年 TransPod 发布了初步的建造成本研究，概述了在安大略省西南部温莎和多伦多之间建立 TransPod 轨道系统的可行性。

荷兰 Hardt Hyperloop 公司于 2019 年开发了欧洲首个具有全部功能系统的超级高铁测试设施，包括悬浮推进系统、车道开关、真空环境等。该公司的目标是开发高速、零排放的交通工具，目前已经筹集了 1 000 多万欧元。该公司开发的超级高铁系统中，列车可在不减速的情况下从一条轨道切换到另一条轨道，这被视为该公司的核心技术。

巴西里约热内卢联邦大学也修建了一条长 200 m 的试验线，意大利拉奎拉人学、日本产业技术综合研究所、俄罗斯莫斯科航空学院等也研制出各自的高温超导磁悬浮系统，并开展一系列运行测试。

### 6.4.2　中国高速磁悬浮技术

#### 1. 上海磁悬浮技术

本书第 1 章已经讲到，中国拥有世界第一条磁悬浮列车示范运营线——浦东龙阳路站到浦东国际机场，通过中德技术合作，上海于 2003 年建成了世界上第一条商用高速磁悬浮线路，即上海磁悬浮交通线路。该工程于 2001 年 3 月 1 日在浦东开工建设，西起上海轨道交通 2 号线的龙阳路站，东至上海浦东国际机场，全长 29.863 km，2002 年 12 月 31 日实现全线试运行，2003 年 1 月正式商业运行，运营速度一般为 430 km/h，部分时段的运营速度 300 km/h，运行全程仅需 8 min，极大地方便了上海市区与浦东机场的旅客运输。上海磁悬浮列车是"常导磁吸型"磁悬浮列车，是利用"异性相吸"的原理进行的设计，是一种吸力悬浮系统，利用安装在列车两侧转向架上的悬浮电磁铁，和铺设在轨道上的磁铁，在磁场作用下产生的排斥力使车辆浮起来（利用同名磁极相互排斥）。列车运行 20 s 后，提速到 100 km/h，4 min 后列车速度达到 430 km/h。列车在车厢底部及两侧转向架顶部安装电磁铁，在"工"字轨的上方和上臂部分的下方分别设反作用板和感应钢轨。电磁铁的电流，使电磁铁和轨道间保持 1 cm 的间隙，让转向架和列车间的吸引力与列车重力相平衡，利用磁铁吸引力将列车悬浮起 1 cm，对电磁铁的电流控制精度非常高。一个供电区只能允许一辆列车运行，轨道两侧 25 cm 处有隔离网，上下两侧有防护设备，曲线半径一般为 8 000 m，最小曲线半径为 1 300 m，轨道全线两侧 50 m 范围内装有隔离装置。上海浦东磁悬浮列车如图 6.9 所示。

图 6.9　上海浦东磁悬浮列车

上海磁悬浮示范运营线是世界上第一条商业运营的高速（通常指时速大于 250 km）磁悬浮列车线路，设计最高运行时速为 431 km。在高速磁悬浮技术研发方面，上海磁悬浮线未发生过伤及人员的安全事故，正点率 99.9%，验证了技术的可靠性与安全性；掌握了高速磁悬浮轨道系统的设计制造技术，申请了 45 项专利，并通过 PCT 在欧洲和美国注册，建立了高速磁悬浮交通运营维护技术体系，形成企业技术标准 100 余项。

2. 中国时速 600 km 高速磁悬浮

在时速 400~600 km 的高速磁浮方面，通过上海高速磁浮示范线的建设，引进、消化、吸收德国技术，中国进行了一系列技术攻关和自主创新，经过多年的努力，已具备线路工程、子系统的国产化能力，拥有自主知识产权的设计、制造和施工技术。基本掌握了高速磁浮交通系统车辆、牵引供电、运行控制关键技术及系统集成技术，车辆制造可完全国产化。中国中车集团有限公司（简称中国中车）、西南交通大学等多家单位正在积极开展高速磁悬浮铁路的研究工作，涵盖常导磁悬浮、电动磁悬浮、高温超导磁悬浮等不同制式，并积极探索低真空管道超高速磁悬浮铁路相关技术。

（1）中国中车。

中国中车主要开展常导磁悬浮制式相关研究，在该领域具有一定的技术储备和工程化应用基础。

2021 年 7 月 20 日，世界首套由中国中车承担研制、具有完全自主知识产权的我国时速 600 km 高速磁浮交通系统在青岛成功下线，标志着我国掌握了高速磁浮成套技术和工程化能力，它的成功研制，对于打造我国高端装备产业新引擎，形成轨道交通领跑新优势，抢占科技竞争制高点，加快构建现代化综合立体交通网，支撑"科技强国""交通强国"战略，具有重大而深远的意义。

在项目研究过程中，同济大学承担了"高速磁浮交通系统关键技术仿真验证与优化设计研究""高速磁浮交通系统运行环境与影响因素分析及系统服役性能与环境可靠性关键技术""复杂环境下列车-轨道-隧道多元耦合与控制"三个高速磁浮研究课题，在系统总体方案设计、系统集成调试与试验、运行控制的中央控制子系统、道岔设计及道岔控制系统等关键技术领域持续助力我国具有自主知识产权的高速磁浮交通系统研究。

位于同济大学嘉定校区的高速磁浮试验线是目前世界唯一一条 1.5 km 长的常导长定子磁浮交通系统综合试验线，可为高速磁浮交通技术的研发、系统集成、软件调试、部件性能考核与改进提供试验条件。2020 年 1 月 14 日，中车青岛四方机车车辆股份有限公司研制的时速 600 km 高速磁浮样车运抵同济大学磁浮中心高速磁浮试验线，克服新冠肺炎疫情带来的不利影响，同济大学配合开展了高速磁浮样车的动车测试并对其相关功能进行验证，参与了系统集成调试与试验。2020 年 6 月 21 日，试验样车在试验线上成功试跑，标志着我国高速磁浮研发取得重要新突破；2020 年 11 月 16 日，在完成所有测试内容后，试验样车运离同济大学。

时速 600 km 高速磁悬浮试验样车如图 6.10 所示。

图 6.10　时速 600 km 高速磁悬浮试验样车

（2）西南交通大学。

2021 年 1 月 13 日，具有完全知识产权的高温超导高速磁浮工程化样车机试验线在西南交通大学九里校区正式启用，这是中国研发的第二款高速磁悬浮列车，该试验线是世界首条高温超导高速磁浮真车验证线，速度可达 600~800 km/h，其开跑将为陆地交通带来前瞻性、颠覆性变革。

高温超导磁浮列车技术作为革命性的技术创造，诞生于西南交通大学。西南交通大学从 20 世纪 80 年代开始磁浮的研制，1997 年获批国家 863 计划项目"高温超导磁悬浮实验车"，正式开展高温超导磁浮车的研究。经过近 40 年科研攻关和几代人的不懈努力，形成了车载高温超导体-永磁轨道相互作用理论，建立起高温超导磁浮电磁热力多场耦合模型，构建了高温超导磁浮车轨耦合动力学模型，揭示了其高速运行动态悬浮特性变化机理，突破了大载重、高速高温超导悬浮技术，掌握了高温超导高速磁浮列车及其运行系统的设计技术，验证并探索了低真空管（隧）道+高温超导磁浮的应用可行性和优势，在高温超导磁浮基础理论研究和关键技术创新方面已经形成了优势和基础，具备了工程化的条件。该车采用轨抱车安全结构技术、大载重高温超导磁浮技术、长定子永磁同步直线电机、全碳纤维轻量化车体、低阻力头型、电涡流制动与安全导向一体化等新技术和新工艺。样车如图 6.11 所示。

图 6.11　西南交通大学高温超导磁浮样车

高温超导磁浮列车技术拥有无源自稳定、结构简单、节能、无化学和噪声污染、安全舒适、运行成本低等优点，适用于多种速度域，尤其适合高速及超高速线路的运行，是面向未来发展、应用前景广阔的新制式轨道交通方式。该技术拟首先在大气环境下实现工程化，预期运行速度目标值大于 600 km/h，可望创造在大气环境下陆地交通的速度新纪录。下一步计划在未来与真空管道技术结合，开发填补陆地交通和航空交通速度空白的综合交通系统，将为远期 1 000 km/h 以上速度值的突破奠定基础，从而构建陆地交通运输的全新模式。

（3）中国几个准备申请高速磁悬浮建设的区域。

高速磁悬浮交通系统具有速度快、选线自由度大、土地占用少、能耗低、噪音小、污染小、安全、舒适、智能、运行维护费用低等诸多优势，可作为综合交通的高端组成部分。为此，高标准建设城际高速磁悬浮试验段，能够以点带面快速提升国家高速磁悬浮技术战略储备，推动实现科技创新自立自强。在建设试验段和生产线的基础上，努力搭建中国高速磁悬浮工程化事业平台，构建完整的技术体系和技术标准，推动产业化商业化运行。所以，我们有必要将高速磁悬浮交通系统纳入国家重大交通基础设施建设长期规划，一体规划、分步建设、有序推进。

浙江在未来30年交通发展的规划中准备建设沪杭超级磁悬浮工程，在上海与杭州之间建设磁悬浮超级高铁，时速超过600 km，总投资高达1 000亿元。杭州与上海之间距离约为162 km，时速600 km的超级磁悬浮高铁预计将运行时间缩短到15 min内，两座大城市之间的通勤好像市内公交一样便捷。

广深港高速磁悬浮铁路。拟对不同制式高速磁悬浮，结合低真空管（隧）道技术路线及关键技术问题进行充分论证，研判技术经济可行性，对粤港澳大湾区广深港通道建设高速磁悬浮铁路先行路段，围绕速度目标值、合理运距以及常导磁浮、低温超导磁浮、高温超导磁浮、永磁悬浮、低真空管（隧）道磁浮、车辆装备等关键技术开展研究，针对速度目标值、真空度、合理阻塞比、车辆宽度及隧道断面面积等关键参数开展一系列专题研究。

合肥"G60"争取全线布局磁悬浮。在新兴交通领域，"十四五"期间，安徽省将依托安徽科技创新资源，加强与有关企业和科研单位的合作，推动高速磁悬浮系统技术的储备研发。争取国家在G60科创走廊布局高速磁悬浮交通通道，并先行启动合肥—芜湖（江北新兴产业集中区）试验工程研发建设，逐步推动G60科创走廊高速磁悬浮通道全线建设，实现区间内1 h通达。G60科创走廊如果可以实现区间内1 h通达，那就意味着从合肥出发乘坐磁悬浮列车可以1小时到达杭州和上海。

建设青岛至日照高速磁悬浮试验段，既能为国家高速磁悬浮自主核心技术提供必须的应用场景，又能为青岛及山东半岛城市群发展补齐短板、换档提速，促进山东半岛与长三角区域的经济互动与高效交流，推进北部沿海与东南沿海协同发展。

### 6.4.3 高速磁悬浮发展趋势

（1）速度将进一步提升。

例如，磁悬浮铁路最高试验速度不断提高，目前已突破时速600 km；

而且，多个国家及相关公司表示低真空管道磁悬浮系统的最高时速可达到
1 000 km 以上。

（2）将在高客流运输通道中得到应用。

高速磁悬浮铁路在我国和日本等国家的建设应用表明其成本比高铁更
高，为了能够回收成本必须要有高客流密度的支撑。从目前正在建设和规划
的线路来看，日本中央新干线、美国 Virgin Hyperloop One 公司在印度规划的
线路均有较大客流作为支撑，加拿大 TransPod 公司、美国 HTT 公司等在全球
范围内推广低真空管道磁悬浮技术时也将客流密度作为一项重要的参考因
素。德国提出的多项磁悬浮线路建设计划最终均未能实施的一个重要原因就
是境内缺少高客流运输通道。

（3）重点向实用化、低成本方向发展。

从中国及日本、德国等典型国家的发展现状来看，高速磁悬浮铁路在技
术上已经基本成熟，但在商业应用方面缺少成功尝试。日本采用的低温超导
材料对环境要求较高，在工程应用中成本巨大，且存在一定安全隐患，为此
其正在积极试验探索高温超导材料，以便在工程应用方面获得更大便利。未
来高速磁悬浮铁路将向技术实用化、低成本方向发展。

（4）低真空管道磁悬浮铁路具有良好的发展前景。低真空管道磁悬浮铁
路具有速度更高、更加节能环保、能够实现全天候运输等优势，极具新型
交通运输方式的发展技术经济特征。美国 Virgin Hyperloop One、HTT、
SpaceX 等公司正在积极开展低真空管道磁悬浮铁路相关技术研究，同时在
世界范围内进行快速布局。中国也在加快低真空管道磁悬浮铁路研究，中
国中车、西南交通大学、航天科工、中国铁道科学研究院集团有限公司等
多家单位正在积极探索，深圳、贵州等地正在积极引进低真空管道磁悬浮
铁路技术。尽管低真空管道磁悬浮铁路距离其实现商业化应用还有较大距
离，但其独有的速度优势及不受外界环境影响的特点是其他地面交通运输
方式无可比拟的。

## 6.5　超级高铁

### 6.5.1　美国的超级高铁

2013 年，埃隆·马斯克发表了一份题为 *Hyperloop Alpha* 的白皮书，从车
辆、管道、牵引、线路、安全与可靠性以及造价等方面阐述了对 Hyperloop
系统如何运作的技术思考，并提出"超级高铁"系统的最高速度可达

1 223 km/h。Hyperloop Alpha 的悬浮原理与传统气垫船基本相同，利用滑板在车厢与地面轨道间形成的一层薄薄气垫把车厢支撑住，使其不与地面接触。"超级高铁"概念吸引了多个公司和团队开展商业化应用研究。目前，美国从事"超级高铁"研发的公司相关研究进展如下：

（1）Space X 公司。

Space X 公司于 2016 年在其位于加利福尼亚州霍桑市的总部建造了外径为 1.83 m、长 1.6 km 的测试管道，并以该测试管道为基础举行了 3 届超级高铁竞赛。德国慕尼黑工业大学的 WARR Hyperloop 团队在 2018 年第三届比赛的决赛中采用的模型车达到了 457 km/h 的最高速度。2018 年 4 月，埃隆·马斯克宣布旗下"超级高铁乘客舱"将进行测试，目标运行速度为音速的一半，并在 1.2 km 内完成制动。

（2）Virgin Hyperloop One 公司。

Virgin Hyperloop One 公司于 2015 年 12 月开始在拉斯维加斯北部建设测试点，包括建设 1 段长约 1 km 的测试轨道。2016 年该公司位于内华达州的首家工厂开工，2017 年展示了该工厂生产由铝和碳纤维构成的全尺寸乘客舱 XP-1。在试验验证方面，Virgin Hyperloop One 公司于 2017 年在内华达州的测试管道进行了 3 个阶段的测试，最高速度达到 387 km/h。公司先后与印度马哈拉施特拉邦、迪拜道路交通局（RTA）等机构达成合作协议，计划于 2020 年年底开始在印度孟买—浦那修建首条真空管道高速铁路。Hyperloop One 向外界描绘了其雄心勃勃的蓝图：超级高铁将在 3 年后形成实际运力，十年后将建成连接全美主要城市的超级高铁网络，美国任何两大城市之间的旅行时间将不超过 4 h。该公司还成功进行了首次超高速运输系统载人测试。测试在位于美国内华达州拉斯维加斯外沙漠 DevLoop 试验场测试管道上进行，该管道长 500 m，直径 3.3 m，由于管道距离限制了速度提升，此次载人测试的最高时速仅为 172 km，测试用时 15 s。

（3）HTT 公司。

HTT 公司以概念图为基础，采用志愿者科研众筹方式推动其研发工作，主要致力于全球宣传推广，先后与斯洛伐克、捷克、法国、印度尼西亚、韩国、印度、巴西、阿联酋、乌克兰等国家开展合作。2018 年 10 月，HTT 公司在西班牙展示了首款 Hyperloop 全尺寸乘客舱，由 1 种特制的双层智能复合材料制造而成，其强度比钢材强 8 倍，比同类铝制品强 10 倍。该乘客舱将转移到法国图卢兹市进行额外组装，组装完毕后将会部署到首批超级高铁商用轨道上。超级高铁的设计概念图如图 6.12 所示。

图 6.12　超级高铁的设计概念图

2018 年 4 月，HTT 研发的原型客舱也在西班牙 Carbures 完工，该系统管道内部直径为 4 m，可容纳运送乘客标准集装箱的吊舱。超级高铁公司 HTT 向欧盟提交了一份通用指南，内容涵盖了超级高铁系统的设计、运行以及认定准则。HTT 表示，这一提交是标志着欧盟开始对超级高铁系统进行监管的关键步骤，其试验装置如图 6.13 所示。

图 6.13　超级高铁试验装置

有关超级高铁的问题主要有：

（1）未来对超级高铁的运输需求将取决于其在旅行时间增益、票价、旅行舒适性、技术可靠性和安全性方面相对于其他运输系统是否具有综合性优势。但鉴于政治和法律方面的考虑，在欧洲的人口稠密地区以及大城市附近征购私人地产，建造具有极大曲线半径的超级高铁地上线路是几乎不可能的。

（2）超级高铁与现有其他高速运输系统的最大区别是超级高铁车辆的容量非常小，运输能力相对较低，而且投资成本巨大，严重降低其经济性。超级高铁高速运输系统能否节省化石能源，降低噪声，减少空气污染，需要进行更深入的研究。同时，超级高铁极高的加速度和制动减速度会给未经训练的旅客带来不好的乘坐体验。应针对车辆加速和减速过程进行优化（以免产生令人不适的颠簸）、低真空管道中的能量需求和车辆的安全运行控制这三方面进行更深入的研究。

总的来说，超级高铁虽然是一个非常不错的构想，但由于技术、资金等诸多方面的限制，要将构想变为现实还需要等待技术的成熟与时间的洗礼。超级高铁或将改变现有的交通运输方式，但真正要成为现实并投入实际运营当中，还需要一段时间来攻克技术上的难关和进行实践检验。

### 6.5.2　中国的高速飞行列车

2017 年 8 月 30 日，中国航天科工公司在武汉宣布，已启动时速 1 000 km "高速飞行列车" 的研发项目。高速飞行列车项目的落地将按照最大运行速度 1 000、2 000、4 000 km/h 三步走的战略逐步实现：第一步通过 1 000 km/h 运输能力建设区域性城际飞行列车交通网，第二步通过 2 000 km/h 运输能力建设国家超级城市群飞行列车交通网，第三步通过 4 000 km/h 运输能力建设 "一带一路" 飞行列车交通网，最终形成一张继航天、高铁、核电之后的中国新名片。飞行列车工程旨在研制高速飞行列车，通过近真空管道线路大幅度减小空气阻力，利用电磁推进技术提供强大的加速能力和高速巡航能力，拟通过商业化、市场化模式，将超声速飞行技术与轨道交通技术相结合，研制的新一代交通工具，利用超导磁悬浮技术和真空管道，致力于实现超音速的 "近地飞行"。

要实现这个目标速度，起码先要解决三个问题：以低成本获取真空管道以及进行管道维护，确保高速运动状态下磁悬浮系统的动力学稳定性，以及保证高速运动下的直线驱动效率。而要实现这些，实验数据的支撑是必不可少的。高速飞行列车以 4 000 km/h 的速度运行，加减速都要耗费大量能源，在加速期间，列车在真空运行，不会产生音障和热障，但是在减速期间，则会产生大量的热能，如何能够及时排除并给列车降温，也是研发人员需要解决的难题之一。而列车在真空管道中高速运行，对于管道的密封性要求极高，而保证密封性的维护资金也不是小数目。如何若将管道做成半真空，技术上容易实现，但是列车会不可避免地遇见音障和热障。高速飞行列车模型如图6.14 所示。

图 6.14　高速飞行列车模型

　　高速飞行列车采用自稳定导向，有更高安全性，不使用化石能源，对外界辐射小，具有更高的环保性，管道隔绝外部环境，能在恶劣天气条件下不间断运行，具有更好的天气适应性。该项目技术的起点要求很高，需要超声速技术、高温超导磁悬浮技术、仿真建模技术。而且，启动加速是采用电磁推进技术。目前，航天科工的高速飞行列车外形尺寸已经基本确定，车身采用新型轻量化防隔热一体化舱段，最大限度减轻车身重量，车长 29.2 m，宽 3 m。自 2018 年 9 月起，中国飞行列车工程开始展开关键技术攻关，预计在不远的将来可完成关键技术攻关并开展系统集成验证。

　　2021 年 4 月，作为基础研究和技术创新的实体，致力于从前瞻性基础研究、工程实验验证到实验示范运营的全链条创新工作，山西省立项依托中北大学，联合中国航天科工集团三院筹建实验室，重点开展"四个方向"（高速飞车系统总体技术、多场耦合动力学技术、磁悬浮与直线驱动技术、高动态检测与智能诊断技术）研究和"一个平台"（低真空管道磁悬浮高速飞车全尺寸试验线）建设。高速飞车将按照"悬浮推进先行，试验载体攻关，线路平台验证，分步形成能力"的总体研发思路开展，将不断完善高速飞车技术标准体系，产出一批有重大突破或具备颠覆性的科技成果，实现轨道交通更快速、更便捷、更舒适、更安全和经济可控，对推动我国交通技术引领、带动相关产业发展升级具有重大意义。

# 参考文献

[1]　曲思源. 高速铁路运营安全保障体系及应用[M]. 北京：中国铁道出版社，2018.

[2]　曲思源. 铁路运输组织管理与优化[M]. 北京：中国铁道出版社，2016.

[3]　曲思源. 城际铁路运营组织与管理[M]. 北京：中国铁道出版社，2017.

[4]　佟立本. 高速铁路概论[M]. 北京：中国铁道出版社，2017.

[5]　曲思源. 高速铁路运营组织与管理系统分析[M]. 北京：北京交通大学出版社，2019.

[6]　钱立新. 图解国外高速铁道[M]. 北京：中国铁道出版社，2010.

[7]　曲思源. 高速铁路运营管理纵横[M]. 成都：西南交通大学出版社，2018.

[8]　才铁军. 中国铁路 40 年（1978～2018）[M]. 北京：中国言实出版社，2018.

[9]　王雄. 中国智慧：中国高速铁路创新纪实[M]. 郑州：河南文艺出版社，2017.

[10]　杨中平. 新干线纵横谈——日本高速铁路技术[M]. 2 版. 北京：中国铁道出版社，2012.

[11]　刘林芽，钟自锋. 高速铁路导论[M]. 成都：西南交通大学出版社，2020.

[12]　曲思源. 长三角高速铁路运营管理创新与应用[M]. 成都：西南交通大学出版社，2019.

[13]　卢春房. 中国铁路发展论坛——更高速度轮轨高铁技术探讨，2019. 11

[14]　傅志寰. 傅志寰自传[M]. 北京：中国铁道出版社，2017.

[15]　徐飞. 中国高速铁路的全球战略价值[J]. 新华文摘，2016（10）.

[16]　王麟，李政. 高铁的前世今生[M]. 北京：中国铁道出版社，2016.

[17]　王勇. 列车运行指挥工作问答[M]. 北京：中国铁道出版社，2017.

[18]　高铁见闻. 大国速度——中国高速铁路崛起之路[M]. 长沙：湖南科学技术出版社，2016.

[19] 高铁见闻. 高铁风云录[M]. 长沙：湖南文艺出版社，2015.

[20] 史俊玲. 国外高速动车技术特点及发展趋势研究[J]. 中国铁路 2016( 1 ).

[21] 江明. CTCS-3 级列控系统发展历程及技术创新[J]. 铁路通信信号工程技术，2020（1）.

[22] 路风. 新火[M]. 北京：中国人民大学出版社，2020.

[23] 胡启洲，李香红，曲思源. 高铁简史[M]. 成都：西南交通大学出版社，2018.

[24] 曲思源. 高速铁路运营安全风险管控[M]. 上海：科学技术文献出版社，2020.

[25] 曲思源. 智能高速铁路技术应用纵横[M]. 成都：西南交通大学出版社，2021.

[26] 曲思源. 大国重器——高速铁路技术发展纵横[M]. 成都：西南交通大学出版社，2021.

[27] 沈通，马志文，杜晓洁，等. 世界高速磁悬浮铁路发展现状与趋势分析[J]，中国铁路，2020（11）.

[28] 陆东福. 打造中国高铁亮丽名片[J]. 求是，2021（15）.

# 附录：高速铁路发展大事件

| 序号 | 时间 | 标志事件 |
|---|---|---|
| 1 | 1789 年 | 英国人威廉——杰索首次设计出凸型铁轨和外轮缘凸出的铸车轮，并应用于拉夫堡——莱斯特的马拉铁路 |
| 2 | 1825 年 | 英国人乔治——斯蒂芬森主持修建第一条公共运营铁路斯托克顿——达林顿铁路与英国通车 |
| 3 | 1837 年 | 苏格兰发明家罗伯特——戴维森发明世界第一台小型的电力机车 |
| 4 | 1879 年 | 西门子公司研发世界上第一辆具有实用性质的电力机车 |
| 5 | 1883 年 | 奥地利开通世界第一条通过架空电力线提供电力的轨道交通线路 |
| 6 | 1909 年 | 10 月 2 日，由"中国铁路之父"詹天佑主持的中国自主设计建造的第一条铁路——京张铁路开通运营 |
| 7 | 1922 年 | 国际铁路联盟（UIC）于法国巴黎成立，当时有 27 个国家 46 个铁路机构加入该联盟 |
| 8 | 1945 年 | 西班牙工程师奥马尔研发摆式 Talgo 列车 |
| 9 | 1952 年 | 我国研制成功第一台解放型蒸汽机车，次年又生产出第一代 21 型客车 |
| 10 | 1961 年 | 8 月 15 日，建成我国第一条电气化铁路——宝成铁路宝（鸡）凤（州）段。这条电气化铁路的供电制式最初是按 3000 直流制设计的。此时，法国、苏联、日本已成功采用了新的电流制——工频单相交流制。经过专家教授们反复论证对比，于 1975 年 4 月决定改用 25 kV 工频单相交流制，这种供电制式的确定，避免了我国电气化铁路发展中的弯路，为我国电气化铁路的发展打下了良好的技术基础 |
| 11 | 1964 年 | 10 月 1 日，日本开通新干线，即世界上第一条高速铁路 |
| 12 | 1971 年 | 最早的 TR1 型磁悬浮在德国面世 |
| 13 | 1972 年 | 法国第一代试验型 TGV 列车型号 TGV001 面世。英国 APT-E 列车问世，以 245 km/h 的速度创下当时摆式列车最高试验速度纪录 |
| 14 | 1981 年 | 法国巴黎——里昂 TGV 东南线通车 |
| 15 | 1985 年 | 3 月，德国 IVE-V 完成首辆样车 |

-续表

| 序号 | 时间 | 标志事件 |
|------|------|----------|
| 16 | 1988 年 | 意大利 ETR450 正式投入运营，是历史上摆角最大的摆式列车 |
| 17 | 1990 年 | 瑞典 X2000 型摆式列车作为一等车为高端乘客提供服务 |
| 18 | 1994 年 | 11 月，第一班欧洲之星列车正式运营，路线为伦敦—巴黎—布鲁塞尔 |
| 19 | 1996 年 | 欧盟各国的国有铁路公司经联合协商后，确定采用法国技术作为全欧欧洲高速列车的技术标准 |
| 20 | 1998 年 | 6 月，德国 ICE-1 列车发生特大事故，造成 101 人死亡，为世界第一大脱轨事故 |
| 21 | 2000 年 | 美国唯一一条达到高铁标准的东北走廊铁路载客运营 |
| 22 | 2003 年 | 1 月 1 日，中国秦沈客运专线通车，是中国第一条高铁以及第一条城际客运专线 |
| 23 | 2003 年 | 1 月 4 日，上海磁悬浮列车正式投入运营，是世界上首条投入商业化运营的磁悬浮列车示范线 |
| 24 | 2005 年 | 法国开通里昂—圣埃克絮佩里线，列车最高运行速度达到 320 km/h |
| 25 | 2007 年 | 4 月 3 日，法国高铁创下 574.8 km/h 的世界高铁速度新纪录 |
| 26 | 2008 年 | 4 月 18 日，中国合宁铁路开通运营，最高运营速度为 250 km/h，是"四纵四横"规划中的中国第一条高速铁路 |
| 27 | 2008 年 | 8 月，中国京津城际高铁开通运营，是世界上一条运营速度达到 350 km/h 的高铁，2011 年 7 月降速到 300 km/h，2019 年 8 月达到 350 km/h |
| 28 | 2010 年 | 中国和谐号高速动车组创造了 486.1 km/h 的世界高铁试验最高速度纪录 |
| 29 | 2011 年 | 7 月，中国甬台温发生特别重大交通事故 |
| 30 | 2013 年 | 日本东北新干线提速到 320 km/h，与法国共享世界高铁运营最高速度纪录；同年，西班牙发生高铁整列颠覆重大事故，造成 79 人死亡，为世界高铁历史上第二大伤亡事故 |
| 31 | 2016 年 | 7 月 15 日，中国"复兴号"原型车 CRH-0207 和 CRH-0503 以超过 420 km 的时速在郑徐高铁上交会，创造了高铁列车交会速度的世界新纪录 |
| 32 | 2015 年 | 4 月 21 日，日本在山梨县实施了超导磁悬浮列车载人行驶试验，创下了时速 603 km 的最新纪录 |
| 33 | 2017 年 | 6 月 25 日，中国标准动车组被正式命名为"复兴号"，在京沪高铁正式双向首发，9 月 21 日，实现 350 km/h 商业化运营，为世界高铁第一高速，CR400 系列担当的部分车次是世界上商业运营时速最高的动车组列车 |

| 序号 | 时间 | 标志事件 |
|---|---|---|
| 34 | 2019 年 | 5 月，中国时速 600 km 高速磁悬浮试验样车在青岛下线，标志着中国在高速磁悬浮技术领域实现重大突破。12 月 30 日，中国首条也是世界首条智能高铁——京张高铁开通运营 |
| 35 | 2021 年 | 1 月 13 日，具有完全知识产权的高温超导高速磁浮工程化样车机试验线在西南交通大学九里堤校区正式启用，该试验线是世界首条高温超导高速磁浮真车验证线，速度可达 600~800 km/h，为远期 1 000 km/h 以上速度值的突破奠定基础，从而构建陆地交通运输的全新模式，引发轨道交通发展的前瞻性、颠覆性变革 |
| 36 | 2021 年 | 5 月 26 日，法国 TGV M 动力车在阿尔斯通的生产基地贝尔福（Belfort）亮相，首列将在捷克 Velim 环形试验线进行测试，并计划在 2024 年 6 月巴黎夏季奥运会之前正式投入运营；100 列动车组预计于 2031 年之前全部投入运营。TGV M 为动力集中型双层铰接式列车，其"M"代表模块化。动力头车可配备 7、8 或 9 辆铰接式双层拖车，列车最高速度为 350km/h，可适用于三种轨距线路。TGV M 在设计理念方面较于过去的 TGV 列车发生了重大转变，将更多地考虑乘客与运营商的需求、降低铁路客运服务成本，并采用模块化的设计手段为不同客户提供定制化的解决方案 |
| 37 | 2021 年 | 6 月 25 日起，继首条智能动车组京张线后，复兴号智能动车组将扩大范围至京沪、京广、京哈、徐兰及成渝高铁线开行，覆盖京、津、冀、辽、吉、黑、沪、苏、浙、皖、鲁、豫、鄂、湘、粤、陕、川、渝等 18 个省级行政区。同时，服务功能再次优化，进一步提高了铁路旅行便利感、舒适感和更美好的体验。同日，"复兴号"高原内电双源动力集中动车组从拉萨站驶出，至此，复兴号动车组实现了在中国大陆的全覆盖 |
| 38 | 2021 年 | 7 月 20 日，世界首套由中国中车承担研制、具有完全自主知识产权的我国时速 600 km 高速磁浮交通系统在青岛成功下线，标志着我国掌握了高速磁浮成套技术和工程化能力，它的成功研制，对于打造我国高端装备产业新引擎，形成轨道交通领跑新优势，抢占科技竞争制高点，加快构建现代化综合立体交通网，具有重大而深远的意义 |